대화의 기법
(이론과 실제)

지은이 **구현정**

- 상명대학교 한국어문학과 교수
- 상명대학교 국어문화원장, 어문대학장
- 캐나다 University of Alberta 초빙교수 역임
- **저서**: 『대화의 기법』(1997), 『대화』(2003)
- **공저서**: 『한국어 구어 연구 I』(2002), 『의사소통의 기법』(2003), 『텍스트 분석의 실제』(2003), 『화법 교육의 이해』(2004), 『한국어 구어 연구 II』(2005), 『화법의 이론과 실제』(2007), 『이민자를 위한 한국사회 이해』(2008)
- **역서**: 『단어통어론』(1986), 『언어와 언어학: 인지적 탐색』(1999), 『형태론: 의미 - 형태의 관계에 대한 연구』(2000), 『문법의 인지적 기초』(2004), 『인간관계와 의사소통』(2005)

국어학총서 • 화용론

대화의 기법

1판 1쇄 발행_2009년 03월 10일
1판 6쇄 발행_2016년 08월 30일

지은이_구현정
펴낸이_양정섭

펴낸곳_도서출판 경진
등록_제2010-000004호
블로그_http://kyungjinmunhwa.tistory.com
이메일_mykorea01@naver.com

공급처_(주)글로벌콘텐츠출판그룹
대표_홍정표
편집_송은주 **디자인**_김미미 **기획·마케팅**_노경민 **경영지원**_이아리
주소_서울특별시 강동구 천중로 196 정일빌딩 401호
전화_02) 488-3280 **팩스**_02) 488-3281
홈페이지_http://www.gcbook.co.kr

값 22,000원
ISBN 978-89-5996-051-4 93710

국어학총서 • 화용론

대화의 기법

(이론과 실제)

구 현 정

세상과 소통하는 지혜
도서출판 경진

책머리에

이 책은 지금까지 이루어진 대화에 관한 언어학적, 심리학적, 사회학적, 철학적 연구를 바탕으로 하여, 대화의 기본 이론과 실제적 방법을 정리한 책으로, 1997년에 출판된 『대화의 기법』의 내용을 수정하고, 보충하여 2000년에 출판한 개정판을 재수정하여 국어학총서의 시리즈로 엮은 것이다.

여러 해 전에 『언어학개론』 강의를 할 때의 일이다. 교양과목으로 열린 강의였는데, 뜻밖에도 500여 명의 학생들이 수강신청을 하였다. 왜 언어학을 신청했느냐는 질문을 해 보았더니, 그중 다수의 학생들이 '말을 잘 하고 싶어서' 신청을 했다는 것이었다. 그때부터 나의 고민은 시작되었다. 언어학에 대해 기초적인 지식도 없는 학생들이 기대하는 것처럼 언어학이 말을 잘 하는 것, 우리들의 일상적인 대화에 실제적으로 도움을 줄 수는 없을까?

그래서 언어학에서 가장 실제적인 언어 현상을 연구하는 화용론과 담화 분석, 그리고 미시 사회학적 방법으로 인간의 행동을 연구하는 대화분석 학자들의 연구를 접하게 되었다. 그들의 연구는 우리가 실제적으로 나누는 대화들을 귀납해서 대화의 원리를 찾아내는 것이었는데, 이것들을 활용하여 지금까지 찾아낸 귀납적인 원리들을 대화를 지배하고 있는 규칙이나 원리로 적용할 수 있다는 생각을 하게 되었다. 이밖에도 심리학자들이 연구하고 있는 가족관계의 의사소통의 이론이나, 언어철학자들의 대화행위 이론, 그리고 사회학자들이 찾아내고 있는 의사소통의 이론들이 대화에 활용될 수 있음을 알게 되었다.

이러한 연구들을 바탕으로 하여, 이 책에서는 3부로 나누어 다음과 같은 내용들을 다루고자 하였다. 제1부 의사소통과 동작언어에서는 의사소통과 관련된 일반적인 내용들을 다루었는데, 제1장에서는 의사소통과 언어, 대화의 관계를 살펴보았고, 제2장에서는 의사소통을 하는 방법 가운데 동작언어에 의한 의사소통과 대화에 관해 살펴보았다.

제2부는 대화의 이론에 관한 내용으로 제3장에서는 대화의 구조를, 제4장에서는 대화의 원리를, 제5장에서는 대화행위 이론을, 제6장에서는 간접 대화행위를, 제7장에서는 대화의 예절을 살펴보았다.

제3부는 대화의 실제에 관한 내용으로, 제8장에서는 대화의 장애요소를, 제9장에서는 대화의 구도를, 제10장에서는 남성과 여성의 대화를, 제11장에서는 부모와 자녀의 대화를, 제12장에서는 대화와 관계 개선을, 제13장에서는 대화와 유머를 살펴보았다.

이러한 내용 속에 일관되게 적용될 수 있는 대화의 원리가 있다면, 첫째는 상대방과의 적절한 거리를 유지하는 것이고 둘째는 나-중심의 생각을 벗어나서 상대방-중심으로 대화를 나누어야 한다는 것이다. 이것은 한 마디로 상대방을 배려할 줄 아는 것이 가장 대화를 잘 하는 것이고, 이러한 대화가 원만한 인간관계의 기초가 된다는 것이다. 이렇게 다분히 고전적이고 윤리적인 생각을 대화의 이론들을 통해 논리적으로 재정립해 나가는 것은 이 책을 쓰면서 얻은 즐거움이었다.

출판사의 사정으로 잠시 이 책의 출판이 어려웠던 시기에 대화와 관련된 다른 책들을 쓰면서 이 내용 가운데 많은 부분들을 다루었기 때문에 이 책을 재출판하는 것이 불편했는데, 국어학총서를 기획해서 이 책을 다시 출판해주신 도서출판 경진문화 양정섭 사장님께 감사드린다.

항상 부족한 글을 읽어 주시고, 모자라는 것을 채워주시는 권재일 선생님과 개정판을 만들도록 격려해 주시고, 많은 자료들을 제공해 주신 이성하 선생님, 언제나 가까이에서 힘이 되어 주시는 상명대학교의 여러 선생님들, 모든 불편을 사랑으로 감내해 주신 가족들, 그리고 모든 것이 합력하여 선을 이루게 하시는 하나님께 감사드린다.

2009년 2월
구 현 정

차례

제3부 대화의 실제

제 1 부 의사소통과 동작언어

1장 의사소통과 대화

우리는 자신의 생각을 다른 사람과 나누며 살아간다. 때로는 남들이 알지 못하는 자기 혼자만의 정보를 가지고 있다는 것이 자랑스럽게 느껴질 때도 있지만, 대부분의 경우 자신이 가지고 있는 정보나 생각을 다른 사람에게 알리고 싶어 한다. 이것은 태어나면서부터 울음으로 자신을 표현하는 본능적 행동을 통해서 알 수 있는 것처럼 사회적 존재인 사람만이 가지고 있는 특징이기도 하다. 「임금님 귀는 당나귀 귀」라는 동화는 자신의 정보를 남에게 전달하고 싶어 하는 사람의 마음을 함축적으로 표현해 주고 있다. 물론 이러한 정보 전달의 과정에서는 언어를 사용하여 서로 대화를 나누는 것이 전제된다. 이러한 특징은 사람만이 가지고 있으며, 이것이 사람만이 문화를 만들어 갈 수 있는 주역이 되게 한 동력이기도 하다.

이 장에서는 의사소통이 무엇인지 정의하고, 언어의 특징을 살펴보면서 의사소통에서 언어가 차지하는 역할을 규명하고, 대화의 정의와 유형에 관해 살펴보기로 한다.

1.1. 의사소통과 언어

1.1.1. 의사소통의 정의

사람과 동물을 구별해 주는 기준으로 사람만이 서서 걸을 수 있다거나, 지혜가 있다거나, 도구를 사용하는 능력이 있다는 등 여러 가지 특성을 들 수 있다. 그러나 가장 확실한 특성은 사람만이 언어를 통해 의사소통을 한다는 점일 것이다. 아프리카의 한 언어에서는 이러한 사실을 재미있게 나타내고 있다. 그 말에서는 '쿤투kuntu'는 '물건'이라는 뜻을 나타내고, '문투muntu'는 '사람'을 나타낸다. 그런데 갓난아기가 태어나서 말을 배우기 전까지는 그 아이를 '쿤투'라고 부르고, 말을 배워서 쓰기 시작하면 비로소 '문투'라고 부른다는 것이다. 사람과 사물의 구별은 언어의 사용에 있다는 점을 낱말의 정의 속에 포함시키고 있다는 사실은 매우 흥미로운 일이다.

시대와 생활이 어떠한 과정을 겪으면서 변화해 가든 관계없이 사회 공동체에 속한 사람은 대화를 나누면서 살지 않으면 안 된다. 그러므로 언어란 태어나면서부터 자연스럽게 체득하게 되는 인간의 본질적인 요소임에 틀림없다. 한 순간을 살다 가는 유한한 존재인 사람이 과거의 문화를 유지하고 역사를 축적하여 문화유산을 남길 수 있는 것도 오직 언어가 있기 때문에 가능한 일이다.

언어는 자기의 생각을 상대방에게 전달하는 의사소통의 수단이라고 정의할 수 있다. 따라서 언어활동은 화자(말하는 사람)와 청자(말듣는 사람)가 말을 주고받는 일이다. 의사소통이란 무엇인가? 리틀존(Littlejohn, 1982: 244)에서는 의사소통에 관해 다음과 같이 밝히고 있다.

> 의사소통을 진지하게 연구하는 사람이라면 누구나 많은 학문의 연구 결과 덕분에 우리가 이 현상을 알게 되었음을 깨달아야 한다. 의사소통은 모든 인간 행위의 핵심이다. 의사소통의 과정을 연구하지 않고서는 개인 행위, 사회 구조,

정치 행위, 예술 창작, 언어와 문화를 비롯한 모든 다른 인간사를 충분히 탐구할 수가 없다. 그래서 의사소통은 그처럼 광범위한 주제이다.

이와 같이 광범위한 영역에 걸치는 의사소통을 정의하는 일은 쉽지 않다. 그러나 여기서는 언어 자체와 관련하여 의사소통의 개념을 정의해 보기로 한다.

우선 화자와 청자가 말을 주고받는 과정을 생각해 보자. 화자는 청자에게 전하고자 하는 내용을 언어기호라는 일종의 코드로 바꾸는데, 이것을 코드화encode라고 한다. 한편 청자는 코드를 해독함으로 전달된 내용을 이해한다. 이것을 코드해독decode이라고 한다. 그러므로 코드화는 개념을 말소리로 바꾸는 것이고, 코드해독은 말소리를 개념으로 바꾸는 것이다. 이때 전달되는 언어기호의 연속체를 메시지message라고 하고, 화자가 코드화한 메시지가 전달되어 청자가 코드해독하는 과정을 의사소통이라고 한다. 따라서 의사소통은 〈그림 1〉처럼 정리될 수 있다.

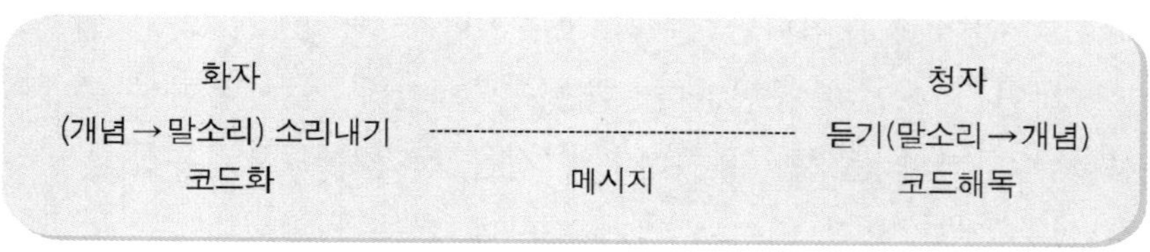

〈그림 1〉 의사소통의 과정

이러한 의사소통의 과정에서 소리내기와 듣기의 과정은 모두 '소리'라는 물리적 특성을 수단으로 이용하고 있다.

1.1.2. 의사소통과 소리

소리란 어떠한 물체가 진동하여 공기의 파동을 일으키고, 이 파동이 사람의 고막을 진동시키는 현상을 말하는 것으로 순수 물리학적 현상이다. 잠시만 하던 일을 멈추고 주위에서 들리는 소리에 귀를 기울여 보자. 우리 주위에서는 자동차의 소음, 벌레소리, 바람소리, 새소리, 사람의 말소리 등, 갖가지 소리가 끊임없이 들려온다. 그러나 모든 물체의 진동을 다 들을 수 있는 것은 아니다. 지나치게 빠르게 진동하거나 너무 느리게 진동하게 되면, 그 진동은 사람의 귀에 들리지 않는다. 따라서 우리는 지구가 자전하는 소리를 듣지 못하고, 새싹이 움트는 소리도 듣지 못한다. 사람이 들을 수 있는 소리의 진동수(1초 동안에 진동하는 수)는 16~20,000Hz 정도이다. 이러한 소리 가운데 사람이 낼 수 있는 소리는 더 제한되어 있다. 기차소리, 동물 소리를 흉내내는 사람도 있지만, 기침소리나 비명소리 등을 제외하고 사람이 내는 대부분의 소리는 다른 사람에게 의사를 전달하는 도구로 사용되는 소리들이다. 이와 같이 사람의 입안에서 만들어져서 뜻을 전달해 주는 수단으로 사용되는 소리를 말소리 Speech Sound라고 한다.

따라서 음성언어는 말소리와 뜻이 긴밀하게 결합된 기호체계이다. 음성언어는 사람만이 사용할 수 있다. 유인원에게 사람의 말소리를 훈련시킨 많은 시도들이 있었지만, 유인원은 사람과 다른 구강구조를 가지고 있기 때문에 단지 몇 개의 자음과 모음만을 흉내낼 수 있었을 뿐, 사람의 말소리를 흉내내지 못했다. 앵무새나 구관조는 특이한 구강구조를 가지고 사람이 내는 말소리를 흉내낼 수 있지만, 그 말소리의 뜻을 이해할 수가 없다. 그러므로 말소리와 뜻의 결합체인 음성언어를 사용하는 사람들에게는 이러한 정보를 만들어내고 해독하기 위해 특별한 기관이 필요하다.

음성언어를 사용하여 의사소통을 하는 과정을 덴스와 핀슨(Denes

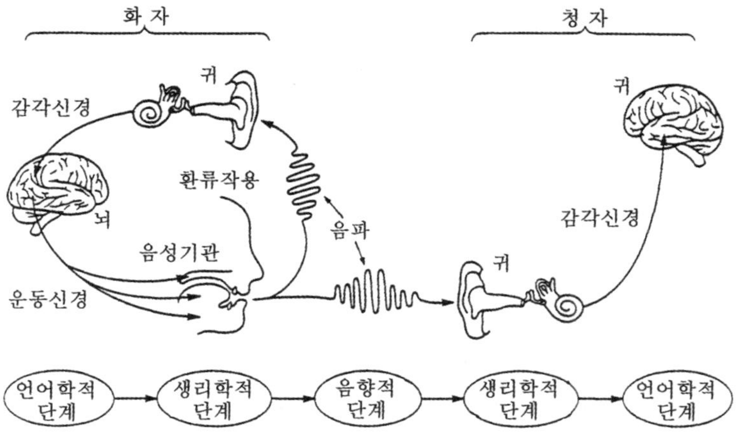

〈그림 2〉 대화의 연쇄 (Denes & Pinson, 1993: 5)

& Pinson, 1993)에서는 〈그림 2〉와 같이 나타내었다.

〈그림 2〉를 통하여 위에서 살펴본 의사소통의 과정을 좀 더 자세히 기술하면 다음과 같이 정리할 수 있다.

1. 화자는 자신의 말소리와 음파의 환류(feedback)작용에 의해 자신의 귀로 들어온 소리를 감각신경을 통하여 뇌에 저장한다. (생리학적 단계)
2. 뇌에서 전달하고자 하는 메시지를 이미 저장된 소리를 통하여 청각영상(acoustic image)으로 바꾼다. (언어학적 단계)
3. 운동신경을 통하여 음성기관을 작동시킨다. (생리학적 단계)
4. 음성기관을 통하여 만들어진 말소리가 공기 중에서 음파로 되어 청자의 귀로 전달된다. (음향학적 단계)
5. 귀로 전달된 소리가 감각신경을 통해 뇌로 들어간다. (생리학적 단계)
6. 뇌로 들어온 청각영상을 통해 메시지를 해독한다. (언어학적 단계)

음성언어의 전달과정을 통하여 살펴본 바와 같이 감각신경과 운동신경의 많은 부분은 말소리를 만드는 일에 사용되고 있다. 이러한 사실은 〈그림 3〉의 뇌피질 지도를 통해 확인할 수 있다.

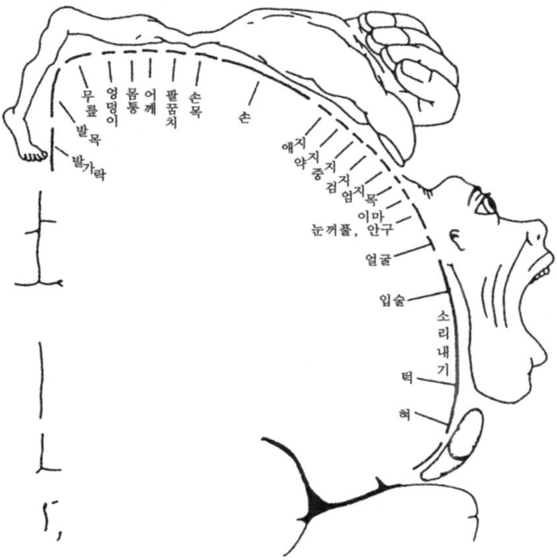

(3-1) 운동신경도

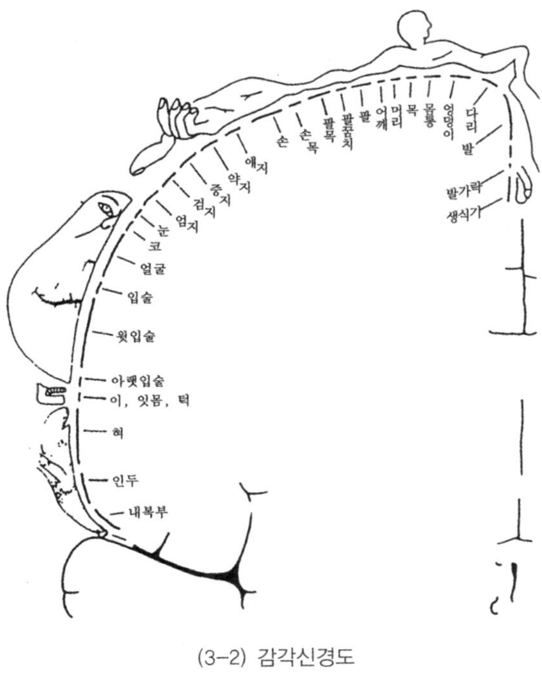

(3-2) 감각신경도

〈그림 3〉 뇌피질 지도 (Crystal, D. 1987: 261)

뇌피질 지도의 운동신경도와 감각신경도에서 볼 수 있듯이, 사람의 손과 입 주변의 영역이 넓은 부위를 차지하고 있는 것은 사람이 동물과는 달리 손을 통하여 도구를 조작하고, 언어를 사용한다는 특성을 잘 반영해 주고 있다. 특히 운동신경도에서 소리내기vocalization와 관련된 뇌피질의 부위나, 감각신경도에서 윗입술로부터 인두에 이르기까지의 부위는 전체 뇌피질의 절반 정도를 차지하고 있다.

사람의 뇌는 자연계의 우주에 비교된다. 과학의 발달로 조금씩 그 신비가 드러나고 있지만, 아직도 더 많은 부분이 가려져 있기 때문이다. 그러나 사람의 뇌는 동물의 뇌와는 다르고, 사람의 지적능력은 뇌의 기능 때문이라는 것은 이미 알려진 사실이다. 뇌의 기능 가운데서도 가장 중요한 것은 언어를 사용하는 것과 관련되어 있다는 사실을 뇌피질 지도가 보여 주고 있다.

이렇게 볼 때 말소리를 통하여 의사소통을 하는 것이야말로 사람만이 가진 특성인 두뇌의 역할 가운데 가장 중요한 것임을 알 수 있다. 또한 사람이 자신의 뜻을 말소리로 코드화하고, 다른 사람의 말소리를 듣고 뜻으로 코드해독하는 일이 얼마나 복잡하고 어려운 일인지를 확인하게 된다. 우리는 이 복잡한 과정을 인식하지 못하기 때문에 말하고, 듣고 이해하는 것을 아주 쉽고 당연한 것으로 받아들이고 있다. 사실상 말소리를 사용하여 의사소통한다는 것은 기적에 가까운 일이다.

(Cathy Guisewite의 「CATHY」 참고)

1.1.3. 의사소통의 방법

말소리를 이용하여 의사소통을 하는 것은 인간의 감각 가운데 청각에 의존하는 것이다. 따라서 이것을 청각 의존적인 의사소통이라고 할 수 있다. 의사소통에 청각만 이용되는 것이 아니다. 우리는 의사소통을 위해 시각, 청각, 촉각 따위의 감각을 다 이용한다.

청각 의존적인 의사소통에도 말소리를 이용한 음성언어만 있는 것이 아니다. 소리로서 자신의 심리적인 상태를 나타내는 것도 청각 의존적인 방법에 속한다. 예를 들자면 옛 어른들이 남의 방문을 열기 전에 '어험' 하는 큰기침소리를 내어 자기의 존재를 알리거나 상대방의 존재를 확인하는 것, 또는 바가지를 긁는 아내에게 코고는 소리를 내어 그 일에 관심이 없음을 나타내는 것과 같은 심리적 반향음이 여기에 속한다. 또한 문을 두드리는 소리, 발로 걷어차는 소리 등의 음향효과를 통해 메시지를 전달하는 것이나, 굵은 목소리, 쉰 목소리, 속삭이는 목소리 등 목소리 조절을 통해 메시지를 전달하는 것도 모두 청각 의존적인 의사소통이다.

전쟁이 났음을 알리는 봉화나 교통 소통을 돕는 신호등과 같은 상징물은 시각 의존적인 의사소통이다. 편지나 팩스, 전자우편 등은 물론이고 거리에 세우는 선전탑과 같이 문자를 이용한 의사소통도 시각 의존적인 의사소통이다. 청각장애인들의 의사소통 수단인 수화도 역시 시각 의존적인 의사소통이다.

촉각 의존적인 의사소통도 있다. 악수나 포옹 등을 통해 어떤 메시지를 전달하는 것은 촉각 의존적인 의사소통이다. 특수한 의사소통 가운데 태도마 커뮤니케이션Tadoma Communication이라는 것이 있다. 이것은 미국에 사는 '태드'라는 아이와 '오마'라는 아이 사이에서 이루어진 의사소통을 보고 두 아이의 이름을 따서 붙인 의사소통 방법이다. 이 아이들은 시각 장애와 함께 청각 장애를 가진 중복장애인들이었다. 의사소통을 위하여 서로의 얼굴에 손을 대고 손가락으

태도마 커뮤니케이션

로는 혀와 입술의 움직임과 목의 진동을 느껴서 서로의 메시지를 주고받는 방법이다.

텔레파시에 의한 의사소통처럼 초감각을 사용하는 의사소통도 있지만, 일반적인 의사소통에서는 소리를 내고 들을 뿐 아니라 몸짓도 사용하고, 말하는 사람과 신체 접촉도 하여서 종합적인 의사소통이 이루어진다. 이러한 의사소통은 음성언어와 동작언어로 크게 나눌 수 있다. 말소리를 통하여 의미내용을 전달하는 것이 음성언어이고, 음성언어 이외의 다른 수단을 통하여 의미내용을 전달하는 것이 동작언어이다. 음성언어는 청각 의존적이고, 동작언어는 청각, 시각, 촉각 등의 감각에 모두 의존하고 있다. 이러한 의사소통의 방법은 〈그림 4〉와 같이 정리할 수 있다.

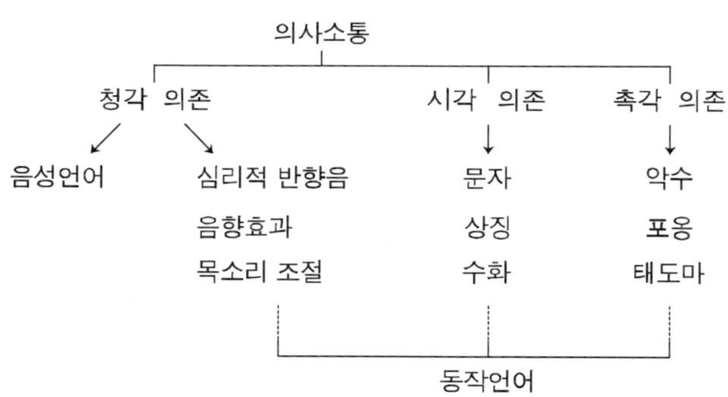

〈그림 4〉 의사소통의 갈래

1.2. 언어의 특징과 기능

1.2.1. 언어의 특징

이렇게 다양한 의사소통의 방법 가운데 음성언어(이하 '언어'라 한다), 즉 말이 가장 일반적인 의사소통의 방법으로 사용되는 것은 무엇 때문일까? 그 이유는 언어가 갖는 특성을 통해 설명할 수 있다.

첫째, 언어는 이원성duality을 갖는다. 이원성이란 언어는 소리와 뜻이라는 두 가지 원소로 이루어져 있다는 특성을 나타내는 말이다. 청각 의존적인 다른 의사소통 방법들은 소리와 뜻이 한 덩어리가 되어서 메시지를 전달하기 때문에 소리와 뜻을 따로 분리해낼 수가 없다. 따라서 메시지의 숫자만큼의 소리가 만들어져야만 한다. 그러나 언어만은 소리와 뜻이 분리될 수 있기 때문에 비슷한 소리가 전혀 다른 뜻을 나타낼 수도 있고 다른 소리가 같은 뜻을 나타낼 수도 있다. 따라서 언어에서는 한정된 소리를 가지고 무한한 뜻을 나타내는 것이 가능하다.

둘째, 언어는 자의성arbitrariness을 갖는다. 자의성이란 언어를 구성하고 있는 두 원소인 소리와 뜻이 연결되는 관계가 필연적이고 절대적인 것이 아니고, 관습에 의해 임의적으로 연결된 것임을 나타내는 말이다.

소리와 뜻의 관계가 필연적인 것이라면 우리가 '사람'이라고 말하는 개념은 꼭 [사람]이라는 소리로만 나타나야 할 것이다. 그러나 일본 사람은 [히또], 중국 사람은 [렌], 미국 사람은 [맨], 프랑스 사람은 [옴므]라는 소리로 나타내는 것을 보아서도 그 관계가 필연적이지 않고 자의적임을 알 수 있다.

소리와 뜻의 관계가 필연적인 것처럼 보이는 의성어나 의태어도 자세히 살펴보면 같은 소리로 표현되지 않는다. 우리말로 표현해도 어떤 닭이 우는 소리는 [꼬끼오]이고, 어떤 닭이 우는 소리는 [꼬꼬

댁 꼬끼]이다. 미국 닭이 우는 소리는 [코커두들두]이고, 러시아 닭이 우는 소리는 [쿠키리키]이다. 닭이 사람의 문화에 따라 다른 소리로 울어줄 리는 없지만, 사람들은 '닭이 우는 소리'라는 개념도 언어에 따라 각각 다른 소리로 받아들여서 말하고 있다는 것은 언어의 자의성을 잘 나타내준다.

셋째, 언어는 생산성productivity을 갖는다. 소리와 뜻이 자의적으로 연결될 수 있기 때문에 세상에 존재하는 뜻만큼 그에 대응하는 소리로 낱말을 만드는 것이 가능하다. 또한 지금까지 쓰이고 있는 낱말의 수가 유한하다 하더라도 언제든지 새로운 낱말을 더 만들어낼 수 있는 잠재력을 가지고 있으며, 낱말을 배합해서 문장을 만들고 이것으로 대화를 하는 것이 가능하다. 언어의 이러한 특성을 생산성이라 하며, 다른 말로는 창의성이라고 한다. 생산성이야말로 다른 의사소통 방법들이 가지고 있는 제약을 뛰어넘어 언어가 가장 주된 의사소통 수단으로 쓰이게 해주는 특성이라 할 수 있다.

넷째, 언어는 전위성displacement을 갖는다. 전위성은 '지금'이라는 시간뿐 아니라 과거나 미래로의 전환이 가능하고, '여기'뿐만 아니라 멀리 떨어져 있는 공간까지 지시하는 것이 가능한 특성을 말한다.

대부분의 다른 의사소통의 방법들은 '지금'과 '여기'로 한정되는 정보만을 전달할 수 있다. 그러나 언어는 '지금', '여기'뿐만 아니라 시간과 공간의 제약을 벗어난 표현도 가능하게 해 주고, 사실 세계뿐만 아니라 비사실 세계도 표현하는 것이 가능해서 거짓말까지도 할 수 있다.

따라서 이원성, 자의성, 생산성, 전위성을 갖는 언어는 인간의 창의성을 반영해 주는 가장 창조적인 의사소통의 방법이 된다. 그렇기 때문에 다른 어떤 의사소통의 방법보다도 많은 메시지를 전달해 줄 수 있고, 그런 이유가 언어를 다른 의사소통 방법과는 비교할 수도 없이 가장 많이 사용하게 하는 요인이 되는 것이다.

1.2.2. 언어의 기능

언어는 의사소통의 도구라고 정의되어 왔다. 따라서 언어의 가장 중요한 기능은 의사소통에 있다. 의사소통과 관련해서 언어는 다음과 같은 기능을 갖는다.

첫째, 언어는 정보 전달의 기능을 갖는다. 자기의 생각이나 느낌을 이야기하는 것, 어떤 일에 대해 서로의 정보나 견해를 주고받는 것, 강의실에서 이루어지는 강의와 질문 등에 사용되는 언어는 모두 정보를 전달하는 기능을 수행한다. 일상적인 정보에서부터 문화나 지식의 전수까지, 개인적이고 사소한 정보에서부터 국가의 중요한 정보까지 모두 언어를 사용하여 전달할 수 있다.

둘째, 언어는 감정 표현의 기능을 갖는다. 언어는 표면에 드러나는 정보의 전달뿐만 아니라 내면에 숨겨진 감정을 드러낼 수도 있다. 서로의 감정이나 느낌을 언어로 전달함으로서 인간관계를 유지시켜 주는 기능을 한다. 또한 매우 격한 감정의 상태나 감정이 고조되었을 때 생각하지도 않던 말이 튀어나오게 되는데, 이것도 언어가 감정 표현의 기능을 수행하는 것이다.

셋째, 언어는 사회적 접촉의 기능을 한다. 이것은 사회생활을 좀 더 부드럽고 풍요롭게 하기 위해서 의례적인 인사나 형식적인 말을 주고받을 때 나타나는 기능이다. 친분을 나타내거나, 어색한 상황을 피하거나 매끄럽게 하는 것이기 때문에 표현되는 언어 표현 자체의 의미만을 갖는 것이 아니다. 따라서 대답도 거의 일률적이다. 발을 밟고 "실례했습니다."라고 인사를 하는 화자에게 "실례인 줄 알면서 왜 하셨나요?"라고 말하는 것이나, 지나가면서 "안녕하세요?" 하고 인사를 하는 화자에게 "아니, 안녕하지 못하다."라고 말하는 경우는 정상적인 의사소통을 벗어난 경우가 된다. 이 경우는 상황에 따라 화자를 크게 당황시키거나, 웃음을 이끌어내는 유머로 작용하게 된다.

그러나 언어가 의사소통의 도구로서의 기능만을 가지는 것은 아니다. 의사소통과 관계없이 언어가 가지는 기능은 다음과 같은 것이 있다.

첫째, 소리의 힘을 이용하는 것이다. 우리의 옛 시가나 민요에는 노동을 하면서 힘을 합하기 위하여 언어를 사용한 예들을 찾아볼 수 있다. 아이들의 놀이에서도 이런 가능이 나타나는데, “무궁화 꽃이 피었습니다.”라는 말을 반복하는 놀이에서는 ‘무궁화 꽃이 피었다’는 메시지는 전혀 소용이 없다. 무궁화가 피거나 지는 것과는 상관없이 반복되는 말의 소리가 놀이를 계속 진행시켜 주고 있을 뿐이다. 어떤 기원에서 생겨났는지, 무슨 뜻인지도 전혀 알 수 없는 “미리미리 미리뽕.” 따위가 계속 사용되는 것도 이러한 기능 때문이다.

둘째, 언어를 통하여 현실 세계를 통제한다. 이러한 기능은 주로 종교의식에서 사용된다. 모든 초자연적인 신앙은 현실적인 삶에 영향을 주는 수단으로 언어를 사용하고 있다. 무당이 굿을 하면서 외우는 주문도 언어이고, 천주교회에서 성찬식을 할 때 집전하는 신부가 “이것은 내 살이다.”라고 말하는 순간 떡이 예수의 살로 변한다고 하는 것도 언어가 현실 세계를 통제하는 기능을 갖는 경우이다.

셋째, 언어는 생각의 도구가 된다. 사람들은 종종 자기가 생각하고 있는 것을 무의식적으로 입 밖으로 소리 내는 경우가 있다. 어린아이들은 산수 문제를 풀면서 입으로 중얼거리면서 문제를 풀고, 책을 읽을 때도 묵독보다는 낭독을 한다. 입으로 말하는 것이 정신을 집중할 수 있도록 도와주기 때문이다. 어떤 일을 깊이 생각하고 있을 때, 실제로 소리를 내지 않는다고 해도 그 생각은 말로 이루어지고 있다.

이러한 기능은 의사소통과는 직접적인 관계가 없지만 언어가 수행하고 있는 기능들이다. 따라서 언어는 의사소통의 기능만을 수행하는 것은 아니다. 그러나 언어의 주된 기능은 의사소통을 하는 것에 있고, 의사소통을 하는 여러 방법 가운데 언어가 가장 창의적이고 생산적인 방법이어서 의사소통과 언어는 아주 밀접한 관계를 형성하고 있다.

1.3. 언어와 대화

1.3.1. 대화의 정의

『표준국어대사전』에서는 대화를 '마주 대하여 이야기를 주고받음, 또는 그 이야기'라고 정의하고 있다. 사람이 언어를 사용하여 언어활동을 하는 것에는 여러 가지 유형이 있을 수 있다. 사적인 활동도 있고 공적인 활동도 있는데, 이러한 유형 가운데서 우리가 가장 많이 사용하는 형태는 사적으로 서로 이야기를 나누는 대화일 것이다. 뿐만 아니라 공적인 언어활동인 토의나 토론도 대화를 이용하여 이루어지는 것이기 때문에, 여러 명의 청자를 전제로 하고 이루어지는 연설의 형태를 제외하면 거의 모든 언어활동이 대화로 이루어지고 있다.

언어의 기능 가운데 의사소통과 관련된 기능인 정보의 전달이나 감정의 표현, 그리고 사회적 접촉 기능이 모두 대화를 통해 이루어진다. 그러나 소리의 힘을 이용하는 기능이나 현실 세계를 통제하는 기능, 생각의 도구가 되는 기능은 대화와 관계가 없으므로 언어의 기능 가운데 의사소통과 관련된 기능이 수행되는 주된 통로가 대화임을 알 수 있다.

대화란 일상생활에서 두 사람 이상이 서로 대하여 생각과 느낌을 표현하고 이해하는 상호적인 언어활동을 말하며, 사람이 사용하는 언어활동 가운데 가장 기본이 되는 요소이다. 두 사람 이상의 대화 참여자가 자유로이 화자와 청자의 역할을 바꾸어가면서 집약적으로 상호작용을 하는 것이 대화이다. 같은 시간에, 그리고 같은 장소에 대화 참여자가 있거나, 대화 참여자가 특정한 기계장치를 통해 서로 맺어져 있어야 한다. 또한 언어발화가 주요 의사소통 수단이며, 대화 참여자들의 발화는 내용에 있어서 주제적인 결속성도 있어야 한다. 그러나 넓은 의미에서는 혼잣말을 하는 경우에도 한 사람의 의식 속에서 화자와 청자가 구별되어 있으므로 대화에 포함된다.

일부에서는 대화중에 지적 요소가 짙은 것을 문답, 정적 요소가 짙은 것을 회화, 논리적 요소가 짙은 것을 토론이라고 나누기도 하지만, 이것들을 포함해서 잡담, 상담, 의논, 간담, 밀담, 교섭, 면담, 전화 등도 모두 대화에 포함된다. 박용익(1998: 218~219)에서 소개한 테히트마이어(Techtmeyer, 1984)의 대화유형학에 의하면 대화는 사회적 중요성과 대화 기능 및 대화 참여자의 사회적 관계, 대화 영역과 대화의 외적 상황이라는 네 가지 기준에 의해 다음과 같이 분류된다.

1) 사회적 중요성과 대화기능의 기준

(1) 실제적이고 구체적인 행위의 실현을 위해 수행되며, 그러한 행위의 한 부분인 대화:

예) 자동차를 고칠 때나 공장에서 수행되는 대화

(2) 공동의 행위를 기획, 사전조정, 사후평가하기 위한 대화:

예) 업무 협의

(3) 직무수행 대화:

예) 판매 대화, 관공서 대화

(4) 지식전달을 위한 대화:

예) 수업 대화, 인터뷰, 길묻기 대화, 상담

(5) 지식탐구를 위한 대화:

예) 학문적 토론

(6) 지식시험을 위한 대화:

예) 구두 시험

(7) 설득 대화:

예) 개인적 설득, 매체토론회, 인터뷰 및 상담

(8) 인간관계 설정과 관리를 위한 대화:

예) 연회 대화, 주점 대화

(9) 심리상태를 이완하기 위한 대화

(10) 예술 차원의 미적 효과를 위한 대화:
예) 연극 대화, 문학 작품 속의 대화

2) 대화 참여자 사이의 관계설정에 따른 기준

(1) 의사소통 목적의 동일성과 상이성: 협력 대화, 다툼 대화

(2) 대화 과정에 참여하는 정도, 발화 기회의 평등한 부여: 평등 대화, 불평등 대화

(3) 대화 참여자들의 견해 일치 여부: 비논쟁적 대화와 논쟁적 대화

3) 대화가 수행되는 행위영역의 기준

(1) 경제 영역에서의 대화

(2) 교육 영역에서의 대화

(3) 법률 영역에서의 대화

(4) 대중매체에서의 대화

(5) 사회적 기구의 틀 안에서의 대화

(6) 가정 내에서의 대화

4) 대화의 외적 기준

(1) 이인 대화와 다인 대화

(2) 즉흥적 대화와 조정된 대화

이와 같이 다양한 대화는 관점에 따라 관계 중심적 대화와 행위 동반적 대화, 그리고 과제 중심적 대화로 유형화하기도 한다(박용익, 1998: 220). 관계 중심적 대화는 특정한 대화 자체의 목적이 없고 단지 사람과 사람 사이의 사회적 관계를 유지하거나 여가나 오락을 위한 수다나 잡담을 말한다. 행위 동반적 대화는 무거운 짐을 여럿이서 나를 때 "조심해!", "잘 잡아." 등과 같이 행위를 동반하는 의사소통의 유형을 말한다. 과제 중심적 대화란 토론이나 수업, 협상 등과

같이 대화 참여자들의 의사소통 목적에 발화의 초점이 맞추어지고, 과제를 해결하는 기능을 갖는 의사소통의 유형을 말한다. 과제 중심적 대화는 대화를 시작할 때 대화 참여자 사이의 이해가 서로 상치되는가에 따라 상보적 대화와 협력적 대화, 그리고 경쟁적 대화로 구분한다. 상보적 대화에는 문의, 통보, 상담, 상의, 위로 등이 속하고, 협력적 대화에는 토론, 협상, 화해 등이 속하며, 경쟁적 대화에는 심문, 논쟁, 관철, 능력 다툼, 관계 다툼 등의 대화가 속한다.

1.3.2. 대화의 요소

대화는 음성언어를 통한 의사소통 과정에서 살펴본 바와 같이 누가, 누구에게, 무엇을 말하였는가 하는 것이 중심적인 내용이 된다.

누가 – 화자
누구에게 – 청자
무엇을 – 메시지

그러므로 대화의 요소는 화자와 청자, 그리고 메시지로 나누어 생각할 수 있다. 그런데 화자와 청자는 고정적으로 결정된 역할이 아니고, 상황에 따라 유동적이다. 대화에서 이야기되는 화제가 계속 이어짐과 동시에 상대방 이야기를 잘 경청하고 응대어를 구사하여 그와 관련된 이야기를 진행시켜 나가는 것을 토대로 하여, 화자와 청자의 역할은 항상 순환되고 있다. 따라서 대화에서는 말하며 듣고, 들으며 말하는 역할이 계속 바뀐다. 그러나 사람은 누구나 자기중심적이어서 화자의 관점에서 생각할 때와 청자의 관점에서 생각할 때 요구하는 것이 달라진다.

말을 조음해서 발화해야 하는 화자는 가능한 한 쉽고, 편하고, 간단한 언어 표현을 통하여 자기의 의사를 전달하고 싶어하는 경제성의 원리를 추구한다. 거기에 비해서 발화를 지각해야 하는 청자는 뜻을 식별해야 하고, 의도를 파악해야 하기 때문에 될 수 있는 대로 정확하고 쉽게 이해할 수 있는 구별성의 원리를 요구한다.

또한 화자는 자기가 말하고 싶어 하는 것만 말하려고 하고, 청자는 자기가 듣고 싶은 것을 들으려 한다. 심지어는 들려지는 소리를 듣는 것이 아니라 듣고 싶은 부분만을 가려듣기도 한다.

이러한 화자와 청자 사이의 대립은 대화의 기본적인 배경이 된다고 볼 수 있다. 따라서 바람직한 대화는 자기중심적이 되려고 하는 욕구를 어떻게 조절하여 상대방의 욕구를 충족시킬 수 있는 방향으로 전환하느냐의 문제와 직접 관련이 된다. 따라서 가장 이상적인 화자는 청자의 관점을 가장 잘 고려하는 화자이고, 이상적인 청자는 화자의 관점을 가장 잘 고려하는 청자이다.

1.3.3. 대화의 정보성과 친교성

쇼펜하우어Schopenhauer는 고슴도치가 어떻게 겨울 추위를 이겨내는가 하는 예를 통하여 인간관계를 설명한 일이 있다. 고슴도치는 추위를 피하기 위하여 서로 가까이 접근하다가, 뾰족한 바늘이 서로의 몸을 찌르면 뒤로 물러난다. 그러다가 추워지면 다시 접근하고, 찔리면 다시 후퇴하면서, 추위도 막고 찔리지도 않을 만큼의 적당한 거리를 찾는다는 것이다.

사람도 마찬가지로 고립을 피해 가까이 다가가다가도 자기만의 독립된 자리를 필요로 하는 양면성을 가지고 있고, 이러한 양면성이 대화에서도 중요한 역할을 하고 있다. 화자의 관점을 고려하고, 청자의 관점을 고려한다는 것은 상대방에게 적절한 거리를 유지해 주는 것에서부터 출발한다. 독립을 유지하려는 사람에게 여러 차례 친절한 말을 하면서 다가가는 것은 오히려 상대방을 더욱 움츠리게 하는 결과를 가져올 것이다. 상대방이 자기의 독립적 영역을 침범하고 있다고 받아들이기 때문이다. 이와는 달리 별로 중요한 정보가 없어도 일상적인 이야기나 잡담을 주고받는 사람들은 가까운 관계를 유지할 수가 있다.

태넌(Tannen, 1986)에서는 일반적으로 남성들은 독립을 유지하기 원하고, 여성들은 유대관계를 유지하기 원하는 경향이 있다고 하였다. 그래서 남성들의 대화는 정보 전달을 주기능으로 하는 것에 비해, 여성들의 대화는 친교 유지를 주기능으로 한다는 것이다. 이러한 차이를 고려하는 것이 이상적인 화자와 이상적인 청자가 될 수 있는 방법이 되기도 한다. 집에 돌아와 별다른 말을 하지 않는 남편이 아내에게 관심이 없거나, 집안일에 흥미가 없기 때문에 말을 하지 않는 것이 아니라 단지 정보를 중심으로 말하는 언어 습관 때문임을 이해할 수 있고, 잡담처럼 보이는 이야기를 오래도록 주고받고 있는 여성들끼리의 대화를 수다를 떤다는 편견으로서가 아니라 친교 유지의 수단으로 이해할 수 있을 때, 오해가 없는 대화가 이루어질 수 있다. (이에 관해서는 제10장에서 더 자세히 살펴보기로 하자.)

미국의 사업가들은 정보 중심의 대화를 좋아한다. 그래서 최대한 빨리 핵심에 도달하는 대화를 선호하고, 시시한 사교적인 이야기로 시간 낭비를 하지 않는 것이 최선이라고 생각한다. 그러나 이런 방식은 그리스나 일본, 아랍의 사업가들에게는 통하지 않는다. 이들에게는 사무적인 이야기의 밑바탕이 되는 사교적 관계 수립을 위해 시시한 이야기가 반드시 필요하기 때문이다.

자기중심적 사고에서 벗어나 상대방을 파악하려 하는 이상적인 화자와 이상적인 청자가 되는 방법, 화자와 청자가 유지할 수 있는 적당한 거리를 찾아내는 방법이 곧 대화의 기법이다. 따라서 이것을 밝히는 것이 이 책의 목적이고, 이 책에서 앞으로 다루고자 하는 주된 내용도 이에 관한 것이 될 것이다.

2장 동작언어에 의한 의사소통

우리가 사용하는 의사소통의 수단에는 언어적인 것과 비언어적인 것이 있다. 그런데 우리는 의사소통이라고 하면 우선적으로 말, 즉 언어적인 의사소통을 떠올리고, 매우 중요하게 생각하지만, 비언어적인 의사소통의 기능과 특징에 대해서는 별로 의식하지 못하고 의사소통을 해 왔다. 그러나 인간행동학을 연구하는 학자들은 언어적인 것보다 비언어적인 것이 의사소통에 더 많은 영향을 준다고 주장한다. 비언어적인 것은 목소리, 얼굴 표정, 눈, 몸짓 등 여러 가지가 있는데, 이들은 음성언어에 대하여, 동작언어라고 부르기로 한다.

이 장에서는 이러한 동작언어가 본능적인 것인지, 기호로 만들어서 사용한 것인지와 관련된 동작언어의 종류와 인사와 악수, 목소리, 표정 등을 포함하는 동작언어의 유형, 그리고 가족 관계에 영향을 주는 대화에 수반되는 동작언어의 몇 가지 유형과 내면적인 자아관에 의해 고착화된 복선적 대화 모형에 따르는 동작언어의 유형을 살펴보기로 한다.

2.1. 음성언어와 동작언어

아이들이 말을 배우는 과정을 살펴보면 언어적 의사소통에 앞서 비언어적인 의사소통 수단을 사용하고 있음을 발견하게 된다. 실제로 아이들은 말을 하기에 앞서 비언어적 의사소통을 사용할 뿐만 아니라 말이 늘어가면서 비언어적 의사소통도 같이 늘어간다. 이렇게 보면 비언어적 의사소통은 언어적 의사소통의 전 단계로서만 존재하는 것이 아니고, 언어적 의사소통과 함께 발전되어 가는 중요한 의사소통의 수단임을 알 수 있다.

언어적 의사소통에 사용되는 것을 '음성언어'라고 한다면, 비언어적 의사소통에 사용되는 몸짓, 얼굴 표정, 목소리 등을 포괄적으로 '동작언어'라고 할 수 있다. 어린아이들이 말을 배우기 전에 사용하는 동작언어들도 있지만, 어른들의 언어 행위 안에도 많은 동작언어들이 사용된다. 사람들은 모두 온몸으로 말을 하고 있다. 음성언어로 전달하는 정보를 '메시지'라고 한다면 동작언어와 환경 요소까지를 포괄하여 전달하는 정보는 '초메시지meta-message'라고 할 수 있다. 사람들은 메시지보다 초메시지에 대해 더 민감하게 반응을 한다.

일반적으로 음성언어는 주로 지식적인 정보를 전달하고, 동작언어는 주로 감정적인 정보를 전달한다. 대부분의 경우 음성언어의 내용과 동작언어의 내용은 서로 조화를 이룬다. 그래서 부드러운 내용에는 부드러운 동작이, 단호한 내용에는 단호한 동작이 수반된다.

그러나 항상 음성언어와 동작언어의 내용이 일치하는 것은 아니다. 예를 들어서 "나 화났어."라는 음성언어를 전혀 화가 나지 않은 동작으로 표현할 수도 있고, "나 화 안 났어."라는 음성언어를 아주 화가 난 동작으로 표현할 수도 있다. 이때의 전달 내용은 동작언어에 따라 결정되는데, 이 관계는 다음과 같이 나타난다.

(1) 음성언어와 동작언어

음성언어	동작언어	전달 내용
"나 화났어."	+ 화난 동작	나 화났다.
	−화난 동작	화났다고 표현하지만, 실제로는 화나지 않았다.
"나 화 안 났어."	+ 화난 동작	정말 화가 났지만, 그것을 말하고 싶지도 않다.
	−화난 동작	나 화 안 났다.

따라서 개인적이고 정감적인 것을 전제로 하는 대화에 있어서 동작언어가 차지하는 역할은 매우 크다. 다음의 대화 (2)를 살펴보자.

(2) **남편** : 여보! 오늘 어머니 오실 거예요.
아내 : 알았어요.

음성언어로 표현된 아내의 전달 내용만으로는 부정적인 요소가 발견되지 않는다. 그러나 여기에 수반되는 동작언어의 종류, 특히 소리의 세기, 길이, 높이 등에 따라 부부싸움이 일어날 수도 있고, 친밀한 관계가 유지될 수도 있다. 음성언어와 동작언어가 일치되는 것이 일반적인 대화의 양상이지만, 양자는 반드시 일치되지 않을 수도 있고, 이 경우 동작언어가 전달 내용을 결정한다는 것은 재미있는 현상이다.

음성언어와 동작언어의 사용에는 개인의 지위나 권력 등의 요소도 영향을 준다. 사회적으로 지위가 높은 사람일수록 그들의 언어영역 안에서 충분히 뜻을 전달할 수 있기 때문에 음성언어에 더 의존하는 반면, 교육을 덜 받았거나 덜 숙달된 사람일수록 의사전달을 위하여 동작언어에 더 의존하게 된다. 성인보다는 어린아이들이 동작언어를 더 많이 사용하는 것도 이 때문이다. 또한 사회·경제적인 지위가 높은 사람일수록 동작언어의 사용이 많지 않은 편이다.

그러나 대부분의 연구자들은 정보 전달을 위해서 우선적으로 음성언어가 사용되고, 동작언어는 사람과 사람 사이의 태도를 변화시키며, 어떤 경우에는 음성언어의 대체로서 동작언어가 사용된다는 데에 동의한다. 의사소통을 할 때 동작언어가 전달하는 정보의 양이 65~70%에 해당되고, 음성언어는 약 30~35%의 정보만을 전달한다는 버드휘스텔(Birdwhistell, 1952)의 연구나, 말의 내용이 7%, 외모나 몸짓이 55%, 목소리가 38%를 차지한다는 멜라비언(Mehrabian, 1972)의 연구를 통해 보더라도, 대화에서 동작언어가 차지하는 비중은 대단히 크다는 것을 알 수 있다. 그러나 동작언어 안에 감싸여 있는 것이 음성언어이기 때문에, 이들 두 가지를 따로 떼어놓는다는 것은 거의 불가능한 일이다.

2.2. 동작언어의 종류

동작언어를 사용하고 이해하는 능력이 선천적인 것인지, 체험에서 얻어지는 것인지, 유전적으로 전이되는 것인지, 그렇지 않으면 어떤 다른 방법으로 습득되는 것인지에 대해 많은 연구와 조사가 있었다. 아이들이 빠는 능력을 가지고 태어나는 것은 선천적이고 유전적인 것이다. 이와 마찬가지로 청각이나 시각에 장애를 가지고 태어난 아이들이 웃는 것은 모방이나 학습과는 관계가 없는 선천적이고 유전적인 것이다.

그러나 어떤 것이 유전적인 것이고, 어떤 것이 문화적으로 습득되는 것인가에 대해서는 많은 논란이 있다. 예를 들어 겉옷을 입을 때, 대부분의 남성들은 오른팔을 먼저 끼우는 데 반해 여성들은 왼팔을 먼저 끼운다. 복잡한 거리에서 남성과 여성이 서로 지나쳐 갈 때, 남성은 여성을 향하여 몸을 돌리는 데 반해, 여성은 반대쪽으로 몸을 돌린다. 이러한 행동은 자기보호본능에서 비롯된 것일까? 아니면 다른 사람들의 행동을 보면서 무의식적으로 학습된 것일까?

기본적인 동작언어는 본능적인 것이라고 할 수 있지만, 문화적으로 습득된 동작언어도 많이 있다. 여기에서는 동작언어의 종류를 본능적인 것과 기호적인 것, 그리고 주변언어적인 것으로 나누어 생각하기로 한다.

2.2.1. 본능적 동작언어

자극에 대한 반응으로 자동적으로 나타나는 것을 본능적 동작언어라고 한다. 이런 언어는 사람만이 아니라 동물도 가지고 있는 것으로, 공포나 분노에 찬 표정이나 심한 고통을 받을 때 내는 비명소리 같은 것이 여기에 속한다.

그러나 사람이 사용하는 동작언어는 동물의 것보다 훨씬 더 정교하고 다양하다. 동물보다 감수성도 탁월하고, 그것을 통제하는 능력도 탁월하기 때문이다. 또한 사람의 동작언어는 본능이라 하더라도 문화적인 의미가 가미되어 있는 데 반해, 동물에게서는 이러한 점을 찾을 수 없다는 점에서도 차이가 있다.

본능적인 동작언어가 다른 사람에게 얼마나 명백하게 드러나는가는 개인의 지위나 권력, 나이 등과 관계가 있다. 예를 들어 다섯 살

〈그림 1〉 거짓말하는 어린이 〈그림 2〉 거짓말하는 청소년 〈그림 3〉 거짓말하는 어른

짜리 아이가 부모에게 거짓말을 한다면, 그 아이는 〈그림 1〉에서 보는 것처럼 거짓말을 한 후 즉시 손으로 입을 가릴 것이다. 그러나 10대의 청소년이 거짓말을 할 때는 분명하게 손으로 입을 가리는 대신에 〈그림 2〉에서 보는 것처럼 손가락으로 가볍게 입 언저리를 문지를 것이다. 어른이 되면 동작이 좀 더 세련되어서 머리에서는 거짓말을 할 때 입을 가리라고 지시하지만, 〈그림 3〉에서 보는 것처럼 얼굴에서 손을 떼고 코 주변을 만지는 동작을 취할 수도 있다. 이것은 어린 시절 사용하던 입 가리기 동작언어의 변형인 것이다. 나이가 들어갈수록 동작언어는 더 세련되어지기 때문에 본능적 동작언어라도 어른들의 동작언어는 더 파악하기 어렵다.

2.2.2. 기호적 동작언어

음성언어가 음성을 매개로 한다면, 몸짓을 매개로 하는 기호로 사용되는 동작언어를 기호적 동작언어라고 한다. 그런 점에서 음성언어와 가장 가까운 것도 기호적 동작언어이다. 음성언어만큼 구조화되어 있지는 못하기 때문에 표현할 수 있는 내용에 제한이 있다.

본능적 동작언어가 선천적으로 습득되는 것이라면, 기호적 동작언어는 후천적인 학습에 의해 습득되는 것이다. 이 가운데는 토끼의 깡충거림이나 나비의 춤과 같이 자연적 모방에 의해 습득되는 것도 있지만, 대부분이 사회적인 약속으로 기호화되어 있는 것을 문화적 모방에 의해 배운 것이다. 따라서 자기 마음대로 만들어서 사용할 수는 없고, 서로 학습하여 공유하는 사회적인 약속을 배워서 사용하는 것이다.

기호적 동작언어 가운데는 은어나 암호 따위도 포함된다. 따라서 특수 사회 집단에서만 폐쇄적으로 사용되는 것도 있다. 택시를 합승하기 위하여 주고받는 동작, 도매시장에서 주고받는 동작, 야구 투수와 포수 사이에서 주고받는 동작 등이 여기에 속한다.

기호적 동작언어는 음성언어와 독립적으로도 많이 사용된다. 기호성이 높아서 그것만으로도 내용을 전달하기 때문이다. 그러나 음성언어와 함께 쓰이기도 한다.

2.2.3. 주변언어적 동작언어

음성언어와 함께 쓰이면서 기능상으로 그것을 보조하고 보완하는 것을 주변언어적 동작언어라고 한다. 이 가운데는 음성적인 요소와 동작적인 요소가 있다.

음성적인 요소란 음성언어에 꼭 필요한 소리의 세기, 높이, 크기, 빠르기보다 더 과장되게 세거나, 높거나, 크거나, 빠르게 사용되어서 특정한 내용을 전달하는 음성적 요소들을 말한다.

어떤 사람이 속삭이는 목소리로써 말하고 있다면, 그 내용은 음모나 계략을 꾸미는 일이거나 비밀스러운 일일 것이다. 보통 때보다 아주 빠른 목소리로 말하는 것은 긴급함이나 절박함을 나타내며, 보통 때보다 느린 속도로 말하는 것은 심사숙고함이나 강조함을 나타내는 것이다. 어른이 어린아이나 애완동물과 이야기할 때는 입술을 앞으로 둥글게 해서 말을 하는데, 이것은 대상에 대한 애정을 나타내는 것이다. 이러한 것들이 모두 음성적인 주변언어적 동작언어의 예가 된다.

동작적인 요소에는 음성언어에 수반되는 얼굴 표정이나 손짓, 행동 등이 포함된다. 똑같이 동작적인 주변언어적 요소이지만, 손짓보다는 얼굴 표정이 음성언어의 의미내용을 바꾸는 데에 더 자주 사용된다.

저녁에 술을 마시고 싶지만, 아내의 눈치를 보는 남편이 자녀에게 술을 사오라고 심부름을 시키는 상황을 생각해 보자. 음성언어로는 "맥주 딱 한 병만 사 오너라."라고 표현하면서도 자녀를 향해 웃으면서 손가락 두 개를 펴서 흔든다면 이것은 손짓으로써 음성언어의 의미내용을 바꾸는 경우가 될 것이다.

얼굴 표정으로 바꾸는 경우는 보다 쉽게 발견된다. 앞에서 예로 든 "나 화났어."와 "나 화 안 났어."의 경우, 얼굴 표정만으로 전달내용을 바꿀 수 있음을 이미 살펴보았다. 그러나 실제 언어생활에서는 이러한 경우들보다는 주변언어적 동작언어들이 음성언어와 함께 수반되는 보조적인 요소로 쓰이는 경우가 일반적이다.

2.3. 동작언어의 유형

대화에 중요한 영향을 끼치는 동작언어의 유형은 여러 가지로 분류할 수 있지만, 여기서는 가장 손쉬운 방법으로 신체 부위에 따라 유형을 살펴보기로 한다.

1) 목소리

음성언어를 제외하고 목소리만큼 많은 정보를 전달하는 것은 없다. "여보세요." 하는 목소리만 들어도 우리는 그 사람이 누구인지, 지금의 상태가 어떤지를 짐작할 수가 있기 때문이다.

사람의 목소리는 개별성을 갖는다. 성문聲紋, voice print을 가지고 범인을 식별할 수 있을 만큼 사람마다 가지고 있는 음질이 다르다. 목소리를 가지고 그 사람이 남자인지, 여자인지를 식별할 수 있고, 노인인지 어린이인지도 구별할 수 있다. 또한 경우에 따라서는 건강 상태나 성격, 정서 상태 등도 판단할 수 있다.

소리의 크기도 매우 다양하다. 어느 정도의 크기가 적당하다고 생각하는 것은 민족에 따라 차이가 있지만, 일반적으로 서구인들에 비해 동양인들이 더 큰 소리를 사용한다. 한국 사람들이 예절이 없다고 지적되는 요소 가운데 하나는 공공장소에서 큰소리로 말한다는 것이다. 실제로 한국인들은 식당에서 밥을 먹으며 매우 큰소리로 이야기를 하는데, 그런 우리가 매우 시끄러운 상황을 "중국집(호떡집)에 불났다."라고 표현하는 것을 보면, 중국인들은 더 큰 소리로 이야기를 나누는 것 같다.

(3) **아내** : 아니, 조용조용 말해도 다 알아듣는데, 왜 그렇게 소리를 질러요?
남편 : 누가 소리를 질렀다는 거야?
어디 정말 소리 한 번 질러볼까?

조용조용 이야기하는 환경에서 자란 사람은 큰 소리로 말하는 사람과 가까워지기 어렵다. 화가 났을 때처럼 소리를 지르기 때문에 말을 들으며 깜짝깜짝 놀라게 된다. 이와 반대로 큰 소리로 말하는 것이 습관이 된 사람은 작은 목소리로 말하는 사람과 가까워지기 어렵다. 말을 입안에 넣고 속삭이는 것이 답답하고, 무언가 숨기려는 것 같이 느껴지기 때문이다. 따라서 사람 자체에 다가가기 전에 목소리에 걸려 넘어져서, 바른 인간관계를 형성하지 못하게 된다. 바람직한 대화를 위해서는 정상적인 목소리에 대한 기대치가 사람에 따라 다르다는 것을 인정하고, 상대방에게 맞추려는 노력이 필요하다.

이야기 내용에 따라서도 소리가 더 커지거나, 작아질 수 있다. 일반적으로 강조하고 싶은 내용이나 다른 말과 연결할 때, 화가 나거나 흥분한 감정을 나타낼 때는 목소리가 커진다. 그러나 별 뜻 없이 한 말이나, 기분이 나쁘거나 당혹스러워서 말하고 싶지 않을 때, 내 말은 이제 끝나간다는 의미를 전달할 때는 소리를 줄여서 말한다. 작게 말하는 것은 존중의 표시일 수도 있다. 장례식장에서나 높은 사람들 앞에서 작은 소리로 말하는 것이 그런 경우이다.

사람의 목소리는 가변적이다. 상황에 따라 목소리를 바꾸는 것이 가능하다. 목소리를 바꾸는 요소인 소리의 길이, 세기, 높이 등을 마음대로 조절할 수가 있고, 말의 속도도 마음대로 조절할 수가 있다. 따라서 목소리를 단장하는 것이 가능하다.

똑같은 사람이라도 누구와 이야기하느냐에 따라 목소리가 달라진다. 여학생들이 집에서 가족들과 이야기할 때 내는 목소리와 이성 친구를 만났을 때 내는 목소리가 다르다는 사실을 통해서도 선천적으로 타고난 목소리도 여러 개의 변이형을 가지고 있음을 알 수 있고, 가다듬어진 목소리로 이야기할 수 있다는 것을 말해 준다.

일반적으로 목소리는 감정의 반사체 역할을 한다. 평소보다 큰 목소리는 화가 났음을 알리는 신호이고, 평소보다 작은 목소리는 아프거나 의욕이 없음을 나타낸다. 평소보다 높이 떠 있는 목소리는 감정의 흥분 상태를 나타내고, 낮게 가라앉은 목소리는 우울함을 나타낸다.

목소리는 온도도 가지고 있다. 차가운 목소리는 냉담함과 무관심을 나타내고, 따스한 목소리는 관심과 애정을 나타낸다. 따라서 대화할 때 들리는 상대의 목소리는 상대의 감정을 나타내는 신호판이다.

목소리를 통해 감정을 전달받기 때문에 사람들은 대화를 지속시키는 중요한 요소가 목소리라고 지적을 한다. 따라서 바람직한 대화를 위해서는 목소리의 훈련이 필수적이다. 이 경우 훈련은 아름다운 목소리를 가지기 위한 훈련이 아니라, 자연스러운 말소리를 위한 훈련을 뜻한다. 자연스러운 말소리란 적당한 세기와 높이, 적당한 빠르기, 명료하고 고른 음정, 따스한 음색 따위를 가지고 있어서 듣기에 단조롭거나 거북하지 않은 말소리를 말한다.

목소리는 음성언어의 부수적 요소로 동반될 뿐만 아니라 독자적인 감정의 표출이나 의사전달에도 사용된다. 이 가운데 가장 대표적인 것이 웃음과 울음이다. 웃음과 울음은 표정과 결합된 요소이다. 또한 소리 없는 웃음과 울음도 있기 때문에 오히려 목소리를 부차적인 것으로 생각할 수도 있겠지만, 대부분의 웃음과 울음은 목소리를 동반하고 있어서 웃음소리, 울음소리 등과 같이 소리와 연결된 것으로 생각하게 된다.

이밖에도 목소리를 가지고 간단한 기호나 신호를 만들어서 사용하기도 한다. 몸이 아프거나 힘들 때 내는 끙끙거리는 소리나, 놀람이나 통증을 나타내는 비명 소리, 인기척을 할 때 내는 기침소리, 어떤 일에 관심이 없음을 나타내기 위해 내는 코고는 소리 등이 여기에 속한다.

2) 얼굴 표정

사람들 사이의 대화는 예외적인 경우가 아니라면 상대방의 얼굴을 보면서 이루어진다. 대화에서 상대방을 파악하는 첫 번째 정보는 음성언어를 통해 들어오는 것이 아니라 얼굴 표정을 통해서 들어온다. 상대방의 얼굴 표정을 보는 것은 대화가 시작될 때부터 끝날 때까지 계속된다. 이런 의미에서 본다면 음성언어로 대화를 나눈다고 해도 이미 의사소통의 통로는 청각 하나가 아니고 청각과 시각의 둘인 셈이 된다. 대화란 결국 두 사람이 일정한 정보를 주고받는 일이기 때문에 상대방이 누구인가를 확인하는 일이 가장 먼저 이루어질 수밖에 없다. 상대방의 얼굴을 통해 그 사람의 인종, 성, 나이, 건강, 직업, 성격 등에 관한 정보를 거의 다 얻을 수가 있다. 목소리와 마찬가지로 얼굴의 표정도 마음의 창과 같아서 말하는 사람의 감정을 그대로 반영하고 있다.

화자는 청자의 표정을 통해 그 사람이 현재의 이야기에 대해 얼마나 관심이 있고, 얼마나 이해하고 있는지를 살펴야 한다. 따라서 그 반응에 따라 말의 수준이나 길이, 내용 등을 바꾸기도 하고, 소재나 화제를 바꾸기도 하여야 한다.

청자의 관점에서 화자의 얼굴 표정은 음성언어의 의미를 제대로 파악하게 도와주는 보조 수단임을 기억해야 한다. 음성언어에는 반영되지 않는 감정적인 요소나 의지적인 요소들도 모두 얼굴 표정

속에 드러날 수 있기 때문이다. 평소에 시력이 좋지 않아 안경을 쓰던 사람이 안경을 벗은 채로 대화를 하다보면, 안경을 썼을 때보다 잘 이해가 되지 않는 것을 경험하게 된다. 상대방의 얼굴 표정을 보지 못 하는 것이 청취와 해석에 장애가 되기 때문이다. 또 한 가지 명심해야 할 것은 청자는 화자에게 표정으로 반응을 보이고 있다는 사실이다. 화자가 관심도 없는 이야기를 일방적으로 쉬지 않고 하는 경우가 아니라면, 상대로부터 얼굴을 돌린다거나 하품을 한다거나 관심 없는 표정을 지어서는 안 된다. 다음 〈그림 4〉와 같이 청자의 표정에는 관심을 가지고 듣고 있는지, 그렇지 않은지가 분명히 드러나기 때문이다.

미소를 띠고 이야기하는 것은 상대방에게 호의적인 태도를 전달하는 방법이다. 원숭이들의 사회에서 낮은 계층의 원숭이들은 높은 계층의 원숭이들의 비위를 맞추기 위하여 미소를 짓는다는 연구 결과가 있다. 그래서 미소는 기원적으로 공포에서 변형된 것이고, 약자임을 표현하는 행위라는 견해도 있다. 사람에게 있어서도 이런 현상은 나타난다. 얼굴 표정의 조절은 감정 조절의 한 시도인데, 권력이 있고 다른 사람들을 지배하는 계층의 사람들은 항상 냉정을 지키고, 얼굴에 미소를 나타내지 않는다. 또한 남성보다 여성이 더 미소를 많이 짓는다. "웃는 얼굴에 침 못 뱉는다."는 말과 같이 일상생

〈그림 4〉 관심 있는 표정과 관심 없는 표정

활에서 미소는 대화의 분위기를 부드럽게 하는 효과를 갖는다. 이것은 기원적으로 미소가 상대방에게 우월감을 주는 효과를 갖기 때문이라고 볼 수 있다. 미소가 호의적인 태도를 전달하기 때문에 경우에 따라서는 오해를 불러일으킬 수도 있다. 남의 이야기를 들으면서 웃고 있으면 상대방이 자기를 비웃는다고 생각할 수도 있고, 상대방이 이성일 경우에는 치근덕거리는 행위로 받아들여질 수도 있다. 그러나 특별한 경우가 아니라면 미소를 띠고 이야기하는 것은 대화를 나누는 데 있어서 긍정적인 요소가 된다.

3) 눈

넓은 의미에서 보면 눈은 얼굴 표정의 일부가 될 수 있다. 그러나 눈은 우리 몸 가운데서 가장 초점이 잘 모아지는 곳이고, 자유롭게 움직이는 눈동자를 통해 전달하는 내용을 담아낸다는 점에서 의사전달에서 아주 중요한 역할을 수행하기 때문에 별도로 생각하는 것이 필요하다.

눈은 대화의 시작을 알리는 기능을 한다. 사람들은 대화를 시작하기 전에 그 사람을 쳐다본다. 그리고 눈이 마주치면 대화를 시작한다. 따라서 눈이 마주치는 것이 대화의 통로가 마련되었음을 알리는 신호가 되는 셈이다. 이론상으로는 일단 이어진 눈길은 말이 끝날 때까지 그대로 유지되어야 한다. 그러나 실제의 대화에서 논쟁이나 긴장된 회담이 아닌 경우는 몇 차례 끊어졌다가 이어지며 대화를 유지해 간다.

서양에서는 대화를 할 때 상대방의 신분과 관계없이 반드시 눈을 마주보고 하는 것이 예의이지만, 동양에서는 웃어른과 대화하면서 눈을 마주보는 것은 예의가 없는 일로 생각해 왔다. 신분이 낮거나 같은 경우는 서로를 바라보며 이야기하지만, 웃어른과 이야기할 때는 시선을 웃어른의 가슴 정도로 낮추는 것이 바른 태도로 생각해 왔다. 따라서 웃어른과 이야기할 때의 시선은 상대방과의 친소 관계나 상대방이 생각하고 있는 가치관에 맞추는 것이 중요하다. 그러나 웃어른과 이야기할 때에도 시종일관 시선을 떨구는 것보다는 가끔씩 눈을 들어 상대방을 바라보며 이야기하는 것이 대화를 부드럽게 이끌 수 있는 방법이 된다. 어떤 미국 학자가 일본 대학의 초청을 받고 일본에 갔다. 그런데 그 학자가 연설을 하는 동안 일본의 교수들은 자기와 눈길을 맞추지 않고, 바닥을 쳐다보거나 심지어는 눈을 감아버리는 것이었다. 그 학자는 일본 교수들이 자기에 대해 반감을 표시하고 있는 것이라고 생각하고 연설을 중단했다. 일본에서 아래를 보거나 눈을 감는 것이 경청이나 동의의 표시가 된다는 것을 몰랐기 때문이다.

서양의 학자들은 진정한 의사소통이 성립되는 때는 오로지 눈을 마주보며 이야기할 때라고 주장한다. 사람이 불성실하거나 진실하지 않은 이야기를 할 때는 상대방을 바라보는 것이 대화 시간의 1/3도 못 된다. 대화 시간의 2/3가 넘도록 상대방을 바라보는 것은 긍정적인 상황과 부정적인 상황이 있다. 긍정적으로는 상대방을 아주 흥미가 있거나 매력적이라고 생각하는 경우인데, 이때는 동공이 확대된다. 부정적으로는 상대방에게 적대감을 가지고 있으며 동작언어로써 도전을 하고 있는 경우인데, 이때는 동공이 수축된다. 그러므로 다른 사람과 친밀한 관계를 수립하기 위해서는 함께 하는 시간의 약 60~70% 동안 상대방과 시선을 공유해야 한다는 결론을 얻을 수 있다.

여기서 문제가 되는 것은 상대방이 이성일 경우이다. 우리말의 "눈이 맞다."라는 표현을 통해 알 수 있는 것처럼, 두 사람 사이의 특별한 관계는 눈이 마주침이 없이는 성립되는 않는다. 여러 대상 가운데서 자신의 마음에 맞는 사람을 발견하면, 눈이 그 사람에게로만 가게 되고, 동공이 크게 확대된다. 전통적으로 여성이 남성을 바로 보면 정숙하지 못하다는 생각을 가져왔던 것도 이러한 이유 때문이다. 직장 내 성폭력에 대해 규정하면서 여성에게 시선을 오래도록 보내는 것을 포함시킨 것을 보면, 이성에게 오래도록 시선을 보내는 행위는 아직도 금기로 남아있음을 알 수 있다. 따라서 친밀하지 않은 이성과의 대화에서라면 상대방이 불편함을 느끼지 않는지에 대해 유념해야 할 필요가 있다. 시선을 너무 지나치게 고정시켜도 불편할 수 있지만, 시선을 너무 주지 않아도 무시당하는 느낌을 가질 수 있기 때문이다.

시선을 주는 빈도수뿐만 아니라 상대방을 응시하는 시선의 각도도 대화의 내용과 관계에 따라 달라진다. 사업적이고 공적인 대화에서는 〈그림 5〉에서 보는 것처럼 상대방의 눈을 중심으로 하여 이마 부분까지에 걸쳐 시선을 맞춘다. 그러나 사교적인 시선은 〈그림 6〉에서 보는 것처럼 눈을 중심으로 하여 입까지에 걸쳐 시선을 맞춘다. 더 친근한 시선은 〈그림 7〉에서 보는 것처럼 두 눈과 턱 아래를 지나 신체의 다른 부분까지도 바라본다.

대화중에 눈을 감아버리는 것은 무의식적으로 나타나는데, 싫증이 났거나 관심이 없을 때, 또는 자신이 상대방보다 우월하다고 느끼기 때문에 상대방을 시야에서 가로막으려는 시도로 나타나는 것이다. 보통 대화중 일 분 동안 여섯 번에서 여덟 번 눈을 깜박이는데, 눈꺼풀이 1초 이상 감겨 있다는 것은 그 사람이 순간적으로 그

〈그림 5〉 공적인 시선

〈그림 6〉 사교적인 시선

〈그림 7〉 친근한 시선

의 마음에서 상대방에 대한 생각을 지워 버리려고 한다는 것이다.

눈은 감정이나 느낌의 변화를 가장 잘 드러내 준다. 대화를 하면서 수시로 감정이나 느낌이 변화할 수 있는데 이것을 가장 빠르고 정확하게 반영하는 곳이 눈이기 때문에, 상대방의 눈을 보면서 이야기하는 것은 적극적이고 능동적인 대화에서 꼭 필요한 요소가 된다. 눈의 크기, 눈동자의 크기와 같은 눈동자의 움직임뿐만 아니라 시선을 주는 눈빛, 시선을 주는 빈도수, 시선의 각도도 대화의 내용에 따라 달라지고, 눈을 깜빡거리는 횟수도 달라진다.

두 눈을 지긋이 감을 수도 있고, 눈썹을 위로 추켜올리고 눈을 크게 뜰 수도 있으며, 양미간을 좁히고 두 눈을 찌푸릴 수도 있다. 물론 극도의 감정 표현으로는 눈물이 고이거나 흐를 수도 있다. 따라서 눈이 주는 정보를 놓치고는 바른 대화를 이어갈 수가 없다고 해도 지나치지 않다.

4) 몸짓

모든 인류가 말을 하면서 몸짓을 사용하지만 모든 사회에서 똑같은 의미를 가지는 몸짓은 없다.

다윈(Darwin, 1872)에서는 긍정을 나타내기 위해 고개를 끄덕이는 것은 아이들이 어머니의 젖을 찾는데서 비롯되었다고 하여 문화 보편적이라고 하였지만, 실제에 있어서 긍정을 나타내는 몸짓은 매우 다양하다. 아이누족은 양팔을 가슴 높이에 가져다 놓고 흔들고, 마라야 지방의 흑인 난쟁이들은 머리를 앞으로 숙이며, 인도의 펀자브 사람들은 머리를 뒤로 젖힌다. 세이론 사람들은 왼쪽 어깨로 원을 그리면서 다른 쪽 어깨로 재빨리 움직이고, 뱅갈리 사람들은 머리를 한 쪽 어깨에서 다른 쪽 어깨로 재빨리 움직인다. 사람의 몸은 수천 가지의 몸짓을 사용할 수 있게 하지만 각 언어 사회는 그중 어떤 특정한 몸짓만을 사용한다.

말을 하면서 몸짓을 사용하는 정도는 문화에 따라 다르다. 유태에는 “말을 너무 많이 해서 팔이 떨어져 나갔다.”는 표현이 있고, 이탈리아에는 “나는 그가 말을 못하게 팔을 꼭 잡아두었다.”는 표현이 있다. 이를 통해 보면 유태인이나 이탈리아인들은 말을 할 때 몸짓을 많이 사용함을 알 수 있다. 그러나 동양인들은 대체로 몸짓을 과도하게 사용하지 않는다. 그러나 성격이나 말의 내용에 따라 몸짓의 사용 정도는 큰 차이를 보인다.

전달하고자 하는 말의 내용에 따라 몸짓의 유형은 달라진다. 상대방을 비난하는 말을 할 때는 목의 근육이 긴장하고 숨이 거칠어지며, 한쪽 팔을 펴고 손가락으로 상대방을 향하는 몸짓을 사용하는데, 이러한 몸짓은 여러 사회집단에서 공통적으로 발견된다. 그러나 아주 이성적인 대화를 하는 경우에는 몸짓의 사용이 거의 없고, 몸은 굳어져 있으며, 입도 거의 움직이지 않는다. 흥분을 하거나 강조를 할 때는 주먹을 불끈 쥐거나 팔을 뻗고, 자신이 없거나 감정이 가라앉을 때는 고개를 떨어뜨리거나 물건을 만지작거린다.

지위나 관계에 따라서도 몸짓은 다르게 나타난다. 다리를 의자에 올려놓고 앉는 것, 상의를 풀어 놓는 것, 주머니에 손을 집어넣는 것 등은 긴장이 풀렸음을 나타내는 것으로, 주로 높은 지위의 사람들에게서 나타나는 몸짓이다. 그러나 단추를 꼭 잠그고, 몸이 위축되는 것은 긴장 상태를 나타내는 것으로 상대적으로 낮은 지위의 사람들에게서 나타난다. 의자나 책상에 걸터앉는 동작은 경쟁 관계에 있거나 의견이 일치되지 않을 때 나타난다. 팔짱을 끼고 단추를 잠그고 있는 것은 방어적인 몸짓으로 마음을 개방하거나 심정의 변화를 원하지 않는다는 것을 나타낸다. 발을 포개놓는 폐쇄된 몸짓은 경쟁 상태를 나타내지만, 한쪽 발목을 다른 쪽 무릎에 얹었다가 다리를 내려놓는 것은 합의점에 도달하였다는 것을 나타낸다.

일반적으로 손바닥을 마주 비비는 것은 긍정적인 기대를 동작으로 전달하는 한 방법으로 해석되고, 말하는 도중에 손에 깍지를 끼는 것은 좌절했거나, 적의가 있는 태도를 나타내는 것으로 해석된다. 말을 하면서 손으로 입을 가리는 것은 거짓말을 하거나 은폐하는 동작을 나타내는 것으로 해석되고, 손으로 코를 만지는 것은 거짓말하는 것을 세련되게 변형한 형태로 해석한다. 또한 손가락으로 눈을 문지르는 것도 허위나 거짓말을 숨기려는 동작으로 해석되고, 귀 주변으로 손이 가는 것은 말이 듣기 싫다는 것을 무의식적으로 나타내는 동작으로 본다. 손으로 머리를 받치는 것은 지루함의 표현으로 해석되나, 뺨 위에 손을 대는 것은 관심의 표현으로 해석된다. 턱을 쓰다듬는 것은 청자가 결정을 내리고 있는 중이라는 신호로, 팔짱을 끼는 것은 불리한 상황을 피하려는 시도를 나타내는 것으로 해석된다.

이런 몸짓들은 보편성을 가지는 것들이지만, 개별성을 가지는 몸짓들도 있다. 그러나 모든 몸짓이 말하는 사람의 기분이나 감정을 나타내는 것은 사실이며, 바람직한 대화를 위해서는 몸짓을 통해 자신의 생각이나 느낌을 더 효율적으로 나타낼 뿐 아니라 상대방의 몸짓 속에 담겨 있는 생각과 느낌을 파악하는 일도 꼭 필요하다.

5) 행동

몸짓이 신체의 어떤 한 부분만을 사용하는 것이라면 행동은 몸 전체가 한꺼번에 움직이는 것을 말한다. 행동은 몸짓만큼 자주 사용되지 않고, 종류도 다양하지 못 하다. 그러나 동작이 크기 때문에 의사전달 효과도 크다는 장점을 가지고 있다.

행동에는 본능적인 것과 문화적인 것의 두 종류가 있다.

몸에 심한 통증이 있거나 슬픔이나 억울함이 극도에 이를 때 데굴데굴 뒹구는 것, 초조하거나 불안하여 냉수를 마시거나 담배를 피우는 것, 이야기 도중 화가 난다고 물건을 던지는 것, 상대방에게 주먹질이나 발길질을 하는 것 등은 모두 본능적인 행동이다.

이와는 달리 문화적인 행동은 후천적으로 습득된 것으로 전달하는 의미도 기호적이고 상징적인 것이다. 문화적인 행동으로 대표적인 것은 인사법이다. 가벼운 눈인사에서부터 큰절에 이르기까지가 상대방이 가지는 사회적 힘이나 상대방과의 심리적 유대감에 따라 결정된다. 인사법에서도 보편성과 개별성이 드러난다. 머리를 숙이거나 허리를 굽히는 행위가 상대방에 대한 존경의 뜻을 나타내는 행위라는 것은 보편적이다. 또한 땅이나 방바닥에 두 무릎을 꿇는 행위나 이마를 땅에 대고 엎드리는 행위가 서서 하는 인사보다 한층 더 무거운 인사라는 것도 보편적이다. 그러나 각국의 인사법을 비교해 보면 개별성이 두드러짐을 발견하게 된다. 콩고에서는 두 팔을 상대방 쪽으로 뻗은 다음 서로 툭툭 치는 행동으로, 피지나 타히티에서는 쭈그려 앉는 행동으로, 폴리네시아에서는 얼굴을 밑으로 하고 배를 깔고 엎드리는 행동으로, 바토카스에서는 길게 누워서 몸을 좌우로 굴리며, 두 손으로 다리를 때리는 행동으로 인사를 표현한다.

악수의 기원에 관해서는 원시인들의 동굴시대로 보는 견해가 일반적이다. 무기를 가지고 있지 않으며 숨기지 않았다는 것을 보여주기 위하여 공중에 손바닥을 치켜들었었는데, 이것이 시간의 흐름에 따라 변형된 것이 악수라는 것이다.

관습적인 악수를 하면서 기본적으로 세 가지 관념 가운데 하나를 전달한다. 첫째는 '이 사람이 나를 지배하려고 한다. 주의하는 것이 좋겠다.' 하는 지배의 태도이고, 둘째는 '나는 이 사람을 지배할 수 있다. 그는 내가 뜻하는 대로 움직일 것이다.'는 복종의 태도, 셋째는 '나는 이 사람에게 호의를 가지고 있다. 우리는 잘 지낼 것이다.'라는 동등의 태도이다. 이 태도들은 무의식적으로 전달되며, 대인관계에서 직접적인 영향을 미칠 수 있다. 일반적으로 지배적인 악수는 〈그림 8〉과 같이 자신의 손바닥을 아래로 향하게 하는 동작으로 나타나는 데 비해, 순종적 악수는 〈그림 9〉와 같이 자신의 손바닥을

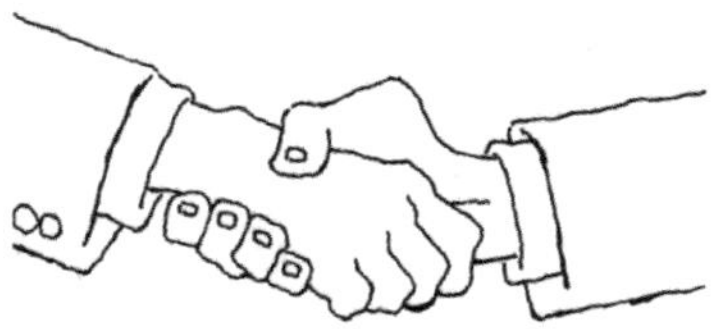

〈그림 8〉 지배적인 악수

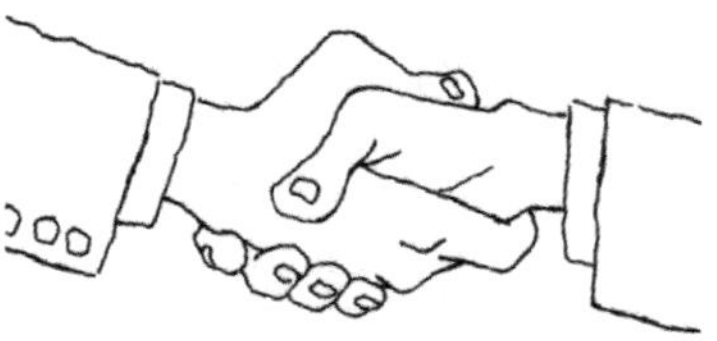

〈그림 9〉 순종적인 악수

〈그림 10〉 두 손으로 감싸 쥐는 악수

〈그림 11〉 무감각한 악수

위로 향하게 하는 동작으로 나타난다. 따라서 손바닥을 아래로 향하고 악수를 청하는 것은 동등한 관계를 허용하지 않겠다는 뜻을 내포하는 것으로 가장 호전적인 악수의 형태가 된다.

〈그림 10〉과 같이 두 손으로 감싸 쥐는 악수는 상대방에게 자신이 가지고 있는 신뢰나 감정의 깊이를 나타내는 것이지만, 이것은 친밀한 관계의 악수이기 때문에 처음 만난 사람에게는 오히려 정치적인 인상을 주게 된다. 〈그림 11〉과 같이 힘이 없고 무감각한 악수는 의욕도 없고 유약한 인상을 주어서 좋은 인상을 주기 어렵다. 또한 힘을 주어 손마디를 꽉 쥐는 악수는 자신의 힘을 과시하고자 하는 의도와는 달리, 상대방은 무언중에 일격을 당한 것과 같은 불쾌함을 느끼게 되므로 주의해야 한다. 뻣뻣한 팔을 내미는 경우나 손가락 끝을 살짝 쥐는 악수는 상대방으로부터 어느 정도의 거리를 유지하고자 하는 거리감의 표현이다.

문화적 행동은 각 문화권의 관혼상제나 종교적 의식에서도 많이 찾아볼 수 있다. 따라서 다른 문화권의 사람과의 대화에서는 행동이 가지는 의미를 파악하는 것도 중요하다. 또한 일상적인 인사를 할 때도 상대방에 대한 예의에서 어그러지지 않아야 하고, 인사를 받을 때도 상대방의 행동에 반영되어 있는 존경심과 거리감을 잘 파악하는 것이 필요하다. 정중하고 예의바른 인사 속에는 존경심도 반영되어 있지만, 한편으로는 심리적인 경계나 거리감도 반영되기 때문이다.

대화를 나누는 자세도 매우 중요하다. 자세에는 친소관계나 상하 관계뿐만 아니라 대화의 분위기나 진행 상태 등도 반영되어 있다. 두 사람 중 한 사람이 대화에 대한 흥미나 관심을 잃게 되면 제일 먼저 자세가 흐트러진다. 상대방의 의견에 동의하지 않을 때도 자세의 변화가 나타난다. 최악의 경우 대화가 언쟁으로 바뀌기도 하는데, 이러한 징표도 자세에 먼저 반영된다.

6) 근접거리

대부분의 동물은 그들 신체 주변의 일정한 공간을 개인적 공간으로 주장한다. 아프리카 밀림의 사자는 반경 50km 이상을 개인적 공간이라고 생각하는 데 반해, 감금되어 사육된 사자는 아주 좁은 공간을 개인적 공간이라고 받아들인다.

제1장에서 언급한 고슴도치의 이야기를 다시 생각해보자. 고슴도치는 겨울을 나기 위해 추위를 느끼면 서로 접근하여 모여든다. 그러다가 서로의 가시에 찔리면 다시 뒤로 물러가고, 추위를 느끼면 다가오기를 반복하면서 적절한 거리를 유지한다. 이러한 현상은 사람들에게도 나타난다. 사람은 누구나 개인적 공간 안에서 살아가고 있기 때문에 서로 남의 공간을 침범하지 않으면서도 가깝게 있을 수 있는 거리, 즉 최적의 거리를 유지하려고 노력한다.

피스(Pease, 1987)의 연구에 의하면 근접거리는 〈그림 12〉와 같이 4가지로 나누어 생각할 수 있다.

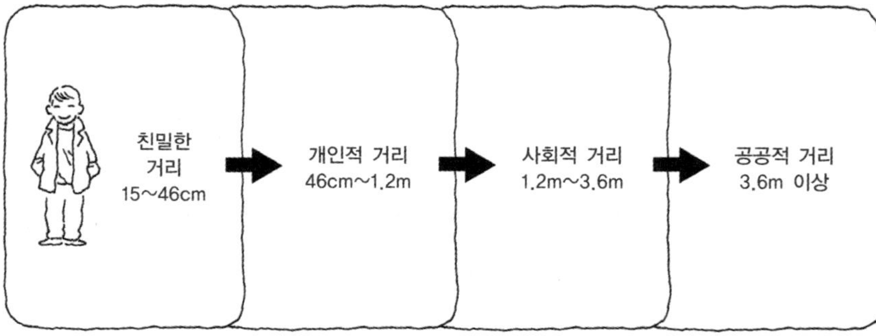

〈그림 12〉 근접거리

1. 친밀한 거리(15cm~46cm) : 자신의 소유물처럼 보호하는 지역이므로 오로지 정서적으로 가까운 사람만이 그 안으로 들어가는 것이 허락된다.
2. 개인적 거리(46cm~1.2m) : 친구 사이나 직장에서 동료들과 지낼 때 다른 사람과 떨어져 있는 거리이다.
3. 사회적 거리(1.2m~3.6m) : 낯선 사람이나 배달원, 가게 주인, 새로 온 종업원과 같이 잘 모르는 사람들과 유지하는 거리이다.
4. 공공적 거리(3.6m 이상) : 많은 사람들 앞에서 연설할 때 편안하게 느끼는 거리이다.

친밀한 거리로 들어오는 것은 가까운 사람 이외에는 적의를 가지고 공격하려는 사람이기 때문에, 낯선 사람이 이 거리로 들어오면 심리적인 변화를 일으켜서, 심장 박동이 빨라지고 아드레날린의 분비가 과잉되는 등 신체적 변화를 보인다. 따라서 상대방에게 거부감을 주지 않기 위해서는 반드시 자신에게 맞는 거리를 유지해야만 한다. 두 사람 사이의 거리는 상하관계나 친근 관계를 나타낸다. 두 사람 사이의 거리가 짧을수록 서로의 관계도 더 친밀하고 대등한 것으로 해석될 수 있다.

또한 두 사람 사이의 거리는 대화의 내용과도 관계가 있다. 개인적이고 비밀스러운 이야기는 되도록 가까운 거리에서 말하려 하고, 공적이고 일상적인 이야기는 적당히 떨어진 거리에서 말하려고 한다.

근접거리는 대화의 스타일에도 영향을 준다. 가까운 거리에서는 목소리가 작아지고, 먼 거리일수록 목소리가 커진다. 가까운 거리에서는 부드럽고 비형식적이고 구어적인 문체로 이야기하지만, 먼 거리에서는 딱딱하고 형식적이고 문어적인 문체로 이야기한다. 따라서 가까운 거리에서는 말을 더듬거나 군소리를 집어넣는 것이 큰 결점으로 작용되지 않지만, 먼 거리 특히 '공공적 거리'에서 말을 더듬거나 군소리를 집어넣는 것은 결점으로 작용된다.

가까운 사람끼리 가까운 거리에서 이야기하는 것은 문화 보편적이다. 그러나 얼마나 가까운 거리를 유지하느냐는 문화에 따라 다르다. 미국 사람들은 대체로 1m 내외를 최적의 거리로 생각하지만 남미 사람들은 그보다 훨씬 짧다. 따라서 두 사람이 함께 이야기하도록 하면, 남미 사람은 자꾸 다가가고, 미국 사람은 자꾸 멀어져서, 처음 대화를 시작한 자리에서부터 점점 멀어져 가면서 대화가 이루어지게 된다. 심지어는 한 사람은 다가가고, 또 한 사람은 뒤로 물러서면서, 큰 홀 안을 한 바퀴 돌면서 이야기하는 경우도 발견되었다.

음악회나 영화관, 승강기, 지하철 등의 혼잡한 공간에서는 어쩔 수 없이 '친밀한 거리' 안으로 들어가게 된다. 대부분의 사람들은 이러한 침입을 최소화하기 위해 다음과 같은 방법을 사용한다.

1. 다른 사람에게 말을 걸지 않는다.
2. 다른 사람과 눈을 맞추지 않는다.
3. 감정이 드러나지 않는 무표정한 얼굴을 유지한다.
4. 책이나 신문을 가지고 있다면, 깊이 몰두한 것처럼 읽는다.
5. 복잡할수록 몸을 덜 움직여야 한다.
6. 승강기 안에서는 머리 위에 있는 층수 번호 판을 지켜본다.

같은 민족끼리의 대화에서도 연령과 성격에 따라 최적의 거리 개념이 다르다. 따라서 대화를 하면서 상대방이 어느 정도의 거리를 유지하기 원하는지를 파악하는 것은 중요하다. 내가 느끼는 친밀감과 상대가 느끼는 친밀감의 정도가 다를 뿐 아니라, 상대방이 적극적인 성격을 갖고 있는지 소극적인 성격을 갖고 있는지에 따라, 편안하게 받아들이는 거리에는 차이가 있기 때문이다. 성공적인 대화를 위해서 가장 중요한 것은 심리적으로 뿐만 아니라 물리적으로도 적절한 거리를 유지하는 것이다.

2.4. 동작언어와 대화

다음 몇 개의 연습은 동작언어가 대화에 어떠한 영향을 주는지를 알아보기 위한 것이다. 실제 연습의 예를 통하여 동작과 대화 양식이 얼마나 밀접한 관계를 맺고 있는지 찾아보도록 하자.

1) 신문 보는 남편과 다림질하는 아내의 대화

의자를 등 뒤로 돌려 상대방과 30cm 정도 떼어놓고 비스듬히 앉아 보자. 그리고 서로에게 말을 해 보자. 어떤 변화가 오는가? 대화가 원만하게 이루어지는가?

몸이 불편해지고 다정함이나 즐거운 감각은 없어지고, 상대방의 말은 잘 들리지 않을 것이다.

의자를 50cm 정도 떼어놓고 서로 등을 대고 앉아 보자. 그리고 서로에게 이야기해 보자. 어떤 변화가 오는가? 대화가 원만하게 이루어지는가?

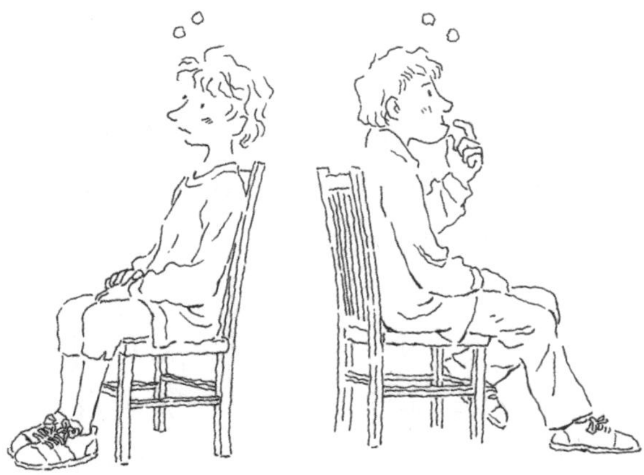

〈그림 13〉 등을 대고 앉아서 나누는 대화

이 경우는 거의 대화를 주고받는 것이 고통스러워질 것이다.

가족들의 대화에서는 대부분이 이러한 상태에서 이야기를 주고받게 된다. 남편은 소파에서 신문을 보기 위해 얼굴을 신문으로 가리고 있고, 아내는 바닥에서 다림질을 하고 있다. 아이는 방에서 장난감을 가지고 노는데, 엄마는 주방에서 아이에게 말을 한다. 서로의 관심은 다른 곳에 있으면서도, 무언가 중요한 이야기를 꺼낸다. 어떤 대화가 오고 갈 수 있을까? 이런 경우 "왜 소리를 지르는 거야?", 또는 "좀 더 크게 말하면 안 돼?" 따위와 같이 대화 내용 자체가 아니라 소리나 태도와 관련된 불평을 하게 되고, "누가 소리를 질렀다고 그래?", 또는 "좀 조용히 해야 말을 알아듣지?" 따위와 같은 방어적인 말이 오가며 대화는 언쟁으로 바뀌게 되고 만다.

가족들과의 대화에서는 근접거리가 가까울수록 좋다. 멀리 떨어져 있기 때문에 들이는 노력과 겪게 되는 불편함은 대화의 내용과 양식에 부정적인 영향을 남기게 되고, 이것은 가족들 사이의 관계에도 영향을 미치게 된다.

2) 부모의 손에 매달린 자녀와의 대화

두 사람 가운데 한 사람은 일어서고, 한 사람은 그 사람의 바로 앞의 바닥에 그대로 앉는다. 그런 자세로 서로 이야기해 보자. 2분이 지나면 서로의 위치를 바꾸고 이야기해 보자.

가정에서 어린이가 부모와 이야기하기 위해서 취하는 동작이다. 앉아 있는 사람은 30초도 안되어서 목과 어깨가 아프고 눈의 근육이 긴장될 것이다. 서 있는 사람도 내려다보기 위해 허리를 굽혀야 하고, 등과 목의 근육이 아프기 시작할 것이다. 따라서 어떤 내용의 대화를 주고받느냐와 관계없이 동작 자체가 대화에 부정적인 요소로서 작용하고 있으며, 이것은 대화의 내용과, 나아가서는 관계 자체에까지 영향을 미치게 된다. 조금 다른 각도에서 생각해 보자.

앉은 자세에서 서있는 사람을 관찰해 보라. 무엇이 보이는가?

눈높이에는 다리가 보일 것이고 밑으로는 아주 큰 두 발을 보게 될 것이다. 위를 올려다보면 배, 가슴, 턱, 코 등과 같은 돌출부분들이 보일 것이다. 어린아이들에게 부모에 대해 묘사하라고 하면 종종 아주 이상한 모습을 이야기하는 것을 들을 수 있다. 이와 같이 균형을 잡기 어려운 위치에서 올려다보는 모습을 생각하기 때문이다.
부모 또한 균형이 이루어지지 않은 상태에서 자녀를 본다. 부모들의 마음속에 자녀는 언제나 아주 작은 모습으로 그려지는데, 어린 시절에 형성된 모습들이 인지 구조에 반영되어 자녀에 대한 생각에 지속적으로 영향을 주는 것이다.

두 사람이 나란히 서서 한 사람은 앉고, 한 사람은 그대로 선 채 서로의 손을 잡아 보자. 바닥에 있는 사람은 손과 팔을 올려야 할 것이고,

서있는 사람은 팔을 아래로 내려야 할 것이다. 2분이 지나면 서로의 위치를 바꾸고 이야기해 보자.

들어 올린 팔은 1분만 지나도 힘이 들고 저려올 것이다. 어른들은 팔을 아래로 내린 편안한 자세를 취하고 있기 때문에 어린아이들이 겪고 있는 불편은 헤아리지 못 한다. 부모 사이에서 두 팔을 잡힌 채 걸어가는 아이들의 모습을 쉽게 볼 수 있다. 또한 급하게 서두르면서 아이의 팔을 끌고 가는 부모도 있다. 아이들이 힘들어하는 것을 쓸데없이 부리는 짜증이라고 나무라는 부모들이 얼마나 많은가? 아이가 손을 놓고 싶어 하거나, 손을 힘껏 잡아당기는 것은 자연스러운 일이다. 아이는 손보다는 더 잡기 쉬운 부모의 옷자락을 잡으려 하고, 부모는 아이에게 꾸지람을 하거나 화를 낼 것이다.

이런 행동들은 아이의 자존감을 낮추는 것이 되고, 아이에게 상처를 입힐 수도 있다. 이런 상태에서 대화를 주고받는 것이 아이들에게는 매우 고통스러운 일이다. 이와 같은 상호작용은 아이에겐 부모에 대한 반감을 키우는 일이 되고, 어른에게는 아이를 귀찮게 생각하는 토대가 되어 줄 뿐이다.

〈그림 14〉 부모의 손에 끌리는 자녀

〈그림 15〉 눈높이를 맞춘 부모와 자녀

두 사람이 함께 키를 조절하여 각각 자기 두 발에 의지한 채로 서로 눈높이가 같은 자세를 만들어 보자. 이 변화가 목과 눈, 그리고 어깨의 긴장을 얼마나 빨리 풀어 주는지 유념해 보자.

어른과 어린이 사이에서는 서로의 눈을 마주 볼 수 있는 자세로 대화하는 것이 필수적이다. 어린 시절 형성된 생각들이 평생 영향을 미친다는 것을 생각할 때, 어린아이들이 부모와의 대화를 꺼리게 되는 요소는 자세에서부터 출발한다 해도 지나치지 않다. 어린아이와 이야기하기 위해서는 눈높이에서 접촉을 하여야 한다. 그리고 이것은 어른이 키를 낮추고 앉아서 눈높이를 맞추어야 한다는 것을 뜻한다. 대화의 기본적인 훈련은 가정에서부터 출발한다. 또한 바람직한 의사소통을 위해 눈높이를 맞추는 노력은 앞으로 부모와 자녀 사이의 대화를 위해서도 필수적이며, 자녀가 올바른 대화관을 가지도록 하기 위해서도 꼭 필요한 일이다.

2.5. 대화 모형에 따르는 동작언어

위에서 우리는 동작 자체가 대화 내용에 영향을 준다는 사실을 살펴보았다. 동작 자체가 대화 내용에 영향을 주기도 하지만, 대화 내용이 동작에 영향을 준다. 일상적인 대화에서 특정한 대화 내용에 특정한 동작언어가 결합되는 것은 2.3.의 내용에서 살핀 바가 있다. 그러나 대화 내용이 동작에 미치는 영향은 이렇게 부분적으로만 나타나는 것이 아니다. 대화 내용이 동작에 미치는 영향이 전체적으로 나타나서 어떤 사람의 대화 모형을 결정하기도 한다. 이런 유형들은 귀납적으로 몇 가지 대화 모형으로 분류할 수가 있다. 화자의 심리 상태와 음성언어 그리고 동작언어가 일치되는 경우를 단선적 대화 모형이라고 한다면, 화자의 심리 상태와 음성언어 그리고 동작언어가 불일치하는 경우를 복선적 대화 모형이라고 할 수 있다. 이러한 대화 모형들을 살펴보기로 한다.

2.5.1. 복선적 대화 모형

많은 경우 사람들은 대화를 하면서 스트레스를 받고 스트레스를 준다. 대화를 통해 스트레스를 받는 경우는 대부분 대화 속에 자존심을 걸고 있는 경우에서 나타난다. 자존심이 쉽게 상하는 사람일수록 대화를 통해서 스트레스를 많이 받는다. 또한 자존심이 쉽게 상한다는 것은 그만큼 빈약한 자아관을 가지고 있다는 말과 통한다. 스스로 자신의 가치에 대한 확고한 생각을 가지고 있지 못하기 때문에 말 한마디로도 큰 상처를 받게 되는 것이다.

대화 속에서 자존심의 문제에 걸려들게 되면 심리적으로 뿐만 아니라 신체적으로 변화를 보인다. 근육이 긴장하고 호흡도 불규칙해지고, 어지러움을 느낀다. 이런 경우 대부분 대화를 통해 심각한 스트레스를 받게 된다.

대화에서 스트레스를 많이 받는 사람들은 음성언어와 동작언어를 일치시키지 않고 이중 메시지를 전달하게 된다. 음성언어로는 어떤 말을 하고 있지만, 동작언어로는 숨겨진 다른 것을 말하여 이중의 메시지를 전달하는 대화를 복선적 대화라고 한다.

사티어(Satir, 1972)에서는 복선적 대화를 사용하는 사람들은 대체로 자존심이 낮으며 자신이 나쁜 사람이라는 느낌 때문에 자신을 좋지 않게 생각하고, 다른 사람의 감정을 상하게 하는 것을 두렵게 느끼며, 다른 사람의 보복을 두려워하고, 다른 사람과의 관계가 단절될까 두려워하며, 남에게 부담이 되는 것을 원하지 않고, 사람이나 상호작용 자체에 어떤 중요성을 부여하지 않는 특성을 가지고 있다고 지적하였다.

복선적 대화는 가끔 사용되어 유머나 분위기 전환의 효과를 가져올 수도 있지만, 고착화되어 버리면 신뢰를 바탕으로 한 대화가 이루어질 수 없다. 대화를 통해 스트레스를 받고 싶지 않은 사람들은 전인격적인 대화를 피하고 일반적으로 다음과 같은 유형으로 반응을 보인다.

첫째, 회유한다. 그래서 다른 사람들이 화를 내지 않게 한다.

둘째, 비난한다. 그래서 다른 사람이 자신을 강자로 느끼도록 한다. 만일 다른 사람이 가버리면 그것은 자신의 잘못이 아니고 그 사람의 잘못일 뿐이라고 생각한다.

셋째, 계산한다. 그래서 위협이 있어도 아무렇지도 않다는 메시지를 주려하고, 냉철한 말로 자신의 가치를 세우려고 노력한다.

넷째, 주위를 혼란시킨다. 그래서 위협을 무시하고, 위협이 존재하지 않는 것처럼 행동한다.

이러한 생각들은 우리의 동작언어에 그대로 반영이 되어 나타난다. 각 유형들의 특색을 살펴보자.

1) 회유형

회유형의 사람들은 남의 말에 무조건 동조한다. 무슨 일이건 상관없이 기분을 맞추려고 애쓰고, 사과하고, 결코 반대하지 않으며 언제나 비위를 맞추며 말한다. 회유형의 사람의 내면에는 자신의 가치를 전혀 인정하지 않고, 자신은 쓸모없는 사람이라는 생각으로 가득 차 있다. 자기 스스로는 아무 일도 할 수 없다고 생각한다. 자신에게 인정을 받지 못하기 때문에 언제나 인정해 줄 사람이 필요하다. 따라서 외부적 표현은 모두 복선적 대화로 이루어진다. 이런 회유형은 다음 〈그림 16〉과 같은 동작언어로 표현할 수 있다.

한쪽 무릎을 꿇고 앉아 약간 뒤뚱거리며 한 손은 구걸하듯이 내밀고 머리를 치켜 올려서 긴장된 눈으로 상대를 올려다본다.

이런 동작으로 이야기를 하면 일단 공기의 부족으로 호흡이 불안정해서 목소리도 제대로 나오지 않을 것이다. 어릴 때 "남에게 짐이 되지 말아라. 너 자신의 일을 남에게 부담시키는 것은 이기적인 일이다."와 같은 교육을 받고 자란 사람들에게서 주로 나타나는 유형이다.

〈그림 16〉 회유형의 동작언어

2) 비난형

비난형의 사람들은 남의 결점만 찾아내고 모든 일을 혼자 결정하려 한다. 남이 인정하지 않더라도 스스로 아주 높은 사람처럼 행동하며 "당신만 아니었으면 모든 일이 잘 되었을 텐데."라고 말하는 것처럼 보인다. 그러나 그의 내면에는 자신은 실패자이고, 자신은 외롭다는 생각으로 차 있어서, 자신에게 복종할 사람만 찾게 되면 자신이 대단한 사람이 된 것처럼 생각한다. 따라서 외부적 표현은 모두 복선적 대화로 이루어진다. 이런 비난형은 다음 〈그림 17〉과 같은 동작언어로 표현할 수 있다.

똑바로 서서 한쪽 발을 앞으로 내밀고 한 손은 허리에 얹고 다른 한 팔을 앞으로 뻗어서 검지로 상대를 가리키고 있다.

이런 동작으로 말을 할 때는 목의 근육이 매우 긴장되고, 호흡은 불규칙해지며, 얼굴이 붉어지고 목소리는 딱딱하고 긴장해 있으며 날카롭고 크다. 어릴 때 "누구에게도 지지 말아라. 비겁한 사람이 되지 말아라."와 같은 교육을 받고 자란 사람들에게서 주로 나타나는 유형이다.

〈그림 17〉 비난형의 동작언어

3) 계산형

계산형의 사람들은 자신의 감정을 드러내지 않고 매우 정확하고 이성적이다. 조용하고 냉정하며 차분하다. 비록 뜻이 분명하게 드러나지 않아도 제일 긴 말을 사용하고 지식인처럼 말하려 한다. 그러나 그의 내면에는 아무에게도 상처받고 싶지 않다는 자기방어적인 생각으로 가득 차 있다. 따라서 외부적인 표현은 모두 복선적 대화로 이루어진다. 이런 계산형은 다음 〈그림 18〉와 같은 동작언어로 표현할 수 있다.

자신의 척추가 엉덩이부터 목까지 이어지는 길고 무거운 쇠막대기라고 생각한다. 목둘레에는 30cm 넓이로 쇠로 만든 깃을 두르고 있다. 입도 다물고 가능한 한 움직이지 않는다.

계산을 하고 있는 동안 몸에는 아무런 느낌이 없고, 적절한 말을 고르고 반응은 보이지 않기 위해서 온 몸이 긴장하고 있다. 많은 사람들이 이러한 유형을 이상적인 것으로 생각하고 있는데 사실은 자기방어의 극단적인 표현일 뿐이다. "절대로 다른 사람에게 우습게 보이지 말아라. 자신의 모든 행동에 책임을 져야 한다."와 같은 교육을 받고 자란 사람들에게서 주로 나타나는 유형이다.

〈그림 18〉 계산형의 동작언어

4) 혼란형

혼란형의 사람들의 말과 행동은 다른 사람들의 말이나 행동과는 무관하다. 상황에 적절하게 반응하지 못하고 목소리는 단조롭고, 말의 내용과 조화가 되지 않는다. 눈의 초점을 맞추지 않고 대화 장면과 전혀 관련이 없는 곳에 있는 사람처럼 행동한다. 그의 내면에는 아무도 자신을 걱정해 주지 않으며, 아무도 자신을 받아들여 주지 않는다는 소외의식으로 가득 차 있다. 따라서 외부적인 표현은 모두 복선적 대화로 이루어진다. 이런 혼란형은 다음 〈그림 19〉와 같은 동작언어로 표현할 수 있다.

자신의 몸이 갑자기 다른 방향으로 나간다고 생각한다. 무릎을 붙이고 다리를 안으로 휘어서 엉덩이를 밖으로 내밀고 어깨를 구부리며 팔과 손이 제멋대로 움직이게 한다.

처음에는 기분전환처럼 느껴질 수 있지만, 몇 분도 지나지 않아서 무의미함과 고독감을 느끼게 될 것이다. "인생을 너무 심각하게 생각하지 말아라. 남에게 구애받지 말고, 인생을 즐기며 재미있게 살아라."와 같은 교육을 받고 자란 사람들에게서 주로 나타나는 유형이다.

위에서 살펴본 복선적 대화 모형들은 모두 바람직한 대화의 모형이 될 수 없다. 이들은 모두 자기 내부의 심리 상태와 관련되어서 대화를 하면서 자존심을 걸고 대화를 하기 때문에 대화를 통해 스트레스를 받는 경우이다. 따라서 함께 대화를 나누는 사람도 스트레스를 받을 수밖에 없는 대화 모형이 된다.

〈그림 19〉 혼란형의 동작언어

2.5.2. 단선적 대화 모형

단선적 대화 모형은 음성언어와 동작언어 그리고 내부적 심리 상태가 일치된 대화 모형을 말한다. 목소리는 얼굴 표정과 몸의 자세, 내용과 조화를 이룬다. 상대방과의 관계는 편안하고 자유롭고 정직하며, 자존심의 위협은 없다. 단선적 대화를 하면서 때에 따라 회유도 하고 비난도 하고 계산도 하며, 혼란을 시키기도 한다. 그러나 자신이 그렇게 하고 있다는 사실을 지각하고 있고, 또한 그 결과에 대해서도 받아들일 준비가 되어 있다.

단선적 대화를 하면서 뜻하지 않은 실수를 저질렀을 때 화자는 실제로 사과를 한다. 자신의 존재에 대한 사과가 아니고, 행동에 대한 사과를 하는 것이다. 화자는 다른 사람에 관해 때때로 비판하거나 평가하기도 한다. 그러나 다른 사람의 행위를 비난하는 것이 아니라 행위를 평가하는 것이며, 제시할 수 있는 새로운 방향이 있다.

단선적 대화의 핵심은 무엇에든 진실한 것이다. 따라서 음성언어와 동작언어가 분리될 수 없고, 대화 상황에서 자신의 진실을 드러내는 것이다. 따라서 단선적 대화에는 동작과 감각, 생각, 감정 모두가 하나의 통일성 있는 전체로서 움직인다. 단선적 대화를 하는 사람은 다른 사람의 신뢰를 얻을 수 있을 뿐 아니라, 자신에 대해 편안하게 받아들이기 때문에 대화를 하면서 자존심을 걸고 대화를 하지 않아서, 이로 인한 문제가 유발되지 않는다. 단선적 대화의 동작은 대화의 내용에 따라 자유롭게 변화하여서, 정형성은 없지만 언제나 활력이 있다.

단선적 대화에서는 찬성해야 하기 때문에 찬성하는 것이 아니라, 찬성하기 때문에 찬성한다. 반대하지 않으면 점수를 못 얻기 때문에 반대하는 것이 아니라, 반대하기 때문에 반대한다. 심사숙고해서 말을 하지만, 그렇다고 지나치게 긴장함으로 몸에 무리를 불러일으키지 않고, 굳은 자세를 유지하려 하지 않는다. 그래서 단선적 대화는 머리, 가슴, 감정과 몸이 일치하는 총체적인 사람으로 살아가도록 해준다. 단선적 대화를 위해서는 어느 정도의 신념과 용기, 자신에 대한 믿음을 줄 수 있는 긍정적 자아관이 뒷받침되어야 한다. 단선적 대화를 통해서만 각자가 자기 자신을 값 있게 여기고, 전체적으로 느끼며, 창의성 있고, 정직하게 살 수 있고, 이런 대화를 통해서만 진정한 인간관계가 형성되고, 왜곡된 관계들을 바로잡을 수 있다.

동작언어가 대화에 영향을 미칠 뿐 아니라 대화의 내용이 동작언어의 유형을 결정한다. 더 나아가 위에서 살핀 바와 같이 화자의 의식은 일정한 동작언어의 유형으로 고착화되어 대화의 모형들을 만든다. 가장 바람직한 대화는 음성언어와 동작언어의 두 요소가 통일되고, 이것이 말하는 사람의 의식이나 감정과 일치될 때 이루어진다는 사실을 단선적 대화 모형을 통해 확인할 수 있다.

제2부 대화의 이론

3장 대화의 구조

만나는 사람과 상황에 따라 항상 변화하는 대화에 어떤 구조가 있을까? 대화가 갖는 유동성 때문에 대화를 지배하는 구조나 규칙이 있다는 사실을 깨닫기는 어렵다. 그러나 인간관계를 유지하는데 가장 중요한 요소가 되는 대화에 관해 연구한 많은 학자들에 의해 대화에도 일정한 구조와 규칙이 있음이 밝혀졌다. 물론 문장의 구조를 '주어'와 '서술어'로 분석하는 것처럼 명료하거나 정형성이 높은 것은 아니지만, 대화에도 기본적인 구조가 있음을 말하는 것이다.

대화도 사회적인 약속이기 때문에 어떻게 시작하고, 어떻게 이어가며, 어떻게 끝맺는가와 관련된 일정한 규칙이 있다. 이 가운데 화자와 청자 사이에 나타나는 순서 교대와 두 사람이 동시에 말을 하게 되는 중복 현상, 그리고 주고받는 말이 쌍을 이루고 있는 대응쌍과 대화의 조직 등에 대하여 살펴보기로 한다.

3.1. 순서 교대

대화는 반드시 말하는 사람인 화자와 듣는 사람인 청자로 구성된다. 그런데 이 역할은 고정되어 있는 것이 아니고 서로 순환되어야 한다. A가 화자일 때는 B가 청자가 되고, B가 화자일 때는 A가 청자가 된다. A가 이야기하다가 멈추면, 또 다른 참여자인 B가 이야기를 시작한다. 그래서 A → B → A → B → A → B가 차례로 말을 하는 교대가 나타난다. 이것을 순서 교대turn taking라고 한다. 순서 교대는 거의 자동적으로 조절이 되는데, 이것은 화자와 청자가 일정한 원리에 의해 대응하기 때문이다.

그러나 이 현상을 자세히 살펴보면, 이러한 분포가 어떻게 이루어지는지는 분명히 밝히기 어렵다. 전체적인 대화 가운데서 두 사람이 동시에 말을 하는 경우는 5%도 되지 않는다는 것은 놀라운 일이다. 또한 한 사람이 말하고 다음 사람이 시작하는 사이의 간격은 단지 몇 십 분의 일초밖에 걸리지 않는다는 것도 놀라운 일이다. 어떻게 대화에서의 순서 교대가 이렇게 질서 있게 이루어질 수 있을까? 분명히 여기에는 어떤 장치가 작용하고 있을 것이라고 예측할 수 있다. 색스 등(Sacks, Schegloff & Jefferson, 1974)의 연구를 바탕으로 하여 순서 교대에 적용되는 몇 가지의 기본적 원리를 생각해 보기로 한다.

첫째, 모든 대화의 참여자는 말할 기회를 가져야 한다.

대화 참여자의 수는 다양하다. 두 사람 사이의 대화일 수도 있지만, 여러 사람들이 함께 모여서 대화를 할 수도 있다. 그러나 연설이나 설교, 훈화 등과는 달라서 특정한 사람에 의해 독점되는 대화를 즐기는 사람은 말하는 사람 자신밖에는 없다. 대화 속에 소외되는 사람이 없도록 하는 것은 대화 참여자 모두의 의무이다.

따라서 너무 적극적으로 참여해서 대화를 독차지하려 해서는 안 되고, 대화에 적극적으로 참여하지 않는 사람에게는 질문이나 요청을 통해서라도 말할 기회를 주어야 한다. 수평적인 대화의 상황에 있으면서 아무 말도 하지 않는 것은 긍정적으로는 과묵하다는 인상을 줄 수 있을지 모르지만, 대화 참여자들 모두에게 부담을 주는 일이 되므로 자기가 말할 수 있는 적당한 시점을 택해서 대화에 참여하는 것이 좋다. 따라서 한 사람이 한 번씩 돌아가며 말을 하는 것이 가장 바람직하다.

둘째, 순서 교대의 차례는 사전에 결정된 것이 아니다.

어떤 순서로 말하자는 것을 약속하고 대화를 시작하는 사람은 아무도 없다. 누가 먼저 말할 것인지도 정하지 않는다. 그럼에도 불구하고 어떤 대화에든 참여자들끼리 순서 교대가 일어난다. 대화의 순서는 지금 말하고 있는 사람이 질문이나 요청 등을 통해서 다음 사람을 지목하거나, 대화 참여자들끼리 자율적으로 결정할 수 있다.

셋째, 순서 교대는 대화의 중복이나 대화의 중단 없이 일어나는 것이 보통이다. 그러나 약간의 대화 중복이나 대화의 중단이 나타날 수도 있다. 두 사람이 동시에 함께 말하는 중복이 자주 일어나지만, 그 시간은 짧다.

넷째, 중복이 일어난 대화나, 말하는 도중에 누가 끼어들어서 간섭을 받은 대화에는 교정 장치가 작동된다. 두 사람이 한꺼번에 말을 시작했을 때는 그 중 한 사람이 재빨리 말을 멈춤으로 대화를 이어가는 것도 일종의 교정 장치이다.

다섯째, 한 사람이 말할 때 대화의 길이도 사전에 결정되어 있지 않다. 대화 참여자들끼리 약속이 되어 있는 것도 아니고, 심지어는 화자 자신도 자신의 말의 길이를 미리 인지하지 못할 수도 있다. 그래서 다양한 대화 단위들이 사용된다. 포드와 탐슨(Ford & Thomson, 1995)에 의하면 순서 교대 단위Turn Constructional Unit: TCU는 한 낱말에서부터 몇 문장까지로 다양하게 나타난다.

여섯째, 대화는 연속적일 수도 있고, 비연속적일 수도 있다. 하나의 화제를 가지고 계속 이야기를 이어가지만, 화제가 하나뿐인 대화는 거의 없고, 이 화제에서 저 화제로 다양하게 이야기된다. 누구나 화제를 바꿀 수 있다.

따라서 대화에서 가장 중요한 것은 누가 언제 말할 것인가를 결정하는 기술이다. 색스 등(Sacks, Shegloff & Jefferson, 1974 / 1977)에서는 순서 교대를 지배하는 규칙이 있다고 하였다. 이 규칙은 어떤 면에서 순서를 배당해 주는 장치sharing device라고 할 수 있다.

이러한 배당 장치가 작동하기 위해서는 배당몫이 되는 최소단위가 있어야 하며, 이 단위는 이야기에서 순서가 세워지는 단위이다. 이것이 순서 교대 단위이며, 한 낱말에서부터 몇 문장까지로 나타나서 이 크기의 단위는 화자가 조정하기에 따라 달라진다.

이 시점이 화자가 바뀌는 것이 가능한 교체 적정 지점transition relevance place: TRP이다. 이 지점에서 순서 교대를 지배하는 규칙이 적용되는데, 이 지점에서 반드시 화자가 바뀌어야 한다는 것이라기보다는 단순히 화자가 바뀔 수도 있는 지점이라는 뜻이다.

순서 교대를 지배하는 규칙은 다음과 같다.

규칙 1 : 어떤 순서의 교체 적정 지점에서 적용된다.

(a) 만일 현재의 화자가 다음 화자를 선택하고 나면, 현재 화자는 말하기다음 화자를 선택한 다음 처음 나타나는 교체 적정 지점에서 일어난다.

(b) 만일 현재 화자가 다음 화자를 선택하지 않으면, 대화 참여자 가운데 누구라도 다음 화자로 나설 수가 있다. 제일 먼저 나선 화자가 다음 순서에 대한 권리를 갖는다.

(c) 만일 현재 화자가 다음 화자를 선택하지 않고, 또 다른 사람이 아무도 나서지 않으면, 현재 화자는 말을 계속 할 수 있다. 그러나 반드시 그래야만 하는 것은 아니다.

규칙 2 : 다음에 계속 이어지는 모든 교체 적정 지점에서 적용된다.

현재 화자에 의해 규칙 1(c)가 적용되면, 다음 교체 적정 지점에서 규칙 1(a)~(c)가 적용되고, 또 다음 교체 적정 지점에서 순환적으로 적용되는데, 이 순환은 화자가 바뀔 때까지 반복된다.

규칙 1(c)는 1(b)가 적용되는 특별한 경우라고 할 수 있다. 한 사람의 말이 끝났는데 아무도 나서지 않으면 어색한 침묵이 흐르게 되므로, 말하던 사람이 조금 더 부연해서 이야기를 하거나, 이야기를 평가하거나, 새로운 화제의 이야기를 꺼내게 된다. 이 경우는 규칙 1(b)가 적용되는 경우보다 이야기와 이야기 사이의 간격이 길다. 간단히 요약하면 ① 현재 화자가 다음 화자를 선택하거나, ② 자진해서 다음 화자가 되거나, ③ 현재 화자가 계속하는 것이다. 그리고 현재 화자가 계속 했을 경우 다음 교체 적정 지점에서 순서 배당 규칙이 순환적으로 적용되는 것이다.

이러한 순서 교대의 규칙에 대한 반대 견해도 있다. 순서 교대는 규칙에 의해 지배되는 것이 아니라 대화에 사용되는 신호들에 의해 지배된다는 것이다. 이러한 견해에 따르면, 현재의 화자는 다음 화자에게 말할 권한을 넘겨주는 것에 대해 신호를 보내는데, 이때 사용되는 신호는 대화 참여자들이 모두 공유할 수 있는 신호라는 것이다. 이러한 신호로 가장 대표적인 것은 시선이다(Goodwin, 1981). 현재 화자는 순서를 넘겨주면서 다음 화자에게 시선을 돌리는 것이 일반적이다. 그러나 전화 통화와 같이 시각적 접촉이 없는 대화에서도 순서 교대가 이루어지는 것을 보면, 신호 체계만을 가지고 순서 교대를 설명할 수는 없다.

일반적으로 순서 교대를 하면서 다음 화자를 지목할 때는 다음과 같은 방법들이 사용된다.

첫째, (1)과 같이 질문을 하거나 제안, 또는 요청을 하면서 다음 화자의 이름을 부른다.

(1) a. 어제 무얼 했니? 영미야.
b. 영미야, 바다 이름 대기할까?
c. 영미야, 그 사람에 대해 말 좀 해 봐.

둘째, (2)와 같이 어떤 사실에 대한 단언을 하고 다음 화자의 이름을 부른다.

(2) a. 나 어제 그 사람 만났다, 영미야.

b. 요즘 속상해 죽겠다, 영미야.

셋째, (3)과 같이 대화 내용 가운데서 다음 화자를 선정해 주는 상황이 포함될 수 있는 여러 형태들을 사용한다. 올림의 억양과 함께 의문을 나타내는 경우가 많다.

(3) a. 네가 무엇을 했다고?

b. 무슨 말씀이시지요?

c. 내일이라고?

순서 교대는 대화를 지배하고 있는 가장 큰 특징이다. 따라서 자신이 언제 어느 시점에서 순서를 차지해야 하는가를 정확하게 판단하는 것이 대화를 잘할 수 있는 방법이다. 순서 교대는 일정한 규칙에 의해 지배되기 때문에 이 규칙에 의해 대화에 참여하는 것이 바람직하다. 따라서 대화를 나눌 때는 다음과 같은 점들이 고려되어야 한다.

첫째, 대화에서는 반드시 순서 교대가 이루어져야 하기 때문에 자신의 말을 너무 길게 하거나, 대화를 독점하는 것은 바람직하지 않다.

둘째, 순서 교대 단위는 낱말 하나일 수도 있고, 문장이 몇 개 이어질 수도 있다. 따라서 한 문장 단위가 끝날 때마다 대화 참여자들은 교체 적정 지점이라고 판단할 수 있다. 자신의 대화가 문장 단위로 이어지는 경우에는 문장과 문장 사이의 간격을 더 짧게 두어서 이어지는 대화임을 밝히는 것이 필요하고, 그런 경우라도 너무 길게 이어가는 것은 바람직하지 않다.

셋째, 자신의 말이 끝나갈 때는 다음 화자를 지목해 주는 신호를 보내는 것이 필요하다. 호칭어를 사용하거나 시선, 억양 등을 사용해서 명시적으로 알려 주는 것이 좋다.

넷째, 자신이 명시적 신호를 보내지 않아서 대화가 단절되고 어색한 침묵이 흐를 때는, 이야기되고 있던 화제가 더 계속해서 이야기해야 할 화제라고 판단되면 하던 말을 다른 말로 바꾸어 조금 더 부연하다가 다음 화자를 지목하는 신호를 보내고, 더 이상 이야기할 필요가 없는 화제이거나 충분히 이야기되었다고 판단되면, 새로운 화제로 바꾸고 다음 화자를 지목하는 신호를 보낸다.

다섯째, 현재 화자가 다른 사람을 다음 화자로 지목했는데도 이를 무시하고 대화에 끼어드는 것은 바람직하지 못하다. 그러나 다음 화자가 대화를 이어가지 않아서 침묵이 흐르거나 대화 분위기가 경색될 경우와 같이 예외적인 상황에서는 누구라도 말을 시작하는 것이 좋다.

여섯째, 현재 화자가 아직 교체 적정 지점을 만들지 않은 시점에서 대화를 자르거나 가로채는 것은 좋지 않다.

일곱째, 현재 화자가 다음 화자를 지목하지 않았을 때는 대화가 진행되는 과정을 보아 결례가 되지 않는다고 판단되면 대화에 참여한다. 어떤 대화에도 정해진 순서는 없지만, 여러 계층이 모여서 대화를 하는 경우는 서열을 어느 정도 고려하는 것이 필요하다.

여덟째, 다른 모든 참여자들이 대화를 했는데도 적당한 순서를 발견하지 못해서 대화에 참여하지 못한 경우, 적극적으로 대화에 끼어들어야 한다. 이 경우 모든 대화 참여자들은 침묵하고 있는 특정인을 부담스럽게 생각하게 된다. 대화에 참여할 기회를 만들지 못하면, 열심히 듣고 있다는 사실을 알리기 위해 고개를 끄덕이거나 시선을 주는 등의 동작언어를 다소 과장되게 사용할 필요도 있다.

3.2. 대화의 중복

현재 화자가 말을 하고 있는데 다른 화자가 말을 시작해서 둘 이상의 화자가 얼마간 동시에 말을 하는 경우가 대화의 중복$_{\text{overlap}}$이다. 이 경우 두 사람이 말을 하게 되면 청자로서는 두 발화를 모두 받아들이기 어렵게 되므로 화자가 의도한 것도 확실히 전달되지 않게 될 뿐만 아니라 분위기가 어색해지게 된다.

대화의 중복은 대체로 다음과 같은 상황에서 나타난다.

첫째, 중복은 대화의 시작이나, 새로운 화제가 도입되었을 때, 처음 대화를 시작하려고 여러 사람이 동시에 말하는 경우에 나타난다.

둘째, 현재 화자의 말이 끝난 것으로 알고 다음 화자가 대화를 시작했지만, 현재 화자가 말을 계속하는 경우에 나타난다.

셋째, 현재 화자가 말하는 것에 덧붙여서 자신이 생각하는 바를 말하는 경우에 나타난다.

넷째, 같은 화제이지만 다른 말을 하는 경우에 나타난다.

다섯째, 응답이 늦어져서 또 다른 발언을 시작하는 경우에 나타난다.

여섯째, 현재 화자가 아닌 다른 참여자에게 말을 건네는 경우에 나타난다.

이러한 대화의 중복은 우연한 중복과 고의적인 방해로 나누어 생각할 수 있다. 우연한 중복은 아무런 의도 없이 나타난 중복이기 때문에 별 문제가 되지 않으며, 대개 현재 화자나 중복을 일으킨 화자가 발언을 중단함으로써 중복을 수정한다. 그러나 현재 화자가 대화를 끝내지 않은 상황에서 고의적으로 말을 시작하는 것은 상대방의 말에 대한 방해이다. 특히 현재 화자가 하고 싶은 말을 끝내기도 전에 전혀 다른 화제를 말하는 것은 전형적인 대화의 방해이다.

그러면 우연한 중복과 고의적인 방해는 명백하게 구별되는 것일까? 대부분의 경우 우연히 나타난 경우와 고의적으로 나타난 경우는 표정이나 태도와 같은 동작언어를 통해 구별하는 것이 가능하다. 그러나 대화자들의 대화 방식이 중요한 변수로 작용하는 경우도 있다. 태넌(Tannen, 1990)에서는 대화의 유형을 '심사숙고형high-considerateness style'과 '적극관여형high-involvement style'으로 나누었다. '심사숙고형'은 가급적 상대방이 말을 하는 도중에 말을 끄집어내지 않음으로써 상대를 편하게 하겠다는 생각을 하고 있고, '적극관여형'은 열정적으로 그 대화에 동참한다는 점을 내세우고 있다. 이런 경우 심사숙고형은 자신의 대화 차례가 되어서도 조금 시간을 끌기 때문에 상대방이 자기보다 먼저 다른 말을 하도록 만든다. 위에서 말한 다섯 번째 유형의 중복이 나타나는 경우인데, 이 경우의 중복은 우연한 것인지 고의적인 것인지 구별이 어렵고, 어떤 쪽이 대화를 방해한 것인지를 밝히기도 쉽지 않다. 또 다른 경우는 적극관여형의 사람이 상대방의 대화 내용을 지지한다는 것을 밝히기 위해 중간에 말을 하고 나서는 형태이다. 이런 경우 심사숙고형은 자신의 발언권을 뺏으려는 의도로 받아들이고 대화를 중단하고 만다. 이 경우도 우연한 중복인지 고의적인 방해인지 구별하기가 어렵다. 적극관여형의 사람은 대화를 방해하고자 한 의도가 없었지만, 심사숙고형의 사람은 대화의 방해로 받아들이고, 실제로 대화의 방해를 받았기 때문이다.

대화의 중복이 일어나면 대체로 대화의 흐름이 깨어지고 대화자들이 긴장하게 되지만, 대화 방식에 따라서는 중복이 나타나도 부정적으로 받아들이지 않는 경우가 있다. 적극관여형의 사람들끼리의 대화에서는 중복이 일어나도 방해가 일어나지는 않는다. 적극관여형의 사람들은 상대방의 중복에 대해 호의적으로 받아들여지는 상황에서는 상대방에게 대화 순서를 넘겨주고, 상대방의 중복이 마땅치 않게 받아들여지면 대꾸를 하지 않거나 완전히 상대방의 발언을 무시하고 자기의 발언을 계속한다. 이와 같이 대화의 중복이 일어남에도 불구하고 대화가 방해를 받지 않고 지속되는 것은 대화 참여자들이 비슷한 대화 방식을 가지고 있었기 때문이다.

대화의 중복을 받아들이는 데는 대화 방식의 차이 외에도 문화적 차이도 변수로 작용한다. 인류학자들은 두 사람 이상이 동시에 말하는 것을 지극히 정상적인 것으로 받아들이는 문화가 많이 있음을 지적하고 이것을 대위법적인 대화contrapuntal conversations로 부르고 있다. 태국이나 일본, 이탈리아 등에서는 이런 대화가 상대방을 방해하기는커녕, 애정과 관심을 표현하는 방법으로 이용된다는 것이다.

여성들은 중복 대화를 통해서 서로간의 우의를 다지는 집단이라는 주장도 있다. 여성들 간의 대화에서는 중복이 더 빈번하게 나타나는데, 남자들은 남들이 조용하게 들어주는 상황에서 발언을 많이 하고, 여성들은 다른 사람들의 목소리가 들릴 때 발언하는 것을 즐긴다는 것이다. 다시 말해 여성들은 보고식으로 이루어지는 대화의 장에서는 발언을 기피하고, 대등관계에서 이루어지는 상황에서 대화를 더 쉽게 한다는 것이다.

따라서 대화의 중복이 일어나는 경우에는 무조건 방해로 받아들이지 말고, 상대방의 대화 방식과 문화적 차이를 고려해서 중복을 해석하고 그에 맞게 대화를 이끌어 가는 것이 필요하다. 일반적으로 공적인 대화에서는 상대방이 말하는 가운데 끼어들어가서 중복을 일으키는 일을 피해야 한다. 그러나 수평적 대화이고 상대방이 적극 관여형인 경우, 중복은 방해가 아니라 반응 발화로 받아들여져서 대화를 촉진시키는 기능을 하기 때문이다. 반응 발화는 상대방의 말을 받아들이고 있음을 나타내는 대화표지로 보통 “응”, “아”, “그렇구나”, “네”, “어머”, “어쩜” 등과 같이 짧은 언어형식으로 이루어지는 것이지만, 이 경우는 중복된 말들이 모두 반응 발화로 받아들여지는 특수한 경우가 되는 것이다.

이러한 대화의 중복 현상이 가지는 특성을 고려해서, 바람직한 대화를 위해서는 다음과 같은 점에 유의하여야 할 것이다.

첫째, 대화에서 중복이 일어나는 것은 자연스러운 상황은 아니므로 중복되지 않도록 하는 것이 좋다. 특히 고의적으로 남의 말 가운데 끼어드는 것은 바람직하지 않다.

둘째, 대화의 중복이 일어났다고 해서 무조건 대화를 방해하는 것으로 받아들이고 대화를 중단할 필요는 없다. 이것이 우연한 중복인지, 고의적인 방해인지, 반응 발화인지를 판단해야 한다.

셋째, 우연한 중복이 일어났을 경우에는 중요한 말이 아니라면 끼어든 사람이 대화를 멈추는 것이 좋다.

넷째, 고의적인 방해의 경우는 방해가 일어난 대화 상황의 원인을 분석해서 적절히 대처하는 것이 필요하다. 대화 참여자의 흥미를 유발시키지 못하는 화제를 오래 붙잡고 있었거나, 혼자서 대화를 오래 독점한 경우는 끼어든 화자에게 대화를 넘겨주는 것이 바람직하지만, 습관적으로 남의 말은 자르거나 불필요하게 끼어든 경우라면 상대를 무시하고 하던 대화를 계속해 가는 것도 무방하다.

다섯째, 중복이 일어났을 경우 상대방의 대화 습관을 고려해서 적극관여형의 사람이 끼어든 경우는 반응 발화로 간주하고 하던 대화를 계속해 나가도 되지만, 중복 자체를 방해로 받아들이는 심사숙고형의 사람이 말을 할 때는 가급적 끼어들기나 반응 발화를 피하는 것이 좋다.

3.3. 대응쌍

순서 교대에서 가장 중요한 것은 현재 화자와 다음 화자 사이의 협동이다. 이 둘 사이의 순서 교대는 대응쌍adjacency pair을 만드는 경우가 일반적이다. 이것은 질문을 하면 대답하고, 요청을 하면 그에 따라 행동하거나 변명을 하고, 제안을 하면 받아들이거나 거절하고, 인사를 하면 인사를 받는 것과 같이 일상적으로 대화에서 나타나는 묵시적인 규칙에 의해 만들어진 쌍이다. '주는 말'에 대해 '받는 말'이 인접해서 쌍을 이루고 있어서 대응쌍이라고 하며, 대화의 최소 단위가 된다. '질문'을 하면 '대답'을 하고, '제안'을 하면 '수락'하거나

'거절'을 하고, '사과'를 하면 "뭐 별거 아닌데요."와 같이 '사건의 경시'를 나타내는 표현을 하는 것 등이 가장 원형적인 예이다.

쉐글로프와 색스(Schegloff & Sacks, 1973)에서는 대응쌍의 특징과 규칙을 다음과 같이 규정했다.

1. 인접해 있다.
2. 서로 다른 화자에 의해 발화된다.
3. 주는 말과 받는 말로 순서가 이루어진다.
4. 유형화되어 있다. 그래서 특정한 주는 말에 대해서는 특정한 받는 말로 답해야 한다. 예를 들어 주는 말이 '인사' 이면 받는 말은 '인사' 여야 하고, 주는 말이 '질문' 이면 받는 말은 '대답' 이어야 한다.

어떤 대응쌍의 주는 말을 한 현재 화자는 말을 멈추어야 한다. 그리고 다음 화자는 그 시점에서 같은 쌍의 받는 말을 해야 하는 것이 대응쌍의 지배 규칙이다. 대응쌍은 대화 조직의 기본 단위가 된다. 그러므로 많은 변이가 가능하다. 다음 (4)의 예를 살펴보자.

(4) A : 아줌마, 우리 노래방 들어가도 돼요? 〈질문 1〉
B : 너희 몇 살인데? 〈질문 2〉
A : 열다섯 살이요. 〈대답 2〉
B : 그럼 안 돼. 〈대답 1〉

대화 (4)에는 〈질문 1: Q〉과 〈대답 1: A〉 사이에 또 다른 〈질문 2: q〉와 〈대답 2: a〉가 삽입되어 있다. 따라서 "Q → (q → a) → A"와 같은 구조로 이루어진 대응쌍이다. 이러한 삽입 현상은 아주 흔하게 나타난다. 그래서 '질문'과 그에 대한 '대답' 사이에 여러 발화가 삽입되어 있을 수도 있다. 삽입은 대화를 상당히 길게 만들어 줄 수도 있다. 그래도 일단 대응쌍의 주는 말이 발화되면 사람들은 언젠가 받는 말이 나오리라는 것을 기대하기 때문에 그에 맞추어 대화를 진행시켜 나간다.

대응쌍의 받는 말도 많은 변이형이 있다. '질문'에 대한 받는 말도 '대답'이 아닌 여러 반응들이 포함될 수 있는데, 이들도 모두 받는 말로 받아들여질 수 있다. 다음 (5)의 예를 살펴보자.

(5) A : 너 영미 못 봤니?

B : 미정이한테나 물어 보세요.

대화 (5)에서 받는 말 B는 주는 말 A에 대한 직접적인 대답이 아니다. 따라서 A에 대한 반항을 나타내거나, 대화의 방향을 미정이에게로 옮기는 것, 또는 자신은 대답을 하지 않겠다는 거절, 질문 자체가 적절하지 않다는 의구심 따위를 나타내는데 쓰일 수 있다. 그러나 이것도 적절한 받는 말을 형성하고 있다.

그러나 대응쌍의 주는 말에 대한 반응으로서의 받는 말이 모두 같은 자격을 갖는 것은 아니다. 이것을 선호범주preferred category와 비선호범주dispreferred category로서 순서를 정할 수가 있다. 선호적인 받는 말은 무표적이어서 더 단순한 구조로 표현되는데, 비선호적인 받는 말은 유표적이어서 더 복잡한 구조로 표현된다. 따라서 비선호적 받는 말은 말을 한참동안 지연시킨 다음이나, 비선호적임을 나타내는 "글쎄, 뭐" 따위와 같은 대화표지로 시작하거나, 왜 선호적 받는 말이 나타나지 않았는가에 대한 설명과 더불어 나타난다. 다음의 예를 통해 살펴보자.

(6) A : 내일 좀 만날 수 있겠니?

B : 예.

(7) A : 내일 좀 만날 수 있겠니?

B-1 : …… 내일 시간이 어떻게 되나?

B-2 : 글쎄, 내일 다른 약속이 있어서 ……

B-3 : 지금으로서는 뭐라고 대답할 수가 없는데, 이따가 다시 연락하기로 하자.

요청에 대해 허락은 선호적 받는 말이 되고, 거절은 비선호적 받는 말이 된다. 따라서 대화 (6)에서 질문 A에 대한 선호적 받는 말인 대답 B는 단순하고 간결한 구조로 나타나며, 즉각적이다. 그러나 대화 (7)에서 질문 A에 대한 비선호범주에 속하는 대답 B-1, B-2, B-3은 더 복잡한 구조로 나타나며, 시간을 끈다. 이것은 비선호범주가 대응쌍에 대해 청자가 가지고 있는 기대와 어긋나는 것이기 때문에 화자가 이런 심리적 부담감을 언어적 표현으로 나타내고 있음을 보여 주는 것이다. 따라서 비선호범주를 말하는 상황에서 여느 때보다 말을 천천히 한다거나, 더듬거리는 것은 언어 장애가 아니라 대화 책략으로 인식될 수 있다. 요청에 대한 거절, 제안에 대한 거절, 가치 판단에서 반대하는 것과 같은 받는 말은 비선호적인 특징을 갖는다. 대화를 나누면서는 가능한 한 비선호적인 표현을 피하도록 노력하는 것이 원만한 대화를 유지시켜 준다.

비선호적인 받는 말은 다음과 같은 구조를 가지고 있다.

1. **지연** : 말을 시작하기 전에 휴지(pause)를 오래 두거나, 머뭇거리는 말을 사용한다.
2. **서언** : ❶비선호적 표현의 대화표지인 '글쎄, 어, 저' 등을 사용한다.
   ❷대립되는 의견을 말하기 전에 형식적인 동의 표시를 한다.
   ❸제안, 초대, 제시, 충고 등과 관련이 있을 때는 감사의 표시를 한다.
   ❹요청이나 초대 등과 관련이 있을 때는 사과 표시를 한다.
   ❺'잘은 모르겠지만', '꼭 그런 건 아니지만' 등과 같이 유연화시키는 표현을 한다.

❻ 여러 가지 형식으로 주저하는 표현을 한다.

3. 변명 : 비선호적 표현이 왜 사용되었는지에 대하여 세심하게 설명한다.

4. 사절 : 대응쌍의 주는 말의 본질에 맞는 형식으로 간접적이거나 부드러운 표현으로 약화시켜 표현한다.

비선호적 받는 말이 이렇게 복잡한 구조를 가지는 것은 7.3에서 살펴볼 정중어법과 관련이 있다. 비선호적인 표현은 선호적인 표현에 비해 상대방의 체면을 손상시킬 수 있는 말이기 때문에, 상대방의 체면을 고려해서 정중하게 말하려는 노력이 필요하고, 그만큼 복잡하고 긴 형식을 갖게 되는 것이다. 대응쌍에서 선호적 받는 말과 비선호적 받는 말은 다음과 같이 일반화할 수 있다.

첫째 부분	받는 말	
	선호적	비선호적
요청	수용	거절
제의 / 초대	수용/감사	거절
평가	동의	반대
질문	예상된 대답	예상 못한 대답이나 대답 안함
(자기) 비난	부인	인정

대응쌍의 주는 말에 대해 의도적으로 비선호적인 받는 말을 선택하는 것은 언쟁을 유발하고 나아가 인간관계를 위협하는 행위가 된다. 다음의 대화들을 살펴보자.

(8) A : 여보, 신문 좀 주구려. (요청)
B : 당신은 손이 없어요? (질문)
A : 무슨 말이 그래? (질문)
B : 당신은 그렇게 말하지 않는 줄 아세요? (질문)

(9) A : 저 여자 누구야? (질문)

B : 왜요? (질문)

A : 물으면 안 돼? (질문)

B : 누가 물으면 안 된다고 했어요? (질문)

대화 (8)에서는 요청의 주는 말을 질문의 받는 말로 받고, 질문을 계속 질문으로 받는다. 이 경우 질문은 공격이 되며 질문이 여러 차례 되풀이해서 나타나면 언쟁이 시작되었다는 증거가 된다. 대화 (9)에서는 질문의 주는 말을 질문으로 받고, 또 다시 질문으로 말을 이어 간다. 대응쌍은 무시되어 있으며 언쟁이 시작되었다는 신호이다. 질문이 세 차례 이상 이어지면 일단 대화에 이상이 있다고 판단하고 대화 방법을 바꾸어야 한다.

이러한 대응쌍의 특성을 고려해서, 바람직한 대화를 위해서는 다음과 같은 점에 유의하여야 할 것이다.

첫째, 대응쌍의 주는 말로 발화되면 가능하면 선호적 받는 말을 선택하는 것이 좋다. 상대가 인사를 하면 인사를 하고, 상대가 요청을 하면 수용을 하고, 상대가 초대를 하거나 제의를 하면 수용하고, 상대가 질문을 하면 예상 가능한 대답을 하고, 상대가 자기 비난을 하면 부인을 하는 것이다. 상대가 사과를 하면 별 것 아니라고 의미를 완화시키고, 상대가 자책을 하면 그렇지 않다고 부인하는 것이 좋다.

둘째, 비선호적 받는 말을 선택하는 경우, 직접적이고 즉각적으로 표현하는 것은 매우 당돌한 느낌을 주고 상대방의 체면을 손상시키는 일이 된다. 그렇기 때문에 비선호적인 받는 말을 하려면 먼저 시간을 좀 끌거나 '글쎄, 사실은, 저어' 따위의 적당한 완화적 대화표지들을 사용하고, 비선호적 표현을 선택한 이유에 대해 변명을 하고 사절의 뜻을 간접적이고 부드러운 표현으로 약화시켜 표현한다.

셋째, 대응쌍의 주는 말과 받는 말 사이에 다른 표현이 끼어드는 것은 자연스러운 것이다. 삽입하는 말들을 통해 대화가 더 구체화될 수 있기 때문이다.

넷째, 의도적으로 비선호적 받는 말을 선택하는 경우, 특히 주저하거나 간접화하지 않고 직접적으로 표현하는 것은 상대방에게 도전하는 공격적인 행위로 받아들여진다. 따라서 상대방과 논쟁을 할 의사가 없을 때는 이렇게 표현하는 방식은 자제를 하여야 한다.

3.4. 대화의 조직

일반적으로 대화는 시작부와 중심부, 그리고 종결부로 조직되어 있다. 시작부는 대화의 통로를 여는 부분이고, 중심부는 이야기하고자 하는 내용들을 주고받는 부분이며, 종결부는 대화의 통로를 닫는 부분이다.

3.4.1. 시작부

시작부는 대화를 시작하는 부분이다. 대화의 통로를 열기 위해서는 한 사람이 다른 사람의 주의를 끌고 대화하기 원한다는 신호를 보내야 한다. 따라서 '호출—응답—연결'의 순서로 이어지는 것이 보통이다. 대화를 하고자 하는 쪽, 즉 먼저 말을 건네는 쪽이 호출자가 되고, 그것에 응답하는 쪽이 응답자가 되는데, 이때에 쓰이는 신호는 비교적 간단하면서도 관용적인 것들이다.

호출용 신호는 보통 다음과 같은 유형으로 나타난다. 첫째는 예 (10)에서 보는 것처럼 정보나 도움, 물품 따위를 요청하는 것이다.

(10) a. 지금 몇 시지요?
b. 성냥 있니?
c. 연필 좀 빌려주시겠어요?

둘째는 예 (11)에서 보는 것처럼 사교적인 반응을 이끌어 내는 것이다.

(11) a. 오늘 정말 날씨가 좋네요.
b. 이 차가 왜 이렇게 안 오지요?
c. 지하철에는 사람이 너무 많아요.

셋째는 예 (12)에서 보는 것처럼 정보를 제공하는 것이다.

(12) a. 나 어제 길 가다가 우연히 영수 만났다.
b. 이번에 우리 과 학생이 가요제에 나갔어요.
c. 어제 아파트에 도둑이 든 것 아세요?

넷째는 청자에게 반응을 불러오기 위한 책략으로 예 (13)에서 보는 것처럼 감정을 표현하는 말을 하는 것이다.

(13) a. 와! 이것 좀 보세요.
b. 어머! 세상에.
c. 아이, 기분 나빠.

다섯째는 예 (14)에서 보는 것처럼 상투적인 인사말을 사용하는 것이다.

(14) a. 안녕하세요?
b. 무슨 일로 오셨어요?
c. 말씀 좀 여쭙겠습니다.

이밖에도 청자가 꺼내리라고 예측되는 화제를 회피하기 위해서 재빨리 다른 말을 끄집어내는 경우도 있다. 집에 늦게 들어온 딸이 화가 나신 어머니의 분위기를 파악하고 어머니의 옷이나 머리 모양에 대해 화려하게 칭찬하는 말로 너스레를 떠는 것이나, 임금 인상을 위해 사장실로 찾아온 노조 간부에게 노조 쪽의 견해를 전달하기도 전에 재빨리 판매 실적이 저조해서 감원을 고려하지 않을 수 없다는 화제를 꺼내서 기선을 제압하는 것과 같은 경우들이다.

일반적인 대화에서는 대화 참여자들끼리 서로 접촉을 한 상태에서 대화가 이루어지기 때문에, 얼굴 표정이나 몸짓, 자세 등과 같은 동작언어를 통해서 누가 먼저 말을 시작하는지를 판단할 수 있다. 그러나 대화 참여자들끼리 서로의 동작언어를 파악할 수 없는 특별한 대화 형태인 전화 대화에서는 전화를 받는 사람이 먼저 대화를 시작하는 관례가 생겼다. 전화를 건 사람이 모든 정보를 가지고 있음에도 불구하고 전화를 받는 사람이 먼저 대화를 시작하는 것은 전화 벨소리가 일차적인 호출용 신호로 받아들여지기 때문이다. 따라서 "여보세요."와 같이 호출용 신호를 다시 한 번 사용하거나, "네, 안서동입니다.", "국문과입니다." 따위와 같이 호출에 대한 응답으로 대화가 시작되기도 한다. 손전화 사용으로 발신자 정보를 알려주게 되면서 "어 민수야, 잘 있었어?"와 같은 안부 인사로 시작하거나 "지금 어디야?"와 같이 장소를 묻는 질문이 사용되고 있다.

시작부는 대화할 사람들 사이의 인간관계에서 필요한 예절적 절차가 포함된 단계이다. 따라서 대화의 분위기를 조성하는 첫인상과 같은 역할을 하는 것이 시작부이기 때문에 상대방에 대한 배려가 전제되어야 한다.

3.4.2. 중심부

준비 작업이 끝난 상태에서 본격적인 대화 활동이 시작되는 부분이 중심부이다. 대화를 시작한 사람의 관점에서는 목적과 용무를 수행하는 부분이다. 이 부분은 다른 부분에 비해 길이가 길고, 정형화되어 있지 않다는 특성을 갖는다.

시작부가 끝나고 나면 바로 제 1화제가 등장한다. 이 부분에서는 화제 제약 조건이 작용되지 않으므로 어떤 화제라도 도입하는 것이 가능하다. 그러나 일단 하나의 화제가 이야기되는 동안에는 화제 제약 조건이 적용된다. 따라서 첫째, 화제 비약이 일어나서 대화의 결속력을 깨뜨려서는 안 된다. 지금 이야기되고 있는 화제와는 무관한 다른 화제를 자꾸 끌어들이면 형편없는 대화가 되고 만다. 둘째, 선호적 대화는 한 사람 A가 어떤 화제 X에 대해 이야기하고 있을 때 다른 사람 B가 다른 화제 Z에 대해 이야기하고 싶으면, 다른 화제를 이야기하고 싶어 하는 화자 B는 두 화제 X와 Z가 Y라는 화제 범주에 속해서 자연스러운 결속력을 가지도록 이야기할 방법을 찾아야 한다. 예를 들어서 A가 A의 친구인 민호에 관해 이야기를 하고 있는데, B는 자신의 결혼 문제에 관해 이야기하고 싶으면, B는 '민호의 결혼'이라는 화제를 도입하고, 이것을 통해 자신의 화제인 결혼으로 끌고 가야 한다는 것이다.

두 사람이 같은 화제에 대해 이야기한다는 것은 첫째, 같은 일이나 같은 지시물에 대해 이야기하는 것, 즉 공지시성co-referentiality을 갖는 것이고, 둘째, 같거나 관련된 개념에 관하여 이야기하는 것, 즉 공유된 개념을 갖는 것이다.

중심부의 형태는 대화의 종류에 따라 달라질 수 있다. 용무형 대화에서는 서술형보다는 질문형이 많이 사용되고, 말의 길이가 그다지 길지 않고, 순서 교대의 횟수도 적어서 결과적으로 중심부의 길이도 그다지 길지 않다. 또한 정해진 화제를 놓고 문제해결식의 대화 방식을 취하기 때문에 대화의 전개 방식이 직선적이다. 대화 참여자들이 대화에 기여하는 양은 용무의 내용에 따라 달라지는데 일방적 통보의 경우가 아니면 서로 비슷한 양을 말하게 된다.

설명이나 설득형 대화에서는 질문형보다는 서술형이 많이 사용되고, 말의 길이가 길고, 순서 교대의 횟수가 많아서 중심부의 길이가 상당히 길어진다. 대화의 화제가 분명하기 때문에 대화의 전개 방식은 직선적이다. 그렇지만 두 사람이 동등한 위치에서 이야기를 나누게 되는 것이 아니라, 한 사람이 다른 사람을 지배하거나 유도하는 위치에서 말을 하기 때문에 한 사람에 의해 대화가 독점되게 된다.

잡담형 대화에서는 정해진 화제가 없기 때문에 이야기를 일정한 방향으로 끌고 나갈 사람도 없고, 그럴 필요도 없다 따라서 전개 방식이 비직선적이다. 화제의 전환이 쉽게 이루어지고 대화 참여자 모두가 대등한 자격으로 말을 이끌어 가는 수평적인 대화이다.

대화에서 화제가 정해지기 위해서는 다음과 같은 특징이 나타난다.

> 첫째, 대화 참여자의 주의를 확보해야 한다. 따라서 보통 화제가 도입될 때는 앞 발화와의 사이에 휴지가 길게 나타나거나, 눈을 맞추며 이야기를 한다.
>
> 둘째, 분명하게 발화하기 위해서 때로는 톤이 높아지거나, 커지거나, 말의 속도가 가속되거나, 음색을 달리 하는 경우들이 나타난다.
>
> 셋째, 대화 참여자들에게 화제에 포함된 대상들을 알 수 있도록 충분한 정보를 주고자 한다.
>
> 넷째, 참여자가 화제에 나타난 대상들 사이의 의미관계를 재구할 수 있도록 충분한 정보를 주고자 한다.

대화 참여자들은 화자의 발화에 주의를 기울이고, 발화를 해독하고, 대화의 화제에 나타나는 사물, 사람, 생각, 사건 등을 명확히 알아야 하고, 대화의 화제에 나타나는 대상들 간의 의미관계를 명확히 알아야 이것을 화제로 받아들이게 된다는 것이다.

일단 하나의 대화 화제가 확립되어 그것과 관련한 이야기가 계속되다가 그 화제를 중심으로 하여 화제가 조금씩 변하여 가는 것을 화제의 전이topic transition라고 하고, 전혀 관련이 없는 화제로 옮아가는 것을 화제의 전환topic change이라고 한다.

화제의 전환이 이루어질 때는 화제를 바꾼다는 신호를 보내야 하는데, 이것은 화자가 새로운 화제를 갑작스럽게 생각해 냈음을 표시하고 주의를 끌 수 있는 언어적 표현으로 나타난다. 우리말에서는 일반적으로 "맞아.", "아니(근데)", "그러나 저러나", "그나저나", "하여튼", "어쨌든" 등이 화제 전환을 나타내는 대화표지로 사용된다(박성현, 1996).

화제가 전환되는 시기는 첫째, 화제에 대하여 이미 충분히 이야기되었을 때, 둘째, 화제를 지속해 갈만한 새로운 내용이 없을 때, 셋째, 진행 중인 화제에 대해 더 이상 관심이 없을 때, 넷째, 진행 중인 화제를 피하거나 바꾸고 싶을 때이다.

3.4.3. 종결부

종결부는 어떤 종류의 대화에서도 가장 민감하게 결정해야 하는 부분이다. 지나치게 서둘러 마무리하는 것이나 지나치게 질질 끌어가는 것은 대화 참여자 모두에게 바람직하지 못하기 때문이다. 특별한 경우가 아니라면 대화를 시작한 사람이 대화를 맺는 것이 일반적이다. 종결부의 일반적 형식은 다음과 같이 정리할 수 있다.

첫째, 앞의 내용을 정리하거나 상대방 가족에게 안부를 부탁하는 것과 같이 대화가 끝나간다는 것을 암시하는 말로 화제를 마무리한다. 이 때 어느 한 쪽이 동의하지 않고 새로운 화제를 꺼내면 대화는 종결되지 않고, 다시 반복되어야 한다.

둘째, "그래.", "좋아.", "알았어." 등과 같이 종결을 준비하는 표현 pre-closing items이 대응쌍을 이룬다. 이 대응쌍의 주는 말은 상대방에게 혹시 보류된 말이 있으면 하라는 신호로 해석되고, 받는 말은 보류된 것이 없다는 것으로 받아들인다. 따라서 대화 종결에 대해 상호 동의가 이루어지는 부분이다.

셋째, 마무리하는 인사를 서로 교환한다.

이것은 종결부의 원형적인 유형이고 변이형이 얼마든지 가능하다. 그러나 바람직한 대화 종결을 위해서는 반드시 서로 종결 의사가 있음을 확인하는 종결 준비 단계가 필요하다.

4장 대화의 원리

대화를 나누는 것에도 어떤 원리가 있을까? 우리는 아침에 눈을 뜨면서부터 대화를 시작하고 잠들기 전까지 대화를 나누기 때문에, 대화에 대해 익숙해져 있어서 대화에서 어떤 원리를 찾아내는 것이 오히려 더 자연스럽지 않게 느껴진다. 이것은 마치 밥을 먹는 순서를 체계화하고 원리를 찾으라는 말처럼 들릴 수도 있다. 그러나 일상적인 대화에서도 그것을 구성하고 있는 원리들을 찾을 수 있다.

대화의 원리들은 언어학적 사고라는 추상적 공간에서 이루어지는 문법과는 달리 구체적인 상황과 맥락에서 작용하는 원리이다. 대화의 원리를 파악한다는 것은 의사소통을 목적으로 하는 대화의 의미를 파악하고 거기에 적절한 대화를 이어가는 원리를 발견하는 것이다. 이 장에서는 대화에서 사용되는 의미인 '의도된 의미'를 파악하는 방법과, 그 기초가 되는 맥락의 개념, 그리고 그라이스Grice가 제시한 협동의 원리와 대화의 격률 등을 살펴보기로 한다.

4.1. 대화의 의미 : 발화문의 의미와 의도된 의미

(중앙일보 연재만화「베이비 블루스」참고)

글로 쓰인 문단에서 완결된 작은 단위를 문장sentence이라고 한다면 대화를 이루고 있는 맥락에서 완결된 작은 단위들을 발화utterance라고 한다. 문장이 그 자체로써 완결된 뜻을 가지고 있는 것처럼 발화도 그 자체의 뜻을 가지고 있다.

(1) 이 차 댁의 거예요?

(1)은 발화된 말을 문장으로 옮겨 놓은 발화문이다. (1)은 의문문으로 상대방에게 무엇에 관해 묻고 있으며 상대방의 대답을 기다리고 있다. 물음의 내용은 차에 관한 것이며, 여기에 있는 차가 상대방의 것인지에 관해 묻고 있다. 이렇게 발화문에 사용된 언어 자체가 가지고 있는 의미가 '발화문의 의미'이다. 이것은 객관적으로 그 언어를 알고 있는 사람들이면 누구라도 해석할 수 있는 문장의 의미이다.

그러나 대화를 하면서 발화문의 의미를 파악했다고 해서 원만하게 대화를 이끌어 갈 수 있는 것은 아니다. 발화문의 의미보다 더 중요한 것은 상대방이 지금 여기서 왜 그러한 발화문을 사용하였는지 그 의도를 파악하는 것이다. 이러한 의미를 '의도된 의미'라고 한다.

다시 (1)의 예를 생각해 보자. 이 발화문에 의도된 의미는 무엇일까? 어떤 경우는 이 차가 너무 멋있어서 감탄하는 말일 수도 있고, 차가 너무 더러워서 나무라는 말일 수도 있다. 아무 곳에나 불법 주차를 해 놓아서 불평을 하는 말일 수도 있고, 당신이 차를 가지고 있으면 나를 좀 태워다 달라는 간접 요청일 수도 있다. 이렇게 보면 발화문의 의미는 하나로 해석이 가능하지만, 의도된 의미는 감탄, 질책, 불평, 요청 등 아주 다양할 수 있다. 어떤 경우는 발화문의 의미 그대로인 질문 자체가 의도된 의미일 수도 있다.

다음 (2)와 (3)의 대화를 비교해 보자.

(2) 1A : **날씨가 좋군요.**
2B : 그래요, 어제보다 많이 따뜻해졌어요. 그렇죠?
3A : 그러네요. 요즘은 하루는 춥고 하루는 따뜻한 것 같아요.
4B : 내일은 또 좀 추워지겠지요.
5A : 그렇겠죠. 하지만 날씨야 제 맘대로니까 내일 돼 봐야 알겠죠.
6B : 그러게요. 휴가 때 어디 좀 다녀오셨어요?
7A : 예. 설악산에 다녀왔어요.
8B : 그러세요? 우리는 다음 주에 제주도에 다녀올 예정이에요.
9A : **어머, 그래요? 가족들을 위해 아주 좋은 일이군요. 즐겁게 지내세요.**
10B : 고맙습니다. 그나저나 42번 버스가 지나갔나요?
11A : 아니요. 제가 8시부터 서 있었는데, 한 대도 안 지나갔어요.
12B : 그렇담 곧 오겠네요. 회사에 지각할까 봐…… 지금 몇 분이죠?
13A : 25분이에요.

(2)의 대화는 버스 정류장에서 버스를 기다리며 이웃끼리 나누는 대화이다. 이 대화에서 1부터 5까지의 대화는 이미 서로 알고 있는 이야기를 나누는 것으로 전혀 정보성이 없다. 두 사람이 함께 이야기를 나눈다는 것이 중요할 뿐이지, 발화문의 의미 자체가 중요한 것은 아니다. 여기서의 질문은 이미 대답이 무엇인지도 알고 있는

것들이다. 그러나 6의 후반부 대화부터는 정보성이 있는 대화로 전환된다. 질문은 대답을 요구하는 것들이며, 대답이 어떤 내용일지 모르고 있다. 그럼에도 불구하고 사실상 핵심적인 이야기는 10에서부터 시작된다. A가 정말 궁금해 하고 있고 필요로 하는 정보는 10의 질문으로 나타나기 때문이다. 보통 사람들이 나누는 이야기는 이렇게 정보성이 없는 대화에서 정보성 있는 대화로, 그리고 핵심적인 대화로 전환되어 간다. 이것은 사람들이 사회적인 관계를 유지하는데 중요한 역할을 한다. 비정보적인 대화를 나눔으로써 서로 우호적인 관계를 유지해 나가는 것이다.

그러나 대화를 통해 사회적인 관계를 유지한다는 것이 항상 공손하고 우호적인 것은 아니다. 말하는 사람이 의도하고 있는 의미는 친근함을 나타내는 것일 수도 있지만, 적의를 드러내는 것일 수도 있고, 상대방을 칭찬하는 것일 수도 있지만, 모욕하는 것일 수도 있고, 정중함일 수도 있지만 무례함일 수도 있기 때문이다.

(3) 1A : 나 다음 주에 내려갈 때 차 가져갈 거야.
2B : **어머, 그래요?** 나도 아이들 학교에 데려다 주려면 차가 필요한데.
3A : 미안하지만 내가 써야겠어. 애들은 버스 태워 보내.
4B : **가족들을 위해 아주 좋은 일이군요.** 꼭두새벽에 나가 한밤중까지 안 들어오고! 당신은 자기밖에 몰라.
5A : **날씨가 좋군요.**

(3)의 대화는 아내와 남편 사이의 대화이다. 차를 가져가겠다는 남편과 그것에 대해 불쾌하게 생각하는 아내가 서로 언쟁을 하고 있다. 이 대화에는 앞의 (2)의 대화와 중복되는 발화들이 나타난다.

첫째, (3)-2의 "어머, 그래요"는 (2)-9의 발화와 일치한다. 그러나 (3)-2는 남편과 반대되는 생각을 가지면서 이 발화를 하였지만, (2)-9의 발화는 전혀 반대되는 생각을 가지고 있지 않다.

둘째, (3)-4의 “가족들을 위해 아주 좋은 일이군요.”는 (2)-9의 발화와 일치한다. 그러나 (3)-4는 남편이 차를 가지고 가는 것이 좋은 일이 아니라고 생각하면서 한 말이지만, (2)-9에서는 가족들이 함께 제주도로 가는 것은 좋은 일이라고 생각하고 한 말이다.

셋째, (3)-5의 “날씨가 아주 좋군요.”는 (2)-1의 발화와 일치한다. 그러나 (3)-5는 대화 끝에서 화제를 바꾸거나 딴청을 피우기 위해서 하는 말이지만, (2)-1은 전형적인 인사이다.

(2)와 (3)의 대화 비교를 통하여 알 수 있는 바와 같이 똑같은 발화문에서도 어떤 사람이 어떤 상황에서 사용하느냐에 따라 전혀 다른 ‘의도된 의미’가 전달된다. 그렇기 때문에 대화에서 가장 중요한 것은 발화문의 의미 자체를 파악하는 것이 아니라 의도된 의미를 파악하는 것이다.

의도된 의미를 찾아내는 일은 쉽지는 않지만, 일단 낱말과 문장의 의미를 통하여 발화문의 의미를 파악할 수 있는 사람이라면 다양한 대화에서의 쓰임이나 사회적 쓰임들을 구별해 낼 수 있다. 다른 사람의 의도를 찾아내는 일은 사람의 인지 활동과 서로 관련된 일이고, 사람들 사이의 상호작용은 대부분 의도의 관점에서 개념화된 행위에 의해 결정되기 때문이다. 사람이 가지고 있는 서로의 의도를 추정할 수 있는 능력을 대화에서도 활용하고 있는 것이다.

대화에서 사용되는 의도된 의미는 발화문의 의미로 가능한 여러 가지 의미 가운데서 주어진 상황에 가장 적절한 것이어야 한다. 발화문의 의미는 단지 청자가 화자의 의미를 추론하는 것을 도울 뿐이다. 따라서 의도된 의미를 찾아내기 위해서는 맥락에 대한 이해가 반드시 필요하다.

4.2. 맥락

1) 맥락의 개념

대화를 할 때 이루어지는 사고는 맥락에 의존하고 있고, 맥락 안에서 움직인다. 따라서 대화를 통하여 화자가 의도하는 의미를 파악하기 위해서는 반드시 맥락을 고려하여야 한다. 우리가 나누는 대화가 의미 있는 것이 되기 위해서는 많은 조건을 갖추어야 하고 전제되는 내용과 함축된 내용을 고려해야 한다. 그리고 사실 세계에 의한 지식과 맥락적 상황들도 고려하지 않으면 안 된다. 다음의 대화를 살펴보자.

(4) A : 지금 당장 이리로 다시 와 줄 수 있어요?
B : 저, 오늘 천안 가야 하는데요?
A : 그럼 목요일은 어때요?

이 문장에 나타나는 통사적 사실과 의미적 사실만으로는 이 대화를 완전히 이해할 수 없다. 몇 가지만 생각해 보면, 이 대화가 이루어진 시간은 목요일이 아니라는 것을 이해해야 한다. 뿐만 아니라 목요일이라는 어휘를 사용한 것으로 미루어 이 대화가 그 목요일 바로 앞에 있던 수요일이나 화요일에 이루어진 것도 아니라는 것을 가정할 수 있다. 만약 그랬다면 화자가 '내일'이나 '모레'라는 낱말을 사용했을 것이기 때문이다. 더 나아가 A가 말하고 있는 장소는 분명히 천안이 아니고, A는 B에게 요청을 할 수 있는 위치에 있다는 것 등을 이해해야 한다.

따라서 대화자는 대화가 이루어지면서부터 대화에 참여한 사람들 사이의 시간적, 공간적, 사회적 관계에 대한 사실과, 말을 나누기 위해 필요한 믿음과 의도들과 같은 것을 추정할 수 있는 맥락과 관련된 가정들을 이해하지 않고는 대화를 이끌어 나갈 수가 없다. 모든 대화의 원리는 맥락 안에서 유효한 것이기 때문이다.

2) 맥락의 선택과 상호공유지식

맥락이란 이미 주어진 것이 아니라 대화의 이해 과정 전반에 걸쳐서 탐색되고 선택되는 것이다. 많은 가능성 가운데서 가장 적합한 하나의 맥락을 선택하는 것이 무엇보다 중요하다. 논리적으로는 어떤 맥락이라도 선택하는 것이 가능하지만, 성공적인 의사소통의 바탕이 되는 것은 화자가 의도하고 기대하고 있는 맥락을 선택하는 것이다.

화자는 자신의 말이 어떤 특정한 방식으로 해석되기를 바라고 있으며, 청자가 그런 해석을 가능하게 해 주는 맥락을 찾아낼 능력이 있다고 기대하고 있다. 화자가 가정한 맥락과 청자가 실제로 활용한 맥락이 일치되지 않으면 오해가 생길 수 있다. 다음의 예를 생각해 보자.

(5) A : 커피 한 잔 하시겠어요?
B : 난 커피를 마시면 잠이 안 와.

A의 질문에 대해 B가 한 대답은 어떤 의미일까? 여기서는 두 개의 맥락이 가능하다. 하나는 잠을 자기 위해 커피를 마시지 않겠다는 맥락이고, 또 다른 하나는 잠을 자지 않기 위해서 커피를 마시겠다는 맥락이다. 이 경우 맥락을 파악하는 것은 의도된 의미를 파악하는 것과 일치한다. B가 가정한 맥락이 잠을 자기 위해 커피를 마시지 않겠다는 것이고, A도 그 맥락을 활용하여 커피를 주지 않으면, 아무런 문제가 없다. 그러나 B는 잠을 자기 위해 커피를 마시지 않겠다는 맥락을 가정했는데, A는 잠을 자지 않기 위해 커피를 마시

겠다는 맥락으로 받아들이거나, 그와 반대로 B는 잠을 자지 않기 위해 커피를 마시겠다는 맥락을 가정하였는데, A는 잠을 자기 위해 커피를 마시지 않겠다는 맥락으로 받아들이면 오해가 생기게 된다.

초면의 대화가 아니라면 대화를 나누고 있는 사람들은 이미 공유하고 있는 지식상호공유지식: shared knowledge이 있게 마련이다. 이러한 지식들은 맥락을 가정하거나 받아들이는 데 있어서 서로 공유될 수 있다. 맥락은 각종 새로운 정보의 적합성을 평가하는데 필요한, 이미 가지고 있는 기존 정보의 묶음들이다. 맥락을 구성하고 있는 기존 정보에는 단기 기억과 백과사전적 지식, 그리고 각종 지각 작용에서 얻은 정보나 신념 등 다양한 요소들이 있다.

(5)의 대화를 나누는 A와 B는 아마도 B가 불면증 때문에 고생하고 있다(그래서 잠을 자기 위해 커피를 마시지 않겠다는 맥락을 가정한다)거나, B가 요즘 할 일이 많아서 밤을 새우며 일을 해야 한다(그래서 잠을 자지 않기 위해 커피를 마시겠다는 맥락을 가정한다)는 것에 대해 서로 공유된 지식을 가지고 있을 것이다. 따라서 상호공유지식을 활용함으로 오해를 피할 수 있다.

그러나 상호공유지식이 없는 상황에서 오해가 일어나지 않도록 하는 방법은 청자가 실제로 받아들이는 맥락이 화자가 가정하고 있는 맥락과 일치하는지를 확인하는 방법밖에는 없다. 따라서 대화의 길이가 더 길어지더라도 어떤 맥락을 가정하고 있는지에 관한 질문을 덧붙여야만 한다.

(6) A : 이 벽지로 살까?
B : 줄무늬가 있네.
A : 줄무늬가 싫어?
B : 아니, 줄무늬가 있어서 마음에 들었어.
A : 그럼 이걸로 사면 되겠구나.

(6)의 대화에서 A는 B가 줄무늬를 좋아하는지 어떤지에 관해 공유하고 있는 지식이 없었다. 따라서 '줄무늬가 있어서 마음에 들지 않는다'는 맥락과, '줄무늬가 있어서 마음에 든다'는 맥락 가운데 어떤 쪽을 선택해야 할지를 모르는 상태이다. 이 경우 마음대로 맥락을 결정하면 오해를 불러일으키게 되는 상황이기 때문에, A는 다시 한 번 줄무늬에 관한 질문을 해서 두 가지 가운데 어떤 맥락이 적절한지를 물어서 B의 의도를 파악하고 있다.

3) 맥락 효과

맥락은 고정되어 있는 것이 아니고 대화가 진행되는 것과 함께 계속 변화해 간다. 대화를 해 나가면서 화자와 청자는 맥락 효과 contextual effects를 경험하게 된다. 맥락 효과란 한 사람이 가지고 있던 기존의 관념에 새로운 정보가 가해짐으로써 나타나는 현상인데, 일반적으로는 다음과 같은 세 가지로 구별된다.

첫째, 자기가 가지고 있던 기존 정보나 상정 내용이 새로운 정보를 받아들임으로 폐기되는 경우이다. 예를 들자면 어떤 사람에 관해 나쁜 인상을 가지고 있던 사람이, 그 사람의 훌륭한 인간성과 생활 모습에 관한 이야기를 들으며, 그 사람에 대한 부정적인 생각을 없애 버리는 것과 같다.

둘째, 자기가 가지고 있던 기존 정보나 상정 내용이 새로운 정보로 인해 더욱 강화되고 합리화되는 경우이다. 위의 예와는 반대로 어떤 사람에 대해 나쁜 인상을 가지고 있던 사람이, 그 사람의 비인격적인 모습과 생활상들에 관한 이야기를 들으면서, 그 사람에 대한 부정적인 생각들이 더욱 강화되고, 자기가 그 사람에 대해 나쁜 인상을 가지고 있었던 것은 사람 보는 눈이 있기 때문이라고 합리화하는 것과 같다.

셋째, 기존 정보와 새로운 정보가 합해져서 새로운 맥락적 함축

의미가 생성되는 경우이다. 예를 들자면 어떤 사람에 관해 나쁜 인상을 가지고 있던 사람이, 그 사람의 훌륭한 인간성과 생활 모습에 관한 이야기를 들으며, 그 사람이 이중인격자이거나 위선자일 거라고 생각하는 경우와 같다.

따라서 대화의 진행 과정에서 다른 사람의 이야기를 들으며 맥락을 수정하는 작업도 진행하여야 하지만, 대화에 참여하고 있는 자신의 태도나 말 등이 새로운 맥락 효과를 만들어 간다는 점도 유의하지 않으면 안 된다.

4) 맥락과 비유

대화의 맥락을 이해하는 데 있어서 중요한 요소 가운데 하나는 비유이다. 대화 속에는 많은 비유들이 포함되어 있다. 따라서 효과적인 대화를 위해서는 적절한 비유를 사용할 수도 있어야 하지만, 비유를 맥락에 맞추어 민첩하게 알아차리고 뜻을 해독하는 것이 필요하다.

비유는 우리가 살고 있는 세계에서 우리의 과거의 경험을 가지고 새로운 개념을 창조하고 전달하기 위해 필요한 것인 반면, 비유를 사용함으로써 자기가 다른 사람의 비유를 이해하지 못하는 능동적인 관점에서뿐만 아니라, 다른 사람이 자신의 비유를 이해하지 못하는 수동적인 관점에서 모두 다른 사람을 이해하는데 장애가 되기도 한다.

(7) A : 어제 사자가 호랑이한테 물렸더라.
B : 무슨 소리야? 동물원 갔었어?
A : 아니, 삼성이 기아한테 깨졌다고.
B : 프로 야구 이야기야?

(7)의 대화에서 A는 프로 야구의 라이온즈 팀과 타이거즈 팀의 경기에 관해 이야기하면서 비유의 한 종류인 은유적인 어휘로 표현하고 있고, B는 비유가 사용된 맥락을 이해하지 못 하고 다시 질문을 한다. A는 이것을 다시 비유의 한 종류인 환유적인 표현으로 고쳐 말하고, B는 맥락 효과를 통하여 맥락을 수정하고 있다. 이 경우는 A가 사용한 비유가 B의 이해를 지연시킨 예가 된다.

비유를 가능하게 하는 동기는 보편적인 사회적 관습에 뿌리박고 있는 일정한 사고방식이다. 그러므로 비유는 한 언어 공동체 안에서 문화적으로 공유된 삶의 방식이기도 하다. 따라서 서로 다른 삶의 방식은 서로 다른 비유를 만들어 내게 되고, 비유의 이해는 삶의 이해를 전제로 하게 된다.

(8) A : 너는 왜 젖배 곯으며 큰 애처럼 배슬배슬 하냐?
B : 할머니, 젖배 곯는 게 뭐예요?
A : 아기 때 엄마 젖을 못 먹었다고.
B : 아, 그러니까 우유를 안 먹었다고요?
A : 우유가 아니라 젖 말이야. 그러니까 이렇게 온상에서 자란 화초 같지.
B : 할머니, 온상에서 자란 화초 같은 건 또 뭐예요?
A : 햇빛 못 받고 자란 꽃나무 같다고.
B : 아, 그러니까 내가 소말리아 난민 같다는 말이시지요?
A : 그건 또 무슨 소리냐?

(8)의 대화는 세대가 다른 할머니와 손자 사이의 대화로 서로 다른 문화를 바탕으로 비유를 사용하고 있어서 대화에서 서로의 이해를 지연시키고 있는 경우의 예이다. 한 언어 공동체라고 하더라도 문화적인 배경이 다르거나, 세대가 다른 경우, 또 속하고 있는 사회적 계층이 다른 경우에 한 집단에서만 통용되는 비유를 사용하는 것은 의사소통의 장애 요소가 되고, 결과적으로는 서로의 인간관계

에 벽을 만드는 요인이 된다.

대화를 하면서 적절하지 않은 비유를 사용하는 것은 매우 위험한 일이다. 화자 편에서는 가능하다면 진행되고 있는 맥락에서 충분히 해석이 가능하다고 생각되지 않는 비유는 풀어서 이야기하는 것이 바람직하고, 청자 편에서는 비유를 말하는 사람의 삶과 관련시키고, 주어진 맥락에 맞추어 적절히 해석할 수 있는 능력이 필요하다.

사람들이 대화를 나눌 때, 미리 대화의 구조나 내용을 결정하지는 않는다. 그럼에도 불구하고 실제로 이루어지는 대화를 분석해 보면 어떤 화제들과, 그 화제를 이루고 있는 이야기들로 짜여 있음을 발견하게 된다. 이것을 대화가 가지고 있는 결속성coherence이라고 한다. 글로 쓰인 문장과는 달리 대화를 나눌 때는 어느 정도 문법에 어그러지거나, 논리적 구조에 맞지 않아도 전체적 맥락을 잡는 것에만 장애가 되지 않으면 용인이 되는 관용성tolerance을 갖는다. 이러한 전체적 맥락이 결속성을 형성하기 때문이다.

그러므로 대화에서 맥락을 고려해야 한다는 것은 적절한 맥락을 찾아서 선택해야 한다는 점에서는 무거운 부담으로 작용하지만, 맥락에만 어그러지지 않으면 용인되는 관용성도 갖는다는 점에서 긍정적인 요소로 작용함을 알 수 있다.

4.3. 그라이스의 대화의 원리

대화의 원리를 객관적으로 규명하고자 한 학자는 그라이스Grice이다. 그는 근본적이고 합리적인 사고에서 출발하여 상호 협력을 목적으로 하는 대화에서 효과적이고도 효율적으로 언어를 사용하기 위해서는 대화를 하는 데 있어서 어떤 묵시적인 지침들이 필요하다고 하고, 이것을 격률maxims이라는 용어로 설명하였다(Grice, 1975 / 1978). 그라이스는 먼저 가장 일반적인 것으로 협동의 원리와 네 가지 기본 대화 격률을 제시하였는데, 이것들은 대화의 결속성을 유지시키는 데 있어서 중요한 요소가 된다.

4.3.1. 협동의 원리

협동의 원리The Co-operative principle는 대화의 가장 기본적인 전제인 상호성에서 기인되는 것으로, 사람들이 대화를 할 때는 반드시 지금 하는 말이 지금 이루어지고 있는 상태에서 지향한다고 생각되는 목적이나 방향의 요구에 합치되도록 말을 한다는 것이다. 다시 말하자면 말을 하는 사람은 지금 이루어지고 있는 대화의 목적을 파악하고, 그 목적에 맞는 대화, 대화의 흐름과 일치되는 대화를 통하여 결속성을 유지한다는 것이고, 말을 듣는 사람은 상대방이 한 말은 지금 이루어지고 있는 대화의 목적이나 상황에 맞는 결속성이 있는 말로써 받아들이고 해석한다는 것이다.

(9) A : 너 왜 그러는 거야? 응? 왜 울어?
B : 아무 것도 아니에요.
A : 아무 것도 아닌데 울어? 무슨 일이야? 남군이랑 싸웠니?
B : 아무 것도 아니라니까요!
A : 무슨 일인지 아버지한테 말해 봐. 뭔데 그래?
B : 글쎄 아빠는 참견 마시고 나가 주세요.

−T.V. 드라마 「해뜨고 달뜨고」 중에서

아버지 A와 딸 B 사이의 대화이다. 아버지는 딸과 함께 이야기를 하고 싶어 하지만, 딸은 계속 대화를 회피함으로써 협동의 원리를 위배하고 있는 대화의 예이다. 대화자 가운데 누군가가 협동의 원리를 위배하면 대화는 더 이상 이루어지지 못 한다. 이것은 인간관계에 장애를 가져오는 요소가 되어서, 습관적으로 협동의 원리를 위반하는 사람은 원만한 인간관계를 유지할 수 없게 된다.

(10) A : 어떻게 하면 안으로 들어갈 수 있나요?
B : 난 여기 앉아 있을 거야, 내일까지 아니면 모레까지.
A : 어떻게 하면 안으로 들어갈 수 있냐고요?
B : 꼭 들어가야 한단 말이냐? 이게 첫 번째 의문이야. 난 여기 앉아 있을 거야.
A : 그런데, 난 어떻게 해야 하지요?
B : 너 좋은 대로하렴.

(10)의 예는 동화 「이상한 나라의 앨리스」에 나오는 앨리스와 문지기 사이의 대화이다. 겉으로 보기에는 안으로 들어가려 하는 앨리스와, 전혀 무관한 자기 생각을 계속 이야기하는 문지기 사이에서 협동의 원리가 철저하게 무시되고 있는 대화이다.

그러나 자세히 들여다보면, 이 대화에서도 결속성이 유지되고 있다. 하나는 문지기가 완전히 바보라는 사실을 나타내는 것이다. 문지기는 대화를 이어가는 협동의 원리를 지킬 수 없을 만큼 철저한 바보이다. 이 경우 앨리스가 더 이상 문지기와 대화를 나누는 것은 무의미하다.

또 다른 가능성은 문지기가 의도적으로 협동의 원리를 위배함으로써 안으로 들어가려고 하는 앨리스의 뜻을 묵살하고 있음을 나타내는 것이다. 더 나아가 '내가 여기에 앉아 있는 한 너는 안으로 들어갈 수 없다'는 묵시적인 뜻도 전달하고 있다.

이와 같이 대화에 직접 나타나지는 않았지만 대화 속에 숨어 있는 의도를 '대화상의 함축conversational implicatures'이라고 한다. 대화상의 함축은 말해진 것과는 구별되는 것으로, 사람들이 어떤 의도를 암시하거나 함의할 때 전달되는 지식이다. 대화상의 함축은 어떤 격률을 본의 아니게 위반하거나, 명백히 도외시하거나, 따르지 않겠다고 결정할 때 발생하며, 특히 의도적으로 도외시하는 경우 대화상의 함축이 발생할 가능성은 더욱 크다. 대화를 나누는 사람들은 모든 대화가 결속성을 가진다는 생각을 더 기본적으로 하고 있기 때문에, 격률을 위배했다고 생각하고 넘어가기보다는 의도적으로 위배한 것으로 보고 대화상의 함축을 찾으려고 노력할 것이다.

(11) A : 누나, 매형 차 산다는데 진짜야?

B : 국 식는다. 얼른 밥이나 먹어.

－T.V. 드라마 「한 지붕 세 가족」 중에서

매형이 차를 사는지를 묻고 있는데 누나는 질문과는 전혀 상관이 없이 밥 먹으라는 명령을 하고 있어서 협동의 원리를 위배하고 있다. 이 대화에서는 누나가 의도적으로 협동의 원리를 위배함으로써 '너와 더불어 차 문제를 이야기하고 싶지 않다'는 대화상의 함축을 전달하고 있다.

화자의 관점에서는 가능한 범위에서는 협동의 원리를 준수하겠다는 마음가짐으로 대화를 나누는 것이 바람직한 대화의 방법이 된다. 그러나 청자의 관점에 있을 때는 상대방이 협동의 원리를 위배한 것에 대해 불쾌해 하고 대화를 단절하기 전에 의도적인 위배가 아닌지를 살펴보고, 대화상의 함축을 찾으려는 적극적 자세를 가지는 것이 바람직하다.

4.3.2. 양의 격률

양의 격률The maxim of Quantity은 필요한 양만큼의 정보성만을 제공하라는 것, 다시 말해서 필요 이상으로 많은 정보성을 가지게 하지 말라는 것이다. 정보성을 갖는다는 것은 누군가에게 필요한 새롭거나 예측 불가능한 지식을 전해 주는 것을 뜻한다. 대화가 오가는 동안

정보의 공유 현상이 진행되게 된다. 이것은 언어가 갖는 기능 가운데 대표적인 정보 전달의 기능과 관련이 있으며, 우리가 대화를 통해 서로 가까워지기도 하고, 서로를 알아 가도록 해 주는 기본적인 원인이 된다. 그러나 정보를 전달한다고 하여 필요로 하는 것 이상의 정보를 발설하거나, 최소한의 정보도 주지 않는 경우, 양의 격률을 위배하게 되며, 이것은 바람직한 대화를 가로막는 것이 된다.

(12) A : 10하고 10을 더하면 얼마일까요?
B : 저요, 저요!
A : 어머, 동이도 손을 들었네요. 그럼 어디 동이가 대답을 해 볼까?
B : 몰라요.
A : 모르면서 왜 손을 들었어요?
B : 한 번 들어 보고 싶어서요.

–오영민 동화 「웃는 아이 좋은 아이」 중에서

(12)의 예는 선생님과 학생 사이의 대화인데, 이 대화는 질문에 대한 대답의 형식으로 결속성을 가지고 있다. 그러나 학생의 대화가 전달하는 내용의 정보성은 없어서 양의 격률을 위배하고 있고, 정상적이고 원만한 의사소통이 이루어질 수 없다.

그러나 양의 격률을 위배함으로써 이 대화가 가지고 있는 대화상의 함축은 대화 B의 주체인 학생이 모자라지만 아주 엉뚱하다는 것이어서, 이 대화를 들으면서 웃음을 이끌어 오게 하는 것이다. 이와 같이 양의 격률을 의도적으로 위배하는 것은 유머를 끌어 오는 한 요소가 될 수는 있지만, 일상적인 대화에서 항상 허용될 수 있는 대화를 구성하지는 못 한다. "알기는 하는데, 말할 수는 없어." 따위의 말이 환영받지 못 하는 것도 같은 이유이다.

(13) A : 왜 이래? 이거? 돈 오천 원 쓴 게 그리 아까워?

B : 그래요 아까워요. 난 돈 만원이면 사는 것 때문에 수모를 당하는데 당신은 인심이나 척척 쓰고 ……

A : 뭘 당해?

B : 우리 애들은 자장면, 돈가스 먹을 줄 모르는 애인 줄 알아요?

나는 솔 못 두르는 사람인 줄 알아요?

남들은 식구 죄 끌고 나가 옷 사 입혀, 신발 사 신겨, 돈가스까지 사 먹입디다.

우리보다 못한 사람도 그럽디다.

세상에 ……! 인심을 써? 남한테?

오천 원 가지면 우리 식구 사흘 밤낮을 자장면으로 도배를 해도 남겠네.

—T.V. 드라마 「전원일기」 중에서

(13)의 대화는 부부 사이의 대화로 대화 B의 주체인 아내가 양의 격률을 위배하고 있다. A는 뭘 당하는지에 대해 묻고 있는데, B는 질문의 내용과 관련이 없는 정보들을 길게 나열하여 필요한 만큼의 정보를 제공하라는 양의 격률을 위배하였다.

특히 싸움을 할 때와 같은 감정적인 대화에서 양의 격률을 위배하게 되는데, 이런 경우도 의도적인 위배로 상대방의 말문을 막고자 하는 기능을 수행할 수는 있겠지만, 원만하고 바람직한 대화를 구성하지는 못 한다.

4.3.3. 질의 격률

질의 격률The maxim of Quality은 진실성과 관련이 있다. 다시 말해서 말하는 사람이 거짓이라고 생각하는 것이나, 타당한 증거를 갖고 있지 않은 것은 말하지 말라는 것이다. 이 기준은 대화에서는 잘 지켜지지 않기도 한다. 거짓말을 하는 사람, 황당한 이야기를 하는 사람들도 많고, 이것들도 역시 대화를 구성하기 때문이다. 그러나 바람직한 대화를 하기 위해서는 질의 격률을 지키는 것이 일반적인 사회적 의무로 간주된다. 질의 격률을 위배하는 것은 자신의 행위를 은폐하려는 의도에서 오는 것으로 인간관계에 있어서 부정적인 영향을 주게 된다.

(14) A : 넌 어떻게 눈만 돌아가면 도둑질이냐?
B : 진짜, 진짜 다시는 안 그럴게요. 할머니가 아파서…
A : 할머니 돌아가신 지가 언젠데 또 팔아?
B : 아니, 옆집 할머니가 아파서…
A : 니들 옆집에 할머니가 어딨어?

—T.V. 드라마 「나쁜 친구들」 중에서

(14)의 대화는 경찰과 도둑 사이에서 이루어지는 대화로, B의 대화는 모두 질의 격률을 어기고 있다. 이와 같이 질의 격률을 어기는 것도 바람직한 대화, 나아가 바람직한 인간관계에는 지장을 가져오는 요소가 된다.

4.3.4. 관련성의 격률

관련성의 격률The maxim of Relevance은 적합성이 있는 말을 하라는 것이다. 적합성이 있다고 판단되는 경우는 최소한 주어진 주제와 관련이 있거나, 목적을 달성하기 위하여 적당하다고 생각되는 경우이다. 사실상 대화를 이루는 원리 가운데 가장 중요한 것은 관련성의 격률을 지키는 것이다. 겉으로 보기에는 협동의 원리나 양의 격률, 질의 격률 따위를 어기고 있는 것도 관련성만 있다면 허용되기 때문이다. 그러나 다른 모든 격률을 지키고 있어도 관련성이 없다면 허용될 수 없다.

(15) A : 너 몇 살이냐?

B : 열다섯 살이요.

A : 이 멍청아, 나도 네가 몇 살인지 알고 묻는 거다.

(15)의 대화에서 표면적으로 B는 A의 질문에 대답을 하면서 협동의 원리와 양의 격률, 질의 격률을 다 지켰다. 따라서 A의 두 번째 대화가 잘못된 대화일 수 있다. 그러나 실제로 B는 왜 A가 질문을 했는지를 파악하지 못 했기 때문에 적합성이 없는 말을 하였고, 이것은 관련성의 격률을 위배한 것이 된다. A는 어리석은 행동을 하는 B를 질책하기 위하여 나이를 물었는데, B는 사과나 변명을 하는 대신에 실제 나이를 대답한 것이다.

(16) A : 박 선생님 어디 계시니?

B : 2468 아침에 본관 앞에 있더라.

(16)의 대화에서 A는 선생님의 행방을 묻는 질문을 하고 있고, B는 이와는 전혀 무관한 말을 하고 있어서, 관련성의 격률을 위배하고 있는 것처럼 보인다. 또한 B는 협동의 원리와 양의 격률도 위배하고 있는 것처럼 보인다. 그러나 B의 대답이 관련성의 격률을 지키고 있는 대화라는 것을 전제로 하면, 이 대화는 아주 적격한 대화가 된다. B는 이 대답을 통해 2468은 박 선생님 차의 번호판이고, A도 그 사실을 알고 있으며, B 자신도 지금은 박 선생님이 어디에 계시는지 알 수 없지만, 아침에는 차가 본관 앞에 있었던 것으로 미루어 본관에 계셨다는 정보를 전달하고 있는 것이다.

(17) A : 그런 전문적인 얘기 말고, 쉽게 그냥 소비자 입장에서… 이현수 씨 한 번 얘기해 봐요.

B : 저, 제 생각엔요. 뭣보다도 돈이 덜 들어야 좋을 것 같아요. 우리 집

에도 에어컨이 있긴 있는데요, 그거 혜택 한 번 입으려면 손님이나 오셔야 돼요. 우리 엄마 좋게 말하면 알뜰하시고 나쁘게 말하면 지독하신대요. 전기세 많이 나온다고 절대 못 틀게 하세요. 그러니 있어봤자 뭐 그림의 떡이죠.

–T.V. 드라마 「여비서」 중에서

(17)의 대화는 대화의 출발은 관련성의 격률을 지키는 것처럼 보였지만, 대화를 지속해 나가면서 관련성의 격률을 위배한 예이다. 대화에서 관련성을 벗어나간 말들로 이어가게 되면, 생각하는 능력을 의심받을 만큼 치명적인 오류를 범하는 것으로, 상대방이 매우 너그럽게 받아들이지 않는 한, 더 이상의 대화를 이어나갈 수가 없게 된다.

이와 같이 관련성의 격률은 대화를 유지하는데 기본이 되는 것이어서, 관련성이 없는 대화를 계속 나누는 것은 정신의 이상이 있는 경우가 아니라면 불가능하다. 따라서 대화를 나누며 무엇보다 중요한 것은 현재 대화하고 있는 화제나 방법과 관련이 있는가를 파악하고, 주어진 상황 속에서 가장 적합한 맥락을 선택하여 대화에 참여하는 것이다.

4.3.5. 방법의 격률

방법의 격률The maxim of Manner은 한 마디로 간단·명료하라는 것이다. 말할 때는 말하고자 하는 의도가 분명히 드러나도록 하라는 것이다. 방법의 격률은 다음과 같은 네 가지의 항목으로 구성되어 있다.

1. 모호성을 피하라.
2. 중의성을 피하라.
3. 간결하라.

4. 조리 있게 순서대로 말하라.

1) 모호성을 피하라

표현의 모호성obscurity of expression이 나타나는 원인은 나타내려고 하는 생각 자체가 모호한 것보다는, 그 생각을 밖으로 나타낼 때 적절한 용어를 사용하지 못 하는 데에 있다. 모호한 표현을 사용하는 동기는 상대방에게 지식이 있는 것처럼 가장하려는 경우이거나, 자기가 알고 있는 지식이 널리 알려지는 것을 꺼리는 경우이다.

(18) **내 장래 희망 사항은 세계적 의학박사입니다. 그래서 독소적 병균인 암의 임상 병리적인 부분을 총체적으로 연구하여 암으로 고생 받는 사람들이 재생하도록 최선의 노력을 경주하겠습니다.**

(18)의 예문은 어느 중학생이 발표한 자기소개의 일부이다. '장래 희망'과 '희망 사항'이란 용어를 구별 없이 섞어 쓰고 있으며, '세계적 의학박사'는 무엇을 말하는지 모호하고, 암을 '독소적 병균'이라고 잘못 규정하였으며, '임상 병리적'이란 말의 뜻을 모르는 채 사용하였고, '임상 병리적인 부분의 총체적 연구'가 어떤 것인지도 모호하다. '암으로 고생 받는' 또한 '고생하는'을 잘못 사용한 말이고, '재생'이라는 용어도 부적절하며, '최선의 노력을 경주하겠습니다' 따위의 상투적인 말이 잘 어울리지 않는 맥락이다. 따라서 자기 나름으로는 아주 유식하고 구체적이라고 생각하고 말했겠지만, 잘 알지 못하는 모호한 용어들을 사용하여 방법의 격률을 어긴 자기소개를 한 것이다.

이와는 정반대로 자기가 아는 지식이나 정보를 드러내지 않기 위하여 모호한 말을 사용하는 경우도 있다.

(19) A : 너 그 사람에게 딴 사람이 생겼다는 걸 알고 있었지?
B : 꼭 그렇게 말할 수 있는 것은 아니야.
A : 그럼, 몰랐다는 말이야?
B : 그렇게 말하기는 어려울 것 같고 ……
A : 그럼, 도대체 알았다는 거야? 몰랐다는 거야?
B : 한 마디로 잘라 말할 수는 없는데, 그냥 그래.

(19)의 대화에서 B는 직접적으로 말하기 곤란한 대답을 모호한 말들로 위장하고 있다. 이런 점에서 의도적인 위배로 '대답하기가 곤란하다'는 대화상의 함축을 담고 있는 대화이지만, 이렇게 모호한 말을 사용하는 대화로는 원만한 대화를 이끌어 갈 수 없다.

(20) A : 넌 참 말이 없구나.
B : 나 갈게.
C : 야! 가긴 어딜가?
A : 우리 뭐 마실래?
B : 아무거나.
A : 아무거나 뭐?
B : 그냥 아무거나.

—T.V. 드라마 「눈으로 말해요」 중에서

(20)의 대화에서 B는 A를 배려해서 A의 선택을 따르겠다는 의도로 대화를 했을 수도 있겠지만, 이런 식의 대화를 되풀이하고 싶어 하는 사람은 없을 것이다. 결국 A는 B와 대화하는 것을 포기할 뿐만 아니라, B와 만나는 것 자체를 기피할 수도 있어서, 인간관계에 좋지 않은 영향을 주게 된다. 소극적인 여성의 대화에서 쉽게 발견되는 방법의 격률을 위배한 대화 유형이다.

2) 중의성을 피하라

중의성ambiguity이란 한 가지 표현이 하나 이상의 뜻으로 해석되는 경우이다. 많은 자연 언어의 표현들이 서로 다른 조건에서 다른 의미를 가질 수 있지만, 중의성은 어떤 의미가 실제로 의도된 것인지를 결정할 수 없을 때에만 생긴다.

(21) 배가 있다.
(22) 늙은 신사와 숙녀가 벤치에 앉아 있다.
(23) 어떻게 오셨어요?

(21)의 경우 무엇이 있다는 것인지 불분명하다. 이것은 '배'라는 낱말 자체가 중의적인 '어휘의 중의성lexical ambiguity'의 경우인데, 먹는 배가 있을 수도 있고, 타는 배가 있을 수도 있고, 사람의 배가 있을 수도 있다.

(22)의 경우는 신사만 늙었는지, 신사와 숙녀가 모두 늙었는지 불분명하다. 이것은 '늙은'이라는 말이 수식하는 것이 '신사'인지 '신사와 숙녀'인지 중의적인 '구조의 중의성structural ambiguity'의 경우이다.

(23)의 경우는 문장 자체가 중의적인 '문장의 중의성sentential ambiguity'이 나타난 경우인데, 무엇을 타고 왔느냐는 수단을 묻는 내용이 되기도 하고, 어떤 용무로 왔느냐는 목적을 묻는 내용이 되기도 한다.

어휘의 중의성은 맥락에 따라 쉽게 의미를 찾을 수가 있지만, 구조의 중의성이나 문장의 중의성은 의미를 파악하는 것이 쉽지 않기 때문에, 말을 하는 사람이 중의적인 표현이 되지 않도록 유의하는 것이 필요하다.

(24) A : 천안 차가 몇 시예요?
B : 3시 15분에 들어옵니다.

A : 아니요, 제일 빠른 차가 몇 시예요?

B : 제일 빨리 들어오는 것이 3시 15분 맞아요.

A : 아니요, 제일 빨리 출발하는 차요.

B : 아, 천안 가는 차요?

(24)의 대화에서 A가 물은 것은 서울발 천안행 열차의 시간이고, B가 대답한 것은 천안발 서울행 열차의 시간이다. '천안 차'라는 중의적인 표현을 통해 의사 전달이 제대로 이루어지지 않았다. 또한 B는 '들어온다'라는 표현을 '천안에서 서울로 들어온다'라는 의미로 사용하지만, A는 '승강장에 들어오다'라는 의미로 받아들이고 있어서 서로 뜻이 통하지 않는 대화가 점점 길어지게 된다. 이와 같이 중의적인 말을 사용하는 것은 방법의 격률을 위배하여 원만한 의사소통을 가로막는 요소가 된다.

(25) A : 당신 어떤 여자야?

B : 뭐요?

A : 당신 어떤 여자냐고?

B : 그렇게 물으면 어떻게 대답해요?

A : 당신 도대체 몇 살인데 그렇게 이기적이야?

－T.V. 드라마 「당신이 그리워질 때」 중에서

(25)의 대화는 남편 A와 아내 B 사이의 대화이다. 남편은 "당신 어떤 여자야?"와 같이 문장의 중의성을 가지고 있는 표현을 사용하여 대화를 지연시킨다. 방법의 격률을 위배하여 대화가 지연된 예이다.

3) 간결하라

양의 격률이 얼마만큼의 정보를 말할 것인가에 관여한다면, 간결성은 시간이 얼마나 걸릴 것인가에 관여한다. 될 수 있는 대로 같은 말을 반복하지 말고, 간결하게 표현하라는 것이다.

(26) A : 얘 사고 난 거 아냐?
B : 어유, 그 형이 사고를 내요?
형, 그 형 차 안 타 봤어요?
주행속도 평균 이십 킬로미터입니다.
C : 야! 차 슬슬 몬다고 사고 안 나는 줄 아니?
술 먹은 차가 다짜고짜 중앙선 넘어 들면, 제가 어떡할 거야?
사고란 건 예측 불허다.
너 나 지난번에 뒤통수 다쳤을 때 봐라.
설마하니 마누라가 나한테 재떨이 던질 줄 꿈엔들 알았겠냐?
나 고소도 못 하고 두 바늘 꿰맸다.

－T.V. 드라마「한 지붕 세 가족」중에서

(26)은 사고가 났을까 염려하는 A와 염려하지 말라는 B의 대화 사이에 C가 개입하여 필요 이상의 말을 장황하게 늘어놓고 있는 대화이다. 간결하게 말하라는 방법의 격률을 위배한 대화의 예이다.

4) 순서대로 말하라

말하고자 하는 자료들을 상황에 맞게 순서에 따라 제시하라는 것이다. 이것은 사람들의 심리 가운데 '보편적 순서 책략normal ordering strategies'이 있다는 사실로도 대화의 일반적 조건임을 입증할 수 있다.

사람들의 심리 가운데 보편적 순서 책략이 있다는 것을 보여 주는 예는 쉽게 찾아볼 수 있다. 어떤 사람에게 "해는 저녁에 늦게 지고, 아침에 일찍 뜬다."라는 말을 들려주고 한참 뒤에 무슨 말을 들었느냐고 물어 보면, 그 사람은 "해는 아침에 일찍 뜨고, 저녁에 늦게 진다."라는 말을 들은 것처럼 시간적 순서에 따라 재생해 낸다. 보편적 순서 책략은 정보의 처리와 저장을 쉽게 하기 위해서 우리의 인지 체계가 자동적으로 사용하고 있는 방법이기 때문에 말을 할 때도 시간이나 공간적인 순서에 따라 이야기하는 것이 바람직하다는 것이다.

(27) A : 난 당신에게 겁주려고 그런 게 아냐.
나 당신 정말 풀어 주고 싶어.
난 당신 옆에서 지켜보기가 너무 미안하고 힘들어.
너무너무 미안해.
B : 무슨 말인지 몰라.

－T.V. 드라마 「애인」 중에서

아내 A와 남편 B의 대화이다. 감정에 사로잡힌 A는 순서를 생각하지 않고 자료들을 나열하고 있고, 그 결과 B는 무슨 말인지 모르겠다는 반응을 보여서, 방법의 격률을 어김으로써 대화의 장애가 나타난 예가 된다.

지금까지 그라이스가 제시한 대화의 원리들을 살펴보았다. 이러한 격률들이 정말 대화에서 다 필요한 것들인지에 관해 학자들 사이의 논란이 계속되고 있지만, 바람직한 대화를 위해 일정한 원리가 적용되고 있음을 이해하는 것은 의미 있는 일이다. 특히 격률을 의도적으로 위배하는 경우, 대화상의 함축된 의미를 찾아내어 화자의 의도를 가려내는 것은 원만하고 효율적인 대화의 진행을 위해 반드시 필요한 일이다.

5장 대화행위

대화는 인간행동의 한 부분이다. 우리가 "이리와!"라고 말을 하면 다른 사람은 이쪽으로 몸을 움직여서 오는 행동을 한다. 대화가 행동을 유발하기도 하지만, 대화 자체가 행동이기도 하다. 명령을 하고 부탁을 하고, 질문도 하고, 약속도 한다. 또한 말을 가지고 폭력을 행사할 수도 있어서 언어폭력은 물리적 폭력만큼 큰 문제도 되기도 한다. 이와 같이 대화를 통하여 이루어지는 인간행동을 대화행위라고 한다.

이 장에서는 먼저 철학자들에 의해 대화행위 이론이 대두되게 된 배경을 살펴보고, 대화행위가 무엇인지에 대해 개념을 정의한 후, 표현행위와 수행행위, 결과행위로 나뉘는 대화행위의 구조를 살펴보고, 말이 행동으로서 인정될 수 있도록 하는 조건인 대화행위의 적정조건을 진술/단언의 경우와 질문의 경우, 요구의 경우로 나누어 살펴보기로 한다.

5.1. 대화행위의 이론적 배경

대화란 무엇인가? 이 문제에 관해서는 언어학자뿐만 아니라 철학자, 사회학자, 심리학자들이 모두 관심을 가지고 연구하고 있다. 특히 철학자들 가운데서 대화의 본질과 기능에 관해 관심을 기울인 역사는 철학의 출발과 함께 지속적으로 찾아볼 수 있다. 이러한 흐름 가운데 현대 철학자들의 일부는 대화를 인간 행동의 관점에서 연구하였다. 인간이 행하는 모든 행동과 마찬가지로 대화도 일종의 행동이라는 것이다. 이러한 생각을 체계화한 것은 영국의 분석철학자들이다. 이러한 이론이 나오게 된 것은 말의 의미를 진리조건에 입각해서 논리적으로 파악하고자 한 논리적 실증주의logical positivism에 대한 반발 때문이었다.

1930년대에는 논리적 실증주의가 지나치게 발달하였다. 이 논리적 실증주의의 중요 원리에 따르면, 모든 문장은 진리치를 가지기 때문에, 원칙적으로 하나의 문장은 참truth이나 거짓false으로 가려낼 수 없으면 무의미하다는 것이다. 이러한 견해에 따르면 "밖에 눈이 오고 있다."라는 문장은 정말로 밖에 눈이 오고 있을 때에만 참이 되고, 그렇지 않으면 거짓이 된다고 해석한다. 따라서 이러한 진리치를 판단하기 위해서는 세상일에 관한 지식이 전제되어야 한다.

그러나 "생일 축하해."라는 문장의 경우는 어떻게 설명할 수 있을까? 이 말을 했을 때 화자의 감정이 참인지 거짓인지를 말할 수는 있고, 실제로 그런 발음을 했는지 그렇지 않은지에 대해서는 말할 수 있지만, 이 말이 명제가 아니기 때문에 근본적인 진리치를 따질 수가 없다. 또한 논리적 실증주의자들이 사용하고 있는 예문은 대부분 평서문이라는 특정한 부류의 문장에만 국한되어 있고, 그 가운데서도 세상에 관한 명제를 포함하고 있는 것으로만 한정하였다. 그러므로 이 원리에 따르면 대부분의 일상적인 대화는 무의미하다는 결론에 이르게 된다.

이러한 견해에 대해 반기를 든 사람은 오스트리아 태생의 영국 철학자 비트겐슈타인Wittgenstein이다. 비트겐슈타인도 초기에는 이러한 견해의 영향을 받았지만, 후기에는 이러한 견해를 반대하고, '의미는 사용use'이라는 이론을 제시하였다. 우리의 대화는 언어 게임

language game이라고 할 수 있는 언어활동 속에서 역할을 가질 때 비로소 그 언어활동과 관련되어 설명될 수 있다고 주장하였다.

참과 거짓의 검증 가능성을 내세워 일상적으로 우리가 사용하는 대화가 불확실하고 논리적 공백을 가진다는 불신이 고조되고 있던 바로 그 시점에서 제기된 이론이 분석철학자 오스틴Austin의 대화행위 이론이다. 이것은 뒤에 오스틴의 제자인 써얼Searle에 의해 더욱 체계화되고 발전되었다.

5.2. 대화행위의 개념

오스틴은 대화란 단순히 말의 차원에 머무는 것이 아니고, 인간의 행동이라고 보아서 대화가 가지는 행동의 측면을 대화행위speech act라고 하였다(Austin, 1962: 9). 주어진 대화 상황에서의 대화행위는 우리가 무엇인가를 확실히 밝혀 주기 위해서 행하는 실제 현상이라고 보아, 진리조건truth condition을 언어 이해의 중심 개념으로 보고 있던 견해를 뒤엎는 이론을 전개하였다.

먼저 주목해야 할 것은 대화행위란 이 세상에서 일어나는 활동으로서 기존의 상태에 변화를 가져온다는 점이다. 다음 (1)의 예를 살펴보자.

(1) a. 내가 성부와 성자와 성령의 이름으로 세례를 주노라.
b. 나는 이 강아지를 '뽀삐'라고 부르기로 했어.
c. 내가 잘못했어.
d. 나는 반대합니다.
e. 피고에게 10년형을 선고함.

위에서 제시한 (1)의 문장들은 말하는 것이 아니라 행동하는 것이다. 참이나 거짓으로 평가할 수 없을 뿐만 아니라 세상을 변화시키는 것이기 때문이다. 예를 들어 목사나 신부가 어떤 사람의 몸에 물을 부으며 (1)a와 같이 말하면, 그 사람은 그때부터 기독교인이 된다. 강아지의 주인이 (1)b와 같이 말하고 나면, 그 이후로 그 강아지는 '뽀삐'라고 불리게 된다. (1)c와 같이 말함으로 화자는 청자에게 사과의 행위를 하는 것이 되어, 청자의 상태를 변화시키게 되고, (1)d와 같이 말함으로 화자는 청자에게 자신의 명백한 뜻을 전달하는 행위를 하여, 그 문제의 처리에 대해 영향을 미치게 한다. (1)e와 같이 말함으로 피고는 10년 동안 형을 살아야 한다. 따라서 화자는 이러한 말을 할 수 있는 힘이나 여건을 가지고 있어야 한다. 그야말로 말 한 마디가 세상을 변화시키는 힘을 가지고 있는 것이다.

5.3. 대화행위의 구조

말을 하는 것이 행동을 수행하는 것이라는 개념을 분명히 하기 위해서는 한 문장을 발화하면서 말하는 사람이 어떠한 방법으로 행동을 수행한다고 말할 수 있는지를 분명하게 하여야 한다. 오스틴은 말하는 사람이 무엇인가를 말하면서 무엇인가를 행동한다는 점에서 대화행위를 '표현행위locutionary act'와 '수행행위언표내적 행위: illocutionary act', 그리고 '결과행위언향적 행위: perlocutionary act'로 나누었다. 표현행위란 우리가 무엇인가를 특정한 언어 형식으로 말하는 것 자체를 말하고, 수행행위란 그 표현행위가 가지고 있는 말의 힘, 즉 효력을 말하는 것이고, 결과행위란 그 언어 형식이 수행된 결과로 나타나는 영향을 말한다. 이 가운데 의사소통에서 가장 중요한 역할을 하는 것은 수행행위이다.

의사소통에서 대화행위의 구조와 기능을 리치(Leech, 1983: 201)에서는 다음 (2)와 같은 도식으로 나타내었다.

(2) 대화행위의 구조

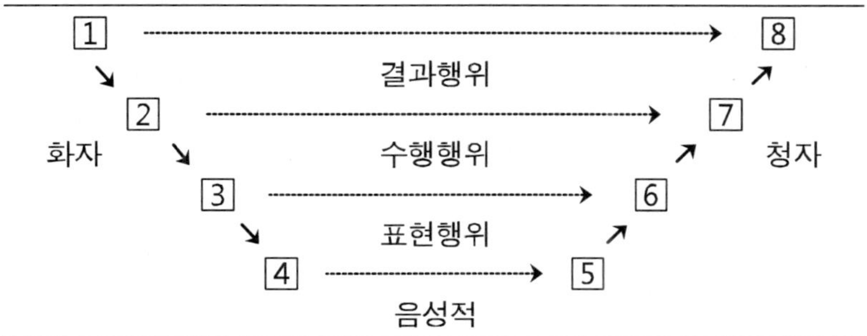

이 구조에 의하면 표현행위는 3→4→5→6의 과정으로 이루어지고, 수행행위는 2→3→4→5→6→7의 과정으로 이루어지며, 결과행위는 1→2→3→4→5→ 6→7→8의 과정으로 이루어진다. 왼쪽의 1→2→3 →4는 화자의 의도와 관련되어 있고, 오른쪽의 5→6→7 →8은 청자의 행위와 관련되어 있다.

이러한 구조는 (3)과 같은 축구 경기의 예를 통하여 생각하면 더욱 빨리 이해될 수 있다.

(3) 축구 선수가 공을 찼다. 그래서 점수를 얻었다. 그 결과로 시합에서 이겼다.

위의 예 (3)을 도식으로 나타내면 (4)와 같이 나타난다.

(4) 축구 경기의 구조

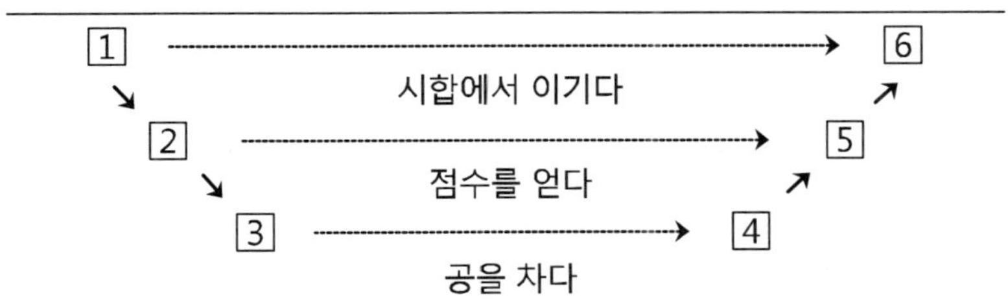

(4)에서 [3]→[4]의 공을 차는 과정은 표현행위로, [2]→[3]→[4]→[5]의 점수를 얻는 과정은 수행행위로, [1]→[2]→[3]→[4]→[5]→[6]의 시합에서 이기는 과정은 결과행위로 이해할 수 있다. 결국 대화란 화자가 청자에게 바라고 있는 자신의 의도를 언어 표현으로 나타내는 행동이요, 목적지향적인 행동이라고 보는 것이다. 대화행위의 구조를 이루고 있는 각각의 과정을 상세히 살펴보자.

5.3.1. 표현행위

표현행위란 특정한 형태와 함께 다소 한정적인 의미를 갖는 내용을 말로써 표현하는 행위이다. 일상적인 대화에서 우리가 만들어 내는 말의 대부분은 문장의 형태가 아니다. 어떤 것들은 문법에 어긋나는 것이고, 어떤 것은 생략된 형태이고, 어떤 것은 중복된 형태이기도 하다. 우리가 실제로 주고받는 대화의 내용을 녹음해서 다시 기록한다면 이해되기 어려운 부분도 실제의 대화 속에서는 용인이 된다. 다음 예 (5)를 살펴보자.

(5) A : 이거 무결석에 뭔가 씌우신 거예요. 말 말하자면.
B : 예. 병에 걸려 있었던가 봅니다.
A : 무결석 병에 걸리셨던.
B : 예. 제가 입원해야 될 그럴 그 환자였는데,
A : 그래 가지고요,
B : 그래서 인제,
A : 성공을 했습니까?
B : 예. 그래서 포기를 하고,
A : 아 야,
B : 도저히 아무리 애원을 해도,
A : 아.

B : 병원장한테 가 봐야.

A : 음.

B : 인제 이 선생은 완전히 뭐 무식한 선생이 아니라 뭐.

A : 아 정신이 좀.

B : 예.

－전영옥(1993), 「세상사는 이야기」(전사 자료) 중에서

(5)의 예문은 결석 없는 학급의 꿈을 이룬 선생님 B와 사회자 A 사이의 대화이다. 무결석 운동을 하는 동안 한 학생이 입원을 해서 병원으로 찾아가는 내용인데, 대화의 한 도막씩을 살펴보면, 완전한 문장의 구조를 갖추고 있는 것도 드물고, 그 뜻을 이해할 수 있는 자료는 더욱 드물다. 그럼에도 불구하고 텔레비전 방송을 통하여 방영이 되었다는 것은 의사소통에는 문제가 되지 않고 용인이 되었다는 것을 알 수 있다. 따라서 표현행위만을 가지고 의미를 파악하는 것은 매우 어려운 일임을 알 수 있다.

그뿐만 아니라 같은 문장으로 표현되었다고 해서 그 의미가 항상 같은 것은 아니다.

(6) 너 몇 살이냐?

(6)과 같은 말의 뜻은 앞 장에서 살펴본 바와 같이 여러 가지가 있다. 정말 나이가 궁금해서 물어 보는 경우의 뜻도 있지만, 몇 살인데 그렇게 나이 값도 못 하느냐는 것을 반어적으로 묻는 뜻일 수도 있고, 그 나이쯤 되었으면 자신의 일은 스스로 결정해도 된다는 뜻일 수도 있다. 따라서 이 경우도 표현행위만을 가지고 의미를 파악하기는 어렵다.

또한 중의적인 표현을 사용하는 경우에도 한 문장이 서로 다른 명제 내용을 가질 수 있다.

(7) a. 가까이에 은행이 있었구나.

b. 선생님, 절 좋아하세요?

c. 염소 직접 먹으면 죽어요?

(7)a의 발화에서 은행은 '금융기관'으로서의 은행과 '열매의 종류'로서의 은행이라는 두 가지 뜻을 가지고 있다. 따라서 (7)a가 어떤 명제를 전달하느냐 하는 것은 앞·뒤에 사용되는 맥락에 의존하여 해석할 수밖에 없다. (7)b의 경우도 절이 '불교의 사원'을 의미할 수도 있지만, '저를'의 준말'로 쓰인 경우일 수도 있다. (7)c의 경우도 염소가 '동물의 한 종류'일 수도 있고, '화학 약품의 한 종류'일 수도 있다. 따라서 어떤 의미로 받아들이느냐에 따라 명제 내용은 각각 달라지기 때문에 표현행위만을 가지고 의미를 파악할 수는 없다.

(8) A : 까만 것만 먹지 마.

B : 제가 언제 까만 것만 먹었어요?

A : 아니, 까만 부분만 먹지 말고 다른 부분을 먹으라고.

B : 아 글쎄, 제가 언제 까만 부분만 먹었냐고요?

A : 내 말은 까만 부분은 쓰니까, 그건 먹지 말고, 다른 부분을 먹으라는 말이야.

B : 아, 까만 건 먹지 말라고요?

(8)의 대화는 국어의 부정문에 조사 '만'이 함께 쓰여서 나타나는 독특한 구조 때문에 두 가지 해석이 가능해서 의미의 혼란을 일으킨 예이다. 이 경우도 표현행위만 가지고는 의미를 제대로 파악할 수 없음을 보여 준다.

이와는 반대로 반드시 같은 문장을 발화하지 않고서도 같은 의도를 전달할 수 있다.

(9) A : 이것 먹어도 돼요?

B : 물론.

물론이지.

그럼.

그래.

그래라.

먹어.

먹어도 돼.

네 맘대로 하렴.

(9)에서 보는 것과 같이 대답에서 사용된 문장은 모두 다르지만, 모두 같은 명제 내용을 전달하고 있다. 이 발화에 사용되는 목소리도 모두 다를 것이다.

이렇게 보면 표현행위는 단지 적절한 발화를 생산하는 음성적 행위와, 특정한 언어들을 통하여 특정한 발화를 구성하는 분위기적인 행위라고 말할 수 있다. 여기에는 논리적인 요소들은 포함되지 않는다. 같은 표현으로도 다른 명제를 전달할 수 있고, 다른 표현으로도 같은 명제 내용을 전달할 수 있기 때문이다. 따라서 대화를 표현행위 자체로만 파악하여서는 정확한 이해에 도달할 수 없게 된다.

5.3.2. 수행행위

수행행위란 어떤 문장을 발화함으로써 그 말이 고정적인 말의 힘을 갖는 것을 말한다. 말하는 것은 행동하는 것이기 때문이다. 표현행위와 수행행위는 분리될 수 있는 것은 아니다. 수행행위란 어떤 것을 말하는 가운데, 다시 말하자면 표현행위 가운데 수행되는 행위를 말하기 때문이다. 예를 들어 "문 좀 열어 주세요."라고 말하는 것 자체는 표현행위이지만, 이 발화가 효력을 가지고 있어서, 화자는 이 말을 함으로써 요청이나 명령을 하게 된다.

수행행위는 진술, 단언, 보고, 명령, 요청, 질문, 약속, 협박, 제안, 감사, 용서, 환영, 축하, 해고, 제명, 명명, 선고 등과 같은 행위로 나타난다. 우리는 말을 통하여 어떤 사태나 상황에 대한 진술을 하고, 질문을 하고, 명령을 하고, 약속을 하고, 협박하고, 모욕하고, 사람을 속이기도 하며, 세례를 주기도 하고, 선고를 하는 등의 행위를 하고 있는 것이다. 언어의 여러 기능들이 존재하는 것처럼 그것에 상응하는 많은 종류의 수행행위들이 존재한다. 이러한 기능을 어떻게 분류하고 체계화하느냐 하는 것은 여러 가지 견해가 있을 것이다. 여기서는 써얼(Searle, 1977: 34~38)에서의 분류 체계를 중심으로 살펴보기로 한다.

1) 진술행위

진술행위representative는 현재 일어나고 있는 행동이나 상태를 나타내야 한다는 데에 초점이 있다. 진술행위는 언어가 실제 세계를 반영하는 것으로, 그 의도는 언어를 실제 세계와 맞추는 것이다. 예를 들면 (10)에서 보는 것처럼 진술, 단언, 보고와 같이 지금 일어나고 있는 행동이나 상태를 언어로써 표현하는 것이다.

(10) a. 이번 학기 성적이 생각보다 잘 나왔어. (진술)
b. 다인이가 그렇게 말한 것이 분명해. (단언)
c. 이제 과학생회는 다 구성이 되었어요. (보고)

2) 지시행위

지시행위directive는 청자로 하여금 어떤 일을 하게끔 지시한다는 데에 초점이 있다. 지시행위는 실제 세계를 언어에 맞추는 것으로서,

명제는 소망을 피력하거나 청자가 행할 미래의 행위를 나타낸다. 예를 들면 (11)에서 보는 것처럼 명령, 요청 따위가 이에 속한다.

(11) a. 빨리 일어나. (명령)
b. 문 좀 닫아 줄 수 있겠니? (요청)

3) 언약행위

언약행위commissive는 화자가 무엇인가를 하겠다고 약속하는 데 초점이 있다. 언약행위도 지시행위처럼 실제 세계를 언어에 맞추는 것으로서, 의도를 표현하는 것이며, 명제는 화자가 미래에 할 행위를 나타낸다. 예를 들면 (12)에서 보는 것처럼 약속, 협박, 제안 따위가 이에 속한다.

(12) a. 내년에는 꼭 멋진 선물 해줄게. (약속)
b. 너 그렇게 놀다가는 졸업 못 한다. (협박)
c. 시간도 많은데 천천히 하자. (제안)

4) 표출행위

표출행위expressive는 어떤 심리적 상태가 표출된다는 데에 초점이 있다. 표출행위는 언어로 표현되는 것과 실제 세계 사이의 일정한 관계는 없고, 광범위한 심리 상태가 표현될 수 있다. 여기서의 명제는 화자나 청자의 동기를 나타낸다. 예를 들면 (13)에서 보는 것처럼 감사, 용서, 환영, 축하 따위가 이에 속한다.

(13) a. 이렇게 내 옆에 있어 주어서 정말 고마워. (감사)
b. 이제 그 일은 더 이상 마음에 담아두지 않을게. (용서)

c. 무사히 귀국하신 것을 환영합니다. (환영)

d. 합격을 축하합니다. (축하)

5) 선언행위

선언행위declaration는 세계에 무엇을 불러일으킨다는 것에 초점이 있으며 언어가 실제 세계를 반영하기도 하지만 실제 세계가 언어를 반영하기도 하여서 양쪽 방향에서 맞추기가 일어난다. 선언행위는 제도화된 일의 상태에 즉각적인 변화를 가져오는 것으로 언어 외적인 제도에 의존하기 때문에 심리적 상태는 표현되지 않으며, 어떤 명제든지 나타날 수 있다. 예를 들면 (14)에서 보는 것처럼 전쟁 포고, 해고, 제명, 명명, 선고 따위가 이에 속한다.

(14) a. 우리는 범죄와의 전쟁을 선포합니다. (전쟁 포고)

b. 딴 일자리를 찾아보시죠. (해고)

c. 넌 앞으로 예술회에 나오지마. (제명)

d. 우리 강아지 이름은 '뽀삐'가 좋겠어. (명명)

e. 이 사람은 집행유예 2년을 선고함. (선고)

6) 대화행위의 맞추기

위의 분류에서 써얼은 문제가 되는 대화행위의 '맞추기direction of fit'라고 부르는 것에 주된 관심을 두었다. '맞추기'라는 것은 우리가 사용하는 말들이 우리가 살고 있는 실제 세계를 반영할 뿐 아니라, 항상 가시적으로 드러나지는 않더라도 잠재적으로 그 세계를 변화시킬 수 있다는 사실을 전제로 한다. 게다가 맞추기는 '언어에서 세계로' 또는 '세계에서 언어로'의 두 가지 방향 중에 하나를 선택할 수도 있고, 방향성과 무관하거나 두 가지 방향 모두를 선택할 수도 있다.

첫째, 언어에서 세계로의 경우는 화자의 언어가 세계에 맞추어 진다. 어떤 광경을 묘사한다든지, 화자가 한 어떤 일에 관해 이야기한다든지, 어떤 현실 상황을 나타내는 경우에 해당한다. 이 때 화자의 말은 화자의 환경에 따라, 또는 환경을 위해 맞추어진다. 따라서 맞추기의 방향은 언어에서 세계로 나타나며 진술행위가 이에 속한다.

둘째, 세계에서 언어로의 경우는 세계가 화자의 언어에 맞추어진다. 즉 화자의 말을 통해 세계가 말에 맞도록 맞추어지는 것이다. 화자의 말을 통해 나타난 지시가 세계를 변화시키는 것으로 지시행위나 언약행위가 이에 속한다.

셋째, 맞추기의 방향이 없는 경우이다. 표출행위처럼 단지 화자의 감정을 나타낼 때는 말하는 것과 현재 상황 사이에 아무런 상관관계가 없다. 사람들이 이성을 잃거나 신경질적이 되어서 "야, 너 꺼져 버려."라고 외치는 경우나 "나 차라리 죽어 버릴 테야."와 같은 말을 하게 될 경우에는 더더욱 말과 세계 사이의 거리는 넓어진다.

넷째, 맞추기의 양쪽 방향이 모두 공존하는 경우이다. 이것은 화자가 자신의 권한을 이용해서 기존의 상황에 기반을 둔 세계에서 새로운 상황으로 변화시키고자 하는 경우에 발생한다. 선언행위가 이에 속하며, 화자는 그 말을 할 만큼 충분한 권한을 가지고 있어야 한다.

수행행위는 언어로 표현하는 내용과 실제 세계 사이를 나타낸다는 점에서 대화행위에서 가장 중심적인 위치를 차지한다. 대화를 통하여 화자가 실제로 하고 있는 행동이 무엇인가를 나타내는 부분이고, 화자의 의도가 드러나는 부분이기 때문이다. 따라서 우리가 대화를 나누면서 상대방의 대화를 통하여 파악해야 하는 것은 그 발화의 수행행위이다.

5.3.3. 결과행위

결과행위란 어떤 것을 말함으로써 결과적으로 다른 행위를 수반하도록 하는 것을 말한다. 이것은 발화를 통하여 청자에게 영향을 미치게 하는 것이다. 예를 들어 "문 좀 열어 주세요."라는 표현행위는 요청이나 명령과 같은 수행행위를 나타내고, 그 결과로 청자가 문을 열도록 하는 것이 결과행위가 되는 것이다.

수행행위와 결과행위는 명확하게 구분하기 어렵다. 레빈슨(Levinson, 1983: 237)에서는 수행행위는 의례적으로 발화와 연결되는 것이지만, 결과행위는 의례적으로 연결되는 것이 아니고 받아들이는 사람에 따라 다를 수 있다는 점에서 차이가 있다고 하였다. 결과행위는 하나로 고정된 것이 아니고 발화의 상황에 따라 특수성을 갖는다. 하나의 발화는 한 가지의 수행행위를 가지지만, 결과행위는 하나 이상일 수도 있다. 다음 예 (15)를 살펴보자.

(15) 범인을 사살하시오.

이 발화는 적절한 발화 상황에 따라서 청자에게 "범인을 사살하라."는 명령, 재촉, 충고 등의 여러 가지 수행행위를 갖는다고 말할 수 있다. 또한 이 발화는 청자에게 '범인을 사살하도록' 설득할 수도 있고, 압력을 행사할 수도 있고, 겁을 줄 수도 있어서 여러 가지의 결과행위를 가지게 된다. 또한 청자뿐만 아니라 범인에게 겁주는 결과행위도 가질 수 있다.

결과행위는 대화행위의 결과로 청자에게 미치는 심리적 영향이라고 할 수 있다. 이러한 심리 상태가 지금 나눈 말의 바로 다음에 이어질 말이나 행동을 불러일으키는 청자의 심리상태를 만들어 내는 입력으로 작용하게 된다.

5.4. 대화행위의 적정 조건

대화가 맥락에서 벗어나 부적절한 말이 되지 않고 특정한 대화행위로 인정받아서 수행행위를 일으키는 수행력을 가지기 위해서는 일정한 조건들이 충족되어야 한다. 다음의 대화 (16)을 생각해 보자.

(16) 나는 이제 두 사람이 부부가 되었음을 선언합니다.

화자가 이 말을 했을 때 이것이 '선언'이라는 유효한 대화행위가 되기 위해서는 어떤 종류의 조건들이 충족되어야 하는가? 우선 이 말을 하는 사람이 실제로 그 말을 할 권한이 있는 사람이란 것이 분명해야 하고, 다음으로는 그 말의 발화에 알맞은 상황이 있어야 한다는 점이다. 예를 들어 어린아이가 이런 선언을 하는 것은 장난이나 모방으로만 받아들여질 뿐 아무런 효력이 없다. 이 예문에 적절한 상황은 결혼식장에서 신랑과 신부가 하객들 앞에서 결혼 서약을 하고, 이것을 바탕으로 두 사람의 성혼을 선언해야 하는 주례자가 하는 말이어야 한다.

이와 같이 대화가 적정한 것이 되기 위해 충족되어야 하는 조건을 써얼은 다음 (17)과 같은 적정 조건으로 정리하였다.

(17) **대화행위의 적정 조건**

규칙 1. 명제내용규칙(propositional content rules)

발화의 명제 부분에 의해서 표현된 의미를 명시한다. 화자와 청자 가운데 누구의 행동으로 나타나는가와 어느 시점의 행동인가를 나타내 준다. 예를 들어 '약속하다'는 반드시 화자의 어떤 미래의 행위를 나타내는 것이다.

규칙 2. 준비규칙(preparatory rules)

대화행위의 수행에 요구되는 조건을 명시한다. 행동을 수행하는 사람은 그것을 할 수 있는 권리나 권력을 가지고 있어야 한다. 준비규칙이 충족되지 않으면 행동은 공허한 것이 되고 만다. 예를 들어 '감사'의 대화행위에서는 화자는 청자가 화자에게 유익한 일을 했다는 것을 알아야 한다.

규칙 3. 성실규칙(sincerity rules)

대화행위가 성실히 수행되기 위해서 갖추어야 할 조건을 명시한다. 만약 행동을 수행하는 사람이 너무 불성실해서 수행행위가 나타나지 않으면 행동을 수행하는 사람은 남용의 죄를 짓는 것이다. 예를 들어 '사과하다'가 성실히 수행되기 위해서는 화자는 앞선 행위가 잘못되었다고 생각해야 한다.

규칙 4. 필수규칙(essential rules)

관습적으로 대화행위가 어떻게 간주되는지를 명시한다. 행동을 수행하는 사람은 어떤 믿음이나 의도로서 그의 발화에 나타난 수행적 힘에 의해 약속을 한 것이다. 그러므로 만약 그 다음의 발화가 이러한 약속과 일치되지 않으면 그는 불이행죄를 짓는 것이다. 예를 들어 '경고' 의 대화행위에서는 청자가 미래에 일어날 일에 대해 관심을 기울이지 않는다고 간주되는 것이 필수적이다.

이러한 적정 조건들은 우리가 어떤 유형의 표현을 사용할 때는 어떤 요소들이 전제되어야 하는지에 관해 분명하게 지적해 주고 있다. 적정 조건과 관련해서 실제 우리가 사용하는 대화행위들의 조건을 찾아보기로 하자.

5.4.1. 진술 / 단언의 적정 조건

진술이나 단언의 조건은 (18)과 같이 정리된다.

(18) **진술 / 단언의 적정 조건**

a. 새로운 정보의 제공자는 화자이며, 화자는 청자가 알지 못 하는 것에 대해 자신이 알고 있다고 믿는 새로운 정보를 청자에게 제공한다.

b. 화자는 이 명제가 진실이라는 것을 증명할 수 있는 증거나 이유를 가지고 있어야 한다.

c. 화자나 청자는 모두 청자가 이 명제를 알고 있는지에 대해서는 잘 알지 못 한다.

d. 화자는 명제가 사실이라고 믿어야 한다.

e. 그 명제가 일의 실제 상태를 나타낸다는 뜻을 가지고 있는 것으로 간주하는 것이다.

다음의 예 (19)를 살펴보자.

(19) A : 지금 눈이 오고 있어요.
B : 눈이 아니고 비입니다.
A : 조금 전까지는 분명히 눈이 오고 있었다고요.
B : 어쨌거나 지금은 비가 오고 있다니까요.
A : 아무튼 오늘 눈이 왔으니까 내 말이 맞았어요.
B : 지금 비가 오고 있으니 눈이 왔다는 걸 믿을 수는 없어요.

(19)의 예는 모두 단언을 나타내는 예들이다. A는 '눈이 온다'는 명제를 주장하고, B는 '비가 온다'는 명제를 주장하고 있다. A와 B는 눈이 오거나 비가 오는 것에 따라 어떤 약속이 되어 있는 상태인 것 같고, 지금 오고 있는 것이 눈인지 비인지에 따라 상황에 어떤 영향을 받는 것으로 생각되는 맥락을 가지고 있다. 이들은 모두 위의 (18)의 조건에 따라 단언을 하고 있다. A는 B가 눈이 온다는 사실을 알지 못하고 있다고 생각하고, 이 정보를 전하려고 대화를 시작하였다(18a). A는 조금 전에 눈이 오는 것을 보았기 때문에 눈이 온다는 것이 진실이라고 생각하고 있다(18b). 그러나 B가 그 사실을 알고 있

는지에 대해 잘 알지 못했다(18c). A는 눈이 오는 것이 사실이라고 믿었다(18d). 또한 눈이 온다는 것은 단순한 명제가 아니고 실제 세계의 상태라고 생각하고 있었다(18e).

B도 또한 A는 지금 비가 온다는 사실을 알지 못 하고 있다고 생각하고, A가 가지고 있는 정보를 바꾸려고 대화를 하고 있다(18a). B는 지금 비가 오는 것을 확인했기 때문에 경험을 바탕으로 비가 오는 것이 진실이라고 생각하고 있다(18b). 그러나 A가 이 사실을 알고 있지 않다고 생각했다(18c). B는 비가 오는 것이 사실이라고 믿었다(18d). 또한 비가 오는 것은 단순한 명제가 아니라 실제 세계의 상태라고 생각하고 있었다(18e).

진술이나 단언을 하는 경우는 정보의 전달에 대화의 목적이 있기 때문에 자신이 제공하는 정보에 대해 확신을 가지고 말해야 한다. 또한 증거가 없는 말을 단언으로 하는 것은 질의 격률을 어기는 것이 되므로, 반드시 어떤 증거가 있는 경우에 진술이나 단언을 사용하여야 한다. (19)의 대화가 언쟁으로 바뀌어 가는 것은 A나 B 가운데 한 사람이 증거가 없는 말을 단언으로 사용하였기 때문이다. A가 증거가 없는 말을 하였을 경우라면 A가 가지고 있는 증거가 시간적으로 오래 경과된 것인데, '지금'이라는 표현을 사용하여서 문제가 된 것이고, B가 증거가 없는 말을 하였을 경우라면 B가 지금 "비가 오고 있다."라고 한 말들이 모두 억지를 부리기 위한 것이 되는 경우이다.

어떤 일에 대한 진술이나 단언을 하기 위해서는 반드시 이 사실에 대해 청자가 관심을 가지고 있는지, 그리고 청자가 이것을 모르고 있는지에 관해 생각하고 말해야 한다. 청자가 관심도 없는 일을 진술이나 단언하거나, 청자가 이미 아는 일을 진술이나 단언하는 것은 양의 격률을 어기는 것이 되기 때문이다. 자기가 하는 진술이나 단언이 증거나 이유를 가지고 있지 않은 것이라면 질의 격률을 어기는 것이 된다. 이와 같이 진술이나 단언은 정보성이 큰 대화이기 때문에 확실한 근거를 기반으로 하지 않으면 안 된다. 또한 확실한 내용이 아닌 경우는 진술이나 단언이 아닌 질문과 같은 표현행위로 나타내야 한다.

5.4.2. 질문의 적정 조건

질문의 적정 조건은 (20)과 같이 정리된다.

(20) **질문의 적정 조건**

a. 어떤 명제라도 상관이 없다.

b. 화자는 답을 알지 못한다. 즉 화자는 그 명제가 진실인지에 관해서도 알지 못하고, 그 정보가 그 명제를 사실로 충족시켜 줄 수 있는지에 관해서도 알지 못한다.

c. 화자나 청자는 모두 청자가 질문을 받았을 때 정보를 제공할 수 있는지에 대해 알지 못한다.

d. 화자는 정보를 알기 원한다.

e. 이 말을 함으로써 청자에게로부터 어떤 정보를 유도해 내려고 시도하는 것으로 간주된다.

다음의 예 (21)을 살펴보자.

(21) A : 어제 너랑 같이 있던 사람 누구야?

B : 글쎄, 말하고 싶지 않은데.

(21)의 대화에서 A는 B와 함께 있던 사람이 누구인지 궁금해서 그에 관한 질문을 한다(20a). A는 그 사람이 누구인지를 알지 못한다. 또한 B가 하는 대답이 함께 있던 사람이 누구인지에 관해 사실을 밝혀 줄 것인지도 알지 못한다(20b). A와 B는 모두 B가 이 질문에 대

답을 할 수 있는지에 대해 알지 못한다(20c). 그러나 A는 이것이 알고 싶고(20d), 이 말을 하는 것은 본질적으로 B로부터 어제 함께 있었던 사람이 누구인지에 관해 어떤 정보를 유도해 내기 위한 시도이다(20e). (20a)에 의하면 어떤 명제라도 물어 보는 것이 가능하지만, 실제로 개인적인 생활이나 밝히기 어려운 문제에 관해 질문을 했기 때문에 원하는 정보를 얻지 못한 경우이다.

(22) A : 어제 너랑 같이 있던 사람 누구야?
B : 다 알면서 뭘 물어 보니?
A : 말하기 싫으면 그만 둬. 알고 싶지도 않아.

A는 위의 (20b)를 어긴 질문을 하여 원하는 대화행위가 이루어지지 않았다. 즉 답을 알지 못하는 경우에 질문의 대화행위를 해야 하는데, 답을 가지고 있으면서도 질문을 하여 답을 얻지 못하는 경우이다. 이런 경우는 특별히 의도된 의미가 없으면 부적절한 대화가 되고 만다. 더구나 알고 싶지도 않은 것을 물어 보아서 (20d)도 어기고 있다. 그러나 상대방의 반응에 자존심이 상해서 하는 발화라는 대화상의 함축을 가지고 있는 경우라면 수용 가능하지만, 이 경우라도 역시 바람직한 대화를 구성하지는 못한다.

(23) A : 아저씨, 고장이에요? 못 가요?
B : 보면 몰라요?
A : 무슨 버스가 이래요?
B : 버스니까 그렇죠. 택시 타면 될 거 아니에요?
A : 누가 탈 줄 몰라서 안타나요?

－T.V. 드라마 「토마토」 중에서

위의 예는 A와 B가 모두 질문의 적정 조건을 위배하고 있다. 따라서 실제로 이루어지는 대화행위는 질문이 아니고, 싸움을 하고 있을 뿐이다.

질문이란 상대방으로부터 정보를 얻는 것을 목적으로 하는 대화행위이다. 얻고자 하는 정보는 화자가 자기를 둘러싼 세계에 대한 사실적인 지식일 수도 있고, 화자 자신의 믿음이나 지식 체계에 대한 판단일 수도 있고, 청자의 의향에 대한 정보일 수도 있다. 질문이 상대방에게 대답을 요구하는 대화행위라는 점을 생각할 때, 대화를 하면서 질문을 하는 사람은 그 질문을 받을 사람의 관점에 서서 질문을 해야 한다. 상대방이 자신에게 두고 있는 거리감을 먼저 파악하고, 상대방과 가장 적절한 거리에서, 상대방의 체면을 손상시키지 않는 범위에서 질문을 해야 한다. 또한 질문을 받은 사람은 상대방이 자기로부터 정보를 구하고 있다는 사실을 전제로 하여서 질문에 대한 대답을 하는 것이 크게 문제되지 않는다면, 질문하는 사람의 관점에 서서 대답을 해 주는 것이 바람직하다.

5.4.3. 요구의 적정 조건

요구의 적정 조건은 (24)와 같이 정리된다.

(24) **요구의 적정 조건**

a. 청자가 수행해야 할 미래의 행동이다.

b. 화자는 청자가 그 행동을 수행할 수 있다고 믿는다.

c. 요청을 받지 않을 경우 청자가 그 행동을 하리라는 것은 분명치 않다.

d. 화자는 청자에 대해 권위적인 위치에 있어야 한다.

e. 화자는 청자가 이 일을 하기를 원한다.

f. 화자가 청자에게 그 행동을 하도록 하는 시도로서 간주된다.

다음의 예 (25)를 살펴보자.

(25) 이 의자 좀 저리 치워라.

(25)와 같은 대화를 하면 의자를 치우는 행동은 청자가 앞으로 해야 할 행동이고(24a), 화자는 청자가 의자를 치우는 행동을 수행할 수 있다고 믿고 있다(24b). 이 말을 하지 않았을 경우 청자가 의자를 치울 지는 분명치 않고(24c), 화자는 청자에게 이 일을 시킬 수 있는 권위가 있어야 한다(24d). 화자는 청자가 의자를 치우기를 원하며(24e), 이 대화행위를 하는 것은 본질적으로 화자가 청자에게 의자를 치우도록 하는 시도로써 간주된다(24f).

요구는 화자는 말만 하고 청자는 행동을 해야 한다는 점에서 상당히 강력한 대화행위가 된다. 그러므로 청자의 대답만을 요구하는 질문을 하는 경우보다도 더 한층 상대방과의 관계를 고려하지 않으면 안 된다. 따라서 요구를 하는 사람은 그 요구를 받는 사람의 관점에 서서 요구를 하는 것이 필요하다. 요구라는 대화행위 자체가 자신이 상대방에 대해 권위적인 위치에 있는 행동이 되기 때문에 상대방이 자신에게 두고 있는 거리감을 먼저 파악하고, 상대방과 가장 적절한 거리에서, 상대방의 체면을 손상시키지 않는 범위에서 요구가 이루어져야 한다. 이런 이유 때문에 요구의 경우는 직접 대화행위보다는 상대방을 고려하는 간접 대화행위를 사용하는데, 이에 관해서는 다음 제6장에서 자세히 살피기로 한다.

대화를 하나의 행위로 보는 대화행위 이론을 통하여, 우리가 주고받는 말이 단순히 물리적인 소리나 추상적인 관념이 아니고 실제로 인간관계에 영향을 주는 행동의 한 유형임을 이해하게 되었다. 그러므로 화자는 말을 하면서 동시에 그 말로써 행동을 하고 있는 것이라는 점을 명심하고 말을 해야 한다. 그 행동은 상대방에게 치명타를 가하는 행동이 될 수도 있고, 상대방을 쓰다듬는 행동일 수도 있기 때문이다.

하야가와(Hayagawa, 1978)에서는 말의 이러한 두 측면을 으르렁거리는 말snarl-words과 가르랑거리는 말purr-words로 나누었다. 이런 점에서 한 마디의 대화가 상대방에게 우호적인 행동으로 받아들여지기도 하지만, 공격적인 행동으로 받아들여지기도 한다는 사실을 염두에 두고 대화를 나누지 않으면 안 된다. 또한 청자의 관점에서는 화자가 말을 통하여 어떤 행동을 하고 있는지에 대해 주의를 기울여야 한다. 말은 그냥 듣고 흘릴 수 없는 인간의 행동이기 때문이다. 대화는 탁구와 같이 빈번한 움직임이 상호간에 오고 가는 행동이다. 화자가 어떤 의도를 가지고 그런 대화행위를 하고 있으며, 그에 대한 반응으로서 어떤 것이 적절한가를 정확하게 판단하고 반응할 수 있는 순발력이 필요한 고난도 게임인 것이다.

6장 간접 대화행위

대화는 행동이다. 우리의 행동은 직접적으로 나타날 수도 있지만, 간접화시켜서 나타나기도 한다. 수도관에서 나오는 물을 입을 대고 직접 먹을 수도 있지만, 컵을 사용하여 간접적으로 먹으면 더 품위 있는 행동이 된다. 대화도 마찬가지이다. 자기가 의도하는 수행행위를 직접적으로 표현할 수도 있지만, 다른 표현으로 돌려서 말할 수도 있고, 간접적으로 돌려서 말하는 것이 상대방의 체면을 덜 손상시키는 품위 있는 방법이 되기도 한다. 이와 같이 돌려서 말하는 것을 간접 대화행위라고 한다.

이 장에서는 간접 대화행위의 양상과 의사소통 과정을 살펴보고, 간접 대화행위를 사용하는 동기를 직접적으로 진실을 말하기 어려운 경우와 직접적인 것만으로는 불충분한 경우, 직접적인 것으로는 상처가 되는 경우와 대화 양식이 다른 경우로 나누어서 살펴보고, 간접 대화행위가 가지는 특징과 함께 간접 대화행위를 구성 요소인 힘, 사회적인 거리, 부담의 크기, 권리나 의무성 등에 관해 살펴보기로 한다.

6.1. 간접 대화행위의 양상

대화행위는 직접 대화행위와 간접 대화행위로 나눌 수 있다. 의도하는 수행행위를 직접적으로 표현하는 것을 직접 대화행위라고 하고, 그것과 관련된 다른 표현으로 돌려 말함으로써 목적하는 수행행위를 간접적으로 나타내는 것을 간접 대화행위라고 한다. 직접 대화행위는 궁금한 정보가 있을 때는 질문을 통해 표현하고, 요구하고자 할 때는 명령을 통해 표현하는 것과 같이 직접적이고 단선적인 대화행위이다. 그러나 이러한 직접 대화행위만으로 모든 대화를 해석할 수는 없다.

(1) A : 실례지만, 주유소가 어디 있는지 아세요?
　　B : 예, 압니다.

(1)의 대화는 직접 대화행위의 측면에서는 아무런 문제가 없다. 아는지를 묻는 질문에 대해 안다고 대답했기 때문이다. 그러나 A는 차에 기름을 넣어야 하기 때문에 주유소가 어디에 있는지를 알고자 하는 것이었는데, B는 그냥 지나쳐 버림으로 대화의 목적은 이루어지지 않았다. 왜 이러한 일이 일어나는 것일까? (1)의 예에서처럼 주유소가 어디 있는지를 아느냐는 '질문'이라는 행위가 사실상 주유소가 어디에 있는지를 알려 달라는 '요구'를 나타내고 있는 것이 간접 대화행위이다. 화자는 간접 대화행위를 하였는데, 청자는 직접 대화행위로 반응을 하여서 원하는 대화가 이루어지지 않은 경우인데, 이러한 예는 대화에서 흔히 찾아볼 수 있다. 우리는 일상생활에서 청자가 어떤 행위를 해야 하는 지시적인 명제를 전달할 때는 이것을 간접적으로 표현하는 경향이 있다.

(2) a. 창문 좀 열어 주실래요?　　(질문)

b. 창문 좀 열어 주면 좋겠습니다. (진술)

c. 창문 좀 열어라. (요구)

(2)의 예는 '질문', '진술', '요구' 등의 직접 대화행위로 나타나 있지만, 실제에 있어서는 모두 창문을 열어 달라는 '요구'를 표현하고 있다. 간접 대화행위는 이와 같이 다양한 양상으로 나타난다. 다음의 예들을 통하여 그 양상을 살펴보자.

(3) a. 난 꼭 이것을 살 거야. (진술-주장)

b. 난 네 이름이 알고 싶어. (진술-요구)

c. 손을 씻고 밥을 먹습니다. (진술-지시)

(3)에서 보듯 직접 대화행위로는 '진술'을 나타내고 있지만, 실제적으로는 '주장, 요구, 지시' 등을 간접 대화행위로 나타내고 있다.

(4) a. 이것 좀 보여주실 수 있으세요? (질문-요구)

b. 그게 내 잘못이란 말입니까? (질문-주장)

c. 줄 좀 똑바로 설 수 없니? (질문-지시)

(4)에서는 직접 대화행위로는 '질문'을 나타내고 있지만, 실제적으로는 '요구, 주장, 지시' 등을 간접 대화행위로 나타내고 있다.

(5) a. 일찍 일어나라. (명령-지시)

b. 왜 그러는지 제발 말 좀 해 봐. (명령-요구)

c. 그 사람 지독한 건 말도 마. (명령-주장)

(5)에서는 직접 대화행위로는 '명령'을 나타내고 있지만, 실제적으로는 '지시, 요구, 주장' 등을 간접 대화행위로 나타내고 있다. 위에

서 살펴본 바와 같이 간접 대화행위는 직접 대화행위의 영역보다 훨씬 확장된 쓰임으로 나타남을 알 수 있다. 다시 말하자면 '말해진 것'과 '뜻하는 것' 사이의 거리, 그리고발화문의 의미와 의도된 의미 사이의 차이가 가장 극명하게 나타나고 있는 경우에 해당된다. 그러므로 간접 대화행위는 위에서 살펴본 것처럼 문장 단위에서 문장의 종결 방식에 따라 달리 나타나는 것뿐만 아니라, 표현 방식을 간접화하여 대화 전체를 통하여서 나타날 수도 있다.

(6) A : 너 키가 몇이니?
B : 키다리보다 좀 작고 난쟁이보다 좀 커.
A : 그럼 너야말로 아담 사이즈네.
B : 아담도 나랑 키가 같았구나.

(6)의 대화에서 키를 묻는 A의 직접적인 질문에 대해 B가 대답을 하면서 직접적인 정보는 주지 않고 '키다리보다 좀 작고 난쟁이보다 좀 크다'는 모호한 표현을 사용하여 간접 대화행위를 한다. 이 경우 표면적으로는 질문에 대한 대답으로 직접 대화행위를 구성하지만, 실제적으로는 대답을 회피하는 것으로서의 간접 대화행위를 하고 있는 것이다. 이러한 반응에 대해 A는 일부러 모호한 표현으로써 직접적인 대답을 회피한 B의 의도를 파악하고 B를 비아냥거리는 뜻으로 '키다리보다 좀 작고 난쟁이보다 좀 큰 키'를 '아담 사이즈'라고 돌려서 간접적으로 표현한다. 사실상 처음 질문에 대한 대답이 없기 때문에 아무 것도 얻어진 정보가 없지만, 그 대답을 통하여 정보를 얻은 것처럼 함으로써 아무리 B가 간접적으로 표현해 보아야 네 키는 아담한 사이즈에 불과하다는 비난을 간접화시켜 표현한 것이다. 이 말을 받는 B는 아담한 사이즈라는 뜻의 아담을 사람 이름으로 간접화시켜서 받아들인다. 이렇게 함으로써 자신의 키가 작다는 뜻으로 아담이라는 표현을 사용한 것을 받아치는 역할도 하고, 상대방

이 자신을 간접적으로 비난한 분위기를 장난처럼 이끌어 가는 효과도 가져올 수 있었던 것이다.

이런 점에서 간접 대화행위를 기본적으로는 발화문의 의미에 기초하지만, 화자와 청자와의 관계, 화자의 의도와 태도, 상황, 배경, 관습 등과 관련하여 간접적으로 화자의 의도를 드러내는 복합적인 대화행위 전반을 지칭하는 용어로 사용하고자 한다. 직접 대화행위에 의한 의사소통과 간접 대화행위에 의한 의사소통을 비교해 보면, 간접 대화행위를 발화하고 해석하는 과정이 직접 대화행위에 비해 더 복잡한 중간 단계를 거친다는 점에서 차이가 있다. 예를 들어 "문 닫아."라는 직접 대화행위와 "춥지 않으세요?"라는 간접 대화행위의 과정을 비교해 보자. 직접 대화행위의 의사소통 과정은 (7)과 같이 나타낼 수 있다.

(7) **직접 대화행위 "문 닫아."의 의사소통 과정**

발화 전 단계 : 화자는 춥다고 느낀다.

행동 1 : 화자는 "문 닫아."라고 요구한다.

중간 단계 : 청자는 화자가 문을 닫아 주기를 바란다고 받아들인다.

행동 2 : 청자가 문을 닫는다.

발화 후 단계 : 화자는 추위를 느끼지 않는다.

이에 대하여 간접 대화행위인 "춥지 않으세요?"로 의사소통하는 과정은 (8)과 같이 나타낼 수 있다.

(8) **간접 대화행위 "춥지 않으세요?"의 의사소통 과정**

발화 전 단계 : 화자는 춥다고 느낀다.

행동 1 : 화자는 "춥지 않으세요?"라고 질문한다.

중간 단계 1 : 청자는 화자가 청자가 추운지를 묻고 있다고 받아들인다.

중간 단계 2 : 청자는 화자가 춥기 때문에 이 질문을 했다고 받아들인다.

중간 단계 3 : 청자는 화자가 문을 닫아 주기를 바란다고 받아들인다.
행동 2 : 청자가 문을 닫는다.
발화 후 단계 : 화자는 추위를 느끼지 않는다.

(7)과 (8)을 비교해 보면 알 수 있듯이 직접 대화행위에서는 중간 단계가 하나만 필요하지만, 간접 대화행위에서는 세 개의 중간 단계를 필요로 해서, 더 복잡한 해석 단계를 거치는 것을 알 수 있다. 간접 대화행위를 제대로 해석해서 성공적인 대화를 완성시키기 위해서는 앞 뒤 대화의 맥락을 파악하는 것, 화자와 청자 사이에서 어떤 사태나 상황에 관한 지식이나 믿음을 공유하는 것, 그리고 배경이 되는 지식을 알고 있는 것 등을 이해하는 것이 필요하다.

6.2. 간접 대화행위의 동기

일상 대화에서 우리는 왜 직접적으로 말하지 않고 간접적으로 돌려서 말을 하는가? 말을 할 때는 기본적으로 경제성을 추구한다고 하였는데, 직접 대화행위를 하지 않고 간접 대화행위를 한다는 것은 명백히 언어 경제성의 원리에 위배되는 것이다. 화자의 관점에서는 돌려서 표현하기 때문에 실제로 발화되는 길이가 길어지고, 청자의 관점에서도 한 번 더 말의 뜻을 계산하는 중간 단계를 겪어야 하기 때문이다. 그뿐만 아니라 간접 대화행위를 하는 것은 청자가 화자의 의도를 제대로 해석해 주지 않으면 원하는 수행행위가 나타나지 않을 수도 있기 때문에 위험의 부담도 가지게 되는 대화 형태이다. 이와 같은 비경제성과 위험성이 있음에도 불구하고 우리의 대화에는 많은 간접 대화행위가 포함되어 있다. 사람들이 하는 모든 행동이 합리성을 추구하는 것처럼, 간접 대화행위를 사용하는 것도 합리적인 동기가 있기 때문이다.

가장 쉽게 생각할 수 있는 동기는 직접적인 표현을 몰라서 간접적으로 쓰는 경우이다. 이 경우는 화자의 의도와는 아무런 관계가 없고, 단지 말에 대한 지식이 부족해서 사용하게 되는 것에 지나지 않으며, 잘 알지 못하는 외국어로 이야기할 때나 어휘가 부족한 어린이의 대화에서 쉽게 발견된다. 다음 (9)의 대화를 살펴보자.

(9) A : 창문에 치는 건데 가로로 되지 않고 세로로 되어 있는 것 뭔지 아세요?
B : 아, 버티칼이나 롤블라인드 말씀하시는 거예요?
A : 글쎄, 이름이 뭔지는 잘 모르겠는데 햇빛 가리는데 쓰는 거예요.
B : 둘 다 햇빛 가리는데 쓸 수 있어요. 제가 한 번 보여드릴까요?

(9)의 대화는 실내장식을 하는 상점에서 이루어진 대화로 A가 직접적으로 무엇을 달라고 요청하지 않고 간접적으로 묻는 것은 단지 이름을 잘 모르기 때문이었다. 이러한 경우는 의도적으로 간접 대화행위를 사용했다고 보기 어렵다. 말을 하다가 너무 흥분했다거나 긴장하여서 말이 잘 생각나지 않을 때가 있다. 또한 우리에게는 추상적인 관념이나 감정 등과 관련한 많은 개념들을 직접적으로 표현할 능력이 부족하기 때문에 간접적인 표현을 쓰게 된다. 이 경우에도 우리는 간접 대화행위를 하게 되는데, 이러한 경우도 의도적으로 간접 대화행위를 하는 것은 아니다. 그러므로 우리가 관심을 가지고 살피려는 간접 대화행위는 어떤 함의된 뜻을 가지고 있는 의도적 간접 대화행위로 한정하고자 한다.

의도적인 간접 대화행위란 직접적으로 표현하기 어려운 이야기들을 간접적으로 표현함으로써 사회적인 관계를 부드럽게 하고, 인간적인 갈등을 일으키는 요인들을 회피하기 위해서 의도적으로 간접적인 표현을 사용하는 것이다. 간접적으로 표현하는 것은 직접적으로 표현할 때보다 훨씬 정중한 표현이 되는 경우가 많이 있기 때문이다.

태넌(Tannen, 1992)에서는 간접 대화행위를 하는 이유를 다음과 같이 밝히고 있다. 첫째로, 직접적으로 말하기로 결심하더라도 무한히 많은 여러 측면의 진실 중에서 어떤 것을 말하는 것이 직접적인 것인가를 판단해야 하는 문제가 남기 때문이다. 둘째로, 우리가 말하거나 듣는 내용의 바탕에는 무수한 가정이 깔려 있기 때문에 직접적으로 말하는 것만으로는 충분하지 않기 때문이다. 가정된 사실에 대해서는 정확하게 말한다는 것이 있을 수 없다. 셋째로 의도를 직접적으로 말하는 것은 종종 다른 사람에게 상처를 주기도 한다. 넷째로 대화 양식이 다르면 무엇이 직접적인 것인지도 불투명해지기 때문이다. 우리에게 자연스럽게 느껴지는 방식으로 의도를 말하더라도 대화 양식이 다른 상대방에게서는 그것이 다른 내용으로 전달될 수도 있다. 우리가 자연스럽게 느끼는 방식으로 상대방과 의사전달을 하려고 시도할 때 상대방은 그것을 고의적인 조작으로 느끼고 호응하지 않을 수 있다. 이러한 이유들을 사례를 통하여 살펴보자.

1) 직접적으로 진실을 말하기 어려운 경우

대학생인 주영이는 방학을 맞아 고향인 대구로 내려갔다. 고향 친지들은 주영이의 대학 생활에 대해 관심이 많이 있었다. 주영이는 아무에게도 거짓말을 하겠다는 생각을 가지고 있지 않았지만, 만나는 사람에 따라 조금씩 다르게 대학 생활을 이야기했다. 어떤 사람들에게는 자기가 잘 지내고 있다는 점을 강조하면서 수강과목, 새로 만난 친구들을 긍정적으로 이야기했다. 그러나 또 다른 사람들에게는 기숙사 생활의 제약과 친구들과의 갈등, 수많은 과제물 등 부정적인 면들을 이야기했다. 긍정적 이야기가 직접적인 것이고 부정적 이야기는 간접적으로 돌려 말한 것일까? 그렇지 않으면 부정적인 이야기가 직접적인 것이고 긍정적 이야기는 간접적으로 돌려 말한 것일까? 두 가지 이야기는 모두 진실이었다. 어떤 사람에게는 긍정적인 면들이 모여 대화를 구성하였고, 또 어떤 사람들에게는 부정적인 면들이 모여 대화를 구성하였을 뿐이다. 어느 누구라도 진실의 모든 면을 직접적으로 이야기할 수 있는 방법은 없다. 특정한 상황에 맞추어 이야기할 때 우리는 상황에 맞추어 어떤 초점을 맞추고 그에 따라 이야기를 구성해 가는 것이다.

주영이가 긍정적인 이야기를 구성한 사람들은 주로 집안의 어른들이었다. 그분들이 객지 생활에 대해 염려하실 것을 생각하고 긍정적인 면에 초점을 두어 말을 구성한 것이다. 한편 주영이가 부정적인 이야기를 구성한 사람들은 같은 또래의 친구들이었다. 그들이 주영이가 하고 있는 대학 생활을 부러워하거나, 스스로 잘난 척하는 것같이 느끼지는 않을까 염려하여 부정적인 면에 초점을 두어 말을 구성한 것이다. 우리는 진실의 모든 내용, 모든 측면을 우리의 마음에 담을 수는 있지만 그것을 남김없이 직접적으로 이야기할 만한 기회도, 시간도, 상황도 만들어지지 않기 때문이다.

2) 직접적인 것만으로는 불충분한 경우

우리가 말하거나 듣는 내용의 바탕에 깔려 있는 무수한 가정 때문에 직접적으로 말하는 것만으로는 충분하지 않은 경우에 대해 생각해 보자. 어떤 사람이 서류 가방 하나만 들고 국제공항에 내렸다. 그 가방 안에는 이상한 기호와 해석할 수 없는 문장들만 잔뜩 적혀 있었다. 세관원과 그 사람 사이에서는 다음 (10)과 같은 이야기들이 오가게 되었다.

(10) A : 어디에 머물 것입니까?

B : 모르겠습니다.

A : 가방에 든 서류가 무엇입니까?

B : 유인물입니다.

그 결과 세관원 A는 오랜 시간 B를 잡아 둘 수밖에 없었다. B는 A가 묻는 말에 직접 대화행위로 대답했다. 게다가 질의 격률을 준수하여 진실만을 이야기했다. 그럼으로써 곤경에서 벗어난 것이 아니라 더 곤경에 빠질 수밖에 없었다. B는 양의 격률도 준수하여 질문 받지 않은 것은 이야기하지 않았다. 자기가 어느 대학의 교수인데 어느 대학의 초청을 받아서 왔고, 숙소는 초청한 학교 쪽에서 마련하기 때문에 자신은 어디에 머물지 모른다는 것을 밝히지 않았다. 또한 이상한 기호와 문장들이 적힌 유인물은 언어학 예문들로 강연에서 사용할 자료라는 것도 밝히지 않았다. 또한 초청한 학교의 교수가 밖에서 기다리고 있다는 사실도 말하지 않았다. A는 B의 사정을 몰랐기 때문에 적절한 질문이 어떤 것인지를 판단할 수 없었다. 또한 B가 직접적이고 간단하게 대답하는 것은 무엇을 은폐하는 것이라고 가정하게 되었다.

이와 같이 말하는 사람이나 듣는 사람이나 모두 언급하지 않은 가정을 항상 전제로 삼고 있는데, 그 가정이 꼭 사실과 일치하는 것은 아니다. 우리가 그것을 정확하게 이야기하지 않는 것은 그것이 가정이기 때문이다. 다시 말해서 당연시되는 전제이기 때문에 굳이 말로 표현할 필요가 없다고 생각하기 때문이다. 우리는 가정하고 있는 점이 서로 달랐다는 분명한 증거가 드러나기 전까지는 어떤 것을 가정했다는 사실조차 의식하지 못한다. 다음 (11)의 전화 통화 대화를 살펴보자.

(11) A : 지금 저녁 먹으러 올래?

B : 좋지. 그런데 빈손으로 가?

A : 신경 쓰지 마. 그냥 오기만 하면 돼.

B : 주차장까지 한 십분 쯤 걸릴 거야. 거기서 바로 출발할게.

A : 아, 차타고 와? 이렇게 가까운 거리를? 난 걸어올 줄 알았지.

B : 걸어가려면 너무 오래 걸릴걸.

A : 반포 아파트 3동 907호다.

B : 반포라니? 무슨 말이야?

A : 여기 형우네 집이야.

B : 응, 난 또 너희 집에서 건다고 생각했지.

대화가 진행됨에 따라 양쪽은 모두 상대방의 말을 듣고 의아해 한다. B는 A가 자기 집에서 전화를 건다고 가정하고 있는데, A는 자기가 형우네 집에서 전화를 건다고 가정하고 있기 때문이다. A는 자기가 어디에 있다고 말하는 것을 잊었으며, B는 A가 당연히 집에 있다고 가정했기 때문에 물어볼 생각을 하지 않았다. 우리는 저마다 개별적으로 살아가기 때문에 한 사람이 생각하는 정보를 다른 사람이 생각하지 못할 경우가 많이 있다. 또한 우리가 하는 모든 이야기의 전제가 되는 가정을 전부 이야기하는 것은 자연스럽지도 않고 가능하지도 않다. 그러므로 우리가 말하거나 듣는 내용의 바탕에는 서로 다른 가정들이 깔려 있게 마련이어서, 직접적으로 말하는 것만으로는 충분하지 않다.

3) 직접적인 것으로는 상처가 되는 경우

직접적으로 의도를 표현하는 것이 다른 사람에게 상처가 되는 경우를 생각해 보자. 직접적으로 의도를 표현하고 이것을 솔직하다고 생각하지만, 솔직함은 다른 사람의 감정에 대해 무감각하거나, 무감각한 것처럼 가장하는 것일 수 있다. 이것은 상대방을 반복적으로 비판하거나 상대방에게 상처를 입히는 말을 할 때 잘 드러난다. 다음 (12)와 같은 대화를 살펴보자.

(12) A : 솔직히 말하자면, 난 내가 어쩌다 당신 같은 사람한테 시집을 왔는지 한심스러워.

B : 사실은 나도 당신이 만족스러운 것은 아니야. 성격도 잘 안 맞고.

A : 나도 당신의 그 조급한 성질에 대해 염증을 느껴.

B : 내가 조급한 게 아니라 당신이 무딘 거지. 당신은 어째 기민함이라고는 조금도 없어?

A : 길가는 사람에게 물어봐. 누구의 문제인지. 냄비보다 더 빨리 파르르 하면서.

B : 당신처럼 굼뜬 사람은 나처럼 생각이 기민한 사람을 도저히 따라오지 못해.

A : 그래요. 당신 잘났어요.

대화 (12)에서 보는 것처럼 서로 가까운 사이일수록 솔직하다는 핑계로 직접적인 언어를 사용하고, 이것이 결국 관계를 허무는 결과를 가져오고 마는 것을 흔히 경험하게 된다. 아무리 가까운 사이라도 비평의 말을 직접적으로 하는 것은 상대방에게 치명적인 상처를 줄 수가 있다. 우리는 직접적인 말을 하는 사람들에 대해 성격이 직선적이라고 표현한다. 이것이 솔직하여 숨기는 것이 없다는 긍정적인 느낌보다는 공격적이고 참을성이 없다는 부정적인 느낌으로 받아들여지는 것을 통해서도 직접적인 표현이 다른 사람들에게 상처가 된다는 사실을 확인할 수 있다.

4) 대화 양식이 다른 경우

대화 양식이 달라서 무엇이 직접적인 것인지 불분명해지는 경우의 예를 생각해 보자. 우리에게 자연스럽게 느껴지는 방식으로 의도를 직접적으로 전달하더라도 대화 양식이 다른 상대방에게서는 그것이 다른 내용으로 받아들여 질 수도 있다. 다음 (13)의 대화를 살펴보자.

(13) A : 이번 주 목요일에 대전에 특강이 있어.
B : 잘 되었구나. 그럼 저녁 함께 먹어. 목요일 저녁 시간은 비워 놓을게.
A : 그건 좀 곤란해.
B : 그럼 점심은 어때?
A : 점심은 학교에서 먹게 될 거야.
B : 시간이 없는 거야? 나랑 같이 밥 먹기가 싫은 거야?
A : 무슨 그런 말을 …… 단지 선약이 있어서 그러는 거지.

A는 대전에서 특강을 하게 되어 대전에 있는 친구 B에게 안부 전화를 했다. 그러나 이미 저녁 식사 약속이 되어 있는 상태였고, 함께 식사를 할 계획은 없었다. 그러나 오랜만에 전화를 받은 B는 당연히 A와 함께 식사를 해야 할 것으로 생각하고, 점심보다는 정찬으로 대접하기 위해 저녁 시간을 제안하였다. A는 같이 식사할 계획이 없었지만, 직접적으로 그렇게 말을 할 수는 없어서 그것이 곤란하다고 간접적으로 이야기하였고, B는 함께 저녁 식사를 하기가 어렵다는 의미로 해석하고 다시 점심으로 바꾸어 제안을 한다. A는 다시 점심을 학교에서 먹게 될 거라는 말을 하고, B는 이 말을 같이 밥 먹기를 싫어하는 상태를 간접적으로 표현한 것으로 받아들여서 대화는 점점 어려워진다. 아무도 서로에 대해 나쁜 감정을 가지고 있지 않았고, 숨기려고 하지도 않았지만, 대화 양식이 달라서 무엇이 직접적인 것인지도 불투명해지고 말았다.

이밖에도 우리가 간접 대화행위를 하는 여러 가지 동기들을 찾을 수 있다. 특히 말을 재미있게 하기 위하여 간접 대화행위를 사용하는 것도 간접 대화행위를 사용하는 동기 가운데 큰 부분을 차지하고 있다. 우리는 간접 대화행위를 사용하면서 말을 가지고 장난을 주고받는 것이다. 위에서 살펴본 예 (6)의 경우에서도 간접 대화행위가 말을 재미있게 하고, 말로써 장난을 하고 있는 것과 같은 결과로 나타나는 것을 확인할 수 있다. 요즘 젊은 사람들의 언어에서 이런 요소가 너무 많이 나타나고 있다는 점은 반성의 여지가 있지만, 재미있고 유쾌하게 언어를 구사해서 대화의 분위기를 부드럽고 즐겁게 만들 수 있다면 바람직한 방법이 될 것이다.

아주 드문 경우이기는 하지만 말을 재미없게 하기 위해서도 간접 대화행위를 사용한다. 태호의 아버지는 간이 붓는 병에 걸려서 돌아가셨다. 사람들이 와서 아버지의 죽음에 대해 물을 때 "저희 아버님께서는 간이 부어서 돌아가셨습니다."라고 말을 하면, 사람들이 장난으로 받아들일 수도 없고, 웃을 수도 없어서 난감해 하는 것을 알게 되었다. 이런 경우라면 간접 대화행위로 완화시킨 표현을 사용하는 것이 바람직한 상황이 될 것이다.

6.3. 간접 대화행위의 특징

위에서 우리는 직접 대화행위만으로는 대화가 어려운 경우의 예들을 통해 간접 대화행위를 하는 동기를 살펴보았다. 이러한 간접 대화행위는 다음과 같은 장점을 가지고 있다.

첫째는 서로의 긴밀한 관계를 확인할 수 있다는 장점이 있다. 의도를 직접적으로 표현하지 않고 바라는 수행력을 얻을 수 있다면, 그것이 훨씬 좋은 방법이 된다. 이것은 직접적인 말을 하지 않아도 서로를 이해한다는 것을 확인하는 계기가 되기 때문에 서로의 대화뿐만 아니라 관계를 증진시키는 역할을 하게 된다.

둘째는 자기 방어를 할 수 있다는 장점이 있다. 직접적으로 나타낸 것이 아니기 때문에 자신의 주장이 호응을 받지 못하거나 거부되면, 그것을 쉽게 철회할 수 있고, 또 그런 의도가 아니었다고 바꿀 수가 있기 때문이다. 상대방과 대립할 의도가 없는 경우나 상대방의 의사를 확실히 알지 못하는 경우 간접적인 표현이 훨씬 쉽게 자신의 의도와 가까워질 수 있는 방법을 제공해준다.

간접 대화행위가 갖는 긴밀한 관계 확인과 자기 방어의 기능은 의사전달의 동기가 되는 두 가지의 기초적인 동력인 유대 관계와 독립이라는 인간 욕구와 관련된다. 대화를 통해 상대방과의 유대관계를 직접적으로 나타내는 것은 상대방의 독립적인 영역을 침해하는 것이 되고, 반대로 독립적인 태도를 직접적으로 나타내면 상대방과의 유대관계를 무너뜨리는 것이 되고 만다. 그러나 간접 대화행위는 서로의 긴밀한 관계를 확인할 수 있다는 점에서 유대관계를 나타내는 것이 되고, 자기 방어를 할 수 있다는 점에서 독립을 나타내는 것이 된다. 따라서 간접 대화행위는 긴밀한 관계를 통한 유대관계와 자기 방어를 통한 독립의 표시로써, 직접적 대화 상황에 빠져 흔들리지 않고 흐름을 따라 나아갈 수 있는 길을 열어 주는 가장 좋은 대화의 방법이 되는 것이다.

간접 대화행위가 갖는 또 다른 특성으로는 문화적인 공통성을 필요로 한다는 점이다. 간접 대화행위는 하나의 발화를 통하여 둘이나 그 이상의 수행적 힘을 나타내는 것으로 고도의 의사소통 방법이다. 간접 대화행위는 어떤 언어권에서도 나타나는 보편적인 현상이다. 그러나 간접 대화행위가 항상 같은 양상으로 나타나는 것은 아니고, 개인의 특성이나 그 사회의 문화적 특성을 바탕으로 하는 것이다. 다음 (14)의 대화를 살펴보자.

(14) A : 오늘 저녁 모임에 가도 될까요?
B : 네가 원한다면.

대학에 다니는 딸 A는 아버지 B에게 저녁에 있는 모임에 가도 될지를 물었다. 아버지는 절대로 안 된다고 말하는 법이 없었다. 단지 말하는 방식이 직접 대화행위로 적극적으로 가라는 내용을 담고 있으면 진심으로 허락하는 것이지만, 소극적으로 가라는 내용을 담고 있으면 실제로는 허락하고 싶지 않은 것이라는 사실을 알고 있는 딸은 "네가 원한다면."이라는 소극적 대답을 듣고 가지 않기로 마음을 먹었다. 어느 날 이 집에 임시로 머물게 된 조카가 같은 질문을 하였다. 숙부인 B는 같은 대답을 하였고, 이런 B의 생각을 알지 못하는 조카는 모임에 나갔다. 그 결과 숙부는 조카가 제멋대로이고, 순종할 줄도 모르며, 도덕적으로도 문제가 있다고 생각을 하게 되었다. 반대로 조카는 숙부가 겉과 속이 다른 위선자이고, 변덕쟁이이며, 화를 잘 낸다고 생각하게 되었다.

(14)의 예에서 보는 것과 같이 간접 대화행위가 항상 좋은 결과만 가져오는 것은 아니다. 간접 대화행위가 제대로 전달되기 위해서는 문화적인 공통성이 있어야 한다.

직장 생활을 하면서 사용하는 간접 대화행위가 소통에 장애가 된다는 견해도 있다. 직접 대화행위를 주로 사용하는 남성들은 여성의 간접 대화행위를 이해하지 못해서 오해가 생기기도 한다. 이 경우 남성들은 여성들이 사용하는 간접 대화행위를 판단력이나 인식 능력이 부족한 것으로 해석하기도 한다. 남성과 여성 사이의 문제뿐 아니라 하급자가 상급자에게 쓰는 간접 대화행위도 문제가 된다. 특히 위급한 경우나 순간적인 판단을 내려야 하는 경우에 간접 대화행위를 사용하는 것은 부적절할 수 있다.

6.4. 간접 대화행위의 구성 요소

우리는 앞에서 간접 대화행위가 어떤 언어권에서나 발견되는 보편적 특성이라고 말하였다. 그러나 간접 대화행위를 이해하기 위해서는 문화적인 공통성이 있어야 한다고 하여, 간접 대화행위를 구성하는 방식이 문화에 따라 다르다는 사실을 지적하였다. 그렇다면 간접 대화행위를 구성하는 보편적인 요소는 무엇일까? 어떤 사회나 문화에서도 간접 대화행위를 구성하기 위해서는 화자가 청자에게 가지고 있는 상대적인 힘이라든가, 화자와 청자 사이의 사회적인 거리, 가지고 있는 부담의 크기, 화자와 청자 사이의 상대적인 권리와 의무 등이 주된 요소로 고려된다. 이 각각의 구성 요소들에 대해 살펴보기로 한다.

1) 힘

간접 대화행위를 하게 만드는 주된 요인은 상대방이 가지고 있는 힘이나 권위이다. 예를 들어 우리와 약속을 한 사람이 늦게 온 경우를 생각해보자. 다음 (15)와 같은 말들이 그런 상황에 사용될 수 있을 것이다.

(15) a. 바보같이 시간도 못 지키다니.
b. 넌 삼십 분이나 늦게 왔어.
c. 왜 이렇게 늦었어?
d. 시간도 제대로 못 지키니?
e. 지금이 몇 시니?
f. 길이 많이 복잡하지요?
g. 오시느라고 고생이 많으셨지요?
h. 이렇게 어려운 걸음을 하시게 해서 송구스럽습니다.

가까운 친구나 손아래의 사람이 늦게 왔을 경우, 우리는 직접적으로 "왜 이렇게 늦었어?" 또는 "시간도 제대로 못 지키니?" 따위와 같이 직접적으로 늦은 이유를 추궁하거나 늦은 것에 대해 비난할 것이다. 그러나 늦은 사람이 우리의 선생님이거나 직장의 상사일 경우는 "오시느라고 고생이 많으셨지요?" 또는 "길이 몹시 복잡하지요?" 따위와 같이 상대방의 관점으로 돌려서 완화시키거나 변호하는 표현을 사용할 것이다. 우리는 상대적으로 자기보다 힘이 우월한 사람에게는 동생이나 친구와 같은 그렇지 않은 사람과 이야기할 때보다 훨씬 더 간접 대화행위를 사용하는 빈도가 높아진다.

일반적으로 힘이란 상대방이 긍정적으로는 자신에게 유리한 보상들을 해줄 수 있거나 부정적으로는 자신에게 불리한 보복들을 할 수 있는 상태를 말하며, 군대나 법정, 또는 직장 따위에서 흔히 이러한 상황에 접하게 된다. 우리가 어떤 사람에게서 힘을 느끼게 되는 경우는 첫째, 어떤 사람이 지위나 나이, 역할을 근거로 무엇을 요구할 수 있는 권리를 갖는 경우 그 사람에게 부여하는 것이고, 둘째는 어떤 사람을 존경하거나 어떤 면에서 그 사람처럼 되고 싶어할 때 우리가 그 상대에게 부여하는 것이고, 셋째는 어떤 사람이 우리가 필요로 하는 전문적 지식이나 기술을 가지고 있을 때 그 사람에게 부여하는 것이다. 어떤 유형이건 힘을 가지고 있는 사람은 상대적으로 그렇지 않은 사람에게 말을 할 때 직접 대화행위를 더 많이 사용하지만, 힘을 가지고 있지 않은 사람은 상대적으로 힘을 가진 사람에게 말을 할 때 간접 대화행위를 더 많이 사용한다.

우리가 대화를 하면서 가장 중요한 것은 상대방과의 적절한 거리를 유지하는 것이라는 사실을 계속 강조해 왔는데, 상대방과의 힘의 관계도 적절한 거리를 구성하는 중요한 요소가 된다. 따라서 우리보다 상대적으로 힘을 더 가지고 있는 사람에게 이야기할 때는 그렇지 않은 사람에게 말할 때보다 간접 대화행위를 더 많이 사용해야 한다. 직접 대화행위가 직선적이라면 간접 대화행위는 완곡적이어서 같은 내용을 전달하려 하더라도 간접 대화행위가 상대방을 훨씬 더 고려하는 표현으로 나타나기 때문이다. 이것은 정중어법과 깊이 관련된 것으로 다음 7.3.에서 자세히 살펴보기로 한다.

2) 사회적인 거리

사회적인 거리라는 것은 지위나 나이, 성별, 친근감 등과 같은 심리적인 요소들에 의해 결정되는 정중함의 정도와 관련된 용어이다. 다른 말로 하자면 같은 여자 끼리나 남자 끼리여서, 또는 같은 나이거나 같은 학번이어서, 또는 같은 지역 출신이라서 등과 같은 요소로 어떤 사람과 관련이 있거나, 그 사람을 잘 아는 경우에는 사회적인 거리가 가깝게 느껴지고, 그렇지 않은 경우에는 사회적인 거리가 멀게 느껴진다. 이러한 사회적인 거리도 간접 대화행위를 사용하는데 영향을 주어서, 어떤 사람과 사회적인 거리가 먼 경우에는 사회적인 거리가 가까운 사람에게보다 더 간접 대화행위를 많이 사용하게 된다. 예를 들어 자판기에서 차를 사기 위해 지나가는 사람에게 동전을 바꾸어 달라고 요청할 경우를 생각해 보자. 다음 (16)과 같은 예들이 그런 상황에 사용될 수 있을 것이다.

(16) a. 잔돈 좀 줘.
b. 잔돈 있으면 좀 줘.
c. 잔돈 가진 거 있으면 좀 줘.
d. 잔돈 좀 바꿔주실래요?
e. 잔돈 좀 바꿔주실 수 있어요?
f. 잔돈 좀 바꿔주실 수 있으세요?
g. 죄송하지만, 잔돈 좀 바꿔주실 수 있으세요?
h. 죄송하지만, 혹시 잔돈 가지신 것이 있으시면 좀 바꿔주실 수 있으시겠습니까?

같은 학번이고 동성인 친구가 지나가면 "잔돈 좀 바꿔 줘." 또는 "잔돈 있으면 좀 줘."와 같이 직접 대화행위를 사용할 것이다. 그러나 이성의 선배가 지나간다면 "잔돈 좀 바꿔 주실 수 있어요?"와 같이 간접 대화행위를 사용할 것이고, 교수님이 지나 가신다면 "죄송하지만, 혹시 잔돈 가지신 것이 있으시면 좀 바꿔주실 수 있으시겠습니까?"와 같이 더 간접적인 대화행위를 하게 될 것이다.

사회적인 거리는 힘과 밀접한 관계가 있지만, 꼭 일치하는 것은 아니다. 위의 예에서 선배나 교수님이라 할지라도 같은 고향 사람이라거나, 같은 학교의 동창일 경우라면 사회적인 거리는 더 가까워지고, 직접 대화행위를 사용할 가능성은 더 높아지기 때문이다. 같은 사람을 만나면서도 처음 만날 때보다는 자주 만날수록 간접 대화행위보다는 직접 대화행위를 많이 사용하는 것도 사회적인 거리가 친근감과 같은 심리적인 요인에 의해 결정되는 거리라는 사실을 보여 준다.

3) 부담의 크기

간접 대화행위를 하게 만드는 요인 가운데 부담의 크기는 우리가 하는 요구가 어떤 것인가와 상관이 있다. 상대방이 우리가 하는 요구를 받아들일 때 얼마나 부담을 느끼겠는가에 따라 간접성의 정도가 높아진다는 것이다. 100원을 빌려 달라는 부탁을 할 때와 100만원을 빌려 달라는 부탁을 할 때는 부담의 크기가 다르다. 다음 (17)과 같은 예들이 그런 상황에 사용될 수 있을 것이다.

(17) a. 100원만 줘요.
b. 100원짜리 있지요?
c. 돈 가진 것 있으면 좀 빌려줄 수 있으세요?
d. 혹시 지금 돈의 여유가 좀 있으세요?
e. 혹시 지금 돈의 여유가 있으시면 좀 빌려주실 수 있으시겠습니까?

100원을 빌릴 때는 "나 100원만 빌려 줘."와 같이 직접 대화행위로 표현하지만, 100만원을 빌릴 때는 "혹시 지금 돈의 여유가 좀 있으세요?" 또는 "급한 일이 있어서 그러는데, 좀 도와주실 수 있으세요?" 등과 같이 100원을 빌릴 때보다는 훨씬 더 간접적인 표현을 쓰게 된다.

허락을 받지 않고 가져가도 되는 지역신문이나 광고지를 달라고 말할 때는 대부분 직접 대화행위를 사용한다. 그러나 일간지나 주간지, 월간지나 계간지로 갈수록 달라고 말하기 위해서 간접 대화행위를 사용해야 할 필요가 커진다. 이것은 값을 치르지 않고 가질 수 있는 것과 그렇지 않은 것을 요구할 때 생기는 차이이다. 한 가족끼리는 음식이나 생활용품 등을 공유하기 때문에 이런 것들을 요구하면서 "죄송하지만, 냉장고에 있는 콜라를 좀 마셔도 될까요?"와 같은 간접 대화행위를 사용하지는 않는다. 그러나 남의 집에 갔을 경우는 달라진다.

부담의 크기가 경제적인 요인에 따라서만 결정되는 것은 아니다. 요구하는 정보의 내용에 따라 어떤 것들은 누구에게라도 상관하지 않고 대답할 수 있는 것이기도 하지만, 어떤 것들은 상대가 누구인가에 따라 대답하기에 부담스러운 것들도 있다. 이것은 문화에 따라 차이가 있어서 객관적으로 결정하기에는 어려운 것이기도 하다. 보통의 경우 직업이나 종교, 가족 관계를 묻는 것보다는 체중이나 월수입 따위를 묻는 것이 더 부담의 크기가 커진다. 부담의 크기가 커질수록 간접 대화행위로 표현하는 빈도는 높아지는 것이다.

4) 권리나 의무

우리의 권리나 의무와 관련된 것들을 이야기할 때는 간접 대화행위를 사용하는 빈도가 낮아진다. 그러나 권리가 아닌 것을 요구할 때는 간접 대화행위로 사용하는 빈도가 높아진다. 상대방의 운전면허증을 보여 달라는 요구를 하더라도 교통경찰은 "운전 면허증 보여주세요."와 같이 직접 대화행위로 표현하지만, 운전 면허증이 어떻게 생겼는지 궁금해서 보고 싶어 하는 경우라면 간접 대화행위로 표현할 빈도가 훨씬 더 높아진다. 어떤 사람에게 무엇을 요구하는 상황에서는 권리나 의무의 차이에 따라 다음 (18)과 같은 말들이 사용될 수 있다.

(18) a. 이것 치우세요.
b. 이것 좀 치우세요.
c. 이것 좀 치우실래요?
d. 이것 좀 치우실 수 있으세요?
e. 죄송하지단, 이것 좀 치우실래요?
f. 죄송하지만, 이것 좀 치워 주실 수 있으시겠어요?
g. 대단히 죄송하지만, 이것 좀 치워 주실 수 있으시겠습니까?

금전적인 계약 관계를 맺고 상대방에게 어떤 요구를 할 때는 “이것 좀 치우세요.”와 같이 직접 대화행위를 할 수 있지만, 그렇지 않은 경우에 직접 대화행위를 하면 상대방에게 매우 불쾌하게 받아들여질 것이다. 이런 경우는 “죄송하지만, 이것 좀 치워 주실 수 있으시겠어요?”와 같이 간접 대화행위를 사용할 빈도가 훨씬 더 높아진다.

우리는 지금까지 간접 대화행위를 구성하는 요인들에 대해 살펴보았다. 그러나 힘이나 사회적 거리, 부담의 크기, 권리나 의무 따위는 고정되어 있는 것이 아니다. 우리는 가능하다면 이런 것들을 줄이려는 방향으로 인간관계를 유도해 가는 경향이 있다. 가까운 사람들 사이에서 직접 대화행위가 더 많이 사용되는 것은 이러한 이유이다. 또한 대화를 통하여 이런 요인들을 감소시키려는 경향도 발견할 수 있다. 다음 (19)의 대화를 살펴보자.

(19) A : 저 지하실에 화분이 있네요.
B : 예.
A : 그거 안 쓰시는 거예요?
B : 예.
A : 그럼 제가 가져갈 게요.
B : 그러세요.

A는 "저 화분 가져갈래요."라는 직접 대화행위 대신에 (19)와 같은 단계의 표현들을 사용하여 부담의 크기를 줄이는 작업을 하고 있다. 화분은 지하실에 있던 것이고 쓰지 않는 것이기 때문에 그것을 가져가는 것은 쓰는지 안 쓰는지 모르는 화분을 가져가겠다는 것보다 훨씬 부담의 크기가 줄어드는 것이다. 따라서 B가 "그럼 제가 가져갈게요."라고 직접 대화행위를 하고 있지만, 이것은 간접 대화행위와 같은 효과를 가지게 된다.

간접 대화행위가 성공적으로 사용되면 상대방과의 유대관계를 유지하면서도 자기 방어를 할 수 있어서 여유 있는 대화를 할 수 있고, 말을 즐기면서 재미있게 주고받을 수 있게 해주는 장점도 있지만, 잘못 사용될 경우 서로의 관계에 부정적인 영향을 줄 수도 있다. 말의 아름다움과 결함은 동전의 양면과도 같기 때문이다. 지금 하는 말에 대해 상대방이 이상한 반응을 보이면 너무 간접적으로 표현하고 있지 않나 반성하고, 자신의 의도를 좀 더 직접적으로 표현하려고 노력해야 한다. 또한 상대방이 너무 간접적으로 이야기하거나 대화 양식의 특성으로 인해 말과 의도를 다르게 표현한다고 느껴지면 분명히 이야기해 달라고 요구할 수도 있다. 그러나 명심해야 할 일은 사람에 따라서는 의도가 뭐냐는 질문을 받을 때 추궁당하는 기분을 느낄 수 있으며, 대부분의 사람들이 자신의 대화 방식에 대해 이러저러한 이야기를 하는 것을 거북하게 생각한다는 점이다. 그러므로 말을 하면서 서로 오해가 생기지 않도록 하여야 하지만, 오해가 생기더라도 이것을 너무 심각하게 받아들여 서로의 관계에 무슨 문제가 있는 것처럼 받아들이는 것은 바람직하지 않다.

7장 대화의 예절

대화를 하면서 예절을 갖춘다는 것은 상대방을 언어를 통하여 적절히 대우하는 것이다. 언어를 통하여 상대방이 원하는 만큼 대접을 해 주고, 상대방이 원하는 만큼 접근하는 것, 다시 말하자면 상대방과 적당한 거리를 유지하는 것이다. 이것은 고려해야 할 상황도 많고, 또 그것들이 복잡하고 미묘하게 얽혀 있어서 단순한 문제가 아니다. 특히 우리말에는 호칭이나 높임법의 체계가 유난히 복잡하게 발달되어 있어서, 말을 사용하면서 가장 어려움을 느끼는 부분이기도 하다.

이 장에서는 호칭과 높임법, 정중어법을 중심으로 대화의 예절을 살펴보기로 한다. 이 가운데 호칭과 높임법, 특히 가족 관계 호칭에 대해서는 지역에 따른 차이와 가문에 따른 차이가 매우 커서, 서로의 상식이 달라서 예절을 지키지 못하는 경우가 종종 있다. 이러한 현실을 반영하여 정부는 국어심의회 한글분과위원회에서 확정한 「국어의 표준 화법」을 보급하고자 하였다. 이러한 표준안에 문제점이 제기되기도 했지만, 우리는 이 표준안을 근거로 하여, 대화에서 꼭 필요한 호칭과 높임법을 생각해 보고, 아울러 공손하고 예절바른 말의 태도로 나타나는 정중어법에 대해서도 함께 생각해 보기로 한다.

7.1. 호칭

우리말의 호칭 체계는 매우 복잡하다. 대통령이나 부모님, 친구까지 'you'라는 호칭 하나면 해결되는 영어나, 'tu'와 'vous'만 있으면 해결되는 불어에 비하면 국어의 호칭은 지나치게 세분화되어 있다. 이 가운데 어떤 호칭을 어떤 경우에 사용하느냐를 결정하는 것은 상대방을 대우하는 것과 밀접한 관계가 있다. 여기서는 호칭을 대명사 호칭과, 이름과 직함, 그리고 친척 호칭으로 나누어서 살펴보기로 한다.

7.1.1. 대명사 호칭

대명사로 된 호칭어의 대우 등급을 이익섭(1994)에서는 다음 (1)과 같이 정리하였다.

(1) **대명사 호칭어**

청자 신분	대우 등급	대명사
상위	가장 높임	어르신(귀하, 각하, 귀댁)
동위	많이 높임	댁
하위	보통 높임 조금 높임 (조금 낮춤) 보통 낮춤	당신 자네 (자기) 너

이렇게 다양한 대명사가 있지만, 대명사가 포용하는 범위가 좁아서 적절한 대명사를 선택하기는 아주 어렵다. 선생님, 직장의 사장님, 삼촌 등을 대명사로 어떻게 칭할 수 있을까? 실제로 적용해 보면 오히려 대명사로 호칭할 수 없는 영역이 아주 많다. 다음 대화 (2)를 살펴보자.

(2) A : 당신, 운전 좀 똑바로 해.
B : 뭐, 당신? 누구한테 당신이라는 거야?
A : 당신보고 당신이라는데 뭐 잘못되었어? 그럼 너라고 할까?

(2)의 대화는 언쟁의 상황인데, B는 A가 사용한 호칭 '당신'에 대해 문제를 삼는다. '당신'은 (1)의 체계에 의하면 '너'는 물론 '자네'보다도 높은 등급에 해당하는데, B는 문제를 삼고, A는 그럼 '너'라는 호칭을 사용한 것도 아닌데 무슨 문제냐는 반론을 제기하고 있다. 여기서 '당신'이 문제가 되는 것은 '너'나 '자네'보다 높다고 하지만, 역시 아랫사람에게 쓰는 등급이기 때문이다. 사전에서는 "'하오'할 자리에서 상대되는 사람을 일컫는 말'이라고 정의하고 있지만, '당신'은 쓰임의 경계가 불분명해서 "당신, 직업이 뭡니까?", "당신, 직업이 뭐요?", "당신, 직업이 뭐야?"가 쓰이는 것이 모두 가능하다. 따라서 호칭으로 '당신'을 적절하게 사용하는 것은 매우 어려운 일이다. 그러나 (2)에서와 같은 현상이 나타나는 것은 '당신' 속에 높임의 뜻이 들어 있지 않다고 느끼는 증거이므로, 상대편을 직접 가리킬 때 '당신'은 특별히 조심해서 써야 할 것이다.

'어르신'이나 '댁'은 아주 예스러운 느낌을 주며, 쓰임은 매우 한정적이다. '귀하', '각하', '귀댁' 등도 특정한 사람이나, 특정한 상황이 아니면 잘 사용되지 않는 호칭어이다.

'자네'도 흔히 쓰이는 호칭은 아니다. '자네'가 사용되기 위해서는 청자도 어느 정도 성년이 되어야 하고, 화자도 청자보다 어른이어야 한다. 또한 여성들끼리는 '자네'라는 호칭을 덜 사용하고, 여성에게는 '자네'라는 호칭을 잘 사용하지 않는다.

'자기'는 원래 지칭어로만 쓰이는 말이다. 그런데 근래에 와서 쓰임이 확대되어, 젊은 남녀 사이에서는 '자기야'와 같이 호칭으로 쓰이고 있다. 그러나 이것을 올바른 어법으로 받아들이기는 어렵다.

가장 자유롭게 쓰일 수 있는 대명사 호칭어는 '너'뿐이다. 가까운 친구나 특별히 높여야 할 이유가 없는 사람들에게는 모두 자유롭게 쓸 수 있다.

7.1.2. 이름과 직함

이름과 직함을 이용한 호칭은 더욱 복잡한 양상을 띤다. 이름만 사용할 수도 있고, 이름에 직함을 붙여 사용할 수도 있고, 이름이나 직함 뒤에 '님'이나 '씨', '군', '양' 등을 붙여서 사용할 수도 있기 때문이다.

이름을 사용하는 경우도 이름만 부르느냐, 이름과 성을 함께 부르느냐, 그렇지 않으면 이름 뒤에 호격조사를 붙이느냐에 따라 매우 다른 어감을 전달하게 된다. 다음 (3)을 살펴보자.

(3) a. 서연아!
　　b. 서연!
　　c. 김서연!

가장 가깝게 느껴지는 것은 이름 뒤에 호격조사 '-아/야'를 첨가하여 부르는 '서연아'의 경우이다. (3)b와 같이 이름만 부르는 경우는 윗사람이 아랫사람을 더 정감이 있게 부르는 말이 되고, (3)c와 같이 성과 이름을 같이 부르는 것은 더 형식적인 경우이거나 거리감이 있는 경우가 된다. (4)의 예에서 보는 것처럼 친하게 지내는 친구에게는 이름만 사용하다가도 화가 난 경우에는 성과 아름을 함께 부르는 것은 성과 이름을 함께 부르는 것이 더 거리감이 있는 표현이 되기 때문이다.

(4) a. 석주야, 고마워.
　　　석주야, 너 입어.

b. 김석주, 조용히 해.

김석주, 왜 이래? 너 미쳤어?

—T.V. 드라마 「학교」 중에서

직함을 사용하는 경우는 '부장'과 같이 직함만을 부르는 것은 변별력이 없어서 잘 사용되지 않고, '영미 부장'과 같이 이름과 직함을 부르는 것은 잘 사용되지 않는다. 가장 많이 사용될 수 있는 것은 '김 부장'과 같이 성과 직함을 부르는 경우인데, 이 경우는 부르는 사람이 상대보다 높은 지위에 있어야 한다.

이름이나 직함 뒤에는 모두 '님'이나 '씨'와 같이 상대를 높이는 호칭 접미사가 붙는다. '님'의 경우, 대부분의 직함에 붙을 수 있어서 (5)와 같이 나타난다.

(5) 선생 – 선생님, 교수 – 교수님, 학생 – ?학생님

주부 – ?주부님

감독 – 감독님, 코치 – 코치님, 선수 – ?선수님

국회의원 – 국회의원님

대통령 – 대통령님

(5)에서 보는 것과 같이 높은 직함에는 '님'이 붙는 것이 자연스럽지만, '학생'이나 '주부', '선수'에는 특별히 상업적인 목적이 있는 경우가 아니라면 '님'을 붙이는 것이 자연스럽지 않다. 그러나 높은 직함이라 하더라도 '대통령'에는 '각하'라는 별도의 용어가 있기 때문에 '님'이 사용되지 않는 것이 과거의 어법이었다. 그러나 김대중 대통령 취임 시 민주화 시대에 부응하는 새로운 호칭을 사용하기로 하고, 여론을 수렴하여 '대통령님'이라는 호칭을 사용하기로 결정하였고, 나아가 이명박 대통령은 권위적이거나 군림하는 대통령이 되지 않겠다는 뜻으로 '님'자도 붙이지 않기로 했다.

대통령 호칭 : 대통령 각하－대통령님－대통령

차기 대통령은 '대통령 각하' 대신 '대통령님'으로 불릴 전망이다. 김대중 대통령 당선자 대통령직 인수위는 당선자 지시에 따라 '왕조시대의 유물인 '각하' 대신 민주화 시대에 부응하는 새로운 호칭을 사용키로 하고 대안을 연구·검토한 끝에 '대통령님'을 채택키로 잠정 결론지었다.

인수위 정무분과위는 지난 17일 총무처의 추가 업무보고에서 "대통령의 호칭으로 '대통령님'이 가장 적합하다"는 의견서를 제출받고 이같이 견해를 모은 것으로 알려졌다. 인수위는 조만간 전체회의의 의결을 거쳐 최종결론을 내리고 당선자에게 재가를 얻는 절차를 밟을 예정이다.

총무처는 지난 7일 1차 업무보고에서 "대통령 호칭을 검토해 달라"는 정무분과위의 요청을 받은 뒤 ▲ 이승만 전대통령처럼 '어른'이나 '박사'로 부르는 안 ▲ 별도의 용어를 새로 만드는 안 ▲ '님'을 사용하는 안 등을 놓고 각계각층의 여론과 전문가들의 조언을 두루 얻었다. 특히 한글학회 허웅 회장이 "'어른'이나 '박사'는 직급을 지칭하는 용어가 아니며 대통령 호칭용(用)으로 별도의 다른 용어를 만드는 것은 민주화 사회에서 계급적 구분을 조장할 우려가 있으므로 직급 호칭인 '님'을 사용하는 것이 가장 타당하다"고 자문한 것으로 알려졌다.

그동안 인수위 행정실을 통해 대통령 호칭에 대해 다양한 아이디어를 접수받았던 인수위도 한글학계의 의견을 적극 수용했다는 후문이다. 인수위는 특히 80년대 초반 '각하'로 불리던 총리를 '님'으로 부르기 시작했을 때 처음에는 다소 어색하다는 여론도 있었으나 지날수록 자연스런 호칭으로 굳어져 일상화됐다는 점을 감안했다고 한다.

－박찬구 기자, 서울신문 1998년 1월 19일

대통령 부부의 호칭도 '님'자를 뺀 '이명박 대통령' '김윤옥 여사'로 통일하기로 했다. 이동관 대변인은 "권위적이거나 군림하는 대통령이 되지 않겠다는 이 대통령의 소신에 따른 결정"이라면서 "내부의 모든 보고용 서류에서 '님'자를 빼기로 했다."고 말했다. 다만 현장에서는 '대통령님' '여사님'으로 부른다.

－윤설영 기자, 서울신문 2008년 3월 1일

또한 요즘은 이름이나 성 뒤에 '님'을 붙이기도 한다. 전통적으로 '님'은 고유명사와는 결합되지 않는 것인데, 이것이 '김영미 귀하'를 '김영미 님'과 같이 글에서만 쓰이던 과정을 거쳐, 근래에 와서는 금융 기관이나 상업적인 장소에서 '씨'를 붙이는 것보다 상대를 더 높이는 용법으로 사용되고 있다. 일부 기업에서는 직급 대신에 이름 뒤에 '님'을 붙이는 방법을 시도하였고, 그 결과 '부장님'이나 '이사님'보다 훨씬 더 친근한 느낌을 준다고 평가하는 것으로 미루어 '님'의 사용은 더욱 확대될 것으로 보인다.

이름 뒤에 직함을 쓰고 그 뒤에 다시 '님'을 붙여서 쓰는 것은 흔히 볼 수 있다. 이 경우 '김 교수님'과 같이 성 뒤에 붙이기도 하고, '김서연 교수님'과 같이 성과 이름 뒤에 붙이기도 하는데, '서연 교수님'과 같이 이름 뒤에 붙이는 경우는 자연스럽지가 않다.

제자가 은사인 교수에게 교수님이라고 부르는 것에 대해서는 많은 견해의 차이가 있다. 고등학교에서 가르치신 선생님은 '선생님'이라고 불렀기 때문에 대학에서 가르치는 선생님은 구별해서 '교수님'이라고 불러야 한다는 견해와, 고등학교에서 가르치신 선생님의 직함은 교사이고 대학에서 가르치는 선생님의 직함은 교수인데, 고등학교에서 '교사님'이라고 부르지 않은 것처럼 대학에서도 '교수님'이라고 부르지 않고 모두 '선생님'이라고 불러야 한다는 견해이다. 실제로 어떤 교수들은 '선생님'이라는 호칭에 대해 불쾌하게 생각하고, 또 어떤 교수들은 '교수님'이라는 호칭에 대해 불쾌하게 생각한다. 가지고 있는 전제가 다르기 때문이다. 그러나 어떤 경우라도 직접 자기를 가르치신 은사께는 '교수님'이라는 호칭보다는 '선생님'이라는 호칭을 사용한다. 그러므로 상대방의 생각을 미리 알 수 있는 경우가 아니라면, 객관적이고 사무적인 관계에서는 '교수님'이라는 호칭도 무방하지만, 직접 가르침을 받는 가까운 은사께는 '선생님'이라는 호칭을 사용하는 것이 바람직하다.

'씨'는 고유명사와 결합한다. 그래서 '김서연 씨'처럼 성명 뒤에 붙기도 하고, '김씨'처럼 성 뒤에 붙기도 하고, '서연 씨'처럼 이름 뒤에 붙기도 한다. '씨'가 성 뒤에 붙은 경우는 보통 신분이 높지 않은 사람을 호칭하는데 많이 사용된다. 이 경우는 대우의 기능을 아주 소극적으로 수행하고 있다. 성 뒤에 '씨'가 붙은 경우는 여성의 경우에는 사용하지 않는 점도 특이하다.

'씨'의 경우는 "서연 씨, 이것 좀 해 줘."와 같이 반말체에도 쓰일 수 있지만, '님'의 경우는 반말체와는 어울리지 않는다. 일반적으로 '님'이 '씨'보다 더 적극적으로 상대방을 높이는 기능을 하고 있다.

'군'이나 '양'도 호칭 접미사로 쓰인다. 이것은 모두 고유 명사 뒤에 붙어서 '김서연 양', 또는 '서연 양', '김양'과 같이 쓰인다. '군'은 연하의 남성에게, '양'은 연하의 여성을 높이는 쓰임을 가지고 있었으나, 점차 쓰임이 줄어들고 있다.

여러 가지 호칭어 가운데 상대방에게 가장 적절한 호칭을 찾아서 부른다는 것은 쉽지 않은 일이다. 그럼에도 불구하고 우리는 원만하고 올바른 대화를 위하여 상대방에게 가장 적절한 호칭을 사용하기 위해 노력해야 한다.

직장 호칭파괴 화제

독일의 역사학자이자 미래학자인 에른하르트 쉴러는 "20세기가 조직 중심의 사회공동체였다면 21세기는 개인 중심의 인간공동체가 될 것"이라고 예측했다. 그 변화의 시작은 호칭에서부터 나타날 것이라고 덧붙이면서.

침묵과 웃음

"자, 이제 회의를 시작할까요?"

지난해 12월 초 제일제당(주) 인사팀 회의실. 부서장인 H부장이 먼저 운을 뗐지만 정적만 흘렀다. 일부 부서에서 시험적으로 해오던 '호칭 파괴'로 회의를 진행하려 했으나 부원들이 감히 입을 열지 못했던 것.

"그런데 한 용감한 부원이 '부장님' 대신 '○○○님'이라고 부르고 내가 '예, △△△님' 하고 응답하자 곧 웃음바다가 됐죠."(H부장)

이 회사는 새 천년에 들어서면서 호칭 파괴를 전사적으로 확대했다. 상급자는 하급자를 부를 때 이름 뒤에 '님'이나 '씨'를 하급자는 상급자에게 이름 뒤에 무조건 '님'을 붙여 부른다.

양모씨(28)는 "'부장님' '이사님'이라는 직급 호칭은 권위적이고 거리감이 있지만 이름을 부르니 한결 친근한 느낌이 든다"며 상하좌우의 커뮤니케이션이 보다 자유로워졌다고 말했다.

영화 속의 한 장면

"7호님, 'J프로젝트'는 잘 진행되고 있습니까?"

"예, 1호님, 다음 주에 2차 접촉을 하기로 했습니다."

'007시리즈'류 첩보영화 속의 한 장면이 아니다. 이이비즈넷(주)의 1호인 박병진 대표(36)가 7호 직원 노영호 씨(31)를 불러 업무 진행 상황을 체크한 것.

인터넷 비즈니스 전문업체인 이 회사 내에선 이름이나 직책을 전혀 사용하지 않는다. 대신 숫자에 '님'을 붙여 부른다. 프랑스의 철학자 장 폴 사르트르가 미래에는 인간이 이름 대신 '일련번호'가 불릴 것이라고 예견한 것처럼.

노씨는 "처음엔 어색했지만 이젠 지위고하를 떠나 상대방을 대하기가 편해졌다"고 말했다. 심지어 자기 자신에 대한 고정관념에서 벗어날 수 있다는 것도 이점이라고 덧붙였다.

'몸짓'에서 '꽃'으로

인간관계를 규정하고 상대의 존재를 인정하는 첫 출발점인 호칭. 시인 김춘수는 '꽃'이란 시에서 "내가 그의 이름을 불러주었을 때 그는 나에게로 와서 꽃이 되었다"고 노래했다. 이름을 부름으로써 단순한 '하나의 몸짓'을 '꽃'으로 승화시킨 것이다.

이름에 '님'을 붙이는 것은 원래 시인이나 작가를 부를 때 정도였다고 서울대 박갑수 교수(국어교육학과)는 말한다. 직급과 연공서열을 강조해온 20세기 기업문화에 반발, '인간주의 회복'을 지향하는 21세기에 어울리는 호칭이라는 분석이다.

그러나 이름 아닌 번호를 부르는 데 대해 박교수는 "일의 효율은 늘어날지 모르나 인격

> 이 배제된 느낌"이라고 평했다.
>
> 한양대에서 미래학을 강의하는 공선진 교수는 "21세기에 관료형 기업문화가 사라지고 개인의 정체성이 존중되는 전문가형 기업문화가 일반화될 것"이라고 말한다. 정보 통신 인터넷 등 첨단산업에서는 개인의 정체성을 자극, 보다 효율성을 높이기 위해 이름만 부르는 곳이 늘어날 것이라는 전망이다.
>
> 그러나 '윗사람'의 이름을 부르는 것을 불경스럽게 여기는 유교적 정서 또한 엄연히 존재한다. 경쟁력과 능률을 위해 위계질서, 전통적 가치를 무너뜨리는 데 대한 논란은 끊이지 않을 것으로 보인다.
>
> – 이호갑 기자, 동아일보, 2000년 1월 19일

7.1.3. 가족관계 호칭

호칭을 사용하면서 가장 어려움을 느끼는 부분은 가족관계 호칭어이다. 특히 결혼을 하고 새로운 가족 구성원들과 접하게 되면서 적절한 호칭을 사용하지 못 해서 겪는 어려움은 대단히 크다. 가족관계 호칭은 직접 상대방을 부르는 호칭어와 상대방을 가리키는 지칭어가 다르기 때문에 더욱 복잡하다. 지칭의 경우도 A와 B가 대화를 하면서, A도 B도 아닌 제삼자 C를 가리켜 말하는 경우의 간접 지칭과, A가 B를, 또는 B가 A를 가리켜 말하는 경우의 직접 지칭이 다르다. 예를 들어 부부 사이에 '남편'의 경우를 생각해 보면, 호칭어로는 '여보'가 보편적으로 쓰이고, 간접 지칭어로는 가족 이외의 사람들에게는 '남편'이나 '바깥사람'이 쓰이고, 직접 지칭어로는 '당신'이 쓰이고 있어서 (6)과 같은 양상으로 나타난다.

(6) a. 여보, 이것 좀 보세요. (호칭어)
  b. 우리 남편은 요즘 무척 바빠요. (간접 지칭어)
  c. 저는 이것이 좋은데, 당신은 어떠세요? (직접 지칭어)

사회생활을 하면서는 이름이나 직함을 사용하여 호칭할 수 있지만, 전통적으로 이름을 귀하게 여기고 함부로 부르지 않던 영향으로 가족이나 친척들끼리는 될 수 있으면 이름을 부르지 않고 별도의 호칭을 사용하는 것이 우리의 언어 예절이다. (6)과 같이 가까운 가족 관계에서는 각각 별도의 어휘가 사용되는 경우도 있지만, 일반적으로 호칭어와 직접 지칭어는 보통 같은 어휘가 사용되고, 간접 지칭어는 별도의 어휘를 사용한다. 간접 지칭의 경우는 당사자가 자리에 없는 경우니까 적당히 둘러댈 수도 있지만, 상대방을 직접 불러야 하거나 직접 지칭해야 하는 경우는 정확한 호칭을 사용하지 않을 수가 없다.

1) 결혼한 여성이 써야 하는 호칭

가장 문제가 되는 상황은 결혼을 한 경우, 그 가운데서도 여성에게 발생한다. 일단 며느리가 되고 나면 아주 특별한 위치에 있게 된다. 남편의 손아래 동기에게 '도련님', '아가씨'라고 부르고 손위의 동기에게 '아주버님'이라고 부르는 것은 며느리 전용 호칭이다. 뿐만 아니라 전통적으로는 '아버님, 어머님'도 사실은 며느리 전용이다. 이와 같이 유난히 며느리에게는 높임말 호칭이 강요되고 있는 것이 우리말의 현실이다. 게다가 이런 호칭을 제대로 사용하지 않으면, 가정교육을 제대로 받지 못한 사람으로 전락하기 때문에 바른 호칭을 사용해야 하는 부담은 더욱 커진다. 이러한 현실을 바탕으로 며느리가 알아야 할 호칭들을 생각해 보자.

먼저 남편을 호칭하는 것부터 문제이다. 위의 (6)을 통하여 남편의 호칭어와 지칭어를 살펴보았는데, 간접 지칭어의 경우, 상대가 누구이냐에 따라 (7)과 같이 훨씬 복잡하게 나타난다.

(7) a. 아범 / 아비 / 그이 - 는 요즘 무척 바빠요. (시부모에게)

b. 김서방 / 그 사람 - 은 요즘 무척 바빠요. (친정 부모에게)

c. 형 / 형님 / 동생 / 오빠 - 는 요즘 무척 바빠요. (남편 동기에게)

d. 그이 / 민기 아버지 / 민기 아빠 - 는 요즘 무척 바빠요. (남편 동기의 배우자에게)

e. 매부 / 매형 / 형부 / 김서방 / 그이 / 민기 아버지 - 는 요즘 무척 바빠요. (친정 동기에게)

남편의 남형제를 호칭할 때는 나이를 기준으로 호칭이 달라지고, 호칭어와 지칭어도 다른 어휘가 사용된다.

(8) a. 아주버님, 전화 받으세요.

b. 서방님, 전화 받으세요.

c. 도련님, 전화 받으세요.

(8)에서 보는 것처럼 남형제는 남편의 손위이면 '아주버님'이, 손아래이고 결혼을 했으면 '서방님'이, 손아래이고 결혼을 하지 않았으면 '도련님'이 사용된다. 여러 명이 있을 경우에는 '큰 도련님', '둘째 도련님'과 같이 표현한다. 직접 지칭어는 호칭어와 같이 사용하면 된다.

(9) a. 이분이 제 시아주버니이십니다.

b. 이분이 제 시동생이십니다.

남편의 남형제를 간접 지칭할 때는 (9)와 같이 손위이면 '시아주버니'를, 손아래이면 결혼과 관계없이 '시동생'을 사용한다. 요즘은 아이들을 기준으로 간접화해서 '아주버님'을 '큰아빠'로, '시동생'을 '삼촌'이나 '작은 아빠'로 부르는 경우가 있는데, 이것은 우리말의 예절에서 어긋나는 일이다.

남편의 여형제를 호칭할 때는, (10)과 같이, 호칭어와 직접 지칭어로는 손위 시누이의 경우 '형님'을, 손아래 시누이의 경우 '아가씨', 또는 '아기씨'를 사용한다. 간접 지칭어로는 시댁 식구들에게는 호칭어와 같이 사용하고, 다른 사람들에게는 손위, 손아래를 가리지 않고 '시누이'를 사용한다.

(10) a. 형님, 어떤 것이 좋을까요? (호칭어)

b. 아가씨, 어떤 것이 좋을까요? (호칭어)

c. 어머님, 형님은 어떤 것을 좋아하실까요? (간접 지칭어 - 가족간)

d. 어머님, 셋째 작은 아가씨는 어떤 것을 좋아하실까요? (간접 지칭어 - 가족간)

e. 그 분이 저희 시누이이세요. (간접 지칭어 - 타인)

남편 형제의 배우자, 즉 며느리들끼리의 호칭은 상대적으로 매우 단순해서 (11)에서 보는 것처럼 호칭어와 지칭어의 구별이 없다. 남편 형의 아내에게는 '형님'을 사용하고, 남편 동생의 아내에게는 '동서'를 사용한다. 이 때 손위, 손아래는 남편에 따라 결정된다. 작은며느리의 나이가 큰며느리보다 많더라도 '형님'이라고 불러야 한다. 이러한 언어 현실들은 우리나라에서 며느리들이 얼마나 특별한 위치에 있는지를 잘 반영해 주고 있다.

(11) a. 형님, 어머님께서 오라셔요. (호칭어)

b. 동서, 어머님께서 오라시네. (호칭어)

c. 형님은 이제 그만 좀 쉬세요. (직접 지칭어)

d. 어머님, 동서는 아직 안 왔어요? (간접 지칭어)

시누이 남편에 관한 호칭은 가장 많은 논란이 있다. 전통적으로는 시누이 남편과는 엄격한 내외법이 있어서 직접 부를 일도 없고, 부르는 일도 없었다. 그러나 사회가 변화하면서 한 자리에 모일 일이 잦아지다 보니, 서로의 호칭이 필요하게 되었다. 시누이 남편에 관한 호칭은, (12)에서 보는 것처럼, 남편 누나의 남편의 경우는 '아주버님'이나 '서방님'을, 남편 누이동생의 남편의 경우는 '서방님'을 사용한다. 시누이 남편을 자녀에게 가리킬 때는 자녀의 위치에 서서 '고모부(님)'을, 그 외는 '서초동 아주버님' 또는 '연희동 서방님'처럼 지역 이름과 함께 사용한다.

(12) a. 아주버님, 아버님께서 찾으시는데요.
b. 서방님, 아버님께서 찾으시는데요.
c. 민기야, 고모부 어디 계시니?
d. 어머님, 서초동 아주버님 건강은 좀 회복이 되셨어요?
e. 어머님, 연희동 서방님 승진하셨다지요?

2) 결혼한 남성이 써야 하는 호칭

여성이 결혼을 하고 겪는 어려움만큼은 아니라 하더라도, 남성 역시 결혼을 하고 나면 호칭을 사용하는데 어려움을 겪게 된다. 가장 먼저 결혼한 배우자를 부르는 호칭을 생각해 보자.

(13) a. 여보, 이것 좀 보아요. (호칭어)
b. 여보, 이것 당신이 올려놓았나요? (직접 지칭어)
c. 제 아내 / 안사람 / 집사람 / 처 되는 사람입니다. (간접 지칭어)
d. 아버님 / 어머님, 이 옷은 어미가 골랐는데, 마음에 드세요? (간접 지칭어 – 부모에게)
e. 장인어른 / 장모님, 이 옷은 집사람이 골랐는데, 마음에 드세요? (간접 지칭어 – 장인·장모에게)

배우자를 부르는 호칭어로 가장 일반적인 것은 '여보'이다. 직접 지칭어로는 '당신'을 사용하고, 간접 지칭어로는 '아내', 또는 '안사람', '집사람', '처' 등을 사용한다. '아내'는 특별히 높이거나 낮추는 뜻이 없고, 일반적으로 지칭할 때 두루 쓸 수 있는 말이다. 이에 비해 더 예절을 갖추어 말해야 할 경우는 '안사람'이나 '집사람'을 사용한다. 부모님 앞에서는 '어미', 또는 '어멈'을 사용하고, 장인, 장모 앞에서는 이와 함께 '집사람'이나 '안사람', 또는 '처' 등과 같이 일반 지칭어를 사용한다는 것은 장인, 장모 앞에서는 아내를 낮추어 말할 필요가 없다는 것을 보여 준다.

전통적으로 아내의 부모를 가리키는 말은 '장인', '장모'이다. 친부모에게 사용하는 호칭을 처부모에게도 적용할 것인가의 문제가 표준안을 만드는 데 있어서 많은 논란거리가 되었던 것을 보면, 처부모와 친부모를 구별하지 말고 동등하게 대접하자는 생각들이 확대되고 있음을 알 수 있다. 그래서 호칭어로는 '장인어른', '장모님'과 함께 '아버님', '어머님'을 사용하는 것도 표준안으로 삼고 있다.

(14) a. 장인어른 / 아버님, 절 받으십시오. (호칭어)
b. 장모님 / 어머님, 이게 장모님 / 어머님-이 손수 만드신 떡입니까? (직접 지칭어)
c. 저 어른이 저희 장인(어른)이십니다. (간접 지칭어)
d. 저 어른이 저희 장모(님)이십니다. (간접 지칭어)

(14)에서 보는 것처럼 호칭어와 직접 지칭어는 같지만, 간접 지칭어로는 '아버님', '어머님'은 사용하지 않고 '장인어른'과 '장모님'을 사용한다. 자기 부모와 동기, 친척들 앞에서 말할 때는 '어른'이나 '님'을 붙이지 않는 것이 보통이고, 아내의 동기와 배우자들 앞에서는 반드시 붙여서 '장인어른', '장모님'을 사용한다. 자기 가족들 앞에서는 처가를 낮추어 말하고, 처가에서는 처가 식구들을 높여 말한

다는 것이 전통적인 가족 관계를 반영한 것이지만, 이원적 태도를 반영하는 것이어서 사회의 변화, 가치의 변화와 함께 언젠가는 다시 바뀌게 될 호칭으로 보인다.

아내의 동기와 배우자에 대한 호칭은 호칭어와 지칭어가 모두 같아서 상대적으로 매우 간단하다. 아내의 남형제에게는 손위이면 '형님', 그 배우자에게는 '아주머니'를 사용하고, 손아래이면 '처남', 그 배우자에게는 '처남의 댁'을 사용하는데, 이때 손위, 손아래의 기준은 자기가 된다는 것이 여성의 경우와 다르다. 아내의 여형제에게는 아내의 언니이면 '처형', 그 배우자는 자기를 기준으로 나이가 많으면 '형님'을 사용하고, 나이가 적으면 '동서'를 사용한다. 아내의 동생이면 '처제'를 사용하고 그 배우자는 '동서' 또는 '김서방'과 같이 성과 '서방'을 결합하여 사용한다.

(15) a. 형님, 아주머니께서 난을 잘 기르셨네요.
b. 처남, 요즘 처남의 댁 안색이 좋지 않아 보이네요.
c. 처형, 형님도 함께 오시지 그러셨어요?
d. 처제, 동서는 요즘 어떻게 지내나요?

위에서 살핀 바와 같이 가족관계 호칭에는 결혼이 가장 중요한 변수로 작용한다. 이것은 결혼 당사자뿐만 아니라 다른 가족의 관점에서도 마찬가지이다. 자식이 결혼을 하기 전에는 이름을 부르지만, 결혼을 하고 나면 '아비'라고 부르게 된다. 동생이 결혼하기 전에는 동생의 이름을 부르지만, 결혼을 하고 나면 '동생'이라고 부르게 된다. '삼촌'도 결혼을 하면 '작은아버지'가 되고, '오빠'도 결혼을 하면 '오라버니'가 된다.

지금까지 우리는 우리말의 호칭을 크게 대명사 호칭과 이름과 직함, 그리고 가족관계 호칭으로 나누어 살펴보았다. 우리말 호칭이 갖는 가장 큰 특징은 매우 세분화되어 있고, 매우 복잡하다는 것이다. 지금까지 이야기한 호칭 이외에도 가족관계에서는 실제적으로는 더 많은 호칭들이 사용된다. 그러나 여기서 더 이상 살펴보는 것은 줄이기로 한다.

7.2. 높임법

우리말의 가장 큰 특징으로 손꼽을 수 있는 것은 높임법이 발달하여 있다는 것이다. 높임법이란 화자가 어떤 대상에 대하여 높임의 의향을 가지고 언어 내용을 표현하는 것을 말한다. 높임법의 체계는 주로 말의 끝에 붙는 어미에 나타나는데, 청자가 누구인가와 관련하여 높이는 것은 물론이고, 주체가 누구인가, 객체가 누구인가에 따라서도 높임법이 따로 마련되어 있다. 또한 특별한 어휘들에 의해 말을 높이는 방법도 있다. 먼저 어미에 따른 문법적 높임법을 살펴본 후 어휘적 높임법을 살펴보기로 한다.

7.2.1. 문법적 높임법

1) 청자 높임법

화자와 청자 사이의 관계에 따라 청자 높임법의 등급이 달리 선택된다. 이것을 결정하는 요인은 수직 관계로는 나이, 신분, 친족 관계 등이며, 수평 관계로는 친밀도, 성별 등이 있는데, 이것은 '높임'과 '격식'이라는 두 가지로 요약될 수 있다. 이에 따라 다음 (16)과 같이 나타난다(권재일, 1992: 제5장).

(16) 청자 높임법의 등급

등급	서술법	의문법	명령법	청유법
1. +높임, +격식	−습니다	−습니까	−으십시오	−읍시다
2. +높임, −격식	−어/지요	−어/지요	−어/지요	−어/지요
3. −높임, −격식	−어/지	−어/지	−어/지	−어/지
4. −높임, +격식	−다	−으냐, −니	−으라/어라	−자

이러한 청자 높임법은 사회 집단에 따라 엄격하게 지켜지기도 하지만, 대부분 동일 인물이라 하더라도 조금씩 넘나들면서 사용된다. 엄격한 계급이 지켜지는 군대 사회나, 친족 관계에서는 철저히 지켜지는 경향이 있다. 군대에 갔다가 휴가를 나온 사람들 가운데 많은 사람들이 평소에는 전혀 '−습니다'를 사용하지 않다가 갑자기 깍듯하게 1등급의 '−습니다'를 사용하여 주위 사람들을 놀라게 하는 것은 엄격한 계급 사회의 언어적 영향 때문이다. 또한 손아랫동서가 손윗동서에게 높임이 없는 3등급이나 4등급의 언어를 사용할 수는 없다. 이런 경우도 등급이 엄격하게 지켜지는 예가 된다.

그러나 남편이 아내에게 사용하는 것은 "당신, 지금 뭐 해요?", 또는 "당신, 지금 뭐 해?"와 같은 표현들인데, 이것은 모두 격식체가 아니라는 공통점이 있다. 다시 말해서 가까운 관계이기 때문에 격식체는 사용되지 않지만, 경우에 따라 높임을 나타내서 2등급을 사용할 수도 있고, 높이지 않는 3등급을 사용할 수도 있다는 것이다.

직장 안에서는 (17)과 같이 다양한 체계가 나타난다.

(17) a. 김민수 씨, 거래처에 전화했어요?
b. 김민수 씨, 거래처에 전화했습니까?
c. 김민수 씨, 거래처에 전화했어?

비슷한 나이의 동료끼리 말할 때는 (17)a처럼 비격식 높임의 2등급을 사용하는 것이 보통이다. 그러나 동료 간이라도 상대방의 나이가 위이거나 또는 분위기의 공식성 정도에 따라서 (17)b와 같이 격식 높임의 1등급을 사용하기도 한다. 아랫사람에게 말할 때라도 (17)a와 같이 높여 말하는 것이 바람직한 표현이다. 그러나 아랫사람이 어리고, 친밀한 경우에는 (17)c와 같이 비격식 비높임의 3등급을 사용할 수도 있다.

다른 회사 사람과 대화를 할 때는 화자와 청자의 직급에 관계없이 격식 높임의 1등급을 사용하여 "그러셨습니까?"와 같이 정중하게 대화를 한다. 관공서 등의 직원이 손님을 맞을 때도 직급에 관계없이 격식 높임의 1등급을 사용하여 "손님, 어떤 서류가 필요하십니까?"와 같이 정중하게 말하는 것이 바람직하고, 손님도 이와 같은 등급으로 "도와 주셔서 대단히 감사합니다."와 같이 말하는 것이 바람직하다.

2) 주체 높임법

주체 높임법은 화자보다 말의 주체가 되는 사람이 높은 경우, 예 (18)에서 보는 것과 같이 서술어에 '-(으)시-'를 넣어 높임을 표시하는 것이다.

(18) a. 그 사람, 노래도 잘 하더라.
b. 그 분은 노래도 잘 하시더라.

(18)a에서와는 달리 (18)b에서는 '하시더라'를 사용하여 '그 분'을 높이고 있다. 이와 같이 높이는 경우에 용언이 여러 개 함께 나타난 경우 일률적으로 규칙을 세우기는 어렵지만 대체로 문장의 마지막 용언에 '-(으)시-'를 붙여서 사용한다. 그러나 경우에 따라서는 그 밖의 용언에도 '-(으)시-'를 넣을 수 있다. 용언마다 '-(으)시-'를 넣는 것이 더 높이는 말이라고 생각하여 그렇게 말하는 사람들이 있

으나, 그것은 옳지 않다. 지나친 높임은 도리어 예의가 아니고, 모든 용언에 '−(으)시−'를 넣는 것이 항상 자연스럽지도 않기 때문이다.

(19) a. 과장님이 일을 마치고 가셨어.
b. 과장님이 일을 마치시고 가셨어.
c. 과장님이 일을 마치시고 갔어.
d. 과장님이 일을 마치고 갔어.

과장님을 높이는 뜻은 (19)a와 같이 말하는 것으로도 충분하다. 그러나 (19)b와 같이 말하는 것도 어법에 어긋나지는 않는다. 그러나 (19)c나 (19)d는 높임의 의향이 드러나지 않는다.

(20) a. 그 분은 지금 책을 읽고 계십니다.
b. 그 분은 지금 책을 읽으시고 계십니다.
c. 그 분은 지금 책을 읽으시고 있습니다.

(20)에서 보는 것처럼 (20)a와 같이 말하는 것이 가장 적절하다. 이에 비해 (20)b는 높임법이 지나치게 사용되었고, (20)c는 뒷부분 용언에 높임의 뜻이 나타나지 않아 역시 부적절한 말이 된다.

어떨 때 주체를 높여야 하는가를 결정하는 것도 쉽지 않은 일이다. 남편에 관해 이야기하는 경우를 생각해 보자.

(21) a. 아범은 아직 안 들어왔어요.
b. 동생은 아직 안 들어왔어요.
c. 형님은 아직 안 들어오셨어요.
d. 그이는 아직 안 들어오셨습니다.
e. 그이는 아직 안 들어왔습니다.

가족들끼리 이야기 할 때, 특히 남편을 시댁 어른들 앞에서 이야기 할 때 '-(으)시-'를 사용하는 것은 예법에 어긋나므로 (21)a와 같이 표현해야 한다. 남편의 형이나 손위 사람들에게 말할 때도 마찬가지여서 (21)b와 같이 표현해야 한다. 그러나 시동생이나 손아래 사람들에게는 높이는 것이 원칙이어서 (21)c와 같이 표현하는 것이 옳지만, 낮추어 말할 수도 있다. 남편을 남편의 친구나 회사 상사와 같이 가족 이외의 사람에게 말할 때는 상대방의 신분이 확인되기 전에는 (21)d와 같이 '-(으)시-'를 넣어 표현하고, 남편의 친구나 상사라는 것이 확인되면 (21)e와 같이 '-(으)시-'를 넣지 않는 것이 무난하다.

가족들끼리의 이야기에서 또 한 가지 고려해야 할 것은 전통적인 언어 관습과 관련된 문제이다. 보통의 경우라면 마땅히 높임을 표시해야 할 경우이지만, 특수한 상황에서는 높임을 유보하거나, 오히려 낮추는 것인데, 이것을 '압존법'이라고 한다. 예를 들자면 '아들'의 관점에서 볼 때 '아버지'는 마땅히 높여야 하는 대상이지만, '할아버지' 앞에서는 (22)와 같이 아버지를 높이지 않고 낮추는 것이다.

(22) a. 할아버지, 아버지 / 아비 -는 아직 안 들어왔습니다.
b. 할머니, 어머니 / 어미 -는 시장에 가고 없습니다.
c. 선생님, 저희 아버지께서 이렇게 말씀하셨습니다.

그러나 오늘날은 이러한 전통도 변하여 아버지보다 윗분께도 아버지를 높이는 것이 일반화되어 가고 있다. 이러한 현실을 인정하여 (22)a를 "할아버지, 아버지는 아직 안 들어오셨습니다."와 같이 높여 말하는 것도 받아들여지고 있다. 부모를 다른 사람에게 말할 때 낮추어 말하는 것은 예법에 어긋난다. 따라서 학교 선생님께 부모에 관해 말할 때는 (22)c와 같이 말하는 것이 바른 말이다.

직장에서 동료, 아랫사람, 윗사람에 관하여 말할 때 '-(으)시-'를 넣을 것인지, 넣지 않을 것인지는 청자가 누구인가에 따라 결정된다.

(23) a. 김민기 씨, 박 과장 어디 갔어요?
b. 김민기 씨, 박 과장 어디 가셨어요?
c. 사장님, 박 부장님 어디 가셨습니까?
d. 김민기 씨, 박동수 씨 어디 갔어요?
e. 김민기 씨, 박 과장 어디 가셨어요?

동료에 관해 말할 때는 누구에게 말하든지 '-(으)시-'를 넣을 필요가 없어서 과장이 아랫사람에게 같은 동료에 관해 말할 때는 (23)a와 같이 말하면 된다. 그러나 자기보다 나이가 많은 동료를 다른 동료나 아랫사람에게 말할 때는 (23)b와 같이 말한다. 과장이 부장에 관해 말하는 것과 같이 자기보다 윗사람에 관해서 말할 때는 (23)c와 같이 청자가 누구이든지 '-(으)시-'를 넣어서 말하는 것이 원칙이다. 아랫사람에 관해 말할 때는 누구에게 말하는가에 관계없이 (23)d와 같이 '-(으)시-'를 넣지 않고 말하는 것이 원칙이다. 그러나 부장이 평사원에게 과장에 관해 말하는 경우처럼 아랫사람을 그보다 더욱 아랫사람에게 말할 때는 (23)e와 같이 '-(으)시-'를 사용할 수 있다.

7.2.2. 어휘적 높임법

어휘적 높임이란 어휘 체계 자체가 높임을 포함하고 있는 것을 말한다. 통사적으로 표현되는 높임은 청자 높임과 주체 높임밖에 없었지만, 어휘적 높임은 더욱 다양하게 나타난다. 청자를 어휘적으로 높이는 것은 호칭어의 체계를 통하여 나타난다. 따라서 여기서는 재론하지 않고, 주체 높임과 객체 높임에 대해서만 살펴보기로 한다.

1) 주체 높임법

주체 높임의 대상이 되는 주체를 표시할 때는 조사 '-가' 대신에 '-께서'를 사용한다. 그러나 더욱 다양한 것은 '밥' 대신에 '진지'를 사용하고, '먹다' 대신에 '잡수시다'를 사용하는 것으로 그 예는 (24)와 같은 것들이 있다.

(24) 밥-진지, 말-말씀, 술-약주

위의 어휘들이 가지고 있는 공통점은 모두 어른들의 생활과 밀접한 관계가 있는 말들이라는 것이다. 어른이 드시는 밥을 '진지'라고 한다는 것은 익숙하지만, 막상 말을 하면서는 "선생님, 식사하셨습니까?"와 같은 말을 사용하는데, 이는 바른 말이 아니다. 마찬가지로 "선생님, 술 한 잔 대접해 드리고 싶은데, 시간 좀 내 주시겠습니까?" 하는 아주 정중한 표현에서도 '술'보다는 '약주'가 더욱 정중한 말이다. '말' 대신 '말씀'을 쓰는 경우는 예 (25)에서 보는 것처럼 조금 더 복잡하다.

(25) a. 하나님께서는 모든 사람들을 사랑하신다고 말씀하셨습니다.
b. 내가 지환이한테 하나님을 사랑한다고 말했는걸.
c. 그것은 제가 아버지께 드린 말씀입니다.

(25)a에서 '말씀'이 사용된 것은 주체가 '하나님'이기 때문이다. 이것은 '내'가 주체인 (25)b의 '말'과 대조가 되는 높임말이다. 그러나 (25)c에서는 주체가 '나'의 낮춤말인 '저'인데 '말씀'이 사용되어서, 언뜻 보면 잘못 쓰인 말 같다. 그러나 이 경우는 '말'의 낮춤말로써 '말씀'이 쓰인 경우로, '말하다'의 낮춤말이 '말씀드리다', 또는 '말씀 올리다', '말씀 여쭙다'와 같이 쓰이는 것이다. 그러므로 '말씀'은 '말'의

높임말이면서 동시에 낮춤말이기도 하다는 사실을 이해해야 한다.

용언도 높임말의 짝을 가지고 있는데, 예를 들자면 (26)과 같다.

(26) a. 먹다 – 잡수시다, 자다 – 주무시다, 죽다 – 돌아가시다
b. 아프다 – 편찮으시다, 있다 – 계시다

(26)a는 '먹다'에 대한 '먹으시다', '자다'에 대한 '자시다', '죽다'에 대한 '죽으시다'는 사용되지 않는 말들이다. 그러나 (26)b는 '아프다'에 대한 '아프시다'와 '편찮으시다'가 모두 사용되고, '있다'에 대한 '있으시다'와 '계시다'가 모두 사용되어서 그 쓰임을 구별할 필요가 있는 말들이다.

(27) a. 할아버님께서는 어디가 불편하신 지, 오늘 하루 종일 방안에만 계셨어요.
b. 할아버님께서는 오늘 오후에 약속이 있으셨어요.

(27)에서 보는 것처럼 높임의 대상인 '할아버님'을 직접 높일 때는 '계시다'를 사용하는 것이 옳지만, 높여야 할 대상인 할아버님의 신체 부분이나 소유물, 생각 등을 높일 때는 '있으시다'를 사용하여 높임을 표현하여야 한다.

(28) a. 선생님께서 편찮으셔서 오후에 휴강을 했어요.
b. 선생님은 눈이 많이 아프시대요.

(28)에서 보는 것처럼 '선생님'을 직접 높일 때는 '편찮으시다'를 사용하는 것이 옳지만, 선생님의 신체 부분인 눈을 높이는 경우에는 '아프시다'를 사용하여 높임을 표현하여야 한다.

2) 객체 높임법

객체 높임법은 말의 객어가 지시하는 대상, 곧 목적어나 부사어 등이 가리키는 대상에 대하여 화자가 높임의 의향을 나타내는 것을 말한다. 이때는 높임의 대상인 객체가 부사어인 경우 '-에게'나 '-한테' 대신에 '-께'를 사용하여 (29)와 같이 표현한다.

(29) a. 이 장미를 너에게 줄게.
　　b. 이 장미를 선생님께 드립니다.

(29)에서 보는 바와 같이 '너' 대신에 '선생님'이 쓰일 경우 '-에게'가 '-께'로 바뀌었다. 그뿐만 아니라 '주다'가 '드리다'로 바뀌는 것도 눈에 뜨인다. 이와 같이 용언을 바꾸어서 높임을 표현하는 것은 (30)과 같은 어휘들이다.

(30) a. 데리다 - 모시다, 보다 - 뵙다
　　b. 주다 - 드리다/올리다/바치다, 묻다 - 여쭙다, 말하다 - 말씀드리다

(30)a의 말들은 객어가 목적어일 경우에 쓰이는 예들로 (31)과 같이 사용된다.

(31) a. 강아지를 데리고 학교에 오면 어떡하니?
　　b. 어머니를 모시고 학교에 오라는 말씀이세요?
　　c. 너를 보고 있어도 자꾸만 보고 싶어져.
　　d. 선생님을 뵙고 집에 가는 길에 지훈이를 만났어요.

(30)b의 말들은 객어가 부사어일 경우에 쓰이는 예들로 (32)와 같이 사용된다.

(32) a. 어린이날인데 너한테 선물도 하나 못 주었구나.
b. 어머니날인데도 어머니께 꽃 한 송이 드리지 못했어요.
c. 이걸 누구에게 물어 보지?
d. 이건 선생님께 여쭈어 보자.
e. 민서한테 뭐라고 말할까?
f. 선생님께 솔직하게 말씀드리자.

이러한 높임말들에 대해서는 상식적으로 알고 있다고 생각하면서도, 막상 실제로 말을 할 때는 외국인도 아니면서 "저희들이 선생님께 물어 보시려고 왔어요."와 같은 잘못된 말을 사용하는 것을 보게 된다. 높임말을 바로 쓰는 것은 예절과도 직접 관계가 있고, 상대방과의 인간관계에도 직접적인 영향을 주는 것이기 때문에, 바른 높임말을 사용하여 대화를 나누는 일에 항상 관심을 가져야 한다.

7.3. 정중어법

정중어법Politeness Principle이란 대화 참여자들 사이에서 공손하고 예절 바르게 주고받는 말의 태도를 말한다. 정중어법은 호칭이나 높임법과는 달리 일정한 언어 형식으로 나타나는 것이 아니고, 말을 하는 화자가 청자에 대하여 가지고 있는 태도와 관련되는 것이다. 다

(중앙일보 연재만화 「베이비 블루스」 참고)

음 (33)과 같은 대화를 생각해 보자.

(33) A : 현우 씨, 우리 오늘 어디서 저녁 먹을까요?
　　B : 오늘은 특별한 날이니까 민서 네가 결정해.

(33)의 대화는 연인들 사이에서 이루어진 대화이다. 대화 B는 대화행위의 관점에서 보면 직접적인 명령을 나타내는데, 대화 상황에서 보면 아주 정중한 말이 된다.

(34) a. 대단히 죄송하지만, 좀 나가 주셔야겠습니다.
　　b. 죄송하지만, 코딱지 좀 후비지 않아 주실 수 있으시겠습니까?
　　c. 실례지만, 말씀하실 때 침 좀 튀기지 말아 주신다면 정말 감사하겠습니다.

(34)는 정도의 차이는 있지만, 청자의 관점에서는 다 불쾌한 말들이다. 이와 같이 어떤 말은 매우 직접적인 명령인데도 정중한 말이 되고, 어떤 말은 매우 간접적인 요구인데도 정중하지 않은 불쾌한 말이 되는 것은 무엇 때문일까?

상대방에게 정중한 말을 하는 것에 대해서 여기서는 정중어법의 격률과 체면 세우기의 원리로 나누어 생각해 보자.

7.3.1. 정중어법의 격률

정중어법이란 한마디로 상대방에게 정중하지 않은 표현은 최소화하고, 정중한 표현은 최대화하라는 것이다. 리치(Leech, 1983)에서는 정중어법을 이루는 격률을 요령의 격률과 관용의 격률, 찬동의 격률, 겸양의 격률, 동의의 격률로 나누어 설명하였다.

1) 요령의 격률

요령의 격률Tact maxim이란 청자에게 부담이 되는 표현은 최소화하고, 청자에게 혜택을 베푸는 표현은 최대화하라는 것이다. 요령의 격률의 한 부분은 간접 대화행위를 말하면서 살펴본 부담의 크기와 직접적으로 관련이 있다. 간접 대화행위에서 청자에게 부담이 큰 내용을 말할 때는 최대한 간접적인 표현을 사용하는 것도 청자의 부담을 줄이려는 노력인데, 이것이 정중한 어법을 만드는 것이다.

(35) A : 예은 씨, 오늘 시간 좀 내 주실 수 있으세요?
B : 왜요?
A : 그냥, 아주 잠깐이면 됩니다.

(35)에서 A는 B의 부담을 줄이기 위해 '좀' 또는 '아주 잠깐'과 같은 어휘들을 사용하고 있다. 이와 같이 어휘를 사용하여 청자의 부담을 줄이는 방법은 예 (36)에서와 같이 다양하게 나타날 수 있다.

(36) a. 돈 빌려주세요.
b. 혹시 지금 돈의 여유가 좀 있으세요?

(36)a의 표현은 청자에게 직접적으로 요구하는 것이라서 청자의 관점에서는 그 상황을 벗어나기 위해서는 상당한 부담을 안게 된다. 돈을 빌려줄 수 없는 상황이라면 왜 그런지에 관해 변명을 해야 하고, 그 상황을 벗어날 수 있는 방법을 찾기 위해 청자가 직접 노력해야 하는 부담을 갖게 되는 것이다. 그러나 (36)b의 경우는 화자가 청자의 관점을 충분히 배려하고 부담을 줄여 주는 표현을 최대한 사용하고 있다. 화자는 '혹시'라는 표현을 통해 청자에게 돈의 여유가 있을 수도 있고, 없을 수도 있다는 가능성을 열어 두고 있다. 또

한 '지금'이라는 표현을 통해 청자에게 돈이 없더라도 그것은 지금이라는 시간에만 한정되는 것이기 때문에 청자의 체면을 손상시키는 것이 아님을 밝히고 있다. 또한 화자가 '돈의 여유'라고 표현하여 아무 돈이나 다 빌려 달라는 뜻이 아니므로 청자가 거절을 할 수 있는 명분을 마련해 두었을 뿐만 아니라, '좀'이라는 표현을 사용하여 청자가 느끼는 부담을 최소화하려는 노력을 하고 있다. 더 나아가 화자가 '있으세요?' 하는 물음으로 표현하여 청자가 선택할 수 있는 기회를 가지게 하였다. 이와 같이 청자를 배려하여 청자의 부담을 줄여 줌과 동시에 청자에게 혜택을 주는 것이 요령의 격률이다.

2) 관용의 격률

관용의 격률Generosity maxim은 요령의 격률을 화자의 관점에서 말한 것으로, 화자 자신에게 혜택을 주는 표현은 최소화하고, 자신에게 부담을 주는 표현은 최대화하라는 것이다. 곧, 언어 상황에서 다른 사람이 지게 될 짐을 자신이 지라는 것이다. 다음 (37)의 예를 살펴보자.

(37) a. 오늘 저녁 꼭 우리 집에서 드셔야 해요.
b. 이 선물 안 가져가시면, 안 돼요.
c. 많이 드셔야 돼요.

(37)은 모두 직접 대화행위로 강한 명령을 나타내고 있다. 그러나 이것이 청자의 기분을 상하게 하지는 않는다. 그 이유는 화자는 청자의 관점에서 그렇게 하는 것이 청자에게 혜택을 주는 것이라는 생각을 가지고 말을 하고 있기 때문이다. 청자에게 더 이로울 것이라고 확신하는 일을 강요함으로써, 청자가 선택해야 하는 부담을 화자가 대신 가지는 것이다. 다음 (38)과 같은 경우를 살펴보자.

(38) a. 좀 크게 말하세요.

b. 제가 부주의해서 못 들었는데, 다시 한 번 말씀해 주시겠어요?

(38)a는 청자가 말을 작게 해서 잘 듣지 못 했다는 것을 전제로 하고 있어서, 청자에게 못 들은 책임을 떠맡기는 것으로, 화자 자신에게는 못 들은 것에 대한 책임이 없다는 혜택을 주고, 청자에게는 부담을 주고 있다. 이것은 상대방의 기분을 상하게 할 수 있는 무례한 말이어서 정중어법이 되지 못 한다. 이에 반해 (38)b는 못 들은 책임을 화자 자신의 부주의 탓으로 돌려서 자신의 부담을 최대화하는 대신 청자의 부담을 최소화하고 있다. 이와 같이 화자 자신의 부담을 최대화하고, 자신의 혜택은 최소화하는 것이 정중어법을 이루는 격률이 된다.

3) 찬동의 격률

찬동의 격률Approbation maxim은 청자를 비난하거나 트집을 잡는 표현은 최소화하고, 청자를 칭찬하고 맞장구치는 표현은 최대화하라는 것이다. 강의를 듣고 나오면서 "강의 잘 들었습니다."라고 말하는 것은 찬동의 격률을 지키는 것이고, 강의가 별로 좋지 않았으면 아무 말도 하지 않고 조용히 나오는 것도 찬동의 격률을 지키는 것이다. 다음의 예 (39)를 살펴보자.

(39) A : 어쩌면 이렇게 음식 솜씨가 좋으세요? 박 선생님은 참 좋으시겠어요. 이렇게 좋은 사모님과 함께 사셔서……

B : 뭘요, 그저 남하는 대로 하겠지요.

C : 하긴 오늘 반찬은 뭐 누구나 해 먹는 것들이네요. 요즘은 텔레비전에서도 매일 요리를 가르치니, 어디 요리 못 하는 사람 있나요?

(39)는 식사 초대를 받고 간 모임에서 이루어지는 대화이다. A의 대화는 청자의 초대에 감사하는 인사로 음식 솜씨를 칭찬하는 말을 최대화하여 찬동의 격률을 지키고 있는 정중한 어법이다. 그러나 C의 대화는 표면적으로는 B의 대화에 찬동하는 것처럼 보이지만, 실제로는 오늘 음식이 별로 특별한 것이 없었다는 트집을 잡고 깎아내리는 표현으로 찬동의 격률을 어긴 무례한 말이다. 대학 강의실이나 논문 발표장 같이 찬동하지 않는 것이 허용되어 있는 사회도 있기는 하지만, 대부분의 사회에서는 찬동의 격률을 지키는 것이 정중어법을 이루는 것이 된다.

4) 겸양의 격률

겸양의 격률Modesty maxim은 찬동의 격률을 화자의 관점에서 보는 것으로 화자 자신을 칭찬하는 말은 최소화하고, 자신을 비난하는 말은 최대화하라는 것이다.

(40) A : 외모뿐 아니라 인품까지 훌륭하시네요.
　　 B : 아니에요. 과분한 말씀이십니다.

(40)의 대화에서 상대를 칭찬하는 A의 대화에 대해 B는 그것을 부정함으로써 겸양의 격률을 지키고 있다. 이런 경우 보통 "천만에요, 별 말씀을 다 하십니다.", "당치 않은 말씀입니다."와 같이 부정하는 말들을 사용하는데, 여기에는 문화적인 차이가 크게 나타난다. 우리나라나 일본에서는 자신을 칭찬하는 말을 들으면 그것을 부정하는 것이 겸양의 격률을 지키는 것이다. 그러나 서양에서는 칭찬에 대해 감사하면서 받아들이는 것이 보통이다. 정중어법은 문화 보편적인 현상이어서 대부분의 나라 말에서 이것이 지켜지고 있고, 서양말에서도 나름대로의 겸양의 격률을 지키고 있다. 우리는 한 발 더 나아

가서 (41)에서와 같이 자신을 낮추어 말함으로써 겸양의 격률을 지키기도 한다.

(41) a. 여러 모로 부족하지만, 잘 부탁드리겠습니다.
b. 제가 뭘 알겠습니까? 그저 분부만 하십시오.
c. 못 생겨서 죄송합니다.

(41)c는 특히 어느 코메디언이 즐겨 사용하면서 대중의 호응을 얻어 한 때 유행어로 사용되던 말이다. 이 경우는 일반적인 경우에는 겸양의 격률을 지켜서 표현할 수 있는 내용이 실제 상황과 일치되어 웃음을 자아내게 한 경우이다. 겸양의 격률을 지켜서 표현하는 것은 우리나라와 같이 예절을 중시하는 문화에서는 더더욱 중요하다. 그러나 그렇다고 해서 자신을 비하하는 표현을 사용하거나, 남의 칭찬을 정도에 넘게 부정해서 상대방의 기분을 상하게 하는 것은 좋지 않다.

5) 동의의 격률

동의의 격률Agreement maxim이란 상대방과 불일치하는 표현은 최소화하고, 상대방과 일치하는 표현은 최대화하라는 것이다. 우리는 누구나 의견이 일치되는 것을 더 좋아한다. 그러나 아무리 가까운 사람들끼리라도 언제나 의견이 일치되는 것은 아니다. 의견의 불일치가 대립인 것처럼 생각하는 경우도 있지만, 이것은 잘못된 생각이다. 다음 (42)의 예를 살펴보자.

(42) A : 이 책장을 저 쪽으로 옮깁시다.
B : 그것도 좋겠지만, 그대로 두어도 좋을 것 같은데요.
A : 그래요. 그렇지만 낮에 해가 너무 직접적으로 들어서요.

B : 그렇군요. 그 생각은 미처 못 했어요. 그런데 집안이 너무 어둡지 않을까요?

(42)에서 대화를 하는 두 사람은 서로 일치되지 않는 의견을 가지고 있고, 자신의 의견을 계속 이야기하고 있다. 그러나 이 대화에서는 불일치 때문에 생기는 갈등이나 대립은 찾아볼 수 없다. 그 이유는 먼저 동의함으로써 상대방과의 일치를 강조하고 불일치하는 내용을 뒤에 말함으로써 동의의 격률을 지키고 있기 때문이다. 이와 같이 먼저 동의하고 난 후에 자신의 의견을 제시하는 방법은 의견의 불일치를 대립으로 연결시키지 않는 좋은 방법이 된다.

정중어법이란 한 마디로 자기중심적인 생각을 상대방 중심적으로 옮겨서 표현하는 것이고, 자기의 관점에서가 아니라 상대방의 관점에서 표현하려는 것을 말한다. 이것은 다음에서 살펴볼 상대방의 체면을 세우는 원리와 밀접한 관계가 있다.

7.3.2. 체면 세우기 원리

1) 체면의 개념

체면이란 공적으로 지켜지는 개인의 자존심을 말한다. 이 자존심은 긍정적인 것이고, 사회적인 것이다(Goffman, 1967). 우리는 모두 자신의 가치나 자신의 존재에 대한 기대치를 가지고 있는데, 이것은 다른 사람들과의 관계에 있어서 유지되기고 하지만, 손상을 받기도 한다. 체면은 두 가지의 측면이 있는데, 하나는 적극적인 것이고, 다른 하나는 소극적인 것이다. 적극적 체면positive face은 서로 연결되어 유대관계를 유지하고 구성원의 일부가 되고자 하는 것인 반면에, 소극적 체면negative face은 독립된 존재로서 자신의 위치를 인정받고 부당한 간섭을 받지 않으며 자기가 선택한 일을 하는 자유를 누리고자 하는 것, 곧 방해받지 않으려는 욕구를 말한다.

협조적인 대화에서 우리는 상대방의 소극적 체면을 손상시키지 않으면서, 적극적 체면을 세워 주려고 노력한다. 서로 대화를 하면서 우리는 상대방의 체면을 손상시킬 가능성이 많기 때문에 항상 상대방의 체면 세우기에 민감하지 않으면 안 된다. 다음의 예 (43)을 살펴보자.

(43) A : 그냥 보고만 있으면 어떡해? 얼른 짐을 받아야지.
B : 나는 지금 가만히 있는 줄 아세요? 나도 손에 책이 있다고요. 내가 뭐 짐꾼인 줄 아세요?

위의 대화에서 A는 짐을 받아 달라는 요구를 하는데, 이것이 B의 체면을 손상시키고 말았다. B가 먼저 "나는 지금 가만히 있는 줄 아세요? 나도 손에 책이 있다고요."라고 말한 것은 소극적 체면을 손상 받은 것에 대한 반응이고, "내가 뭐 짐꾼인지 아세요?"라고 말한 것은 적극적 체면을 손상시킨 것에 대한 반응이다. 이 상황에서 A가 "나 혼자서는 어렵지만 우리가 힘을 합하면 뭐든 할 수 있을 거야."라고 적극적 체면을 세워 주거나, "이렇게 말하면 네 일에 방해가 되겠지만, 날 좀 도와줄 수 있겠니?"와 같이 소극적 체면을 세워 주는 말을 했으면, B의 체면은 손상되지 않았고, 그에 따른 반응도 달라졌을 것이다.

우리는 적극적 체면을 세워 주고, 소극적 체면을 손상시키지 않도록 말하기 위해서 노력해야 한다. 적극적 체면을 세워 주는 것은 나는 상대방을 인정하고 있으며, 좋은 감정을 가지고 있으며, 없어서는 안 될 사람으로 소중하게 생각하고 있다는 것을 상대방이 느끼도록 해주는 것이다. 따라서 적극적 체면을 세우는 것은 자기들끼리만 사용하는 소속감을 나타내는 표현을 사용하여 친근하고 가까움을 강조하거나, 상대방의 흥미나 관심을 통해 바람직한 상대방의 역할에 관해 표현하는 것, 그리고 상대방과의 공통적인 영역을 확보해 가는 것 등으로 '유대관계'를 강조하는 것이다. 소극적 체면을 손상시키지 않는 것은 내가 상대방의 개인적 권리를 침해하는 것을 알고 있으며, 그것에 대해 미안하게 생각한다는 것을 공적으로 표현함으로써 상대방을 정당하게 존중한다는 사실을 확인시켜 주는 것이다. 따라서 소극적인 체면을 세우는 것은 독자적 영역을 가질 수 있는 상대방의 권리를 강조하고, 부담을 가질 필요가 없음을 강조하는 것 등으로 '독립'을 강조하는 것이다. 여기서 우리는 제1장에서 언급한 '유대관계'와 '독립'이라는 대화의 원리를 다시 생각하게 된다.

정중어법은 상대방의 적극적 체면을 세워 주고 소극적 체면을 손상시키지 않도록 도와준다. 따라서 정중어법도 '유대관계'를 강조하여 체면을 세워 주는 방법인 결속 정중어법과, '독립'을 강조하여 체면을 세워 주는 방법인 존경 정중어법으로 나눌 수 있다.

2) 체면 손상행위의 요인

체면 손상행위face threatening acts란 요청을 거절하거나 누군가를 꾸짖는 것과 같은 말을 통하여 상대방의 적극적 체면이나 소극적 체면을 손상시키는 행위를 말한다. 상대방에게 체면 손상행위를 하게 되면, 정상적인 생각을 가진 사람이라면 말하는 사람의 관점에서도 상당한 부담을 느끼게 된다. 이러한 심리적 부담의 크기는 몇 가지의 요인들에 의해 결정이 된다. 그 요인은 청자가 화자에 대해 가지는 힘, 화자와 청자 사이의 사회적 거리, 그리고 상대방에게 주는 부담의 크기 등인데, 이것은 앞서 제6장에서 살펴본 간접 대화행위를 하는 요인과 일치되는 것이다. 이것은 (44)와 같은 규칙으로 표시할 수 있다.

(44) 체면 손상행위의 강도

강도 = 힘 + 사회적 거리 + 부담의 크기

이러한 요인에 따라 어떤 경우에는 체면 손상행위로 인한 부담이 크고, 어떤 경우에는 체면 손상행위를 하고도 전혀 부담을 느끼지 않기도 하는 것이다. 한 가지 조심해야 할 일은 가족이나 친구와 같이 사회적 거리가 가깝다고 무턱대고 상대방의 체면을 손상시켜서도 안 되고, 또 지나치게 자기 체면 세우기에 급급해서도 안 된다는 것이다. 다음의 예 (45)를 살펴보자.

(45) A : 야. 너 민수 아니야? 자식. 이게 얼마 만이니?

B : 아. 누구시더라? 김지훈 씨 아니십니까? 이거 정말 오래간만입니다.

(45)의 대화는 오랜만에 만난 초등학교 동창들 사이의 대화이다. A는 회사 과장으로 어떤 세미나에 참석했다가 그 세미나의 주제 발표자로 나온 B박사를 만나게 되었다. A는 반가운 마음에 어릴 때와 같은 기분으로 B에게 인사를 했고, 이것에 대한 B의 반응은 아주 격식을 갖춘 것이었다. 이 대화에서 누가 누구의 체면을 손상시킨 것일까? 먼저 A가 사용한 사회적 거리에 의한 '유대관계'를 나타내는 결속 정중어법은 B가 가지고 있는 소극적 체면을 손상시켰다. B는 사회적인 위치가 높은 사람으로서 가지는 힘을 의식하고 자신은 발표자로서 대접을 받고 싶은 마음을 가지고 있었는데, A가 이것을 침해함으로써 자신의 체면이 손상되었다고 받아들일 수 있다. 그래서 오히려 더 격식을 갖춘 말로써 A가 더 가까이 오는 것을 막고 '독립'을 주장하고 있다. 그러나 이러한 B의 태도는 A의 체면을 손상시킨 것이다. B의 말은 A가 전제로 했던 가까운 관계를 무시하는 것이고, 이것 때문에 오히려 자신이 B의 체면을 손상시킨 것이 되어 버린 책임까지도 지게 되었기 때문이다. 일차적으로는 서로의 힘과 사회

적 거리를 잘못 계산한 A가 체면을 손상시켰지만, B의 태도가 어떠했느냐에 따라 A의 말은 자연스럽게 수용될 수도 있었다는 것을 생각하면, 오히려 B가 더 A의 체면을 손상시킨 것이다.

3) 체면 세우기의 책략

대화 상황에 따라 체면 손상행위를 하게 되는 경우는 다음 (46)과 같이 여러 가지 단계로 나타날 수 있다.

(46) 체면 손상행위의 단계

1단계 : 보상적인 표현 없이 노골적으로 체면 손상행위를 하라.
2단계 : 체면 손상행위를 하려면 적극적 정중어법을 사용하라.
3단계 : 체면 손상행위를 하려면 소극적 정중어법을 사용하라.
4단계 : 체면 손상행위를 겉으로 드러내지 않고 암시적으로 하라.
5단계 : 체면 손상행위를 하지 말라.

여기서 보상적인 표현이란 대화하는 사람들 사이의 안정감을 높이기 위한 것으로 체면의 손상을 최소화하거나 방지하는 행동을 말한다. 따라서 결속 정중어법이나 존경 정중어법은 모두 보상적인 표현이다. (46)의 내용을 상대방에게 만 원을 빌리는 요청으로 바꾸어 생각해 보면 (47)과 같다.

(47) 1단계 : 나 만 원만 빌려줘.
2단계 : 선배님, 만 원만 빌려주실 수 있으세요?
3단계 : 이런 부탁을 해서 대단히 죄송하지만, 만 원만 빌려주시겠어요?
4단계 : 어 저런, 지갑에 돈이 한 푼도 없네.
5단계 : (침묵)

여기 있는 책략들은 5단계를 제외하고는 정중함의 정도에 따라서 순위가 결정된 것이다. 체면 손상행위의 강도가 높으면 높은 순위를 선택해야 하고, 강도가 낮을수록 더 낮은 순위를 선택하면 된다. 각각의 책략들을 자세히 살펴보자.

첫째, 보상적인 표현 없이 노골적으로 체면 손상행위를 하는 경우를 다음의 예 (48)을 통해 살펴보자.

(48) a. 꾸물거리지 말고 빨리 나오세요.
b. 등 좀 두드려라.
c. 이 과자 먹어.

(48)의 예들은 모두 직접적인 명령이어서 상대방에게 체면 손상행위를 하고 있는 표현들이다. 그러나 (48)a와 같이 위급한 상황에서는 보상적인 표현 없이 노골적으로 직접 명령을 하여도 상대방의 체면을 손상시키지도 않는다. 회사에 불이 났는데 "사장님, 번거로우시겠지만 잠시 밖으로 나오시지 않으시겠습니까?"라고 말하는 사람은 아무도 없다. 또한 국제 전화로 이야기하는 경우와 같이 시간이 제한되어 있는 경우에도 이 책략은 유효하다. (48)b는 상대방에게 부담이 적고, 할머니가 손자에게 말하는 것과 같이 상대방에 비해 월등히 큰 힘을 가지고 있는 경우, 그리고 아주 가까운 관계에서도 이러한 책략이 적용될 수 있음을 보여 준다. 또한 (48)c와 같이 상대방에게 유익하고 이익이 된다고 생각하는 경우에도 이 책략은 적용될 수 있다.

둘째, 체면 손상행위를 하려면 적극적 정중어법을 사용해야 하는 경우를 생각해 보자. 이것은 상대방의 인정받고자 하는 욕구인 적극적 체면을 세워 주어야 하는 경우이다. 다음 (49)의 대화를 살펴보자.

(49) A : 이거 정말 죄송하게 되었습니다.

B : 아닙니다. 우리가 어디 한두 번 만난 사이입니까?
게다가 고의로 그러신 것도 아니고요.
일을 하다 보면 누구나 그런 경우를 겪게 되는 거지요.

(49)의 예에서 B는 A의 적극적 체면을 세워 주기 위해 “우리가 어디 한두 번 만난 사이입니까?”와 같이 소속감을 나타내는 표현을 통하여 친근함을 강조하고, “고의로 그러신 것도 아니고요.”와 같이 상대방의 역할에 대한 변명을 하고, “누구나 그런 경우를 겪게 되는 거지요.”와 같이 공통적인 영역을 확보하여서 상대방에게 결속 정중어법을 사용하고 있다.

셋째, 체면 손상행위를 하려면 소극적 정중어법을 사용해야 하는 경우를 생각해 보자. 이것은 상대방의 간섭받지 않으려는 욕구인 소극적 체면을 세워 주어야 하는 경우이다. 다음 (50)의 대화를 살펴 보자.

(50) A : 지난 번 약속에는 나오지 않으셨더군요.
B : 너무 죄송해서 뭐라고 드릴 말씀이 없네요.
솔직히 말씀드리자면 제가 깜빡 약속을 잊고 말았어요.
A : 그러셨군요.
B : 저어, 부담스러우실 거라고 생각은 되지만, 시간을 조금만 내 주실 수 있으시다면 꼭 한 번 다시 만나 뵙고 싶어요. 그렇게 해 주신다면 정말 감사하겠습니다.

(50)의 대화는 약속을 지키지 못한 B와 그것 때문에 기분이 상한 A 사이에서 오고간 것이다. B는 자신의 행동이 A의 체면을 손상시킨 것이라고 생각하기 때문에 다시 만나고 싶다는 요청을 하면서 상대방의 소극적 체면 세우기를 위해 노력하고 있다. 여기서 B가 사용하고 있는 언어를 통해 소극적 정중어법인 존경 정중어법의 방

법을 찾을 수 있다.

① **간접 대화행위로 요청을 표현한다.** (50)에서는 "부담스러우실 거라고 생각은 되지만, 시간을 조금만 내 주실 수 있으시다면 꼭 한 번 다시 만나 뵙고 싶어요."와 같이 화자 자신의 소망을 나타내는 형식으로 요구를 표현함으로 간접 대화행위를 하고 있다.

② **말 사이에 주저할 때 사용하는 대화표지를 사용한다.** (50)에서는 '저어'를 사용하고 있는데, 이 밖에도 '응, 있잖아요, 설마, 아마도, 어쩌면' 등과 같은 말들도 사용된다.

③ **상대방의 부담을 줄이기 위한 표현을 사용한다.** (50)에서는 '조금만, 한 번' 등과 같은 말을 사용하고 있다.

④ **사과하는 말을 하거나 용서를 구하는 말을 한다.** (50)에서는 "너무 죄송해서 뭐라고 드릴 말씀이 없네요."와 같은 표현으로 사과를 하고 있다.

⑤ **상대방의 행동이 나에게 베풀어주는 것임을 강조하는 말을 한다.** (50)에서는 "그렇게 해 주신다면 정말 감사하겠습니다."와 같은 표현을 통해 그런 행동을 해 주는 것은 나에게 베풀어주는 것이라는 뜻을 전달하고 있다.

소극적 체면을 손상시키지 않는 것은 내가 상대방의 개인적 권리를 침해하는 것을 알고 있으며, 그것에 대해 미안하게 생각한다는 것을 공적으로 표현함으로써 상대방을 정당하게 존중한다는 사실을 확인시켜 주는 것이다. 따라서 소극적 체면을 세우는 것은 독자적 영역을 가질 수 있는 상대방의 권리를 강조하고, 부담을 가질 필요가 없음을 강조하는 것 등으로 '독립'을 강조하는 것이다.

넷째, 체면 손상행위를 겉으로 드러내지 않고 암시적으로 하는 경우를 생각해 보자. 이것은 체면 손상행위가 체면 손상행위로 인식되지 않도록 한다는 것을 말하며, 누군가에게 어떤 요청을 하면 상대방이 거북하게 생각할까 봐 혼자서 슬쩍 이야기하고 지나가는 것과 같은 경우이다. 다음의 예 (51)을 살펴보자.

(51) A : 와, 그 아이스크림 정말 맛있게 생겼다.
B-1 : 그래, 이 회사가 아이스크림은 정말 잘 만들어.
B-2 : 그래, 이것 좀 같이 먹자.
B-3 : 그래? 그럼 너도 하나 사 먹어.

(51)에서 A는 "아이스크림을 좀 나누어 먹자."는 요청을 암시적으로 표현하였다. 이것을 B-1처럼 아이스크림에 관한 이야기로 받아넘기어도 서로의 체면에 손상을 가져오지 않는다. A의 말은 요청이 아니기 때문에 B-1의 체면을 손상시킬 위험이 없기 때문이다. B-2처럼 A의 의도에 맞게 말을 하더라도, 이것은 A의 요청이 아니고, B-2의 요청으로 바뀌기 때문에 체면의 손상을 가져오지 않는다. 그러나 B-3처럼 상대방의 암시적 요청을 명시적으로 거절하는 경우에는 상황이 다르다. B-3은 A가 왜 그런 말을 했는지 진짜 이유를 감지했다는 것을 보여 준다. 이 경우 상대방이 암시적으로 말한 효과가 없어지고, 서로의 체면을 손상시킨 결과를 가져온다.

체면 손상행위를 암시적으로 하는 경우에는 상대방에게 힌트를 주거나, 은유적인 표현을 사용하거나, 모호한 표현을 사용하거나, 말을 중간에 생략해 버리는 방법들을 사용한다.

다섯째, 체면 손상행위를 하지 않는 경우이다. 이것은 자기가 말을 하는 것이 명백하게 상대방의 체면을 손상시키는 행위가 된다는 것을 알 때 아무 말도 하지 않는 것과 같은 경우이다. 이 경우는 말로 표현되는 부분이 없기 때문에 우리가 더 이상 이야기할 필요가 없을 것이다. 안으로 불만이 가득 차 있지만 참고 말하지 않는 것, 위험을 감수하면서까지 답변을 거부하고 침묵을 지키는 것 등은 모두 어떤 말이라도 하면 그것이 상대방의 체면 손상행위가 된다는 것을 명백히 알기 때문에 나타나는 현상들이다.

이렇게 보면 체면 세우기란 '유대관계'를 강조하는 적극적 체면을 세워 주고, '독립'을 강조하는 소극적 체면을 손상시키지 않는다는 것이다. 이것은 상대방과 나 사이의 적당한 거리를 찾아내고 유지하는 작업이기도 하다.

대화의 예절을 지킨다는 것은 상대방을 상대방의 위치에 맞게 불러 주고, 높여 주고, 정중하게 말하는 것이다. 따라서 정확한 호칭을 사용하고, 올바른 높임법을 사용하는 것과 함께 상대방을 존중하고 체면을 세워 주려는 생각을 가지고 대화를 하는 것은 무엇보다 중요한 일이다. 상대방을 어떻게 대접하느냐 하는 것은 자신의 교양을 나타내는 척도가 된다. 이 말은 자신의 인격이 바탕이 되어서 상대방을 존중하고 예절을 갖추는 행동이 나오게 된다는 말이다.

그러나 더욱 중요한 것은 언어가 인격을 반영하는 것뿐만 아니라 인격을 갖추어 나가도록 도와주는 도구나 수단이 되기도 한다는 점이다. 말은 생각의 반영물이지만, 말이 생각을 만들어 가는 도구가 되는 것과 같은 이치이다.

또한 예절이 가장 필요한 것은 가까운 사이에서라는 점도 반드시 생각해야 한다. 가깝다는 이유로 함부로 부르고, 정중어법을 지키지도 않으며, 습관적으로 체면 손상행위를 한다면 가깝다고 느껴지던 그 관계에 문제가 생길 수밖에 없다.

올바른 대화 예절을 갖추는 것은 자신의 인격을 나타내 보이는 방법이 되는 것과 동시에, 자신의 인격을 연마해 나가는 좋은 방법이 된다는 것을 생각할 때, 아무리 가까운 사이에서라도 예절을 갖추어 대화를 하고자 하는 노력이 필요함을 알 수 있다.

제3부 대화의 실제

8장 대화의 장애 요소

대화는 화자와 청자가 상호적인 작용을 하면서 이끌어 나가는 협동의 원리를 기본으로 하고 있다. 따라서 대화 참여자 사이의 협동을 깨뜨리는 것은 모두 대화의 장애 요소가 된다. 이것은 대화의 표현 자체와 관련된 것, 대화의 내용과 관련된 것, 그리고 대화자들끼리의 관계와 관련된 것들로 나누어 생각할 수 있다. 대화의 표현 자체와 관련된 것은 발음이 부정확하다거나 어휘의 사용이 적절하지 않은 것 등과 같이 표현하는 언어 자체가 대화의 장애 요소가 되는 것이다. 대화의 내용과 관련된 것은 상대방의 말을 이해하고, 그에 적절한 반응을 보이지 못 하거나, 화제를 잘못 선택하는 것과 같이 내용 자체를 소화하지 못하는 것이 대화의 장애 요소가 되는 것이다. 대화자들끼리의 관계와 관련된 것은 대화자의 상호 관계를 위협하는 것, 다시 말해서 상대방의 체면을 손상시키는 것과 같이 대화의 예절을 지키지 않는 것이 대화의 장애 요소가 되는 것이다. 이 밖에도 시각에 따라 조음기관 장애와 같은 신체적 장애나 정신적 장애 등 대화의 장애 요소가 되는 많은 요소들을 생각할 수 있겠지만, 여기서는 위에서 언급한 요소들을 중심으로 대화의 장애 요소를 살펴보기로 하자.

8.1. 대화 표현 장애

우리는 대화를 나누기 위해 언어를 사용하여 표현한다. 그런데 사용되는 언어 표현 자체가 대화의 장애 요소가 되는 경우가 있다. 예를 들자면 발음이 부정확해서 언어 내용 전달이 제대로 되지 않거나, 특정한 어휘들을 섞어 쓰는 것이 상대방에게 저항감을 주거나 이해를 할 수 없도록 만드는 경우이다. 이것을 발음의 오류와 어휘의 오류로 나누어 생각해 보자.

8.1.1. 발음의 오류

외국어로 말하는 것도 아닌데 발음이 무슨 문제가 되느냐고 생각할지 모르지만, 발음이 정확해야 하는 것은 외국어에만 해당되는 이야기는 아니다. 말이란 소리와 뜻의 이중 구조로 되어 있기 때문에, 소리를 잘못 내면 그에 해당되는 뜻도 잘못 전달되는 것은 당연한 일이기 때문이다.

1) 음가의 혼란

음가의 혼란에서 가장 문제가 되는 것은 모음의 음가이고, 그 가운데서도 모음 [ㅔ]와 [ㅐ]의 구별이 되지 않는 것이다. [ㅔ]는 '전설반고모음'이어서 [ㅣ]에 가까운 소리이고, [ㅐ]는 '전설반저모음'이어서 [ㅏ]에 가까운 소리이기 때문에 [ㅔ]를 소리 낼 때는 입을 손가락 하나 들어갈 정도로 벌린다면, [ㅐ]를 소리 낼 때는 손가락 두 개 들어갈 정도로 벌려야 한다. 그러나 거의 구별을 하지 않고 발음하기 때문에 뜻의 혼란이 생기고, 이것을 막기 위해 젊은 세대에서는 [ㅔ]를 '전설고모음'의 [ㅣ]로 바꾸는 경향도 보이고 있다. 다음 (1)의 예를 보자.

(1) A : 야, 네가 뭐야?
B : 그래, 니가 뭐냐?
A : 아휴, 나 말고 니가 뭐냐고?

(1)에서 A는 [네]라고 말하였지만, A가 잘못 발음한 결과인지, B가 잘못 들은 결과인지는 몰라도 B는 그것을 [내]로 받아들여서 다음 말을 이어간다. B가 사용하는 [니]는 오히려 A에게 제대로 전달이 되고, 결국 A도 발음을 [네]가 아닌 [니]로 수정하여서, 악화가 양화를 구축한 셈이 되고 말았다. 요즘은 유행가 가사와 드라마에서는 [네] 대신에 [니]를 사용하고 있는데, 이것은 변별을 위한 노력으로 이해될 수는 있지만, 바람직한 현상은 아니다. [ㅔ]와 [ㅐ]는 분명히 우리말의 모음 체계 속에서 대립되는 두 음운이므로 구별해서 발음해야 한다. 다음 (2)의 단어들은 특히 [ㅔ]와 [ㅐ]의 부정확한 발음이 단어의 형태에까지 영향을 미치고 있는 예들이다.

(2) [여드레] (◯) - [여드래] (×)
[지게] (◯) - [지개] (×)
[술래] (◯) - [술레] (×)
[베개] (◯) - [배게][벼개][비개] (×)

[ㅓ]를 [ㅡ]로 바꾸어 발음하는 현상도 흔히 볼 수 있다. 이것은 일부 방언에서 나타나던 것이 일반화된 것이다. 다음 (3)의 예는 모두 [ㅓ]를 [ㅡ]로 발음하는 경우를 보여 주고 있다.

(3) a. 으른이 즌화 받으시는데 그릏게 떠드니?
b. 건늘목 앞에 차 스니?

[ㅢ]의 발음 또한 쉽지가 않다. [ㅢ]는 모음 [ㅡ] 뒤에 과도음 [ㅣ]가

이어나는 이중모음이다. 우리말의 이중모음은 보통 [ㅑ] [ㅕ] [ㅛ] [ㅠ]에서처럼 과도음이 앞에 와서 이루어지는 데 반해 과도음이 뒤에 오는 [ㅢ]는 체계도 불안정하고, 음가도 불안정한 소리이어서, 매우 비경제적인 소리임에는 틀림이 없다. 그래서 [ㅢ]의 음가 이외에도 [ㅣ]나 [ㅔ] 등으로 발음된다. 자음을 첫소리로 가지고 있는 음절의 [ㅢ]나 단어의 첫음절 이외의 [ㅢ]는 [ㅣ]로, 조사의 경우에는 [ㅔ]로 발음하는 것도 허용한다. 그러나 다음 예 (4)에서 보는 것과 같이 분명히 잘못된 발음을 사용하는 예가 많이 있다.

(4) 으사 선생님, 나으 생각으로는 으심스러운 것이 많이 있어요.

경우에 따라서는 이러한 발음이 정감 있게 느껴지거나, 상호관계를 돈독히 하는 요소로 작용할 수도 있다. 그러나 의사 전달이 제대로 되지 않는 부작용도 나타날 수 있으므로, 표준어의 음가대로 발음하는 것이 바람직하다.

2) 음운 현상의 오류

말소리가 서로 어울려 날 때, 인접해 있는 소리들끼리 서로 영향을 받는다. 영향을 받았을 때 소리가 바뀌는 현상이 규칙적으로 나타나는 소리들이 있는데, 이런 것을 지키지 않으면 정확한 의사 전달에도 어려움이 따른다. 다음 예 (5)를 살펴보자.

(5) A : 그 사람 [비시] 많이 있어요.
B : 무슨 [빋]? 어떻게 생긴 건데?
A : [비슬] 많이 졌다고요.
B : 아니, 머리 빗는 [비슬] 어떻게 지나?

위의 예 (5)에서 A가 말한 것은 '빗'이었다. 이것은 [비즐]로 발음해야 하는데, 계속 [비시], [비슬]과 같이 발음하여서, B는 머리 빗는 '빗'으로 받아들이고 말았다. 이것은 '꽃'과 관련되어서도 같은 현상이 나타난다. '[꼬치] 피었다, [꼬츨] 보았다, [꼬체] 나비가 앉았다'와 같이 발음을 해야 하는데도 [꼬시/꼬슬/꼬세]와 같이 잘못 발음하는 일이 많이 있다.

(6) a. 당신이 내 [겨츨] 떠나간 뒤에 내 [겨치] 너무 허전했어.
    b. 꽃 [바츨] 가꾸어 놓으니까 [바치] 더 넓어 보이는군.
    c. 오늘은 [끄츨] 보고야 말 거라고 했지만, 정작 [끄치] 보이지 않더구나.

(6)을 바르게 소리 내는 데 중요한 것은 우리말의 [ㅣ] 모음이 갖는 특성을 이해하는 것이다. [ㅣ] 모음은 '전설고모음'으로 모음 가운데서는 가장 입천장 가까운 곳에서 소리가 나는데, 이 위치가 '구개음'이 소리 나는 위치와 가깝기 때문에, 그 소리와 인접해 있는 구개음이 아닌 [ㄷ]이나 [ㅌ] 소리들도 구개음인 [ㅈ]이나 [ㅊ]처럼 소리 나게 한다. 그래서 '곁 + 이 〉 겨치, 밭 + 이 〉 바치, 끝 + 이 〉 끄치와' 같이 발음된다. 그러나 [ㅣ]모음이 아닌 소리에서는 이러한 현상이 나타나지 않는다. 특히 '중설고모음' [ㅡ]는 소리 나는 위치가 [ㅣ]와 비슷해서 앞에 있는 소리를 '구개음'으로 소리 내는 경향이 있는데, 이것은 잘못된 발음이다. 그러므로 '곁 + 을'은 [겨틀]로, '밭 + 을'은 [바틀]로 발음해서 (6)'와 같이 말해야 한다.

(6)' a. 당신이 내 [겨틀] 떠나간 뒤에 내 [겨치] 너무 허전했어.
    b. 꽃[바틀] 가꾸어 놓으니까 [바치] 넓어 보이는군.
    c. 오늘은 [끄틀] 보고야 말 거라고 했지만, 정작 [끄치] 보이지 않더구나.

3) 강음화 현상

된소리나 거센소리로 내야 할 필요가 없는 소리들을 강음화하여 발음하는 경우는 대화의 품위를 손상시킨다. 특히 젊은 세대들의 언어에서 강음화가 두드러지게 나타난다.

(7) a. 야, [꽈사]로 [짱]하고 [꽈대] 보내래.
b. [짜근] 형, 우리 [쌩음악] 들으면서 [쏘주] 한 잔 마시자.
c. [고까도로]를 [꺼꾸로] 달린다고 차가 [폭팔] 하겠니?

(7)a의 말을 듣고 뜻을 이해할 수 있는 우리나라 사람이 얼마나 될까? '과 사무실'을 줄여서 '과사'로, 그리고 이것을 강음화해서 [꽈사]로 발음하고, '학생회장'을 줄여서 '학생장', 또 다시 줄여서 '장', 그리고 이것을 강음화해서 [짱]으로 발음하고, '과 대표'를 줄여서 '과대'로, 그리고 이것을 강음화해서 [꽈대]로 발음한 것이다. 축약 현상과 강음화 현상은 젊은 세대의 언어에 나타나는 보편적인 현상들이다. 그러나 이것이 보편적인 우리말이 아니라는 것, 그래서 이렇게 말을 하는 것이 누구에게나 수용되고 이해되는 것이 아니라는 점을 생각해야 한다. (7)b나 (7)c는 모두 된소리나 거센소리로 낼 이유가 없는데도 강음화한 경우들이다. 이런 말들은 일반적으로 거칠고, 신경질적이고 날카로운 느낌을 주기 때문에 인간관계에서도 부정적으로 작용할 수가 있다.

4) 심리적 원인

발음에도 심리적인 원인이 작용된다. 우리는 누구나 대화 상대자나 대화 상황에 따라 발음을 조금씩 의도적으로 조절할 수 있다. 예를 들어 면접시험을 보는 상황에서는 더 또렷한 발음으로 정확하게 말하는 것과 같은 것이다. 그러나 이러한 정도를 넘어서서 자기의 심리적 상태가 습관적으로 발음에 영향을 주는 경우가 있다. 다음 (8)의 예를 살펴보자.

(8) a. 아이 참, 시저요. 이더시지 마세요.
b. 으응, 이거? 우디 아빠가 가져 와쩌.

아직 발음기관이 미숙한 어린이가 (8)과 같이 말을 했다면 문제가 될 것이 없다. 그러나 성숙하고, 발음기관에도 장애가 없는 사람들이 이런 유아적인 발음을 하는 것은 그 원인을 심리적으로 찾을 수밖에 없다. 이른바 혀가 짧지도 않으면서 '혀짧은 소리'를 하는 경우인데, 상대방에게 어리고 귀엽게 보이려는 의도, 또는 사랑을 받고자 하는 심리의 반영일 것이다. 심리학자들은 '애정 결핍증'에 걸린 사람들이 유아어를 사용하는 경향이 있다고 밝히고 있다. 이러한 유아적 발음은 연인들 사이에 일시적으로 사용되는 경우가 아니라면, 일상적인 대화에서는 상대방의 심리 상태나 정신적 능력을 의심받게 하는 요인이 될 수 있다.

(9) A : 저어, 있잖아요. 오늘 좀 일찍……
B : 무슨 말을 하고 싶은 건지 좀 분명히 하세요.
A : 있지요, 제가요, 좀 몸이 그래서요, 지금……
B : 몸이 불편해서 일찍 나가겠다는 건가요?
A : 아니요, 꼭 나가겠다는 건……
B : 그럼 뭔 가요?

(9)의 대화에서 A는 한 번도 말을 맺은 적이 없이 늘 말끝을 흐리고 있다. 이것은 B가 불쾌한 태도를 갖게 하는 원인이 되었다. 상대방에게 어려운 말을 하면서 어느 정도 주저하는 것은 정중어법에

해당되는 것이지만, 위의 경우처럼 늘 말끝을 흐리는 것이 습관이 되어 있는 경우는 그 원인을 심리적인 것에서 찾을 수밖에 없다. 다시 말해서 심리적인 불안정이나 자신감의 결여가 이러한 언어 표현을 습관적으로 하도록 하는 것이다. 이런 언어 표현은 상대방에게 신뢰를 줄 수 없을 뿐만 아니라, 매우 답답하게 느끼도록 하는 것이어서 대화의 장애 요소가 된다.

8.1.2. 어휘 사용 오류

1) 은어, 비어, 속어의 사용

대화를 하면서 특정한 어휘를 사용하는 것이 상대방에게 거부감을 주거나 모욕감을 주어서 대화의 장애 요소가 되기도 한다. 가장 거부감을 주는 어휘는 은어나 비어, 속어 등을 사용하여 대화를 하는 경우이다. 청소년기의 학생들 가운데 일부는 이러한 말이 아니면 대화가 불가능할 정도로 은어나 비어, 속어 등을 사용하기도 한다.

(10) A : 어머, 비버리들 몽땅 우리 반이야.
B : 웬일이냐? 어 저 뒤에 붙은 껌은 뭐냐?

—T.V. 드라마 「학교」 중에서

이 대화에서 '비버리'란 미국의 비버리힐즈에서 따온 말로 잘난 척하며 부자 동네에 사는 아이들을 말하고 '껌'은 그런 아이들을 따라 다니는 아이들을 말한다. 대부분의 친구들이 그러한 어휘를 사용하기 때문에, 정신적으로 미성숙한 시기에 자신이 소외되지 않거나 상대방의 체면을 손상시키지 않기 위해서는 어느 정도 비슷한 수준의 어휘들을 사용하는 것이 필요할 수 있을 지도 모른다. 그러나 성숙한 사람들이 이러한 어휘들을 사용하는 것은 자신의 품위를 손상시키는 것일 뿐만 아니라, 상대방까지도 같은 수준으로 끌어내리는 것이므로 간접적인 모독이 되는 일이다.

은어나 비어, 속어를 사용하는 이유는 첫째, 욕구 불만으로 인한 반항적 심리가 작용하는 것이고, 둘째, 수치심을 은폐하려는 심리가 작용하는 것이고, 셋째는 유희적 쾌감을 맛보기 위한 수단으로 사용하는 것이다. 이러한 어휘를 사용하는 심리 자체가 상대방이나 세상을 향하여 열려 있지 않기 때문에 대화를 한다고 하더라도 말장난에 지나지 않고, 대부분 대화의 장애 요소가 되어 대화를 단절시키고 말게 된다.

2) 비표준어의 사용

비표준어를 사용하는 것도 대화의 장애 요소가 된다. 물론 이 경우는 같은 고향의 친구들끼리는 예외가 된다. 그러나 서로 다른 지역의 사람들끼리 대화를 하게 될 경우, 특정 방언의 어휘를 사용하는 것은 의미 전달에 장애를 가져와서 대화의 장애 요소가 된다. 다음의 예 (11)을 살펴보자.

(11) A : 시골 할머니 집에 게사니도 있어.
B : 게사니가 뭔데?
A : 게사니도 몰라? "꽥액꽥액" 그러는 거 있잖아?
B : 오리 말이야?
A : 아니, 오리 말고, 게사니 말이야. 너 게사니도 몰라?

(11)의 대화에서 A는 '거위'를 지칭하면서 '게사니'라는 평안도 방언을 사용하고 있다. B는 물론 '거위'는 알고 있었지만, '게사니'라는 비표준어 때문에 더 이상 대화를 지속해 갈 수 없게 되었다. 이와 같이 비표준어를 사용하는 것은 대화의 장애 요소가 될 수 있다.

3) 외국어의 사용

외국어를 섞어서 사용하는 것도 대화의 장애 요소가 된다. 국제화, 세계화라는 말과 함께 세계의 언어들을 섞어서 대화를 하는 경우들을 흔히 접하게 된다. 이것은 방송 매체들의 영향도 크게 작용하는데, 일상적인 대화에서 외국어를 사용하는 것은 자신의 학식이나 지적 능력을 과시하려는 것으로 받아들여져서, 상대방에게 저항감이나 거부감을 주게 된다. 이것도 지역 방언을 사용하는 것과 마찬가지로 관심이나 생활 영역이 같은 사람들끼리는 예외가 될 수도 있지만, 대부분의 일상적인 대화에서는 대화의 장애 요소가 된다. 다음의 예 (12)를 살펴보자.

(12) A : 어제 얘기가 잘 되었니?
B : 말도 마. 내가 말을 꺼내자마자 그 사람이 디펜스 모드로 바꾸는 거 있지?
A : 어떻게 했는데?
B : 내 말에 대해 어그레시브하게 어택하더라고.
A : 뭐?

4) 자극적 어휘의 사용

은어나 비어, 속어나 비표준어, 외국어와 같이 특수한 어휘가 아니고 일반적인 어휘라 할지라도, 직접적이고 노출이 심한 어휘를 사용하는 것은 대화의 장애 요소가 된다. 우리는 같은 상황이라도 긍정적인 어휘로 표현할 수도 있고, 부정적인 어휘로 표현할 수도 있다. 다음의 예 (13)을 살펴보자.

(13) a. 그 사람 참 날씬하더라.

b. 그 사람 체격이 아주 왜소하더라.

c. 그 사람 말라깽이더라.

같은 사람에 대한 표현이라면 (13)a와 같은 어휘를 사용하는 것이 긍정적인 어휘를 사용하는 것이 된다. 사람은 누구나 삶의 어두운 면보다는 밝은 면을 더 좋아하는 속성을 가지고 있다. 그래서 어휘를 사용하는 데 있어서도 그 상황에서 가장 밝고, 긍정적이고, 좋은 어휘를 선택하려는 경향이 있다. 따라서 '체격이 왜소하다'나 '말라깽이'와 같이 직접적이고 듣기에 좋지 않으며 부정적인 어감을 가지고 있는 어휘들을 여과 없이 사용하는 것은 대화의 장애 요소가 된다. 다음 (14)의 대화를 살펴보자.

(14) A : 돈을 마다해? 건방진 것!

B : 세상에 돈보다 더 중요한 거 많아요.

A : 없이 사는 것들이 꼭 자존심 내세운다니까.

B : ……

－T.V. 드라마 「별은 내 가슴에」 중에서

위의 예 (14)에서 보는 것처럼 직접적이고 부정적인 어휘는 바로 대화를 단절시키는 장애 요소가 되기도 한다. 따라서 대화를 하면서 가치판단을 내포하고 있는 말들, 예를 들자면 '작다, 크다, 나쁘다, 추하다, 못났다, 더럽다, 둔하다, 건방지다, 수다스럽다, 뚱뚱하다'와 같은 서술어나 '못난이, 곰보, 머저리, 째보, 가난뱅이, 울보, 병신' 등과 같은 어휘를 직접 사용하는 것은 상대방이나 대화에 등장하는 사람의 체면을 손상시키는 것으로 대화의 장애 요소가 된다. 이런 자극적인 말들은 사용하지 않는 것이 좋지만, 꼭 써야 하는 경우라면 완곡어법을 사용하여 충분히 간접적으로 돌려서 사용하여야 한다.

막말에 빠진 대한민국

"그 오빠 봤어? 씨◯, ◯나 잘생겼어. 완전 쩐다, 쩔어"(중 2 소녀), "씨◯, 늙은 주제에 어디서 대통령 하겠다고 지◯이야, ◯발"(대선 후보의 미니 홈페이지에 올린 초등생의 글), "개◯◯"(KBS2 ≪상상플러스≫의 신정환)….

말이 썩고 있다. 초등학생부터 연예인·정치인까지 나이·성별을 초월한 '언어 대중'이 막말을 입에 달고 산다. 막말은 불량학생이나 조폭 등 특정 집단의 언어가 아닌, 국민의 희로애락을 표현하는 일상의 언어가 되고 있다.

◆TV와 인터넷은 ≪막말 가정교사≫

초등학교 교사 정연주 씨는 아이들 일기장 검사를 할 때마다 깜짝 놀란다. "상황을 묘사하면서 '열라', '◯나' 같은 표현을 너무 많이 써요." 그는 "이 말이 원래 무슨 뜻인지조차 모르는 아이들이 더 많다"고 했다.

아이들이 주고받는 문자메시지는 더 가관이다. '대◯빡 ◯낸 크셈'(머리 크다) 식이다. '뭥미'(대체 뭐야?), '쀍'(불쾌함), '쩐다'(좋다, 혹은 나쁘다) 등 인터넷의 '외계어'(정체불명의 말)를 사용해서 자극적인 댓글을 쓰거나 보는 데 익숙해진 아이들에게 '정상적인 언어'는 더 이상 그들이 쓸 말이 아니다.

온 가족이 즐겨보는 이른바 '리얼 버라이어티 쇼'는 반말·비속어·은어의 교과서다. 이런 프로그램에서는 '예의' 말고는 모든 게 허용된다. 연예인끼리 '야, 너'는 기본이고, '(하)찮은이형' '쓸모없는 인간' '그것도 재주랍시고' 식의 비하하는 말, "닥쳐" "이 자식아"도 예사다. 다른 프로그램에서도 '개◯◯' '죽어라' '여자들 너무 날로 먹는다' 같은 저질 말이 수십 개씩 쏟아진다. MBC ≪명랑히어로≫는 지난해 10월 2회 방송분에서 무려 280회(방송통신위 집계)의 반말과 비속어를 썼다. 이런 비속어는 '자막'처리로 효과가 배가된다.

◆막말, '현실 언어'가 되다

막말은 '막말 정서'를 낳고, 막말 정서는 또 극한 행동으로 이어진다. "결사반대" "웬말이냐" "규탄한다"가 주류였던 시위현장의 용어는 최근 몇 년 새 급격히 과격화됐다. '무시를 묻어 버리자'(파병반대시위), '쥐새끼 너 즐쳐먹어'(촛불시위의 초등생) 같은 플래카드도 나왔다. 최윤식 연세대 인간행동연구소 연구원은 "막말이 거친 행동으로 이어지는 건 당연하다. 말은 행동을 일으키는 생각의 반응이기 때문"이라고 설명했다.

◆2000년 이후 본격화된 막말시대

특정 세대나 집단에 갇혀있던 막말이 사회전반으로 퍼진 건 2000년부터다. 정치인의 막말은 결정적이었다. 노무현 전 대통령은 취임 후 '깽판' '조진다' '떡됐다' 같은 말을 사용함으로써, '지도자의 언어'를 거리의 언어로 격하시켰다. 다른 정치인도 마찬가지다. 지난해 12월 국회파행 당시 의원들끼리 욕하는 장면은 그대로 노출됐다.

◆'막말 제국' 누가 책임지나

하지현 건국대병원 정신과 교수는 "마음속 양심의 기준을 한 번 벗어나면 점점 더 강하고 잦은 자극을 원하게 된다"며 "대중 역시 TV를 면죄부 삼아 점점 막말을 쓰게 된다"고 분석했다. 타락한 언어의 제국을 정상으로 되돌리려면 ▲방송에서의 확실한 막말 제어장치 도입 ▲권위를 잃은 가족 내 규범 확립 ▲유아기부터 바른 언어 교육 등이 시급한 시점이 됐다.

– 박은주(엔터테인먼트부 부장), 조선일보 2009년 1월 30일

8.2. 대화 내용 장애

8.2.1. 순환의 오류

대화는 특성상 서로 주고받는 관계가 전제되어야 한다. 혼자서 일방적으로 말하는 연설이나 훈화, 설교, 강연 등은 대화가 아니기 때문이다. 이런 점에서 대화는 탁구와 같다고 말한 바 있다. 그러나 대화는 승부를 가리기 위한 것이 아니기 때문에, 대화 참여자들이 함께 가능하다면 오랜 시간을 즐겁게 이야기를 나눌 수 있다면 더

욱 좋은 대화가 된다. 두 사람이 함께 탁구를 즐기기 위해서는 상대방이 보내는 공을 잘 받아야 할 뿐만 아니라, 상대방에게 보내는 공도 잘 보내야 하는 것처럼, 대화를 잘 하기 위해서는 상대방이 한 말에 적절한 대답을 할 뿐만 아니라, 상대방이 이 말을 잘 받을 수 있도록 배려하는 말을 하여야 한다. 상대방에 대한 배려는 어떤 경우라도 필요하지만, 특히 처음 만나거나, 상대방과 가깝지 않을 경우에는 더욱 필요하다. 다음 (15)의 예를 생각해 보자.

(15) A : 음악 좋아하십니까?
B : 예.
A : 무슨 음악을 좋아하시는데요?
B : 클래식을 좋아하는 편입니다.
A : 클래식 중에서 어떤 작곡가의 작품을 즐겨 들으세요?
B : 모차르트입니다.

(15)의 예는 미팅에서 흔히 접하게 되는 대화이다. A는 무언가 둘 사이의 이야기를 이끌어 가기 위해서 계속 화제를 던지는데, B는 이것을 짧게 받아치기만을 한다. 탁구를 처음 시작한 초보자에게 공 던져주기만 하고 있는 셈이 되어, A는 이야기를 계속 이끌어가야 한다는 강박감과 책임감에 초조해질 수밖에 없고, 대화를 나누는 것이 고통스러워질 것이다. 이런 대화를 나누고 나서 상대방에게 호감을 느끼거나, 만남을 계속하고 싶다는 생각을 가지기는 어려울 것이다. 한편 B는 자신이 계속 추궁을 당하고 있다고 생각하고, 불편하게 생각할 것이다. 일방통행의 대화에서는 결국 더 이상 물을 말이 없어지거나 그렇지 않으면 더 이상 대답할 말이 없어져서, 어떤 한 쪽이 완전히 할 말을 잃게 되고 말 것이다. 일방 공격과 일방 수비의 대화의 책임은 결국 대화 참여자 모두에게 있다. 그러나 (15)의 예에서는 일차적으로 B가 이런 대화 흐름을 이끌고 가고 있다. 물론 B는 대화

의 격률도 지켰고, 특별히 문제가 되는 내용을 말한 것도 없지만, A의 질문이 대화를 이끌어 가고자 하는 노력이라는 것을 생각하지 못하고, 말을 다시 A에게 돌려주지 못한 책임이 있기 때문이다.

말을 받는 사람은 두 가지의 작업을 하여야 한다. 하나는 앞사람의 말을 수용하고 이것을 받아들이는 말을 하는 것이고, 다른 하나는 그 말을 받아서 다시 새로운 정보를 담아 상대방에게 전달하는 일이다. 전자를 맥락-다듬기context-shaped, 후자를 맥락-갱신context-renewing이라고 한다(Heritage, 1984: 242). 이러한 것들을 생각하면서 다음 (16)의 예를 생각해 보자.

(16) A : **음악 좋아하십니까?**

B : **예, 좋아해요. 그렇지만 요즘 대중음악에는 별로 관심이 없어요. 성하 씨도 음악을 좋아하세요?**

(16)에서 B는 A의 질문에 대해 "예, 좋아해요. 그렇지만 요즘 대중음악에는 별로 관심이 없어요."와 같이 대답을 하면서 맥락-다듬기를 하였고, "성하 씨도 음악을 좋아하세요?" 하는 말로 다시 새로운 정보를 담은 내용으로 맥락-갱신을 하여 다시 A에게 돌려줌으로써 대화는 계속하여 순환이 될 수 있도록 하였다.

(15)에서와 같이 상대방의 말을 받기만 하고 돌려주지 않는 것은 대화의 장애 요소가 된다. (16)에서와 같이 맥락-다듬기와 맥락-갱신을 통하여 상대방의 말을 최선을 다해 받을 뿐만 아니라, 상대방에게 적절한 말로 되돌려 주어야만, 대화는 생동감 있게 지속되고, 이것을 통하여 참여자들 사이의 인간관계도 긍정적으로 바뀌어 갈 것이다.

8.2.2. 화제의 오류

대화를 하면서 미리 화제를 정해 놓고 대화를 하는 사람은 거의 없다. 따라서 우리는 대화를 해 나가면서 목적이나 대상, 상황 등에 맞추어 화제를 이끌어 나간다. 그러므로 화제를 잘못 선택하는 것은 대화의 치명적인 장애 요소가 된다.

화제는 먼저 말하는 상황에 알맞은 것이어야 한다. 상황과 맞지 않는 화제를 가지고 이야기하면, 대화가 지속될 수 없다. 다음의 예 (17)을 살펴보자.

(17) A : 결혼을 축하해요.
B : 이렇게 와 줘서 고마워요.
A : 그런데 신랑 되시는 분이 내가 알던 그 사람이 아닌 것 같아요. 그 사람하고는 잘 안 되었어요?

(17)의 대화는 결혼식장에서 이루어진 대화이다. 왜 더 이상 대화가 진행될 수 없는지는 명백하다. A는 대화의 상황을 전혀 고려하지 않은 채 대화를 던진 것이다.

화제는 대화 참여자들이 잘 알 수 있는 내용이고, 흥미를 가질 수 있는 내용이어야 한다. 그런데 자신도 잘 모르는 분야일 뿐 아니라 상대도 잘 모르는 이야기를 화제로 제시해서는 대화가 지속되기 어렵다. 또한 상대방은 관심도 없는데 일방적으로 같은 화제를 지속하는 것도 대화의 장애 요소가 된다. 다음의 대화 (18)을 살펴보자.

(18) A : 너 어느 중학교 나왔니?
B : 영동중학교.
A : 패닉도 너네 학교 나왔지?
B : 패닉이 뭔데?

A : 왜 유명한 그룹 있잖아.

B : 몰라, 난 그런 건 잘 모르고, 관심도 없어.

A : 패닉이 얼마나 유명한데? 그 사람들 한 번 지나가면 동네가 떠들썩 해. 노래도 얼마나 잘 한다고? 너 달팽이 몰라?

B : 제발 좀 그만 해. 난 기어 다니는 달팽이밖에는 모른다니까.

(18)의 대화에서 A는 '패닉'이라는 화제를 통해 대화를 이끌어 가려고 한다. 그러나 B에게는 '패닉'이 잘 모르는 화제일 뿐 아니라, 관심이나 흥미도 느끼지 못하는 화제이다. 이런 경우 A처럼 무리하게 화제를 지속해 나가는 것은 대화의 장애 요소가 된다.

우리가 대화를 나누는 것은 친구를 만들고자 하는 것이지, 적을 만들고자 함이 아니다. 그러므로 상대방의 노출을 강요하거나 상대방의 관심을 강요해서는 안 되고, 서로에게 부담이 되지 않는 화제로 대화를 이끌어 가야 한다. 처음 만나는 사이이거나 친숙하지 않은 관계에서는 자연에 관한 것과 같이 상대방에 대한 호의일 뿐 어떤 부담도 주지 않는 것이 적절한 화제가 된다. 상대방에게 좋은 인상을 심기 원하면 상대방의 입에서 긍정적인 대답이 세 번 이상 나오게 하면 된다는 하야가와의 말을 통해서도, 긍정적 반응을 유도하기 위한 화제를 선택하는 것이 대화 자체뿐 아니라 인간관계에서도 매우 중요한 요소임을 확인할 수 있다.

8.3. 대화 참여자 관계 장애

8.3.1. 대화의 걸림돌 사용

우리 모두는 좋아하지 않는 사람, 신뢰하지 않는 사람과 이야기하는 것을 될 수만 있다면 피하고 싶어 한다. 대화자 사이의 인간관계는 대화에서 절대적인 영향력을 가지고 있다. 같은 말이라도 친한 사람, 좋아하는 사람이 한 말과 그렇지 않은 사람이 한 말은 받아들이기에 큰 차이가 있기 때문이다. 그러나 특별한 관계가 정립되지 않은 관계에서는 물론이지만, 특별한 관계로 정립된 경우라 하더라도 어떤 유형의 대화들은 두 사람이 대화를 계속하는 것을 방해하는 대화의 걸림돌로 작용한다. 이렇게 걸림돌로 작용하는 것은 어떤 유형이 있는지 살펴보자.

1) 명령 또는 강요

대화행위의 여러 유형 가운데 요구나 명령이 가장 부담이 크고 상대방의 체면을 손상시킬 가능성이 많다는 것은 앞에서도 이미 살핀 바 있다. 아무리 사회적 거리가 가깝고, 화자가 가지는 상대적인 힘의 크기가 월등히 크거나 같다고 하더라도, 명령이나 강요를 하는 말은 상대방에게 공포감을 불러일으키거나 심한 반항을 유발할 수 있다. 따라서 상대방은 반항적인 행동이나 말대꾸를 하게 될 것이고, 대화를 지속하는 데는 걸림돌이 되고 만다. 다음 예 (19)를 살펴보자.

(19) A : 내 말 들어!
B : 너 좀 전에 나한테 뭐랬어?
A : 너…
B : 존중받고 싶으면 먼저 상대를 존중할 줄 알아.
어디다 감히 명령이야, 명령이.
내가 니 아들이야? 내가 니 부하야?

—T.V. 드라마「날마다 행복해」중에서

위의 대화는 드라마에서 부부 사이에 이루어지는 대화이다. 가족끼리의 대화에서는 명령이나 강요의 대화가 자주 이루어지지만, 아무리 가까운 관계에서도 이런 명령이나 강요가 수용되기는 어렵다. 명령이나 강요에 대한 일차적인 반응은 반발이기 때문이다. 따라서 우리의 언어 습관 가운데 명령이나 강요가 자주 사용되고 있다면 인간관계에서도 자신에게 반발하고 있는 사람이 많다고 생각하는 것이 옳다. 상황에 따라 꼭 이러한 내용을 전달해야 할 경우라면 간접 대화행위를 사용하여 상대방의 체면을 손상시키지 않기 위해 노력할 필요가 있다.

2) 경고 또는 위협

경고나 위협은 상대방의 체면을 전혀 고려하지 않는 대화의 유형이다. 따라서 이런 말들도 대화의 걸림돌이 되는 것은 당연하다. 다음 예 (20)을 살펴보자.

(20) A : 약재는 어찌 됐나?
B : 나루마다 경계가 삼엄해서 못 했다 하지 않았소?
A : 그건 자네들 사정이고 내 신용은 뭐가 되나? 약조한 날을 지키지 못하면 나도 생각이 있으니 그리 알게.
B : 지금 우릴 협박하는 거요?

－T.V. 드라마 「허준」 중에서

경고나 위협을 하는 사람의 관점에서는 이런 공포를 강조함으로써 자신의 뜻에 따르게 할 수 있을 거라고 생각하지만, 오히려 상대방은 이런 위협에 대해 저항하게 되어서, 그 말뿐만 아니라 그 말을 한 사람까지 거부하고, 분노와 반항 등을 하게 될 뿐이다.

3) 훈계나 설교

우리는 존경하는 분들로부터 훈계를 듣거나 설교를 듣는 것을 의미 있게 생각한다. 그러나 일상적인 관계에서 훈계나 설교조의 대화가 나오는 것에 대해서는 매우 거부감을 느껴서, 이런 유형의 대화는 걸림돌이 되고 만다. 다음 예 (21)을 살펴보자.

(21) A : 어제 환영회 때 나 너무 화가 났어. 어째 선배들이 그 모양이냐?
B : 너 후배로서 선배에게 그렇게 말하는 것은 옳지 않아.
선배는 선배라는 이름 때문에라도 존경해야 하는 것이 우리의 도리야.
A : 그래, 너 잘 났다. 내가 너랑 무슨 말을 하겠니?

위의 예 (21)에서 살펴보는 것과 같이 훈계나 설교는 의무감이나 죄책감을 느끼게 강조하는 것이어서 상대방이 미처 생각하지 못한 것을 나는 생각하고 있다는 것을 전제로 하게 된다. 따라서 상대방은 체면의 손상을 느끼게 되어 자기 방어적인 반응을 보이거나, 고집을 부리게 된다. 이러한 대화는 상대방을 신뢰하지 않는다는 것만을 전달할 뿐 아무런 소득이 없고, 대화만 단절시키게 되고 만다.

4) 충고 또는 해결 방법의 제시

충고나 해결 방법을 제시하는 것이 나쁠 이유가 없다. 그러나 일상적인 관계에서는 이것 또한 상대방의 체면을 손상시키는 것이 되어서 대화의 걸림돌이 되고 만다. 다음 예 (22)를 살펴보자.

(22) A : 아이, 피곤해라. 왜 이렇게 피곤하지?
B : 그러니까 매일 밤늦게 다니지 말고 일찍 일찍 다녀.
A : 엄만, 내가 언제 매일 늦게 다녔다고 그래요?

위의 예 (22)에서 보는 것과 같이 충고나 해결 방법을 제시하는 것은 상대방이 스스로 할 수 없다는 것을 암시하고 있어서, 상대방의 체면을 손상시키는 것이 된다. 따라서 상대방에게 반항심을 유발시키는 것이 되어서 대화의 걸림돌이 된다.

5) 논리적인 설득이나 논쟁

논리적인 설득이나 논쟁도 그 자체가 나쁜 것은 아니다. 정치나 학문의 세계뿐만 아니라 갈등의 해소를 위해서도 반드시 필요한 것이다. 그러나 일상적인 대화에서 이러한 유형으로 대화하는 것은 대화의 걸림돌이 된다. 다음의 예 (23)을 살펴보자.

(23) A : 우린 사람이 신는 신발을 만드는 거야.
B : 그렇게 기능적인 것이 중요하면 왜 신발 디자이너가 있는 거지? 아무나 편한 구두 만들면 되는 거 아니니?
사람들에게 구두는 발을 보호하는 것도 있지만, 요즘엔 미를 표현하는 또 다른 수단이야. 내가 이런 것까지 가르쳐야 돼?
A : 사람에게 편하지 않은 아름다움은 존재 가치가 없어.
B : 됐다, 됐어. 너랑 쓸데없는 말싸움하기도 피곤하다.

—T.V. 드라마 「토마토」 중에서

위의 예 (23)에서 보는 것과 같이 논리적인 설득이나 논쟁은 상대방의 열등감이나 무력감을 암시하고 있어서, 상대방의 체면을 손상시키는 것이 된다. 이것은 상대방에게 방어적인 자세와 반론을 유발시킨다. 따라서 자신이 하는 말을 상대방이 무시하거나 듣기를 거부하도록 만드는 계기가 될 수 있고, 인간관계에 심각한 문제를 만드는 요인이 될 수 있다.

6) 비평 또는 비난

우리는 누구나 듣기 좋은 말을 들으려 하는 심리를 가지고 있다. 따라서 다른 사람으로부터 비평이나 비난과 같이 부정적인 평가를 받는 것에 대해 저항하고 거부하는 것이 가장 일차적인 반응이다. 이것은 직접적으로 상대방의 체면을 손상시키는 방법이다. 따라서 아무리 정중어법을 사용하여도 상대방의 체면이 손상되는 것은 피할 수가 없다. 우리는 상대방에게 유익이 될 거라고 생각하거나, 상대방과 가깝다는 것을 기초로 가까운 관계에서 비평이나 비난을 하는데, 이것은 대화의 걸림돌로 작용한다. 물론 듣는 사람의 인격이 고매해서, 칭찬을 듣는 것보다 비평을 듣는 것을 더 유익하게 생각하는 사람이 있을 수도 있지만, 유익하다는 것과 듣기 좋다는 것은 또 다른 차원이다. 다음 예 (24)를 살펴보자.

(24) A : 야!

B : 왜?

A : 주제 파악 좀 해.

B : 내 주제가 어때서?

A : 몰라서 묻니? 너 정말 뻔뻔하다.

—T.V. 드라마 「별은 내 가슴에」 중에서

위의 예 (24)에서 보는 것과 같이 비평이나 비난은 상대방이 부적당한 행동을 했다거나 어리석다는 것, 또는 지금 잘못된 판단을 내리고 있다는 것을 암시하고 있어서 상대방의 체면을 손상시키는 행위가 된다. 따라서 이러한 부정적인 판단이나 비난을 받는 것에 대해서 두려워하거나 반항하게 되고, 대화는 단절되고 만다. 비평이나 비난보다 더 심한 욕설이나 비방, 빈정거림이나 조롱 따위가 대화의 걸림돌이 된다는 것은 더 말할 필요도 없이 자명하다.

7) 분석 또는 진단

상대방의 행동을 분석하고 진단하는 말은 상대방을 불편하게 한다. 이것은 자신이 상대방의 행동이나 말을 통하여 무엇인가를 알아내었다는 사실을 상대방에게 폭로하는 것으로 상대방의 체면을 손상시키는 말이다. 다음 예 (25)를 살펴보자.

(25) A : 너 얼굴이 부은 걸 보니, 어제 무슨 일이 있었구나.
어제 그 사람하고 다투었지?
B : 넌 무당이니? 점쟁이니? 아는 척 좀 하지 마.

위의 예 (25)에서 보는 것과 같이 분석이나 진단의 말은 상대방을 궁지에 몰거나, 자신의 상태와는 달리 왜곡되거나 공개적으로 알려지는 것에 대하여 두려워하는 마음을 유발시킨다. 따라서 더 이상 대화를 지속하기 어려워지고 만다.

8) 동정 또는 위로

동정이나 위로가 꼭 필요한 상황이 있다. 어려움이나 슬픔 속에 있는 사람에게 따뜻한 위로의 말은 힘을 줄 수 있다. 그뿐만 아니라 그런 상황에서 동정이나 위로의 말을 하지 않는 것은 예의에 어긋나기도 한다. 그러나 다른 사람을 동정하거나 위로하는 것은 상대적으로 자기가 더 우위에 있다는 것을 암시한다. 따라서 일상적인 대화에서 이러한 말을 하는 것은 듣는 사람의 체면을 손상시키는 행위가 되기도 한다. 다음의 예 (26)을 살펴보자.

(26) A : 현준아, 나 이번 시험 망쳤어.
B : 그래? 그것 참 안 되었구나.

너무 걱정하지 마.

다음 시험은 잘 볼 수 있을 거야.

A : 으악, 제발 그만.

너하고 이야기하면 할머니하고 이야기하는 것 같아.

위의 예 (26)에서 보는 것처럼 친구끼리의 대화에서 동정이나 위로의 말이 오히려 대화를 단절시키는 걸림돌이 되고 말았다. 일상적인 대화에서 동정이나 위로의 말을 듣는 청자는 화자가 "네가 그렇게 심각하게 생각하고 있는 것은 좋지 않아."라고 말하고 있는 것처럼 받아들여서 반발심을 불러일으키게 된다.

9) 캐묻기 또는 심문하기

다른 사람의 말을 꼬치꼬치 캐묻는 언어 습관을 가진 사람들이 있다. 그러나 이런 대화는 대화의 걸림돌이 되어 오히려 대화를 지속하지 못 하도록 만들고 만다. 다음 예 (27)을 살펴보자.

(27) A : 다녀왔습니다.

B : 왜 이렇게 늦었니?

A : 친구 좀 만났어요.

B : 어떤 친구를 만났는데?

A : 고등학교 동창이요.

B : 고등학교 동창 누군데?

A : 누구라고 하면 아세요? 왜 그렇게 꼬치꼬치 물으세요?

내가 거짓말하고 다니는 줄 아세요?

위의 예 (27)에서 보는 것처럼 캐묻기식의 대화가 진행되면, 상대방은 도대체 무슨 의도로 저런 질문을 하고 있는지를 생각하게 되고, 불안해하거나 두려움을 느끼고 반항을 하게 된다. 또한 쏟아지는 질문에 대답을 하다 보면, 말하고자 했던 문제의 핵심을 놓쳐 버리기도 한다. 따라서 이러한 것들은 대화의 걸림돌이 되어서 대화를 단절시키고 만다.

지금까지 우리는 대화를 나누는 데 있어서 걸림돌이 될 수 있는 대화의 유형들을 생각해 보았다. 이러한 대화는 대부분 상대방의 체면을 손상시키는 것들로, 이것에 대해 반항함으로써 대화가 단절되고 마는 결과를 가져 왔다. 그러나 위에서 살펴본 아홉 가지의 대화 유형이 언제나 대화의 걸림돌로 작용하는 것은 아니다. 상황에 따라서는 적절하고 필요한 말이 되기도 하지만, 특정한 상황이 아닌 일상적인 대화에서 습관적으로 그러한 유형의 대화를 하는 것은 걸림돌이 된다는 것이다.

8.3.2. 승자가 되려는 욕구

우리는 앞서 대화의 원리를 살피면서 가장 기본적으로 대화는 협동의 원리를 따른다고 하였다. 협동의 원리는 대화의 가장 기본적인 전제인 상호성에서 출발하는 것이다. 다시 말해서 화자와 청자가 서로 협동하는 것이 대화를 이루어 간다는 것이다. 그러나 대화를 하다 보면 협동의 원리보다는 승부의 원리가 작용되는 경우들이 있다. 처음에는 그럴 의도가 없었는데도 대화를 나누는 것이 언쟁으로 바뀌게 되고, 그 상황에서 자신이 꼭 이겨야 한다는 생각으로 대화를 이끌어 가는 것이다. 이러한 상황은 가치 갈등이 있을 때 나타나는 경우가 많다.

가치 갈등은 대화 참여자들 사이에 가치관이나 생활 방식, 취향, 심미적 기준, 정치적 신조, 인생의 목표, 개인적 습관 등의 차이가 있을 때 나타난다. 가치 갈등이 생기면 대부분의 사람들은 자기가 제시한 해결 방법이 옳은 것임을 주장하려고 한다. 다시 말해서 그 상황에서 자신이 승자가 되고 싶어 하는 것이다. 승자가 되기 위하여 두 가지의 접근 방법을 사용하는데, 하나는 힘과 권위를 사용하는 권위적 접근 방법이고, 또 다른 하나는 상대가 하고 싶은 대로 하라고 포기하거나 양보해 버리는 방임적 방법을 사용하는 것이다. 권위적 방법을 사용하면 자신은 승자가 되고, 그 결과 상대방의 체면을 손상시키는 것이 되는 것은 분명하다. 그러나 상대방을 승자로 만드는 방임적 방식도 상대방에 대한 무관심이나 포기를 표면적으로 드러내는 것이고, 더 이상 이야기하기조차 싫다는 것을 암시하고 있어서 상대방의 체면을 손상시키는 방법이다. 다음의 예 (28)을 살펴보자.

(28) A : 난 빨간 바지를 살 거야.
B : 너 제 정신이니?
바람난 중년 부인도 아니고, 그렇게 천박한 옷을 어떻게 입어?
늙은이들은 원색적인 옷을 좋아한다더라.
그러니까 이제부터 바람난 늙은이 소리 듣기 싫으면, 그런 말은 하지도마.
A : 젊은 사람은 빨간 옷 입지 말라는 법 있어?
B : 글쎄, 내가 싫다면 싫은 거야.

위의 예 (28)에서 A와 B는 빨간 옷을 입는 문제로 가치 갈등을 일으킨다. 거기에 대해 B는 승자가 되려는 욕구 때문에 권위적 접근 방법으로 A에게 부담을 주면서 체면을 손상시키고 있다. 이런 경우 "나는 내가 하고 싶은 대로 하겠다. 그러기 위해 나의 힘이나 권위로 상대를 누르겠다."는 의도를 가지고 명령이나 강요, 경고, 위협 등과 같은 대화의 걸림돌들을 사용하며, 대화의 장애 요소가 되고 만다.

(29) A : 난 빨간 바지를 살 거야.

B : 난 빨간 바지는 정말 싫어. 다른 걸로 고르면 안 될까?

A : 왜 그래? 빨간 바지가 얼마나 멋있는데?

B : 그래, 네가 빨간 바지를 입든, 노란 바지를 입든, 내가 간섭할 것 없지. 난 정신이 아픈 사람들이나 그런 옷 입는 줄 알았는데, 그것도 아니군.

A : 무슨 말을 그렇게 해?

B : 글쎄, 사고 싶으면 사라고. 난 아무 상관도 없어.

위의 예 (29)에서 A와 B는 모두 승자가 되려는 욕구를 가지고 있다. 그러나 (28)과는 달리 방임적 접근 방법으로 결국 B는 빨간 바지를 사는 것에 대해 승낙을 해서 A가 승자가 되도록 한다. 그러나 A에게 부담을 주면서 체면을 손상시키고 있으며, 대화의 장애 요소가 되기는 마찬가지다.

위에서 살펴본 바와 같이 가치 갈등이 있는 상황에서 승자가 되려는 욕구는 대화의 장애 요소가 된다. 따라서 권위나 힘 따위에 의존하지 않고 방임하지도 않으면서, 아무도 지는 사람이 없는 무패의 방법No-lose / win-win method을 사용하는 것이 이런 장애 요소를 극복할 수 있게 해 준다. 무패의 방법이란 서로가 서로의 욕구를 만족시켜 줄 수 있는 해결책을 찾아가는 대화 방법으로, 아무도 지는 사람이 없이 대화 참여자 모두가 이기는 방법이다. 이것은 대화 참여자가 모두 가능한 해결책을 제안하고 평가해 본 후, 가장 좋은 해결책을 찾고, 어떤 방법으로 실행할 것인지를 결정한다. 힘이나 권위를 이용한 위협적인 방법은 절대로 사용되지 않고, 누구의 체면도 상하지 않는 방법이다.

(30) A : 난 빨간 바지를 살 거야.

B : 나는 네가 빨간 바지를 사는 것이 못 마땅하구나. 빨간 바지를 입으면, 네가 남들에게 가볍게 보일까 봐 걱정도 되고.

A : 빨간 바지를 입으면, 남들이 나를 가볍게 볼까?

B : 내 생각으로는 많은 사람들이 그렇게 생각할 것 같아.

A : 그래도 난 빨간 바지가 사고 싶은 걸.

B : 모양은 비슷하지만 다른 색 가운데 마음에 드는 것은 없을까?

A : 이번에는 꼭 빨간 색을 사고 싶어. 더 나이 먹으면 못 입을 것 같고.

B : 그럼, 빨간 색으로 된 조끼나 티셔츠를 사고, 바지는 다른 색으로 고르면 어떨까?

A : 그래, 위에다 빨간 색을 입는 것은 가볍게 보이지는 않겠지?

B : 그럼. 바지보다는 훨씬 낫지.

(30)에서 보는 것처럼 무패의 방법을 사용하면 대화 참여자 가운데 누구도 패자가 되지 않는다. 따라서 서로의 체면에 손상이 없이 대화를 이끌어 가기 때문에, 대화에도 장애가 없고, 가치 갈등도 해결할 수 있다.

원만한 인간관계는 원만한 대화를 만들지만, 인간관계에 문제가 있을 때는 대화에도 문제가 생기므로, 원만한 대화를 위해서는 원만한 인간관계가 필요하다. 그러나 원만한 인간관계는 대화에 의해 만들어지는 것이기 때문에, 근원적으로는 협동의 원리를 준수하면서 대화를 잘 이끌어 가는 것이 무엇보다 중요하다. 그러기 위해서는 대화 참여자 사이의 협동을 깨뜨리는 장애 요소들을 이해해야 할 뿐만 아니라, 그것들을 극복하기 위한 노력과 훈련이 필요하다. 정확한 발음과 어휘를 사용하고, 순환 오류의 대화나 화제 오류의 대화가 되지 않도록 주의하며, 대화의 걸림돌들을 피하고 가치 갈등이 있을 때는 '무패의 방법'을 사용하여 상대방의 체면을 세워 주는 것은 대화의 장애 요소들을 극복할 수 있는 바람직한 방법이 될 것이다.

9장 대화의 구도

사람들은 대화를 시작하면서 먼저 그 대화가 어떤 유형의 대화에 속하는지를 파악하고, 그 속에서 구도를 마련한 다음 대화를 시작한다. 대화의 구도란 대화가 어떻게 진행될 것이라고 대화의 구조를 미리 예상하는 틀을 말한다. 우리는 사람들이 나누는 대화를 들으며 그 대화가 대체로 어떤 유형에 속하는지를 파악할 수 있다. 옆자리에서 갑자기 큰소리가 오고가면 '싸움이 시작되었구나'라고 받아들이고, 곧이어 웃음소리가 들려오면, '싸움이 아니고 장난이었구나'라고 수정하여 받아들이게 된다. 여기에서 싸움이나 장난과 같은 것이 대화의 구도가 된다. 똑같은 행동이라도 구도에 따라 달리 해석된다.

이 장에서는 구도의 개념과, 정형화되어서 대화 전반에 걸쳐 영향을 끼치는 구도를 대화 참여자와 관련한 구도인 따돌리기와 끼워주기, 깔보기와 함께 보기, 무시하기와 인정하기, 대화 내용과 관련한 구도를 거짓말하기와 정직하기, 남의 말하기와 비밀 지켜주기로 나누어 살펴보고, 구도의 재구성에 관해 살펴보기로 한다.

9.1. 구도의 개념

동일한 행동이 언제나 동일한 의미로 해석되는 것은 아니다. 친구가 와서 등을 때리면 친근감의 표현이나 장난을 거는 것으로 받아들이지만, 모르는 사람이 와서 등을 때리면 전혀 다른 의미로 받아들이게 된다. 어른들은 아이가 귀여워서 볼을 꼬집지만, 아이들은 그런 어른들을 두려운 존재로 받아들이기도 한다. 어른들에게는 친근의 구도이지만, 아이에게는 공격의 구도로 받아들여지기 때문이다. 인간의 행동이 구도에 따라 달리 해석되는 것처럼 대화도 구도에 따라 달리 해석될 수 있다. 언어적으로는 농담이라고 표현하고 있는 다음 대화들의 구도를 살펴보자.

(1) A : 기주 씨, 오늘따라 넥타이가 왜 그렇게 촌스러워요?
B : 왜 그래? 다른 사람들은 모두 멋있다고 하던데…
A : 농담이었는데…?

B는 처음 대화가 도전이나 비난이라고 받아들인다. 그러나 다음 발화를 통하여 농담이라는 구도로 재해석하게 되고, 도전이나 비난이 아닌 칭찬으로 해석하게 된다.

(2) 신형 : 형은 무슨 얘기할 때 농담은 농담답게 진담은 진담답게 해. 농담, 진담 섞어가지고 무슨 말인지 모르게 하지 말고.
길진 : 그건 내가 할 말인데? 넌 언제나 내가 진담을 하면 농담으로, 농담을 하면 진담으로 듣잖아? 지금도 나 너 좋다고, 그렇게 말하고 있는데, 왜 피하니?
신형 : 형, 나 좋아해? 그럼 나도 형 좋아해야 돼?.
길진 : 좋아해 주면 고맙지, 아주 고맙지.
신형 : 형, 그 말 농담이지?.

길진 : 농담이야.

－T.V. 드라마「우리가 정말 사랑했을까」중에서

(2)의 대화를 통해 사람들은 농담하는 구도와 진담하는 구도가 다르며, 받아들이는 사람도 농담과 진담을 별도의 구도로 받아들인다고 전제하고 있음을 알 수 있다. (2)의 대화에서 길진은 농담이라는 구도를 통해 진담을 하고 있으며, 신형은 진담을 농담의 구도로 해석하려고 함을 알 수 있다. 이 대화가 농담인지 진담인지를 식별하기 위해서는 표정이나 목소리, 태도 등과 같은 동작언어를 살펴야 한다.

(3) 계순 : 아이스티 아주 시원하게 한 잔 줘요. 덥네, 더워.
진만 : 나는 거, 얼음 탄 홍차 있지? 냉홍차 그거 한 잔.
종업원 : 아이스티 두 잔요.
진만 : 아니, 나는 냉홍차라니까.
계순 : 같은 거예요.
진만 : (얼버무리는) 에이 알죠. 제가 농담한 거죠. 배실장님 기분이 안 좋으신 것 같아서 웃겨 드리려고 말이죠.

－T.V. 드라마「팝콘」중에서

(3)의 대화에서 진만은 자신의 무지가 드러나는 것을 피하기 위해 지금까지의 대화가 농담의 구도였다고 말한다. 그러나 상황으로 미루어 이 대화를 농담의 구도로 해석하기는 어렵다.

지금까지 살펴본 바와 같이 농담이라는 언어적 표현을 사용한다고 해서 모두 농담의 구도로 해석될 수 있는 것은 아니다. 어떤 상황에서는 서로의 해석이 같아서 농담으로 이해할 수 있지만, 어떤 경우는 농담과 진담 사이에서 오해를 불러일으킬 수도 있다. 이와 같은 이해와 오해는 구도의 문제이다.

구도란 우리가 말하거나 행동하는 것이 어떤 의미인가를 보여주는 방식이며, 다른 사람이 말하거나 행동하는 것이 어떤 의미인가를 알아내는 방식이다. 구도를 결정하는 데는 음성언어보다 동작언어가 더 중요한 역할을 하기도 한다. 음색이나 어조, 억양, 표정과 같은 미묘한 신호들은 우리가 하는 말이 심각한 것인지, 장난스러운 것인지, 화가 난 것인지, 점잖은 것인지, 무례한 것인지 반어적인 것인지를 구성하는 작용을 한다. 구도는 초메시지를 통해서 간접적으로 이루어진다.

구도는 한 발화 단위를 기준으로 설정할 수 있다. 그러나 한 발화 단위가 만드는 작고 순간적인 구도가 모여서 더 큰 구도를 만들어 낸다. 예를 들자면 계속해서 정보를 주는 구도는 교육이라는 구도를 만들어 내고, 칭찬과 접촉은 구애라는 큰 구도의 일부가 될 수 있다. 따라서 대화의 구도는 대화가 어떻게 진행될 것인지를 미리 예상하게 하는 틀이 되기도 한다.

9.2. 정형화된 대화의 구도

일상적인 대화에서 대화 참여자들 사이의 인간관계와 대화의 내용은 구도에 큰 영향을 준다. 여기서는 정형화되어서 대화 전반에 걸쳐 영향을 끼치는 구도를 드비토(DeVito, 1994)의 언어적 메시지의 원리에 따라 대화 참여자와 관련한 대화의 구도와 대화 내용과 관련한 대화의 구도로 나누어서 살펴보기로 한다.

9.2.1. 대화 참여자와 관련한 구도

1) 따돌리기와 끼워주기

대화를 나누는 상황에는 다양한 대화 참여자가 있을 수 있다. 그 가운데는 같은 고향 친구나 학교 동창이 있을 수도 있지만, 거기에 속하지 않는 사람도 함께 있을 수 있다. 한 집단에 속하지 않는 사람이 있을 때 그 사람이 참여할 수 없는 주제에 대해 말하는 것은 아주 바람직하지 않은 일이다. 대부분이 동일 집단에 속하고 소수의 외부인이 있을 경우 어떻게 대화를 나눌 것인가는 문제가 된다. 이럴 경우 대화의 구도는 동일 집단에 속하지 않는 대화 참여자를 따돌리는 구도와 끼워주는 구도로 나뉠 수 있다.

(4) 유진 : 어? 너희들 오늘 혜란이네 집 가?
혜란 : 왜 너도 오려고?
유진 : 어.
혜란 : 우리 집 미안하게도 방이 좁거든? 3명이면 다 차.
넌 다음에 와.

－T.V.드라마「학교」중에서

(4)의 대화는 전형적인 따돌리기의 대화이다. 대화에서 가장 기본적으로 지켜져야 할 것이 협동의 원리인 것처럼 대화의 구도에서 기본적인 것은 포함의 원리이다. 한 두 사람의 소수라도 배제하지 말고 모두 다 포함시키라는 것이다.

외국인들과 함께 있으면서 자기네끼리만 알아들을 수 있는 언어로 이야기를 하는 것도 따돌리기의 대표적인 경우가 된다. 이것은 알아듣는지, 못 알아듣는지를 떠나 기본적으로 어떤 사람을 국외자로 취급한다는 점에서 아주 나쁜 방법이다. 전문 직종에 관한 이야기라 하더라도 여러 가지 방법으로 비전문가를 대화에 참여시키기 위한 방법을 모색해야 한다. 의견을 묻는다거나, 그 사람의 전문 분야와 관련해서 의견을 물을 수도 있다.

(5) 현경 : 다 좋은데 천사표 여잔 재미가 없어요.

영대 : 그런가?

현경 : 현실감이 없잖아. 안 그래요? 미나 씨?

미나 : 아, 네….

현경 : 대본 못 보셨어요?

영대 : 이 친군 그런 거 관심 없어요. 돈 얼마 받나가 중요하지.

현경 : 그거 중요하죠.

—T.V. 드라마 「장미와 콩나물」 중에서

위의 (5)의 대화에서 현경과 영대는 영화와 관련된 일을 하고 있기 때문에 공통성을 가진 대화 집단인 데 반해, 미나는 관련이 없다. 이런 상황에서 현경은 끼워주기의 구도를 가지고 대화를 하는 데 반해, 영대는 따돌리기의 구도로 대화를 하고 있다.

습관적으로 따돌리기의 구도로 대화를 나누는 사람은 어느 곳에서도 환영을 받지 못한다. 끼리끼리만 하는 대화뿐만 아니라, 자기 이야기만 늘어놓는 것도 따돌리기 구도의 한 부류이다. 자기 이야기에 열중하여 다른 사람은 모두 듣기만 하는 사람이고 자신만이 이야기하는 사람이라고 생각하는 것은 잘못이다. 특히 이런 역할이 고정되어서 '누구는 자기 말만 하는 사람'이라는 평가를 받게 되면, 인간관계에 치명적인 문제가 생기게 된다. 이런 구도의 이야기를 즐기는 사람은 대체로 권위적인 위치에 있거나 나서기를 좋아하는 사람인 경우가 많은데, 힘과 관련된 관계가 끝나고 나면, 아무도 더 이상 그 사람과 함께 이야기하려 하지 않고, 그이상의 어떠한 인간관계도 기대하기 어렵게 된다.

한 방송사에서 아이들을 대상으로 집단따돌림을 당하는 유형을 조사했는데, 그 가운데는 '자기 혼자 대화를 독점하려는 아이'가 포함되어 있었다. 자기 이야기만 늘어놓는 식의 따돌리기 구도가 환영받지 못 하는 것은 어른이나 아이 모두에게 나타나는 현상이다. 대부분의 사람들은 듣기보다는 말하기를 좋아하고, 다른 사람의 이야기를 듣기만 하는 것이 지루하다고 생각하는 것은 모두가 마찬가지이기 때문이다.

이뿐만 아니라 자기의 이야기를 절대로 하지 않는 것도 따돌리기 구도의 한 부류이다. 자기 스스로를 과묵하다고 생각할 수도 있고, 입이 무거워 신뢰할 만한 사람이라고 평가할 것이라고 생각할 수도 있지만, 분명한 것은 그것 역시 따돌리기의 구도라는 점이다. 따라서 함께 대화를 나누는 상황에 있었던 사람들은 자기를 개방하지 않는 사람에 대해 불편한 마음을 가지지 않을 수 없다.

여기서 중요한 것은 균형의 원리를 지키는 것이다. 자기의 이야기와 남의 이야기 사이에 균형이 맞도록 하라는 것이다. 남의 이야기보다 나의 이야기가 많아도 문제이지만, 남의 이야기에 비해 나의 이야기가 지나치게 적어도 폐쇄적이라는 인상과 함께 부담을 주기 때문이다.

대화를 시작할 때는 물론이고, 대화 도중에 새로운 사람이 합류하게 되더라도 그 사람을 포함시켜서 대화를 하는 것이 필요하다. 이런 경우 화제를 조절하기 위한 절차가 필요하다. 진행되던 화제가 계속 되어야 할 경우, 그동안의 이야기를 간단하게 요약 정리해 주고 계속 대화를 나누는 것이 좋고, 화제가 바뀌어도 관계가 없다면 공통의 화제를 찾아 대화를 하는 것도 좋은 방법이 된다.

2) 깔보기와 함께 보기

다른 사람들과 함께 대화를 나누면서 대화 상대방을 대하는 태도는 깔보기 구도와 함께 보기의 구도로 나눌 수 있다. 깔보기 구도는 몇 가지의 유형으로 나타난다.

첫째, 지적 능력이나 경험, 지식, 지위 재산 등등과 관련하여 대화 상대자를 깔보고 이야기하는 경우이다. "너희는 이해할 수 없겠지만, 어쨌거나 이해하려고 노력해 봐라." 하는 식의 말이나 "아마 너는 잘 모르겠지만, ……", "내가 알기로는 네가 아직 이 방면에 미숙한 걸로 아는데……" 등은 깔보기 구도의 전형적인 표현이다.

(6) 상범 : 최 형은 문제를 이상하게 푸시네. 최 형은 사회생활을 안 해봐서 모르시나 본데요.

반쪽이 : 사회생활, 사회생활 하지 맙시다. 그쪽만 사회생활 합니까? 집에서 살림하는 거, 시장가서 물건 사는 거 다 사회생활입니다.

—T.V. 시트콤 「반쪽이네」 중에서

둘째, 감정적 판단과 관련해서 대화 상대자를 깔보고 이야기하는 경우이다. "바보짓 하지 마. 그 일은 잘 될 거야." "그 바보 같은 사람은 잊어 버려. 다른 사람도 많잖아." "너보다 못한 아이들도 부지기수야. 너무 자책하지 마." 등이 전형적인 표현이다.

(7) 인하 : 저도 생각이 있고, 제 인생에 대해서 고민하고 있어요.

경환 : 너 같은 놈이 무슨 생각이 있어? 생각한다고 해도 썩어빠진 생각이나 하고 있겠지.

인하 : 그래요. 전 썩어빠진 놈이에요. 그러니까 저한테 어떤 것도 강요하지 마세요.

—T.V. 드라마 「토마토」 중에서

셋째, 남의 말을 가로채는 경우이다. 다른 사람의 말보다 자신의 말이 더 중요하다고 주장하면서 다른 사람의 말을 듣지 않으려는 것이다.

(8) 나사장 : 니가 왜 영화배운지 뭔지 하는 여자애 차를 고쳐주고 돈을 내? 너는 차도 없으면서.

호태 : 엄마, 그게 다 투자야.

나사장 : 시끄러! 너 집에서 밥이나 먹고 돌아다니지 말고 집에 처박혀 있어.

호태 : 투자라니까, 엄마.

나사장 : 투자 같은 소리, 투자는 무슨 투자!

—T.V. 드라마 「토마토」 중에서

넷째, 말을 필요 이상으로 복잡하거나 거창하게 하는 경우이다.

(9) 홍여사 : 파스칼 알지, 팡세 쓴? 그 사람이 그랬거든? 인간은 신과 동물의 중간적 존재다. 그리고 이런 말도 했어. 인간은 끊임없이 신과 악마 사이를 떠도는 가엽고 부조리한 존재다!

아버지 생일날 너 종일 목 빼고 기다리다가 바람맞더니, 오늘도 너 바람맞은 것 확실하고… 난 그 남자 좀 이상한 것 같아, 얘!

수경 : 아니에요. 아줌마! 동규 씨 착한 사람이에요!

—T.V. 드라마 「그대 그리고 나」 중에서

다른 사람을 깔보고 그 결과로 자신의 목적을 달성하려는 것은 힘장난power play을 하는 것이다(Steiner, 1981). 힘장난을 하는 사람은 상대방의 사무실에 기척도 없이 불쑥 들어가고, 상대방의 서랍이나 우편함 같은 것을 열어보는 등, 무례한 행동을 한다. 대화에서는 상대방의 말을 계속 무시하거나, 빚을 독촉하는 것과 같이 상대방에게 대가를 요구하는 말을 하고, 상대방과 관련된 다른 사람을 은유적으로 무시하는 말을 함으로써 결과적으로 그 상대방을 깔보려는 태도를 보인다.

(10) 원장 : 음, 이게 뭐야! 김간! 김간!

김간! 김간! 아니, 이게 뭐야? 이거! 어?

도저히 몇 번 얘기해야 해?
입이 아파서 얘기 안 떨어져. 이 양반아.
그렇게 얘기해도 그걸 못 알아들어?
아니 말이야, 한 번도 아니고 수십 번.
무슨 생각을 하는 거야? 이 새대가리 아줌마.

김간호사 : 원장님!

원장 : 아니, 왜 내 말이 틀렸어? 아니 한 마디 할 걸. 수천 번 해도 모르는 새대가리 아줌마, 어?…

김간호사 : 죄송합니다. 하는 일이 없어서…

원장 : 어? 얘기 안 끝났어.
아니, 왜 가고 그래? 저런 버르장머리 없는 것.

−T.V. 드라마 「순풍산부인과」 중에서

이와 같은 힘장난 식의 대화 상황에서는 불편하게 느껴지더라도 자신의 감정, 특히 기분이 매우 나쁘다는 것을 나타내고, 싫어하는 부분이 무엇인지 구체적인 행위를 지적해야 한다. 또한 피차 편안해지기 위해서 자신이 무엇을 원하는지를 구체적으로 밝히는 것이 필요하다.

3) 무시하기와 인정하기

우리는 대화에서 대화 상대자를 대하는 태도에서 상대방을 무시하는 구도로 대화를 할 수도 있고, 상대방을 인정하는 구도로 대화를 할 수도 있다. 늦게 들어왔다고 화를 내는 아내에게 대응하는 다음 대화를 비교해 보자.

(11) A : 당신 왜 그렇게 늦었어요?

B-1 : 바가지 긁지 마. 난 그따위 소리에는 관심 없어. 난 내 시간 가지

고 내가 하고 싶은 일 하면서 사는 사람이야.

B-2 : 왜 그렇게 화가 났어? 지난 번 모임 때도 같은 시간에 들어 왔잖아. 그러지 좀 마.

B-3 : 당신이 화가 날만도 해. 늦는다고 전화를 했어야 하는데, 언쟁이 있었어. 그 일을 해결하다 보니 이렇게 늦었네.

B-1은 무시하기의 구도로 말을 하고 있으며, B-2는 반대하기의 구도로 말을 하고 있고, B-3은 인정하기의 구도로 말을 하고 있다.

무시하기는 상대방의 존재와 그 사람의 의사를 무시하는 것이다. 반대하기는 단지 상대방의 의견에 동의하지 않는 것이다. 따라서 무시하기와는 다르다. 어떤 일에 대해 반대하는 것은 자연스러운 대화의 일부이다. 그러나 무시하기의 경우는 다르다. 무시하기는 다음과 같은 특징으로 나타난다.

(12) **무시하기의 구도**

① 상대방이 존재한다는 것을 무시한다.

② 상대방이 어떤 표현을 해도 무시한다.

③ 상대방과 눈도 마주치지 않고, 어떤 접촉도 하지 않는다.

④ 상대방에 대한 관심도 없고, 상대방을 존중하지도 않아서 실제적으로 상호작용이 일어나지 않는다. 대화가 아니고 독백의 수준이다.

⑤ 상대방이 무슨 말을 하는지 이해하려 들지 않고 곧바로 해석하거나 평가해 버린다.

⑥ 상대방의 느낌은 무시하고 자신의 느낌만 표현하거나, 추상적이고 이지적인 반응만 한다.

⑦ 상대방의 말에 대해 묻지 않고 자신의 진술만 한다.

⑧ 상대방의 요청은 무시하고 질문에 답하지도 않는다.

⑨ 상대방이 표현하는 것을 방해하거나 말하기 어렵게 만든다.

⑩ 상대방의 말에 빗나간 대답을 하고, 말의 초점을 다른 곳으로 옮긴다.

다음의 예는 무시하기의 구도를 잘 보여주고 있다.

(13) 나사장 : (안 보고) 긴 말 안 해. 니들 얼굴보고 긴 말하고 싶지도 않고. 결혼해. 가능한 빨리.

훈　제 : 고맙습니다, 사장님.

나사장 : 그리고 너 동대문인가 뭔가서 준비한다는 거 다 접고 낼부터 식당에 나와.

훈　제 : …

나사장 : 낼부터 여기 나와서 식당 일 배워.

훈　제 : 사장님, 말씀은 감사합니다만 싫습니다.

나사장 : 싫어도 해. 너 이뻐서 하라는 거 아냐. 무조건 해.

훈　제 : …

나사장 : 나가봐 들. 내 말 끝났어.

－T.V. 드라마「날마다 행복해」중에서

무시하기의 구도가 인간관계에서 문제를 일으키는 것은 더 설명할 필요가 없는 사실이다. 이에 반하여 인정하기는 상대방을 받아들인다는 것을 전달하는 것이다. 따라서 상대방의 존재에 가치와 의미를 부여하는 일이다. 인정하는 메시지는 상대방의 존재를 인정해 주고, 상대방의 이야기에 적절히 반응함으로써 경청하고 있음을 표시하고, 상대방의 자아 경험을 받아들이고 반영하며, 상대방과 관계를 맺고자 하는 마음이 있음을 전달하는 것이다. 인정하기는 다음과 같은 특징으로 나타난다.

(14) **인정하기의 구도**

① 음성언어나 동작언어로 상대방이 존재한다는 것을 인정한다. 존재하지 않는 것처럼 취급받는 것보다 존재가 받아들여지는 것이 더 인정받는 것이다.

② 지지발언이나 주제를 지속하면서 상대방이 어떤 기여를 하고 있음을 인정한다. 적절한 반응발화를 해주는 것은 인정을 나타내는 매우 중요한 기술이다. 요청이나 느낌을 말했는데 아무 반응도 없다면 무시당하는 느낌을 받을 수밖에 없다.

③ 눈길을 마주치거나 여러 종류의 접촉을 한다.

④ 상대방에 대한 관심과 상대방을 존중하는 태도로 화자와 청자로서 상호작용을 하면서 주고받는 말을 한다. 독백보다는 대화가 상대방을 인정하는 것이다.

⑤ 상대방이 한 말을 이해하고 있다는 것을 나타내 준다. 공감적 경청이나 반응발화를 통해 상대방이 느낄 수 있도록 표현한다.

⑥ 상대방의 감정에 대해 반응한다. 이때는 다른 사람들을 대할 때와 똑같이 하는 일반적인 반응보다는 개인적인 반응이 훨씬 더 인정하는 것이 된다.

⑦ 상대방의 생각이나 느낌에 대해 질문을 한다.

⑧ 상대방의 요청을 받아들인다. 질문에 대답해 준다. 수용적이고 긍정적인 태도로 대화를 나누는 것이다. 수용하는 것은 해석하는 것보다 상대방을 더 인정하는 것이다.

⑨ 상대방이 표현하는 것을 북돋아준다.

⑩ 상대방이 말한 것에 대해서만 직접적으로 반응한다.

다음 대화는 인정하기의 구도를 잘 보여준다.

(15) 최교감 : 살림하느라고 네가 애쓰는구나.
영　주 : 아니에요, 할아버지.
최교감 : 내가 널 보자고 한 건 다름이 아니고, 이걸 받아라.
영　주 : 저한테 이걸 왜?
최교감 : 집안 살림을 맡다보면 돈 쓸 일이 많을 거다. 갖고 있다가 필요할 때 써.

영　주 : 아니에요. 저한테도 돈 있어요, 할아버지.

최교감 : 너 돈 있는 거 알아. 이건 비상금으로 갖고 있으라는 거야.

영　주 : 괜찮아요. 할아버지 필요하실 때 쓰세요.

최교감 : 적은 월급으로 살림하려면 네가 힘들 거야. 갖고 있다가 꼭 필요할 때 써라.

영　주 : 귀하게 잘 쓰겠습니다, 할아버지.

－T.V. 드라마 「해뜨고 달뜨고」 중에서

사람들은 누구나 자기를 인정해 주는 사람에게 호감을 가지게 마련이다. 따라서 인간관계를 형성하는 데 있어서 무시하기의 구도보다 인정하기의 구도가 바람직하다는 것은 더 강조할 필요가 없는 사실이다.

9.2.2. 대화 내용과 관련한 구도

4) 거짓말하기와 정직하기

우리는 대화 내용을 구성하면서 거짓말을 하는 구도로 대화를 나눌 수도 있고, 정직한 구도로 대화를 나눌 수도 있다. 거짓말이란 다른 사람을 속이려는 의도를 가지고 사실과 다른 말을 하는 것이다. 거짓말은 구체적으로 무엇을 함으로써 가능하기도 하지만, 구체적으로 무엇을 안 함으로써 가능하기도 하다. 거짓말이라는 단어 속에 '말'이 포함되어 있는 것을 통해 알 수 있듯이, 거짓말은 주로 음성언어로 나타나지만, 표정이나 끄덕임과 같은 동작언어를 통해서도 표현된다. 거짓말은 악의적인 것도 있지만, 그렇지 않은 경우도 있다. 거짓말은 첫째, 필요한 것을 얻기 위한 기본적인 필요에 의한 거짓말, 둘째, 결속 관계를 지속하고 갈등을 피하기 위한 거짓말, 셋째, 자존심을 지키고, 자신의 능력이나 취향 등을 과장하거나 확대시키기 위한 거짓말, 넷째, 자기 만족감을 느끼거나 남을 웃기기 위한 거짓말로 나눌 수 있다(Camden, Motley & Wilson, 1984).

(16) 현철 : 차 가져왔니?
영희 : 어, 으응.
현철 : 그, 그래
영희 : 오빠 차는 어딨어?
현철 : 저기 아래 지하주차장에.
영희 : 그래, 그럼 가. 난 뒤로 돌아가면 바로 주차해 놨어.
현철 : 그래, 그럼 다음에 보자.
영희 : (도어맨에게) 버스정류장이 어디예요?

–T.V. 드라마 「거짓말」 중에서

위의 예는 이 분류에 의하면 세 번째 유형인 자존심을 지키기 위한 거짓말의 예이다. 그러나 이러한 분류가 늘 식별 가능한 것이 아니라는 점은 다음 예를 통해 살펴볼 수 있다.

(17) 영훈 : 남녀가 여기 철도를 손잡고 걸으면 오랫동안 행복하대.
현수 : 이제 보니까 영훈 씨는 거짓말도 잘 하네.

–T.V. 드라마 「팝콘」 중에서

위의 예 (17)은 결속 관계를 지속하려고 하는 점에서 둘째 유형에 속하지만, 자기 만족감을 느끼거나 상대방을 웃기기 위한 네 번째 유형에도 속하기 때문이다.

거짓말을 하는 동기는 자기 이익을 위한 것이 대부분이지만, 다른 사람을 위한 거짓말도 있다. 위의 예 (17)도 관점에 따라 자신을 위한 거짓말로 볼 수도 있고 상대방을 위한 거짓말로 볼 수도 있다. 캄든 등(Camden, Motley & Wilson, 1984)이 322개의 거짓말을 분석한 결과를 보면 75.8%는 거짓말을 한 사람 자신을 위해, 21.7%는 상대방을 위해, 2.5%는 제3자를 위해 거짓말을 한 것으로 나타났다.

(18) 홍산댁 : 아 어쩌 그럼 첨부터 그렇다고 얘기를 않고…

남　철 : 그 부분에 대해서는 입이 열 개라도 드릴 말씀이 없습니다. 첨부터 속일 의사는 전혀 없었습니다. 실망시켜 드리고 싶지 않아서…

애　옥 : 그걸 말이라고 해요? 지금.

—T.V. 드라마 「날마다 행복해」 중에서

위의 예는 상대방을 위한 거짓말이라고 말하는 예이다. 거짓말을 하는 사람에게는 거짓말의 여부가 분명하지만, 남의 말이 거짓말인지 아닌지에 대해서는 분명히 판단하기 어렵다. 새 옷을 입고 나타나서 "이 옷 어때?"라고 묻는다면, 이것은 객관적이고 소신 있는 평가를 원하는 것인지, 아니면 칭찬을 원하는 것인지를 판단하기 어렵다. 이런 관점에서 거짓말은 사용되는 맥락이나 화자의 의도가 결정적인 요인이 된다.

거짓말은 대화의 원리에서 살펴본 "질의 격률"을 위배하는 것이기 때문에 그 자체로 대화의 기본을 벗어난 것이 된다. 거짓말은 윤리적인 측면과 효율성의 측면에서 생각해 볼 수 있다. 윤리적인 측면에서는 다른 사람의 알 권리를 침해하고 다른 사람을 기만한다는 점에서 바람직하지 못한 언어 행위이다. 그러나 정치인이나 기업가들이 거짓말을 하는 것은 효율성이 있다고 판단하기 때문이다. 거짓말이 아무리 효율성을 가지고 있다고 하더라도, 거짓말은 다음과 같은 문제점을 가지고 있는 대화의 구도이다.

첫째, 거짓말을 하면 음성언어와 동작언어가 불일치해서 이중적인 메시지를 전달하게 된다. 보통의 경우, 아주 습관적으로 거짓말을 하는 경우가 아니라면, 그 사람이 거짓말을 하면서 사용하는 얼굴 표정이나 몸짓과 같은 동작언어는 그 사람이 거짓말하고 있음을 드러내게 된다. 거짓말을 하면 심리적으로 흥분, 갈등, 초조, 불안, 공포, 긴장 상태 등이 나타난다. 이러한 심리적 현상은 교감신경의 작용을 상승시켜 혈압의 상승, 심장 박동수의 증가, 동공 확대 등과 같은 생리적 변화를 일으키게 된다. 과학적 수사의 도구로 사용되는 거짓말 탐지기도 이러한 원리를 이용하여 만든 것인데, 일상적인 대화에서도 거짓말을 하는 사람은 손을 입이나 코의 주위로 가져가고, 태도가 경직되는 등 무의식적인 변화를 보이게 마련이다.

둘째, 거짓말을 하면 말하는 사람의 자기정체성에 영향을 준다. 자기가 생각하는 것과 말로 표현하는 것 사이의 불일치는 정체성에 혼란을 주고, 지속적으로는 부정적인 자아상을 갖게 하는 원인이 된다.

셋째, 거짓말은 사회적으로 용인되지 않기 때문에 다른 사람들로부터 소외당하게 된다. 잘 알려진 우화 "양치는 소년" 이야기는 거짓말의 결과에 대해서 잘 보여주고 있다.

이런 관점에서 볼 때 거짓말하기는 바른 대화의 구도가 될 수 없다는 것이 분명하다. 정직하게 말하는 것이 바른 대화의 구도라는 것은 더 이상 강조할 필요가 없다. 그러나 정직하다는 것이 남을 공격하기 위한 수단이 되어서는 안 되고, 남에게 상처를 주는 것이어서는 안 된다.

(19) 동석 : 홍지희. 솔직히 말해서 나 말이야 지희 씨 하고 세대차 많이 느껴. 가끔가다 무슨 말하는지 이해를 못하겠고 생각하는 방식도 세대 간에 정말 많이 다른 거 같아.

－T.V. 드라마 「팝콘」 중에서

정직하다는 것을 내세워 다른 사람을 다치게 하는 것은 거짓말하기와 다를 바 없이 부정적인 대화의 요소가 된다. 또한 정직하다는 것은 자신이 느끼는 모든 것을 표현하는 것과도 다르다. 특히 가까운 사이라고 생각하면 태넌(Tannen, 1986)의 용어로 '친밀한 비평가the intimate critic'가 되어서 매사에 비판적인 시각으로 보고 충고를 해주는 역할을 하려는 경향이 있다. 반복적인 비판은 직업적인 관계나 교우 관계에서는 자극제가 되기도 하지만, 가족 관계에서는 독약이 될 수 있다. 지속적인 비판은 친밀한 관계 자체를 파괴하게 만드는 요소가 된다. 따라서 정직은 반드시 관계를 세우고 북돋우는 데에 사용되어야 한다.

5) 남의 말 하기와 비밀 지켜주기

우리는 대화에 포함되지 않은 다른 사람에 관한 이야기를 하면서 남의 말을 하는 구도로 대화를 나눌 수도 있고, 남의 비밀을 지켜주는 구도로 대화를 나눌 수도 있다. 대부분의 사람들은 남의 말 하는 것을 즐긴다. 남의 말은 대개 쓸데없는 말이지만, 우리는 남의 말을 하는데 많은 시간을 보낸다. 남의 말을 하는 것은 일상생활에서 피할 수 없는 부분이고, 남의 말을 하지 말라는 것은 대화의 즐거움을 빼앗는 것이 될 수도 있다. 오랜만에 동창을 만나서 나누는 우리들의 대화를 생각해 보면, 대부분이 남의 말로 되어 있음을 금방 발견하게 된다.

때로 남의 말이 파괴적일 수도 있지만, 언제나 그런 것은 아니다. 경우에 따라서는 유대관계를 더해 주는 데 결정적인 역할을 하기도 한다. 특히 그 내용이 어떤 대상을 비난하는 내용이 아니고, 단지 그 대상에 대한 사실을 이야기할 때는 더욱 그렇다. 나아가 비밀스런 남의 말을 하는 경우, 비밀을 말한다는 것 자체가 우정의 증거가 되지만, 비밀을 들은 상대방이 예상했던 대로 반응을 보일 경우에는 우정을 더 돈독하게 하는 역할도 한다. 대화 현장에 없는 누군가를 놓고 이야기한다는 것은 그 현장에 있는 사람들 간에 정을 두텁게

할 수 있다. 두 사람이 누군가에 대해 같은 평가를 내릴 경우, 대화를 나누는 사람은 가치관과 세계관을 공유한다는 연대의식을 키울 수 있는 것이다.

(20) 유　정 : 좀 쇼킹한 뉴스 들었다. 엄마, 글쎄 우리 도련님이 그 엄마 상가에서 치과 하는 사장님 딸 있지?
장여사 : 어머, 너도 그 얘기 들었니?
유　정 : 알아? 엄마?
장여사 : 그래. 나도 어제 나사장님께 그 얘기 듣고 얼마나 기가 차고 코가 차든지.

－T.V. 드라마「날마다 행복해」중에서

뿐만 아니라 남의 말은 결국 어떤 행동이 어떤 반응을 불러온다는 것을 유형화하는 과정을 통해서 사회를 통제하는 기능도 가진다. 중학생인 친구가 사는 것이 단조로워서 강물에 뛰어들었다는 이야기를 들으며 그 용기를 칭찬하거나, 그 행동을 부러워하는 부류의 반응을 보이는 경우는 기대하기 어렵기 때문이다.

그러나 남의 말을 하는 것은 인간관계에 위협을 줄 수 있는 독소들이 포함되어 있음을 간과해서는 안 된다. 누군가 우정을 나눌만한 사람이라고 생각하고 자신의 비밀을 이야기를 했는데, 그것이 다른 곳에서 화제가 되었음을 알고 나면, 배신감을 느낄 수밖에 없다. 그러나 이러한 사실을 인지하고 있음에도 불구하고 많은 사람들이 친한 친구에게 들은 이야기를 쉽게 남에게 전한다. 남의 말을 하는 사람은 그 사람의 비밀을 알고 있다는 것을 통해 자신을 과시하고자 할 뿐 아니라, 무의식적으로나 의식적으로 갈등을 초래하고 싶은 욕망을 가지고 있다. 이 욕구는 결국 모든 사람들이 알게 되고, 이런 상황에서 비밀인 줄 몰랐다는 것은 핑계가 되지 못 한다. 맥락에 따라 분명해지기 때문이다.

(21) 지희 : 누가 그런 말을 했을까? 눈치들은 되게 빠르네. 비밀이 없다니까 요. 비밀이.

동석 : 다 알아. 지희 씨가 퍼뜨린 거. 사람들한테 얘기하지 말라고 그러면서 지희 씨가 한사람씩 붙잡고 얘기했다며? 이게 무슨 짓이야? 애들 장난도 아니고 직장에서 말이야.

지희 : …

-T.V. 드라마 「팝콘」 중에서

비윤리적인 남의 말은 다음과 같은 세 가지의 경우로 나누어 생각할 수 있다. 첫째는 비밀을 지키겠다고 하고서 누설한 말이다. 이런 말은 정당화되기 어려우며, 혹시 당사자의 자살 계획이나 범죄 계획 등 누설하지 않을 수 없는 말이 있다면 꼭 알아야 할 사람에게만 말하는 것이 허용될 수 있다. 둘째는 거짓인 줄 아는 내용을 다른 사람에게 전달하는 말이다. 셋째는 남의 말이 다른 사람의 사생활을 침해하는 경우이다. 일상적인 대화에서 남의 말이 완전히 배제될 수는 없겠지만, 적어도 지금 내가 말하려는 것이 윤리적인가에 관한 질문이 선행되어야 한다.

남의 말은 개인 신상에 대한 이야기를 긍정적으로 보느냐, 부정적으로 보느냐에 따라 시각이 달라진다. 남의 약점이나 성격적 결함, 실패나 정신적 결함 등에 치중된 남의 말은 좋지 못한 일이다. 다른 사람의 신상에 관해 있는 그대로 이야기하는 것이 아니라 무조건 좋지 않게 이야기하는 식의 남의 말을 즐기는 사람은 나에 관한 이야기도 다른 사람 앞에서 부정적으로 늘어놓을 것이 거의 확실하다는 판단을 해도 지나치지 않다. 부정적인 남의 말은 희생양을 등장시킨 말장난에 지나지 않는다. 대화를 나누다가 힘의 불균형을 느끼게 되면 그 불균형을 벗어나기 위해서 다른 사람을 이야깃거리로 만들고, 이 대상을 헐뜯으면서 대화를 나누던 두 사람이 단결을 이루면서 다시 힘의 균형을 찾으려는 의도인 것이다.

이런 관점에서 기본적으로 비밀 지켜주기의 원칙이 지켜지는 것이 바람직한 대화의 구도이다. “그 사람이 그러는데……” 또는 “그 사람이 너를 ~라고 생각하더라.” 등의 표현은 일단 조심하여야 한다. 한번 뱉은 말은 쏟아진 물과 같아서 다시 담을 수가 없다. 모든 대화는 환원 불가능하다는 것을 생각하며 대화를 나누는 것이 필요하다.

9.3. 구도의 재구성

9.3.1. 구도의 수용과 거부

대부분의 대화에서는 화자와 청자가 대화를 구성하는 방식이 어느 정도 일치하는 것이 일반적이다. 그러나 서로의 구도가 일치되지 않을 경우, 대화를 나누는 데 있어서 장애가 생기게 된다.

구도가 일치되지 않을 때 사람들의 반응은 둘 가운데 하나로 나타난다. 하나는 다른 사람이 정해놓은 구도에 순종적으로 따라가는 경우이고, 또 다른 하나는 다른 사람이 만든 구도에 저항하고 반발하는 경우이다.

(22) 혜정 : 내려오셨어요?
세준 : 잘 있었니? 야아, 혜정이 너, 볼 때 마다 예뻐진다.
혜정 : …
세준 : 학교는 잘 다니지?
혜정 : 서희 없는데요.
세준 : 아직 안 들어왔니?

–T.V. 드라마 「세상 끝까지」 중에서

(22)의 대화에서 세준은 혜정에게 매우 우호적이며, 끼워주기의 구도로 대화를 한다. 그러나 혜정은 세준에게 따돌리기의 구도로 대화를 한다. 혜정은 "학교에 잘 다니지?"라는 물음에 대해 대답하지 않고 "서희 없는데요."라고 관련성의 격률을 위배하는 말을 하면서 구도를 바꾼다. 세준은 이 구도에 거부하지 않고 구도를 수용해서 그 다음 말을 이어가고 있다.

(23) 혜자 : 그러니까 내가 차 두고 나갈 때는 카바 씌워 놓으라 그랬잖아요?
병국 : 당신이 좀 씌워 놓으면 안 돼?
당신은 꼭 당신 일, 내 일 가르지?
혜자 : 커피 드실 거예요?
신형아, 현수야. 커피 마시자.
병국 : 말대꾸도 하고 싶지 않다?
그래, 하지 마라.

－T.V. 드라마 「우리가 정말 사랑했을까?」 중에서

(23)의 대화에서 혜자는 "커피 드실 거예요?"라는 대화를 통해 병국의 구도를 바꾸려 한다. 그러나 병국은 자신의 구도를 변경하려는 시도를 거부하고 자신의 구도대로 대화를 지속한다.

다른 사람들이 만들어 놓은 구도에 대해 무조건 수용하거나, 늘 거부하는 것은 바람직하지 않다. 상황에 따라 때로는 구도에 따르기도 하고, 때로는 저항하기도 하면서 반응하는 것이 필요하다.

9.3.2. 재구성의 시점

대화에서 서로 구도가 다르게 파악될 때, 중요하게 생각해야 할 것은 서로의 입장footing이 다를 수 있다는 점이다. 입장이란 사람들 사이의 관계를 나타내는 구성을 가리키는 뜻으로 고프만Goffman이 사용한 용어이다. 같은 정보도 서로 다른 입장에서 보면 근본적으로 다른 결과를 가져올 수 있다. 예를 들어 도서관에서 아르바이트를 하고 있는 학생이 학생증이 없이 들어가고자 하는 사람에게 "저로서는 들어가서 공부를 하게 해드리고 싶지만, 규칙상 어쩔 수 없습니다."라고 말하는 것과 "이 학교 학생도 아니면서 어떻게 여길 들어가려고 생각을 했어요?"라고 말하는 것은 입장이 전혀 다르다. 전자의 경우는 상대방과 같은 입장에서 함께 보기의 구도로 이야기를 하고 있는 것이지만, 후자의 경우는 상대방과 다른 입장에서 깔보기의 구도로 이야기를 하는 것이 된다.

(24) A : 얘야, 나랑 잠깐 말 좀 하자.
　　 B : 제가 뭘 잘못했는데요?

위의 예 (24)는 어머니와 아들 사이의 대화로, 어머니는 우호적인 구도로 말을 했지만, 아들은 꾸지람의 구도로 해석을 한 경우이다. 이럴 경우 보통 다음에 이어지는 어머니의 발화는 감정적이 되게 되는데, 바로 이 시점이 구도의 재구성이 필요한 시점이 된다. 이럴 경우 입장을 바꾸어 생각해 주어야 한다. 아들이 생각할 때, 별다른 문제가 없는 경우 어머니는 '나는 지금부터 너와 이야기를 하겠다.'라는 구도를 제시하지 않고 그냥 이야기를 했다. 어머니가 이런 구도를 제시하는 경우는 무언가 심각한 일, 특히 자신이 잘못한 일이 있을 경우이었다. 따라서 어머니의 구도는 우호적이었음에도 불구하고, 아들은 방어적으로 반응을 보이게 된 것이다. 어머니는 이러한 아들의 입장을 이해하고, 거기에 맞추어 구도를 재구성해 주는 것이 필요한 시점이다.

(25) 영규 : 선글라스 어딨어?
　　 미선 : 선글라스는 또 왜?

영규 : 아, 운전하려면 눈 아프잖아.

미선 : 당신은 선글라스 끼면 제비 같은데…

영규 : 폼 난단 뜻이지? 하하.

미선 : 멋지다. 우리 신랑.

－T.V. 드라마 「순풍산부인과」 중에서

(25)의 대화에서 영규는 인정하기의 구도로 대화를 하지만, 미선은 무시하기의 구도로 대화를 한다. 미선이 "당신은 선글라스 끼면 제비 같은데…"라는 발화 시점이 영규에게는 구도의 재구성이 필요한 시점인데, 영규가 무시하기의 구도로 대화를 이끌어 가는 미선의 구도에 이끌려 들어가면, 감정적이 되어서 언쟁이 시작될 수밖에 없는 상황이다. 그러나 영규는 여전히 인정하기의 구도로 여유 있게 대화를 이끌어 가고, 결국 미선이 구도의 전환을 가져올 수 있도록 하였다는 점에서 구도의 재구성에 성공한 예가 된다.

상대방이 어떤 구도로 말하고 있는지 불분명할 때, 의도가 무엇인지를 언어적으로 묻는 것은 도전이나 비판의 구도로 전환시킬 가능성이 매우 크다.

(26) A : 이젠 너도 다 컸구나.

B : 그렇게 말하는 이유가 뭐예요?

의도가 무엇인지에 관해 직접적으로 질문을 받으면 상대방은 의사전달 자체에 문제가 생겼다고 받아들이게 된다. 의사전달에 문제가 있다는 것은 둘 사이에 말이 통하는 긴밀한 관계가 이루어지지 않는다는 것을 확인하는 것이 된다. 따라서 이 말에 반응하는 사람은 매우 감정적이 될 수밖에 없다. 이러한 시점이 역시 구도의 재구성이 필요한 시점이 된다.

그러나 대화의 구도를 바꾸는 것은 쉽지 않은 일이다. 일단 어떤 생각이나 느낌에 빠지게 되면 그것을 바꾸기란 매우 어려운 일이다. 이러한 통제 능력을 발휘하기 위한 첫걸음은 언제 우리가 정해진 구도에 불편함을 느끼는가를 인식하고 그러한 구도를 만드는 대화 방식을 이해하는 것이다. 구도에 불편을 느끼는 시점은 감정적으로 대화를 할 수밖에 없는 상황이기 때문에 이것을 감지하는 것은 쉽지 않다. 그러나 이 시점을 찾아내는 것이 대화를 바르게 이끌어 가는 길이 된다.

다음 단계는 구도에 저항하거나 이야기 방식을 달리하여 구도를 재구성하는 방법을 실천하는 것이다. 이러한 과정이 없으면 서로의 의도와 무관하게 말싸움의 상태에 들어가게 되고 만다. 구도는 고정적인 것이 아니라 끊임없이 진전되어 가는 해석의 방향이며 입장을 조정하는 것이다. 어느 순간에 진행 중인 구도는 부분적으로 다음에 오는 구도를 확정하는 역할을 하며, 또한 부분적으로 앞서 지나간 구도의 창조물이기도 하다.

대화의 어느 순간이든 모든 사람은 다른 사람에게 반응하는 동시에 반응을 불러일으키는 자극이 된다. 다른 사람의 말에 내가 반응하는 것은 당연하게 생각하지만, 내 말에 다른 사람이 반응한다는 것, 즉 내 말이 자극이 된다는 것은 잘 생각하지 못하는 경향이 있다. 그 사람 때문에 내가 화났다는 기억은 매우 생생한데, 그전에 내가 무슨 말을 했는지는 잘 기억되지 않는다. 모든 대화는 연속적인 흐름이다. 그 속에서 모든 것이 자극인 동시에 반응이다. 지금 내가 하고 있는 말은 앞선 발화에 대한 반응이기도 하지만, 새로운 자극으로 다음에 오는 구도를 결정하게 된다.

따라서 따돌리기보다는 끼워주기의 구도로, 깔보기보다는 함께 보기의 구도로, 무시하기보다는 인정하기의 구도로, 거짓말하기보다는 정직하기의 구도로, 남의 말을 하기보다는 비밀 지켜주기의 구도로 대화를 하려는 노력이 대화 참여자 모두에게 필요하다. 그리고 대화 참여자 가운데 어느 쪽이라도 대화에 불편을 느끼는 상황을 감지하였을 때 구도를 재구성하지 않으면 관계에 치명적인 영향을 줄 수 있기 때문에, 이런 상황에서는 반드시 구도를 재구성하기 위해 노력해야 한다.

10장 남성과 여성의 대화

인류를 본질적으로 두 종류로 나눈다면, 남성과 여성으로 구분될 것이다. 이런 점에서 남성과 여성이 다른 것은 백인종과 흑인종이 다른 것보다 더 본질적인 것이 될 수도 있다. 같은 언어 공동체 속에 살면서도 남성과 여성은 별개의 문화를 가지고 있어서 생각하는 방식이 다르고, 이것을 표현하는 양식이 다르다. 태어날 때부터 남성과 여성은 서로 다르게 대우를 받아 왔고, 서로 다르게 이야기해 왔으며, 그 결과로 지금도 다르게 이야기한다.

대부분의 세계가 남성중심적으로 되어 있다는 것은 자명한 일이다. 남성중심적인 세계는 남성중심적인 언어를 만들었고, 이것 때문에 대화에서도 여성들이 불리한 입장에 있다고 주장하는 사람들도 있다. 그러나 남성과 여성의 대립적인 시각에서 문제점을 찾아내는 것보다는, 남성과 여성의 본질적인 차이나 사고방식의 차이를 서로를 이해하는 관점에서 대화의 방법을 모색하는 것이 더 바람직한 시각이 될 수 있다. 이 장에서는 이러한 시각에서 남성과 여성의 언어적 차이를 살펴보고, 이를 바탕으로 남성과 여성의 바람직한 대화의 방법을 찾아보기로 한다.

10.1. 남성과 여성의 언어적 차이

10.1.1. 일반적 차이

남성이 사용하는 언어를 남성어라고 하고, 여성이 사용하는 언어를 여성어라고 한다. 남성어와 여성어의 차이는 성性배제적 차이와 성性선호적 차이로 나누어진다(O'Grady, 1989: 335). 성배제적 차이란 남성어와 여성어가 서로 다른 유형을 가져서 한 언어 유형 속에는 한 성만 속하고 다른 성은 배제되는 차이를 말하고, 성선호적 차이란 남성어와 여성어가 같은 어휘나 표현을 사용하지만, 그것이 사용되는 상대적인 빈도수에 차이가 있는 것을 말한다. 대부분의 언어에서 그렇듯이 우리말에서도 남성어와 여성어가 별도의 체계를 가지는 것은 아니어서, 우리말에 나타나는 남성어와 여성어의 차이는 성선호적 차이에 해당하는 것이다.

성선호적 차이가 생기는 원인은 여러 가지가 있다. 첫째, 남성과 여성의 사회적 역할의 차이가 주된 원인이 된다. 주로 밖에서 활동하는 남성어는 혁신적이지만, 가정생활을 주로 하는 여성어는 더 보수적이다. 따라서 남성어는 변화를 유도하고, 수용하지만, 여성어는 변화를 거부한다. 남성은 사회 활동에 따라 신분을 가지게 되지만, 여성의 경우 사용하는 언어가 신분을 나타내 주는 변수가 되기도 하기 때문에 남성어보다는 여성어가 더 표준어와 규범에 가깝다. 둘째, 생활 영역의 차이가 원인이 된다. 남성의 화제는 사업, 정치, 운동, 세금, 법률 다위에 관한 것이지만, 여성의 화제는 음식, 가족들과의 생활, 육아 등과 관련된 것이다. 따라서 남성어에는 운동이나 직업 용어가 많이 쓰이고, 여성어에는 색채어나 감각어가 많이 쓰인다. 객관과 이성이 주가 되는 남성어와 주관과 감성이 주가 되는 여성어 사이에는 언어적 차이가 생기게 된다. 셋째, 문화적 원인이다. 농경문화와 유교 문화의 영향으로 남성중심의 세계관이 형성되고,

남성 중심의 문화를 가지면서 언어도 남성을 나타내는 표현이 주가 되어 나타난다. 넷째, 기질적인 원인이다. 남성은 거칠고 딱딱하고 단호하지만, 여성은 부드럽고, 온순하고, 공손하다. 이러한 기질은 언어에도 반영되어 남성어에는 격식성과 직접성이 나타나고, 여성어에는 친화력과 간접성이 나타난다.

그러나 이러한 성배제적 차이의 원인들에 앞서 더 근본적으로 '말하는 것' 자체에 대한 인식에 있어서는 성차별적인 요소가 나타난다. "암탉이 울면 집안이 망한다."라든가, "여자가 말이 많으면 과부가 된다."는 전래의 금기담을 통해서 볼 수 있듯이 여자가 말하는 것 자체에 대한 부정적인 의식이 남성중심적인 사회의 산물로써 일반화되어 있었고, 성장 과정에서도 이런 교육을 받게 되어, 자기의 주장을 체계적으로 설명한다거나 논리로 남을 설득하는 일은 여성과 관계없는 일로 간주되어 왔다. 특히 김진우(1985: 326)에서는 똑같은 기질이나 성품도 성에 따라 다르게 표현되어서 남성은 진취적인데, 여성은 윤리관이 허술하고, 남성은 웅변술이 좋은데, 여성은 말이 너무 많거나 주둥이를 너무 놀리고, 남성은 용의주도하나, 여성은 쩨쩨하고 소견이 좁으며, 남성은 과감하나 여성은 간덩이가 부었다고 보는 태도를 형성하였다고 하고 있다.

그러나 사회적 변화에 따라 이러한 인식에도 많은 변화가 나타났고, 교육의 영향으로 여성의 지위도 높아짐에 따라 여성의 언어에도 많은 변화가 나타났다. 여성의 언어는 교육의 정도나 사회 활동의 여부에 따라 많은 차이가 있지만, 앞으로 다루는 내용에서는 어떤 특수한 계층에 속하는 것들은 제외하고 일반적인 경향들을 살펴보기로 하자.

10.1.2. 음성적 차이

여성은 남성보다 높은 소리로 말한다. 우리가 보통 말을 하면서 사용하는 주파수는 100~400Hz 정도인데, 남성이 사용하는 언어음의 기본 주파수가 120Hz이고, 여성의 기본 주파수는 220Hz 정도이어서 여성음이 남성음에 비해 높다. 남성어의 음질은 굵고, 탁하다면 여성어의 음질은 가늘고 맑게 느껴진다. 가는 소리는 신뢰감을 주기 어렵고 탁한 소리는 불쾌감이나 싫증을 느끼게 하는데(김양호, 1975: 91), 이런 점에서 남성어와 여성어는 모두 하나의 약점들을 가지고 있는 셈이다.

여성어는 남성어보다 기복이 심하고 상승어조를 많이 사용한다. 여성어는 평서문의 접속어미와 종결어미에서도 의문문의 상승어조를 사용한다. 하강어조가 단언적인 데 비해, 상승어조는 동의나 확인을 위해 부가의문문을 자주 사용하는 여성어의 특성이 어조에도 영향을 미친 것으로 볼 수 있다. 상승어조는 친밀감, 부드러움, 공손함 등을 나타내는 것으로 여성어의 특성과 잘 조화되는 어조이다.

여성은 일반적으로 남성에 비해 더 정확하고 좋은 발음을 좋아하고, 많이 사용한다. 따라서 여성은 남성보다 표준 발음이나 품위 있는 어조에 가까운 형태를 사용하고 있다. 이것에 대해 사회학자들은 여성은 사회적 지위의 확보가 어려워 상대적으로 낮은 지위에 있었고, 따라서 어떻게 보이느냐에 따라 사회적 지위가 결정되기 때문에, 잘 보이려는 행위가 언어적인 면에서 나타난 것이 표준 발음을 사용하는 것으로 나타난 것이라고 설명한다(Trudgill, 1983: 167~168). 또한 이것을 일종의 '반란'이라고 규정하였는데, 그 이유는 자신들의 사회적 지위를 높이기 위하여, 비록 두드러지게 눈에 띄지는 않지만, 의도적으로 높은 지위의 언어를 사용하는 반란이라는 것이다.

이와는 반대로 남자들은 방언의 사용을 더 선호한다. 이것을 사회학자들은 숨은 위세covert prestige라고 불렀는데, 방언을 많이 쓴다고 자랑은 못하지만, 무의식적으로 표준 발음보다는 방언을 더 선호하는 심리가 있다는 것이다. 이것을 전통을 깨뜨리려는 여성의 '반란'에 대한 '반란'으로 해석하기도 하는데, 여성들이 표준 발음으로 개혁을

함으로써 얻는 이득이 있는 것처럼, 남성들은 방언을 지킴으로써 기왕에 확보한 전통적 이권을 유지할 수 있기 때문이라는 것이다.

여성은 남성보다 경음을 더 많이 사용한다. 그래서 다음의 예 (1)에서 보는 것과 같이 '다른 것'보다는 '따른 것', '조금'보다는 '쪼금'과 같은 발음을 사용하는 경향이 있다.

(1) 이 옷하고 색깔이 쪼끔 따른 것 있으면 좋겠어요.

이것은 유아어에서 나타나는 현상과 같은 것으로 귀엽고 어리게 보이고자 하는 심리의 반영으로 볼 수 있다. 이와 유사한 것으로 여성어에서는 'ㄹ 첨가' 현상이 많이 나타난다.

(2) a. 요걸로(← 이거로) 드릴까요?

b. 꼭 그럴라구(← 그러려고) 그런 건 아닌데, 그렇게 되었어.

(2)의 예에서 보듯 여성은 남성에 비해 'ㄹ'이 첨가된 발음을 많이 사용한다. 이에 따라 앞의 모음들도 표준 발음에 벗어나게 되는데, 이것도 유아어에서 나타나는 것과 같은 현상이다. 위의 (1)과 (2)에서 나타나는 경음화나 'ㄹ 첨가'는 유아어와 일치되는 것으로, 귀엽고 어린 표현을 통해 상대방과의 친근감을 나타내고자 하는 여성의 심리를 반영하고 있다.

위에서 살펴본 음성적 특성들을 통해서 남성의 경우 지나치게 탁한 소리로 상대방에게 불쾌감을 주지 않아야 하며, 정확한 의사소통을 위해서 표준 발음을 사용하기 위한 노력이 필요하다는 것을 알 수 있고, 여성은 신뢰감을 주고자 할 때는 목소리를 조금 낮추어 말하는 것이 필요하다는 것을 알 수 있다. 일반적으로 뉴스를 전달하거나 공적인 발표나 프레젠테이션을 하는 상황에서는 낮은 음색과 굴곡이 완만한 어조를 더 적절하게 받아들인다. 또한 여성들이 목젖을 누른 소리나 콧소리를 내고 불필요한 경음화나 'ㄹ 첨가' 등의 유아어와 같은 발음을 하는 것은, 경우에 따라서는, 정신적으로도 미성숙한 것으로 받아들여져서 대화의 장애 요소가 될 수 있다.

10.1.3. 문법적 차이

우리는 남성이나 여성의 구별 없이 모두 같은 한국어의 문법을 가지고 있다. 따라서 남성과 여성의 언어에서 두드러진 문법적 차이를 찾아낸다는 것은 불가능한 일이다. 그러나 어떤 범주나 어떤 형식을 더 많이 사용하는 성선호적 차이는 발견할 수 있다.

남성은 서술문을 더 선호한다. 이것은 단정이나 선언과 같이 자기주장이 강한 대화행위를 남성이 더 많이 사용하기 때문이다. 여성은 주장을 할 경우에도 직접적인 단정보다는 질문의 형식을 빌어서 간접 대화행위를 하기 때문에 의문문을 더 많이 사용한다. 청자에 대한 요구를 나타낼 때도 남성은 직접적인 명령문을 더 많이 사용하고, 여성들은 청유문이나 의문문으로 표현하여 간접 대화행위를 한다. 이러한 것들은 여성의 대화 유형이 훨씬 더 상대방의 체면을 세워 주는 정중어법을 잘 지키고 있음을 말해 주고 있다.

여성은 남성보다 문장을 완성시키지 않은 채 끝맺는 미완성형의 문장을 많이 사용한다. 이것을 사고와 관련시켜 여성들은 논리적인 사고 능력이 부족해서 완결된 문장을 사용하는 능력이 떨어진다고도 보기도 하고, 여성은 소심하고 자신감이 부족해서 주저하다 보니 완결된 문장을 사용하지 못한다고 보기도 한다. 이러한 주장들의 옳고 그름을 떠나서 분명한 것은 끝을 맺지 않는 대화는 대화의 장애요소가 된다는 것이다.

청자 높임의 어미를 사용하는 데 있어서도, 남성어에서는 격식체의 '-습니다'가 사용되는 자리에 여성어에서는 비격식체의 '-어요'가 사용된다. 의문형에서는 여성형은 "이제 오니?"와 같이 '-니'를 사용할 자리에 남성은 "이제 오냐?"와 같이 '-냐'를 사용하여서 상대적으로 거칠고 공격적인 어감을 가진 어미를 사용한다.

이러한 문법적 차이들을 통해서 남성은 단정이나 명령과 같은 직접 대화행위가 상대방의 체면을 손상시킬 수 있음을 생각하고, 정중어법을 사용하기 위해 상대적으로 노력해야 함을 알 수 있다. 또한 지나치게 격식체의 표현을 사용하는 것은 상대방이 거리감을 느끼도록 하는 요인이 된다는 것과 거칠고 공격적인 어미를 사용하는 것은 상대방에게 부담을 주는 것이므로, 바람직한 방법이 아니라는 것을 생각할 수 있다.

또한 여성의 경우 상대방을 배려하는 정중어법을 사용하는 것은 바람직하지만, 미완성형의 문장을 사용하는 것은 대화의 장애를 일으키는 요소가 되고, 격식을 갖추어야 할 자리에서도 비격식체를 사용하는 것은 대화 예절에 어그러지는 것임을 고려해서 대화하는 것이 필요함을 생각할 수 있다.

10.1.4. 어휘적 차이

남성에 비해 여성은 감탄사를 많이 사용한다.

다음 (3)의 예를 보자.

(3) A : 어머머, 세상에 그런 법이 어디 있어요?
B : 넌 무슨 말을 그렇게 계집애처럼 하니?

(3)의 대화에서 B가 A의 대화를 계집애 같다고 판단한 기준은 감탄사 '어머머'를 사용하였다는 것밖에 없다. 이와 같이 '어머나, 어머, 어쩜, 아이 참, 흥, 피' 등의 감탄사는 여성에 의해 주로 사용된다. 감탄사는 감정이나 심리적 태도를 밖으로 나타내는 표현이면서, 상대방의 말을 잘 듣고 있음을 나타내는 경청의 표지가 되기도 한

다. 따라서 청자의 공감을 요구하거나 청자와 공감하고 있음을 나타내는 것과 같이 상대를 배려한 대화에서 사용되는데, 이러한 것을 통해서도 여성의 대화가 더 정감이 있고, 정중어법을 잘 지키고 있음을 알 수 있다.

여성은 남성에 비해 (4)와 같이 축약된 형태의 어휘도 더 많이 사용한다.

(4) a. 그치? ← 그렇지?
b. 근데 ← 그런데
c. 어쩜 ← 어쩌면
d. -죠 ← -지요
e. -잖아요 ← -지 않아요

이것도 유아어에서와 같은 현상인데, 일종의 도상적인 표현으로 심리적으로 가까운 것을 언어 형태에서도 더 짧게 표현하려는 의도로 이해할 수 있다. 유아어에서와 같이 작고 귀여운 어감의 어휘 사용은 다음 (5)와 같은 지시어의 표현에서도 나타난다.

(5) a. 요것(←이것), 고것(←그것), 조것(←저것)
b. 요기(←여기), 고기(←거기), 조기(←저기)
c. 요게(←이게), 고게(←그게), 조게(←저게)

(5)에서 보듯 여성어에서는 어둡고 무거운 느낌의 음성모음이나 중성모음을 모두 양성모음으로 교체하여 작고 귀여운 어감을 가진 어휘로 대치하여 사용한다.

부사의 사용에 있어서도 여성은 새로운 부사를 만들어 사용하기도 하고, 의성 부사나 의태 부사들을 많이 사용하여서 강조하는 표현을 사용한다. 그러나 부사 가운데서도 '너무'의 사용이 가장 두드러져서 (6)과 같이 나타난다.

(6) a. 아주 많이 먹었다. → 너무 많이 먹었다.
 b. 매우 시끄럽다. → 너무 시끄럽다.
 c. 대단히 고맙습니다. → 너무너무 고맙습니다.
 d. 무척 궁금했어요. → 너무너무 궁금했어요.

(6)에서 보듯 여성들은 대부분의 정도부사들을 '너무'로 대치해서 사용한다. 원래 '너무'는 '정도에 지나치게'라는 부정적 어감을 가지고 있는 말이어서 "수박이 너무 익어서 물러 터졌다."와 같은 표현에 쓰이는 말이었는데, 비록 요즘 그 의미가 많이 일반화되었다고는 하더라도, '너무'를 너무 많이 사용하는 것은 오히려 다양한 부사의 사용을 빈약하게 할 수 있다. 또한 '너무너무'와 같이 중첩부사를 사용해서 주관적인 감정을 절제하지 않고 강조 표현을 사용하고 있음을 볼 수 있다.

여성들은 (7)과 같이 상대방의 말을 경청하고 있으며 공감하고 있다는 것을 나타내는 표현들을 많이 사용한다.

(7) a. 관심 표현 : 그래서?, 그런데?
 b. 공감 표현 : 그러게 말이야, 그럼.
 c. 동정 표현 : 저런, 쯧쯧, 저걸 어쩌나?
 d. 기쁨 표현 : 참 잘됐다, 멋지다, 신난다.
 e. 놀라움 표현 : 어머나, 정말이야?

남성들은 은어, 비어, 속어나 금기어들을 대화에서 자주 사용하지만, 여성들은 이러한 어휘를 잘 사용하지 않는다. 이것은 여성어가 훨씬 더 교양 있는 언어에 해당됨을 보여준다. 여성어에는 은어, 비어, 속어, 금기어 등은 잘 나타나지 않고, 이러한 것들을 간접화해서 표현하는 완곡어법이 많이 나타난다.

이러한 어휘적 차이들은 먼저 어휘 체계에서 남성어는 무표적인데 반해 여성어가 구별적인 유표어임을 보여 준다. 따라서 여성어에서 두드러지게 나타나는 특성들은 상대적으로 남성어에서 부족하게 나타나는 것으로 볼 수 있다.

이런 관점에서 보면 남성들은 여성에 비해 자신을 남에게 드러내는 일에 아주 인색하다. 그래서 상대적으로 자신의 감정 표현을 강조적으로 사용하는 여성들은 이런 대화에서 남성들에게 거리감을 느끼거나, 자신이 드러내는 것만큼 자기표현을 하지 않는 것을 불편하게 생각할 수 있다는 것을 고려하고 대화를 하여야 함을 알 수 있다. 또한 은어, 비어, 속어나 금기어 등의 사용은 대화의 장애 요소가 된다는 것도 고려해야 한다.

여성들은 지나치게 유아적인 표현들을 사용하는 것이 경우에 따라서는 비합리적이고 미숙하게 받아들여질 수 있다는 것을 염두에 두고, 이러한 표현들을 자제하여야 할 것이다. 또한 감정적인 표현들을 지나치게 사용하는 것은 상대방에게 비논리적으로 받아들여질 위험이 있고, 경청이나 공감의 표현들을 사용하는 것이 끼어들기로 받아들여져서 대화의 장애 요소가 될 수 있다는 점도 고려해서 대화를 하여야 할 것이다.

10.1.5. 화용적 차이

남성어와 여성어의 차이의 대부분은 말의 쓰임에서 나타나는 화용적 차이이다. 이러한 차이도 물론 성배제적 차이는 아니고, 성선호적 차이이다. 앞에서도 살펴본 바와 같이 남성어가 일반적이고 중립적이어서 무표적이라면, 이에 대한 여성어가 유표적이기 때문에, 화용적 차이도 주로 여성어에서 나타나는 유표적 특성을 바탕으로 살펴보지 않을 수 없다. 여성어에서 주로 나타나는 화용적 특성들은 상대적으로 남성어에서는 부족하게 나타나는 것으로 해석될 수 있다.

1) 정중어법의 사용

남성어가 힘과 격식성을 나타내는 것이라면, 여성어는 친화력solidarity을 나타내는 것이 주가 된다. 대화를 통해 친화력을 나타내는 방법으로는 상대방의 체면을 세워 주는 정중어법을 사용하는 것이 있다. 정중어법은 간접 대화행위를 통하여 표현하는 것을 주된 수단으로 하는데, 여성어에서는 부가의문문을 사용하는 것과 모호한 표현obscure expression을 사용하는 것으로 간접 대화행위가 표현된다(김선희, 1991).

부가의문문을 사용하는 것이란 대화에서 뒷부분에 "응?, 안 그래?, 그렇지 않니?, 그렇죠?" 등을 덧붙이는 것인데, 단언이나 요청과 같은 수행행위를 나타내는 대화의 경우에 이러한 것을 사용한다. 다음의 예 (8)을 살펴보자.

(8) a. 이것 좀 빌려줘, 응?
b. 그건 좀 심하다, 안 그래?
c. 물가가 너무 비싸다, 그렇지 않니?
d. 여긴 너무 더워요, 그렇죠?

이러한 부가의문문은 극단적인 단언도 아니고, 가부를 묻는 의문문도 아니다. 부가의문문은 극단적인 단언보다는 확신의 정도가 덜하지만 단순한 의문보다는 확신이 있는 화법이다. 따라서 부가의문문은 단언하는 것이 적절하지 못한 상황이나 단순한 의문문이 사용될 수 없는 상황의 중간에서 사용된다. 대화에서 부가의문문을 사용하는 것은 상대방에게 자신의 생각을 단정적으로 표현하는 것을 우회하는 간접 대화행위이다. 이것은 동의를 강요하지 않고 대답을 유도하는 의문문이기 때문에, 상대방은 대답을 통해 생각을 수용하거나 거부할 수 있어서 선택의 기회가 주어지는 것이다. 따라서 어떤 선택을 하더라도 상대방의 체면은 세워질 수 있어서 공손하고 예절바른 정중어법이 된다.

부가의문문을 사용하는 것은 화자가 단언하기를 피함으로써 상대방과의 충돌을 피하는 수단이 될 수도 있다. 따라서 친화력을 나타내는 여성의 언어에서 많이 사용되는 것은 당연하다. 그러나 여성이 부가의문문을 사용하는 것은 여성이 단호한 결정을 내릴 수 없고, 자신도 확신할 수 없는 존재이기 때문이라는 오해를 받도록 하는 대화 방법이기도 하다(Lakoff, 1975). 이런 점에서 예절바르고 공손한 것도 좋지만, 지나치게 사용되어서 이런 오해를 불러일으키지 않도록 하는 것도 매우 중요함을 기억해야 한다. 상황에 맞는 대화, 적절한 대화를 위해서는 자신의 판단을 필요로 하는 상황에서는 확신이 있는 단언으로 표현하는 것이 바람직하다.

여성어에 나타나는 정중어법의 또 다른 유형은 모호한 표현을 사용하는 것이다. 예를 들면, '글쎄, 그냥, ㅡㄴ/ㄹ지 모르겠다, ㅡㄴ것 같다, ㅡㄹ대로 하다' 등과 같은 표현으로 나타나는 모호한 말들을 사용하는 것이다. 다음의 예 (9)를 살펴보자.

(9) a. 글쎄, 그냥 편하실 대로 하세요.
b. 이거, 제가 가도 될지 모르겠네요.
c. 참 잘 어울리시는 것 같아요.
d. 당신 좋으실 대로 정하세요.

(9)와 같은 모호한 표현은 자신을 내세우지 않는 말로써 상대방의 체면을 손상시키지 않는다는 점에서 공손하고 예절바른 정중어법이 된다. 이러한 표현도 역시 대화 참여자들 사이의 충돌이나 대결을 피하는 세련된 대화 방법이지만, 경우에 따라서는 자신감의 결여나 자

기 비하, 또는 양다리 걸치는 발뺌 화법을 하는 교활한 사람과 같이 부정적인 느낌을 준다는 측면에서 부가의문문의 사용과 마찬가지로 여성에 대한 부정적인 의식을 갖도록 하는 대화 방법이 되기도 한다.

2) 협동적 대화

여성어에 나타나는 또 다른 유표적인 특징은 협동적 대화를 한다는 것이다. 대화의 기본적 원리가 협동의 원리임을 살펴보았는데, 남성의 경우보다 여성의 경우, 협동의 원리를 더욱 잘 준수한다. 여성어에서는 협동의 원리를 지키는 적극적인 표지로서 맞장구치는 대화 방법과 가족 호칭을 사용하는 특징이 나타난다.

맞장구치기는 '응, 그래, 맞아' 따위의 어휘들을 사용하여 나타나는데, 이런 말들은 정중어법의 격률 가운데 동의의 격률을 적극적으로 표현하는 것으로 상대방과 일치하는 표현을 최대화하는 것이다. 다음의 예 (10)을 살펴보자.

(10) A : 오늘 민수 웃기더라.
B : 누가 아니래, 정말 웃기더라.
A : 자기가 뭐 연예인쯤 된다고 생각하나 보지?
B : 그러게 말이야, 옷이 정말 대단하더라.
A : 맞아, 맞아. 양말은 왜 또 제 각각 신은 거야?
B : 그래, 구두 색깔도 너무 야하더라.

위의 예는 여성들끼리의 대화로 '누가 아니래, 그러게 말이야, 맞아, 그래' 등의 표현은 모두 맞장구치기의 어휘들이다. 이런 말들은 상대방과 일치되고 있음을 강조하여, 서로 협동하는 분위기에서 대화를 진행시키도록 해준다. 이것은 또한 간접적으로 "나는 너의 말을 잘 듣고 있다."는 경청을 나타내 주는 표지가 되어서 협동적 대화를 만들어 간다. 여성들은 경우에 따라서는 의견을 달리하는 경우에도 상대방의 처지를 고려해서 맞장구치기의 대화를 하기도 하는데, 이와는 달리 남성들에게서는 이러한 경우는 찾아보기 어렵다.

맞장구치기는 정중어법을 이룰 뿐만 아니라 경청의 표지가 되어서 바람직한 대화 방법이 된다. 그러나 남성의 관점에서 생각하면, 여성들은 자기의 생각은 없이 남의 말에 무조건 따르는 것처럼 받아들여져서, 판단력도 모자라고, 사고력도 떨어지는 사람인 것으로 오해되기도 해서 여성에 대한 부정적인 의식을 갖도록 하는 계기가 될 수도 있다.

협동적 대화의 또 다른 모습은 가족 호칭을 사용하는 것으로 나타난다. 가족 호칭은 화자와 청자가 모두 동일한 집단에 속해 있음을 나타내는 가장 확실한 표지가 된다. 다음의 예 (11)을 살펴보자.

(11) A : 어머, 어머니. 이 색 참 잘 받는데요.
B : 언니가 보기는 이 색이 더 좋은가 보지?
A : 네, 어머니는 살결이 깨끗하셔서, 밝은 색을 참 잘 소화하시네요.
B : 아유, 언니 말 참 잘 하네.

(11)은 옷가게에서 이루어진 대화라는 상황을 고려하지 않으면 이해하기 어려운 대화가 된다. 한 사람은 다른 사람을 '어머니'라고 부르는데, 상대방은 이름을 부르는 것이 아니라 '언니'라고 부르고 있다. 여성어에서는 가족 호칭의 쓰임이 확대되어 나타나는데, 이것은 가족과 같은 친화력을 바탕으로 하여 상호 인간적인 관계를 유지하기 위한 노력으로 이해된다(손호민, 1983). 여성어에서는 '손님-주인'의 관계에서 여성일 경우는 '언니, 어머니, 이모' 등의 가족 호칭을 사용하고 남성일 경우에는 '삼촌, 오빠, 아버님' 등을 사용한다. 여성에게 '언니'를 사용하는 것은 쓰임이 확대되어 남성들도 '언니야'와 같은 호칭으로 식당 종업원을 부르기도 하는데, 이러한 현상은 모두

여성어가 갖는 친화력 때문이다. 남성어에서도 가족 호칭은 좋은 기능을 가지고 있음을 다음 (12)의 신문 기사 내용을 통하여 확인할 수 있다.

(12) 이 고문은 처음 만나 인사를 나누어 보고 '괜찮은 사람'이라고 생각되면 금세 호칭을 바꾼다. 나이가 자기보다 많으면 '형님'이고, 나이가 어리면 '아우' 많이 차이나면 아예 '○○이' 하고 그냥 이름을 불러 버린다. 전국에 퍼져 있는 형님이 1천 명, 동생이 1천 명은 족히 넘을 것이라는 말이 결코 농담이 아니라고 주변에서 이야기한다.

—「조선일보」 1997년 5월 3일, 4면에서

(12)와 같은 기사 내용으로 미루어 남성어에서도 친화력을 강조하는 가족 호칭은 긍정적인 기능을 수행하고 있음을 알 수 있다.

3) 감탄과 찬사의 사용

대화 내용에 있어서 나타나는 여성어의 유표적 특징으로 감탄이나 찬사가 많이 나타난다는 것을 들 수 있다. 주로 외모, 옷, 장식 등에 대한 직설적인 찬사가 많으나, 남성어에는 찬사가 드물고, 한다고 하여도 상대의 재주, 능력 정도에 한하는 편이다(민현식, 1995). 다음의 예 (13)을 살펴보자.

(13) A : 어머, 이 가방 너무 너무 예쁘다.
B : 그래? 네 가방이 훨씬 더 낫다. 그치?
A : 아니야, 난 이런 디자인을 무지무지 좋아해.

여성어에는 남을 칭찬하는 것이 단순히 높이는 것으로 나타나는데, 남성어에는 높이는 경우에도 "어쭈, 제법이야."와 같이 화자가 더 높은 위치에 서서 칭찬하는 형식으로 나타난다. 감탄과 찬사를 사용하는 것은 찬동의 격률을 지키는 정중어법이기도 하지만, 한편으로는 여성이 지나치게 감정적이라는 오해와 함께, 여성은 열등해서 남을 잘 칭찬하는 것으로 오해를 받도록 하는 대화 방법이 될 수도 있다.

이러한 화용적 차이들을 통해서 보면 여성들이 정중어법을 더 잘 사용하고, 협동적 대화를 하며, 감탄과 찬사를 더 많이 사용한다는 것은 많은 언어학자들이 지적한 바와 같이 여성의 대화가 대화의 기법 상 더 세련된 언어임을 알 수 있다. 여성어는 상대방의 체면을 세워 주고, 예절바르고 공손하다. 여성어는 상대방과의 충돌을 최소화하기 위해 부가의문문 사용이나 모호한 표현 사용 등과 같은 방법도 사용한다. 여성어는 상대방도 동일한 집단에 소속된다는 동류성을 강조하기 위해 가족 호칭도 사용한다. 그러나 이러한 것들은 여성은 확실한 판단력이나 자기 확신이 없고, 자신감도 없고, 자기 비하에 빠져 있다는 부정적인 오해를 불러일으키는 역기능도 가지고 있음을 알 수 있다.

또한 남성들의 관점에서는 부가의문문 사용이나 모호한 표현 사용, 맞장구치기, 가족 호칭의 사용이나 감탄이나 찬사를 사용하는 대화 방법을 적당히 사용하는 것이 상대방을 인정하는 것이 되고, 공손하고 예절바른 말이어서 상대방에게 호감을 줄 수 있고, 충돌이나 갈등을 줄이는 대화 방법이 된다는 것을 기억하고, 이러한 방법들을 적절히 사용하려는 노력이 필요하다.

10.2. 남성과 여성의 바람직한 대화 방법

우리는 남성과 여성이 서로 다른 문화를 가지고 있고, 그것이 사용하는 언어에도 차이를 가져 왔음을 살펴보았다. 남성과 여성이 가지고 있는 서로 다른 문화적 차이는 함께 대화를 나누면서도, 대화를 하는 목적과 대화를 하는 방법에 있어서 서로 다른 기대치를 갖게 하는 요인이 된다. 앞에서 우리는 남성과 여성은 흑인종과 백인종이 다른 것보다 본질적으로 더 다른 종족이라고 하였다. 같은 사회에 살고 있고, 같은 집안에 살고 있고, 같은 언어로 이야기하여도, 남성과 여성은 기본적으로 다른 세계에 살고 있는 것이다. 이러한 남성과 여성이 어떻게 대화를 나누는 것이 바람직할까? 무엇보다도 중요한 것은 서로가 다르다는 것을 이해하는 일이다.

10.2.1 남성과 여성의 대화관의 차이

1) 독립과 유대관계

우리는 제1장에서 쇼펜하우어의 고슴도치 이야기를 한 적이 있다. 추위를 피해 다가서다가 서로에게 찔리면 다시 물러서서 적당한 거리를 유지하는 고슴도치처럼, 우리도 '독립'과 '유대관계'라는 상충되는 욕구를 가지고 있으며, '독립'과 '유대관계' 사이에서 적당한 거리를 찾아내는 것이 대화의 기법이라고 밝힌 바 있다. 대화는 항상 '독립'과 '유대관계'라는 상충되는 욕구를 조정하는 과정이다. 누구나 이 두 가지의 욕구를 가지고 있지만, 남성은 대부분 '독립'의 틀을 가지고 대화를 하고, 여성은 '유대관계'의 틀을 가지고 대화를 한다. 이런 차이 때문에 같은 상황을 보면서도 남성과 여성은 서로 다르게 해석한다. 다음의 예 (14)를 살펴보자.

(14) 남 : 철민이 이번 주말에 우리 집에 오기로 했어.
여 : 이번 주말에요? 난 주말에 어딜 좀 다녀왔으면 했는데……
당신은 그런 걸 나랑 좀 의논하면 안 돼요?
남 : 날더러 친구랑 약속하기 전에 마누라 허락 받으라고?

부부 사이의 대화인 (14)의 예에서 남편은 아내와 의논하는 것을 허락을 받는 것으로 받아들인다. 그러므로 허락을 받는다는 것은 자신의 '독립'을 침해하는 것이라고 판단하고, 이러한 아내의 태도를 받아들이지 못 한다. 그러나 아내는 남편과 의논한다는 것이 허락이라는 것과는 전혀 무관하다고 생각한다. 단지 함께 사는 부부라면 모든 일을 의논할 수 있어야 하며, 이것은 '유대관계'의 표현이라고 생각하고 있다. 실제로 아내는 만일 누구와 주말에 약속을 하게 된다면, 남편에게 그 일에 관해 미리 의논을 하였을 것이다. 이런 대화의 결과 부부는 서로 마음에 상처를 받게 된다. 아내는 자신이 생각하는 것처럼 남편이 자신과 가깝지 않다는 것에 대해 배신감을 느끼고, 남편은 아내가 자기를 통제하고 자유를 구속하고 있다고 생각하고 분노를 느낀다.

기본적으로 대화를 하는 틀이 다르기 때문에 나타나는 이러한 대화의 상황은 다음 예 (15)에서도 찾아볼 수 있다.

(15) 남 : 나 오늘 오디오 사기로 계약했어.
여 : 무슨 오디오요?
남 : 우리 집에 오디오 없잖아?
여 : 우리 집 오디오를 당신 혼자 결정했어요?
남 : 아니. 그럼 우리 집 오디오도 내 마음대로 못 사?

(15)의 예도 위의 (14)와 동일하다. 남편은 '독립'이라는 틀 안에서 대화를 하고 있고, 아내는 '유대관계'의 틀 안에서 대화를 하고 있다. 남편은 오디오 하나도 자기 마음대로 살 수 없을 만큼 독립된 영역을 주지 않으려는 아내 때문에 분노하고 있고, 아내는 집안의 오디오를 사는 것조차 남편과의 유대관계가 이루어지지 않은 것에 대하여 분노하고 있다.

사람들의 관계는 시간이 지나면 서로 바뀌면서, 서로 익숙해지게 마련이다. 그래서 남성과 여성도 함께 오랜 기간을 지내다 보면, 서로를 이해하게 될 수도 있으리라 기대할 수 있다. 그러나 근본적으로 다른 틀을 가지고 있는 남성과 여성은, 어떻게 그 틀을 바꾸어야 하는지에 대해서도 서로 기대하는 바가 다르다. 다음 예 (16)을 살펴보자.

(16) 여 : 그만큼 살았으면, 꼭 말하지 않아도 내가 뭘 원하는지 정도는 알 수 있잖아요?

남 : 어째 그런가? 당신이야말로 그만큼 살았으면 좀 털어놓고 말할 수 있는 것 아니야?

위에서 보는 것처럼 남성은 '독립'의 틀 속에서 여성도 시간이 지난만큼 자신의 독립된 영역을 늘 암시적으로만 전달하지 말고 털어놓고 이야기하기를 기대하고 있지만, 여성은 '유대관계'의 틀 속에서 꼭 말로 표현하지 않아도 자신이 느끼는 것을 함께 느껴 주기를 기대하고 있다. 서로 다른 틀 속에서 상대방을 바라보며 대화를 나누기 때문에 상대방을 오해 없이 수용하기는 매우 어렵다. 이 상황에서 누가 대화의 원리를 어기고 있고, 대화의 격률들을 위배하고 있는지를 따지는 것은 무의미하다.

2) 상하관계와 대등관계

'독립'에는 "우리는 떨어져 있는 만큼 서로 다르다."라는 내포적 의미가 있다면, '유대관계'에는 "우리는 아주 가까워서 똑 같다."라는 내포적 의미가 있다. 이것은 그대로 상하관계와 대등관계로 연결된다. 다시 말해서 '독립'의 틀에서 대화를 하는 남성은 지위를 바탕으로 하여 상하관계를 기준으로 대화를 나누고, '유대관계'의 틀에서 대화를 하는 여성은 균형과 평등을 바탕으로 하여 대등관계를 기준으로 대화를 나눈다. 이러한 차이는 앞에서 살펴본 것처럼 여성들의 대화가 상대방의 체면을 세워 주고, 예절을 지키는 정중어법과 가족 호칭을 확대하여 사용하는 것과 같은 특징을 통해서도 찾아볼 수 있다.

이러한 대화 기준의 차이는 상황의 해석에 있어서도 많은 차이를 가져온다. 다음 예 (17)을 살펴보자.

(17) 여 : 민준 씨, 이 책들 좀 저리 옮겨 놓고, 차에 가서 기다려.
남 : 쉿, 근혜야, 좀 조용조용하게 말해.
여 : 갑자기 왜 그래?
남 : 문 밖에 내 친구가 있어.
네가 매일 나 이렇게 부려 먹는다고 오해하겠다.

(17)의 대화에서 민준은 평소에는 남녀평등을 주장하고, 약혼자인 근혜를 위해서 무엇이든 해줄 수 있는 것을 다 해주던 남성이다. 그러나 이 대화를 통해서 보면 민준은 근혜와의 관계까지도 한 사람은 부리고 다른 사람은 부림을 당하는 상하관계를 기준으로 생각하고 있음을 알 수 있다.

여성들이 바가지를 긁는다는 오해를 받게 되는 것에는 상하관계와 대등관계의 기준이 중요한 역할을 한다. 대체로 여성들은 남이 시키는 일도 잘 한다. 대등관계를 기준으로 받아들이기 때문이다. 그러나 남성은 자기에게 무엇을 하라고 시키는 낌새가 조금이라도 있으면 그 일을 하려 들지 않는다. 특히 여성이 무엇을 지시한다고 느낄 때는 더욱 그렇게 한다. 다음의 예 (18)을 살펴보자.

(18) 여 : 여보, 이것 좀 옮겨 주세요.
남 : 나도 옮길 생각이 있었지만, 당신이 이래라 저래라 하는 건 질색이야.
여 : 그럼, 한 집안에 살면서 그런 말도 못 해요?
남 : 글쎄, 그냥 내버려두면, 내가 다 알아서 한다고. 왜 그렇게 쓸데없는 잔소리가 많아.

남성들은 여성의 요청을 상하관계의 기준으로 여성이 자기보다 위에 있어서 지시하는 것이라고 받으니까 기분이 나빠지고, 더 하기 싫어진다. 그러나 여성은 상하관계로 지시한 것이 아니다. 단지 대등관계를 기준으로 부탁한 것이어서, 자신이 반복적으로 말하면 더욱 절실하게 자신의 부탁을 받아들여 줄 것이라고 생각하기 때문에 자꾸 같은 이야기를 하게 되는 것이고, 이것이 남성들에게는 결코 듣고 싶지 않고, 들어도 도움이 될 것이 전혀 없는 바가지로 받아들여지게 되는 것이다.

이렇게 서로 다른 기준으로 대화를 나누다 보니 관심을 가지는 방향도 달라질 수밖에 없다. 상하관계를 기준으로 하는 남성은 '상대방이 나보다 높은 위치에 서려고 하지는 않는가?', 또는 '상대방이 나에게 무엇인가를 지시하면서 군림하려고 하지는 않는가?' 하는 것에 많은 관심을 쏟으며 대화를 한다. 그런 반면 대등관계를 기준으로 하는 여성은 '상대방이 자신과 가까워지려고 하는가?, 그렇지 않으면 자신을 멀리 하는가?'에 관심을 두고 대화를 한다. 다음의 예 (19)를 살펴보자.

(19) 여 : 당신이 연락도 없이 안 들어오면, 내가 얼마나 괴로워할지 알면서 어떻게 그럴 수가 있어요?
남 : 그럼, 내가 동료들하고 있다가 전화라도 하란 말이야?
여 : 전화를 하면 안 돼요?
남 : 남들 앞에서 내가 마누라한테 매여 산다고 광고를 하라고?
여 : 그게 왜 매여 사는 거예요?
남 : 그럼, 친구들하고 하룻밤 어울릴 수도 없는 게 매인 게 아니면 뭐야? 당신은 날 속박하고 있고, 내 자유를 인정하지 않는 거야.
여 : 그럼, 나는 견딜 수가 없는데, 어떡하죠?
남 : 가만 보니, 이제 나를 조종하려 하고 있군.

위의 예 (19)에서 여성은 계속 상대방이 자신을 멀리 하는 것에 두려워하고 자신을 호소하고 있는데, 남성은 계속 여성이 자신에게 무슨 지시를 하고 있는지, 자기 위에 군림하려는 것은 아닌지에 관심을 두고 대화를 이끌어 가고 있다. 이것은 다시 '독립'을 추구하는 남성과 '유대관계'를 추구하는 여성의 끝없는 줄다리기로 이어진다.

이런 관점에서 남성과 여성의 대화는 문화가 정반대인 상황에서 이루어지는 의사소통이다. 남성은 소년 시절부터 바깥에서 큰 무리를 이루어 명령을 내리거나 계급을 만들면서 노는 경향이 있고, 여성은 소녀 때부터 친한 친구들을 중심으로 해서 비밀을 나누며 놀면서도, 누구와도 잘 어울리려고 노력하고 인기를 얻으려고 노력하는 경향이 있다. 남자아이들의 대표적인 놀이가 전쟁놀이라면 여자아이들의 대표적인 놀이가 인형놀이나 소꿉놀이라는 것을 통해서도 이런 사실은 증명이 된다. 서로의 문화가 다르기 때문에 서로 오해를 피할 수는 없고, 서로 자기의 대화 방법이 옳다고 주장을 하면 아무도 그 사이에서 적당한 거리를 찾을 수가 없게 된다.

남성과 여성이 대화를 하면서 서로가 문화적 배경이 다른 환경에서 태어났고, 자라왔다는 것을 인정하는 것만으로도 대화를 할 수 있는 길이 열린다. 단지 서로 바라보는 틀과 기준이 다르다는 것을 이해하고 받아들이는 것만으로도 적당한 거리를 찾아가는데 도움이 될 수 있을 것이다.

10.2.2. 남성과 여성의 대화 목적의 차이

1) 해결과 공감

남성과 여성은 같이 대화를 나누지만 대화의 목적이 크게 다를 수 있다. 일반적으로 여성은 누구와 함께 대화를 나누면서 공감하는 것에 가장 큰 목적을 둔다. 그러나 남성은 대화를 나누는 내용에 대해서 해결하는 것에 가장 큰 목적을 둔다. 다음의 예 (20)을 살펴보자.

(20) 여 : 여보, 나 이 수술 끝나고 나면, 얼굴에 흉터가 남을 텐데 어떡하지요?
남 : 그럼 성형수술을 하면 되지, 뭐.
여 : 싫어요. 난 수술 따윈 이제 더 안 받을 거야.
남 : 그럼 어떡하오? 당신이 얼굴에 남을 흉터 걱정을 하니?
난 당신 얼굴에 남는 흉터 정도는 전혀 상관이 없어.
여 : 그럼, 왜 성형수술을 하라고 했어요?
남 : 그야 당신이 흉터 걱정을 하니까 그랬지.

(20)의 대화를 하고 나서 아내는 남편이 이랬다저랬다 하는 태도 때문에 화가 났다. 분명히 흉터가 보기 싫으니 성형수술을 받으라고 했다가, 자신이 수술을 안 받겠다고 화를 내니, 말을 얼버무린 것이라고 생각했다. 그러나 남편은 아내가 걱정하는 것에 대해 같이 걱정을 하면서 자신이 찾을 수 있는 최선의 답을 찾아서 성형수술을 받으면 된다고 충고를 하였는데, 아내가 화를 내는 것에 대해 이해할 수 없었다.

아내는 흉터가 남을 것에 대해 두려워하면서 이 사실을 단지 남편이 공감해 주기를 바라며 이 이야기를 꺼냈다. 남편이 그저 염려할 것 없고, 흉터 따위는 아무 것도 아니라든가, 당신이 흉터에 대해 걱정하는 것은 당연하고, 그런 심정을 이해할 수 있다는 말을 해주기를 바란 것이다. 그러나 뜻밖에도 성형수술을 받으라고 하니, 남편이 자기의 흉터에 대해 좋지 않게 생각한다고 받아들이게 되었고, 마음이 상할 수밖에 없었다. 남편은 아내의 고민에 대해 해결책을 제시하는 것이 당연하다고 생각하고 해결책을 제시하였다. 결국 기본적으로 서로 다른 대화의 목적을 가진 것이 불화의 원인이 된 것이다. 여성은 상대방과 공감을 느끼고 나누는 것에 목적이 있지만, 남성은 해결책을 찾고 제시하는 것에 대화의 목적이 있기 때문이다. 이러한 경우는 다음 예 (21)에서도 찾아볼 수 있다.

(21) 여 : 난 몇몇 아이들이 나를 따돌리는 것 같아 고민이야.
남 : 네 행동을 잘 분석해 봐. 아이들이 너를 왜 따돌리려 하는지.
여 : 그럼, 너도 내 행동에 문제가 있다고 생각하는 거야?
남 : 아니야. 그렇지만 일단 네 행동을 분석해 보아야 앞으로 어떻게 하는 게 좋을지 생각할 수 있잖아?

(21)의 대화에서도 마찬가지이다. 여성이 원하는 것은 단지 자신의 고민을 잘 들어주고, 공감해 주기를 바랄 뿐이다. 그런데 남성은 해결책을 찾고 제시해야 한다고 생각하기 때문에 충고를 하게 되는 것이다.

여성들은 일반적으로 상대방이 고민을 이야기하면 상대방의 고통에 공감을 표시한다. 그리고 그러한 감정을 이해할 수 있다는 점을 부각시키려고 노력한다. 그래서 고민을 호소하는데, 그런 것은 전혀 문제될 것이 없다고 말하는 남성의 대화를 들으면, 자신의 감정이 전혀 중요하지 않다고 단정하는 것에 대해서 마음이 상한다. 그러나 그 고민에 대해 충고를 받게 되면, “나는 너와 같지 않다. 너는 고민을 안고 있지만, 나는 그 해결방법까지 알고 있다.”라는 암시로 받아들이고 더욱 상처를 받게 된다. 조언이나 충고를 한다는 것은 아는 것도 더 많고, 이성적이고, 감정 통제를 더 잘하는 것으로 받아들여지게 되고, 이것은 여성이 기본으로 하고 있는 대등관계를 벗어나는 것이 된다. 또한 충고를 하는 사람은 우위에 서는 것이니까 상하관계를 기본으로 하는 남성의 대화에서는 당연히 나올 수 있는 방법이고, 이것은 여성을 약자로 바라본다는 시각을 반영하는 것이기도 하다. 따라서 여성과 남성이 함께 대화를 나누어도 여성은 공감하는 것 자체가 목적인 반면, 남성은 해결 방법을 찾아 충고하는 것이 목적이 되기 때문에 대화의 불일치는 더욱 심화될 수밖에 없다.

조언이나 충고를 하는 것이 상하관계를 바탕으로 한 것이라는 사실은 다음 예 (22)를 통해서도 확인할 수 있다.

(22) 남 : 난 여기서부터 잘 모르겠는데, 저 아저씨한테 좀 물어 보고 와요.
여 : 우리 아기가 잠이 들었어요. 당신이 내려서 좀 물어 보세요.
남 : 내가 어떻게 그런 걸 물어요? 남자가 그런 것도 모른다고 하라고?
여 : 모르는 길 물어 보는데, 그게 무슨 상관이 있어요?

(22)는 지도를 보면서 길을 찾아가던 부부 사이에서 이루어지는 대화이다. 남성은 남에게 길을 묻거나 질문을 하는 것에 대해 아주 어렵게 생각한다. 그러나 여성은 전혀 그렇지가 않다. 이러한 차이는 남성과 여성이 기본적인 시각의 차이이다. 남성은 정보를 요청하는 것은 자기는 정보를 가지고 있지 않은데, 상대방을 그 정보를 가지고 있기 때문에 스스로 상대방의 아래에 위치하는 행위가 된다고 생각한다. 그렇기 때문에 질문을 하는 것은 "남자가 그런 것도 모른다."라는 암시를 가지는 것으로 판단하는 것이다. 그러나 대등관계를 기초로 하는 여성의 관점에서는 그게 무슨 상관이 있는지 도저히 이해하기가 어렵다. 따라서 남성은 오랜 시간 길을 찾아 돌아다니는 한이 있어도, 남에게 선뜻 무엇을 물어 보기가 어려운 것이다.

이러한 관점에서 보면, 여성이 공감을 요구하는 것에 대해 남성이 조언이나 충고를 하는 것은 남성이 상하관계를 기준으로 상대방을 자기보다 낮은 사람으로 판단하는 것을 전제로 하고 있음이 분명하고, 이것이 대등관계를 기준으로 하는 여성의 대화를 충족시킬 수 없는 것은 자명한 일이다.

2) 정보성과 친교성

남성과 여성 중 누가 더 말을 많이 할까? 일반적으로 우리는 여성들이 더 수다스럽고 말을 많이 하며, 남성들은 과묵하다고 생각하고 있다. 그러나 실제 연구 보고서들을 보면, 회의나 남녀 모임, 남녀공학의 학급에서 남성들이 훨씬 더 말을 많이 하는 것으로 밝혀지고 있다. 대부분 남성들은 공적인 자리에서 더 말을 많이 한다. 그러나 여성들은 사적인 자리에서 더 말을 많이 한다. 대부분의 여성들이 나누는 대화는 다정다감한 것으로, 이를 통해 관계를 더 돈독히 하고자 하는 의도가 강하다. 따라서 대화를 하면서도 공통점을 찾는 것에 초점을 두고, 공감을 표현하고자 한다. 그러므로 비슷한 분위기나 사적인 모임에서 편안한 마음으로 대화를 할 수 있다. 그러나 남성들의 경우, 대화는 독립을 확보하고 계급사회 질서에서 지위를 놓고 협상을 벌이거나, 그 지위를 계속 유지하는 수단으로 쓰인다. 따라서 정보를 전달해 주거나, 지식과 기술을 과시할 수 있어야 하고, 대화에서도 중심적인 역할을 하여서 남의 관심을 집중시킬 수 있어야 한다고 생각한다. 따라서 잘 모르는 사람과의 대화에서도 마음 편하게 이야기할 수 있는 것이다.

그럼 왜 남성들이 말을 잘 하지 않는다고 알려져 왔을까? 남성들이 가장 말을 적게 하고, 여성들이 가장 말을 많이 하는 곳은 가정이다. 유대관계와 대등관계, 공감을 바탕으로 하는 대화를 나누기에 가장 적당한 곳은 가정이고, 독립과 상하관계, 문제 해결을 바탕으로 하는 대화를 나누기에 가장 부적당한 곳도 가정이기 때문이다.

여성들이 가장 바라는 남편상은 자상한 남편이라는 설문 조사의 보고가 있다. 여성들이 가장 많이 불만을 가지고 있는 것은 남편이 자신과 말을 하지 않는다는 것과 남편이 자신의 말에 귀를 기울이지 않는다는 것이다. 그러니까 대화의 기법에 관한 문제로 불만을 가지는 것이 아니라, 아예 대화가 이루어지지 않는 것에 대해 불만을 가지는 것이다. 많은 남편들이 어떤 모임이나 저녁 초대를 받은 집에 가서는 말을 잘 하면서도, 자기 집에서는 말을 잘 하지 않는다. 다음 예 (23)을 살펴보자.

(23) 여 : 당신 눈에 보이는 건 신문밖에 없군요.
내가 여기 앉아 있는 것은 안 보여요?
남 : 왜 또 무슨 시비야?
여 : 왜 나랑은 그렇게 할 말이 없어요?
남 : 할 말이 있는 사람이 말을 해야지, 왜 할 말이 없느냐고 시비를 걸면 되겠어?
여 : 당신이 신문에 보는 시간의 반의반만 나하고 이야기를 해도 내가 행복할 거예요.
남 : 글쎄, 할 말이 있으면 하라고.

위의 (23)에서 보듯 남편에게 있어서 할 말은 정보성을 가진 말과 같은 뜻이 되고, 아내에게 있어서 할 말을 친교를 위해 나누는 말과 같은 뜻이 되어서, 같이 '할 말'이라는 용어를 사용하면서도 서로 다른 생각을 가지고 있다. 남편에게 대화란 정보를 전달해야 하는 것으로 받아들여지지만, 아내에게 대화는 상호확인의 방법으로 통한다. 무엇인가를 이야기한다는 것 자체가 서로의 삶을 공유하는 것이 되고, 그것을 경청한다는 것은 관심과 애정을 보이는 것으로 생각되기 때문이다.

여성들이 자기 친구와 사사로운 신변의 이야기들을 나누지 않는 남성들을 이상하게 생각하는 것만큼, 남성들은 신문을 읽지 않는 여성을 이상하게 생각한다. 남성들이 신문을 읽는 것은 여성들이 화장을 하는 것만큼 자연스러운 일이다. 그만큼 남성들에게 있어서 정보란 중요한 것이고, 이것을 읽는 것에 대해 불만을 이야기하는 것은 자신의 독립을, 그리고 행동의 자유를 침해하는 것으로 받아들인다. 남성들은 대화를 나누면서도 정보성을 추구한다. 그래서 아무런 정보성도 없는 말을 가지고 잡담을 하는 여성들을 이해하기가 어렵다. 그러나 여성은 정보가 중요한 것이 아니라 이야기를 함께 나눈다는 것 자체가 중요하다. 별 내용이 없는 말이라도 함께 나눈다는 것은 유대관계와 대등관계를 충족시키는 것이기 때문이다. 실제로 신변에 어려운 문제가 생기면, 여성들은 함께 상의할 사람을 주변에서 쉽게 찾아내지만, 남성들은 그렇게 하지 못한다는 것을 통해서도 시시한 이야기나 잡담이 우리 생활에 얼마나 중요한 것인가를 깨달을 수 있다.

남성과 여성이 한자리에서 공적으로 이야기를 나누게 되면 남성들은 말을 많이 하지만, 여성들은 이야기를 못 한다. 남성들은 자기의 주장이 옳다는 것을 밝히는 것이 곧 상하관계의 구도에서 자기가 위에 있을 수 있는 일이기 때문에 상대가 누구이든 관계없이 자기의 주장만을 이야기한다. 그리고 그런 이야기 방식은 공정한데, 여성들은 논리가 부족해서 한 마디도 말을 하지 못한다고 받아들인다. 반면에 여성들은 공적으로 이야기를 하는 상황에서도 상하관계보다는 대등관계를 기준으로 대화를 한다. 따라서 상대방 남성이 강한 어조로 주장을 한 것에 대해 자신이 반박을 하게 되면, 그 사람의 체면이 손상될 것을 염려하고, 대화의 분위기가 너무 대립적인 구도로 가면, 서로의 유대관계에 영향이 있을 것을 생각하면서 직접적인 표현을 피하고, 말도 적게 하는 것이 바람직하다고 생각한다. 그러나 남성들은 공적인 상황에서는 모두가 같이 말할 기회가 있고, 그것을 토대로 능력을 평가하는 것은 평등한 방법이라고 생각을 한다.

이러한 생각을 바탕으로 한다면 공적인 대화에서 여성들이 발언을 삼가는 것은 다시 생각할 문제이다. 남성들이 대화를 주도한다고 불평하거나, 그런 상황을 당연한 것으로 받아들이는 것이 아니라, 그런 불균형을 시정하기 위하여 노력을 더 기울이지 않으면 안 된다. 여성들은 더 적극적으로 의견을 개진하여야 하고, 비교적 사소한 문제들에 대해서는 신경을 덜 쓸 필요가 있다. 남성들도 여성들이 공적인 대화의 자리에 익숙하지 않다는 사실까지를 감안한 가운데 평등한 방법을 모색하려는 노력을 기울여야 할 것이다.

지금까지 살펴본 것처럼 남성과 여성이 대화를 하는 방식은 거의 상반적이다. 대화를 하는 남성과 여성의 시각의 차이가 거의 평행선을 긋고 있기 때문에 중간선쯤에서 타협을 한다는 것은 쉽지가 않다. 그러므로 무엇보다 중요한 것은 서로가 서로의 대화가 가지는 특징들을 이해하는 일이다. 상대방이 독립과 유대관계 가운데 어떤 틀에서 대화를 생각하고 있고, 상하관계와 대등관계 가운데 어떤 것을 기준으로 대화를 해 나가는지를 이해하는 것, 그리고 함께 대화를 나누면서도 추구하는 목적이 공감하는 것에 있을 수도 있지만, 문제 해결에 있을 수도 있고, 친교를 목적으로 할 수도 있지만, 정보성을 추구할 수도 있다는 것을 서로 이해하는 것만으로도 상대방을 비난하거나 상대방에게 지속적으로 무리한 요구를 하는 것을 막아 줄 수 있을 것이다. 한걸음 나아가 서로의 관점을 바꾸어 생각해 보는 패러다임의 전환은 서로를 깊이 이해할 수 있고 서로의 대화가 통할 수 있는 통로를 마련해 주는 좋은 방법이 된다. 문제가 있는 상황에서 여성은 남성의 대화 방법의 틀 속에서 생각해 보고, 남성은 여성의 대화 방법의 틀 속에서 생각해 보면, 서로의 감정을 이해할 수 있을 것이고, 이해를 바탕으로 하는 대화하려는 마음은 그 다음 대화가 이어져 나갈 수 있도록 하는 가장 좋은 대화를 생각나게 해 주기 때문이다.

11장 부모와 자녀의 대화

청소년 자녀와 부모 사이에 대화를 나누는 시간이 평균 30분도 되지 않는다는 연구 결과가 보고되었다. 그것도 주로 어머니와의 대화이고, 아버지와의 대화는 거의 이루어지지 않으며, 어머니와의 대화도 거의 대부분이 "빨리 일어나라.", "밥 먹어라.", "학교 늦겠다. 빨리 서둘러라.", "좀 씻어라."와 같이 어머니의 일방적인 명령으로 이루어진다는 것이다. 물론 하루의 생활을 모두 함께 이야기하는 이상적인 가정도 있지만, 대부분의 가정에서는 서로 대화를 나누는 기회가 줄어들면서 부모와 자녀는 고립감을 느낀다. 부모는 자녀가 더 이상 함께 말하려 하지도 않는다고 생각하고 섭섭해 하고, 자녀는 자녀대로 우리 부모는 내 이야기를 들어주려 하지도 않는다고 생각하고 섭섭해 한다. 어쩌다 말을 하려고 하여도, 부모는 항상 일방적인 훈계나 지시를 하게 되고, 자녀는 부모 세대의 가치관만을 고수하는 이야기는 더 이상 도움이 되지 않는다고 생각하기 때문에 부모와의 대화를 피하게 된다. 무엇이 잘못된 것일까? 이 장에서는 부모와 자녀 사이의 효과적인 대화 방법에 관해서 연구한 고든과 고든(Gordon, T. & J. Gordon, 1976)에서의 견해를 중심으로 하여 부모와 자녀의 대화에 관해 살펴보기로 한다.

11.1. 공감적 경청

자녀도 독립된 하나의 인격체라는 것을 이론적으로는 받아들이면서도 막상 일상적인 생활 속에서 이것을 적용하기는 쉽지 않다. 모든 대화에서 마찬가지이지만, 특히 자녀와의 대화에서는 자녀의 말을 들어주는 것보다는 자녀에게 부모의 생각과 조언을 들려주는 것이 필요하다고 생각을 하고 대화를 시작하는 것에서부터 문제는 시작된다. 특히 자녀가 아직 뚜렷한 가치나 주장을 확립하지 못한 경우에는 더욱 많은 것을 말해 주려고 하다가 결국은 대화의 걸림돌에 걸리고 만다.

이제 부모와 자녀 사이의 대화에서 나타나는 걸림돌을 살펴보고, 이를 극복할 수 있는 경청의 방법, 특히 공감적 경청의 방법과 실제 효과에 대하여 살펴보자.

11.1.1. 걸림돌에 걸리는 대화

우리는 제8장에서 대화의 장애 요소를 다루면서 대화의 걸림돌을 사용하는 것을 살펴보았다. 모든 대화에서 걸림돌을 사용하는 것이 대화의 장애 요소가 되지만, 특히 자녀와의 대화에 있어서는 걸림돌의 사용이 빈번하여서, 대화의 주된 장애 요소가 된다. 다음의 예 (1)을 살펴보자.

(1) 자녀 : 엄마, 나 피곤하고 졸려요.
부모 : a. 명령 : 너 숙제부터 해야 돼.
b. 경고 : 너 숙제 안 해 가면 선생님께 혼난다.
c. 훈계 : 아무리 피곤해도 해야 할 일을 먼저 할 줄 알아야지.
d. 충고 : 그러니까 밖에서 너무 뛰어 놀면 안 돼요.
e. 설득 : 네 문제점은 숙제를 하기 싫어하는 거야.

f. 비평 : 넌 매일 그런 식으로 숙제도 안 하고, 뭐가 될래?

g. 분석 : 너 어제 늦게까지 딴 짓 했구나. 그래서 피곤하지?

h. 동정 : 저런, 가여워라.

i. 캐묻기 : 왜? 몸이 어디가 아픈 것 아니야? 열은 안 나니?

(1)에서 보는 것처럼 대부분의 부모들은 자녀가 그 말을 통하여 무엇을 전달하고 싶어 하는지를 확인하는 것보다는 부모의 판단에 의한 반응을 앞세운다. 이와 같은 부모의 반응은 (2)와 같은 자녀의 반응을 불러올 수 있다.

(2) a. 엄마는 나보다 숙제가 더 중요해요?

b. 한 번 혼나고 말지요, 뭐.

c. 누가 안 한대요?

d. 뛰어 노는 게 뭐가 나빠요?

e. 그래요, 나는 숙제도 제대로 못하는 바보예요.

f. 엄마는 숙제 잘 해서 그렇게 훌륭하게 되셨어요?

g. 엄마는 나를 늘 못마땅하게 생각하시는 거지요?

h. 엄마, 그냥 좀 피곤한 게 뭐 가여운 일이에요?

i. 엄마, 그냥 좀 피곤하다는데, 뭘 그러셔요?

위의 (2)와 같은 반응을 하면서 어떤 자녀도 부모와 원만하게 대화가 이루어졌다고 생각하지 않는다. 차라리 아무 말도 하지 않는 것이 더 나았을 거라고 후회하기도 하고, 부모의 반응 때문에 더 피곤하다는 생각을 할 것이다. 그러나 부모의 관점에서는 자녀에게 이런 말을 해주는 것이 자녀에 대한 관심의 표현이고, 자녀가 잘 되기를 바라는 마음으로 한 말인데, 자녀가 보이는 반응이 지나치게 반항적이라고 생각하고, 섭섭한 마음을 가질 수밖에 없다.

이런 상황에서 대화를 이끌어 갈 책임은 미성숙한 자녀보다는 부모에게 있다고 보는 것이 옳다. 자녀에 대한 관심과 사랑은 좋지만, 자녀가 원하는 것이 무엇인지를 확실하게 알아내는 것이 무엇보다 중요하다. 자녀는 (1)에서 “엄마, 나 피곤하고 졸려요.”라고 이야기하면서 부모와 무엇인가를 이야기하고 싶어 한다. 그것이 무엇일까? 대부분의 부모는 그것을 ‘아, 이 아이가 숙제를 하기 싫어하는구나’, ‘이 아이가 지나치게 노는구나’, ‘이 아이가 밤늦게까지 딴 짓을 하는구나’, 또는 ‘이 아이가 아프구나’와 같은 부모의 추측으로 단정을 내리고, 그 단정에 대한 부모의 처방을 내리려 한다. 그러나 그 추측은 항상 옳은 것이 아니다. 그리고 부모가 부정적인 추측을 하고 있는 것에 대해 자녀는 상처를 받게 된다. 그래서 자녀들은 더 이상 말을 하지 않거나, 방어적이 되어 논쟁을 하거나, 반발을 하게 된다.

물론 (1)과 같은 표현을 사용해도 전혀 문제가 되지 않는 경우도 있다. 부모와 자녀 사이에 대화가 잘 이루어지고 있고, 서로에 대한 깊은 이해와 신뢰가 있는 이상적인 경우에는 문제가 되지 않을 수도 있다. 또한 자녀가 어떤 문제를 느끼지 않고 있는 부분에 대해서는 얼마든지 (1)과 같은 대화가 수용이 된다. 대부분의 부모들이 (1)과 같이 대화를 하는 것은 그 동안 수용되었던 것을 바탕으로 하여, 이렇게 대화하면 된다고 받아들이고 있는 것일 수도 있다. 그러나 자녀가 어떤 문제를 가지고 있는 경우는 다르다. 여기서 문제란 ‘문제아’라고 말할 때의 문제와는 다르다. 자녀 스스로가 해결하지 못하고 문제의식을 가지고 있는 부분이 모두 문제 영역이기 때문에 일상적으로 겪게 되는 작은 문제들도 모두 포함이 된다. 이와 같이 문제를 가지고 있는 경우에 (1)과 같은 걸림돌을 사용하는 것은 대화를 가로막는 장애 요소가 되어, 더 이상의 대화를 불가능하게 만드는 것이 되고 만다.

질문을 하는 것도 걸림돌이 될 수 있다. 문제가 무엇인지에 대해 직접 묻고 싶어 하는 것은 당연하지만, 문제에 대한 직접적인 질문은 대화의 걸림돌이 된다. 다음의 예 (3)을 살펴보자.

(3) 자녀 : 난 지호하고 놀고 싶지가 않아요. 지호는 사내아이가 너무 잘 울어요.
부모 : 네가 어떻게 하였는데 지호가 우니?
자녀 : 전 아무 것도 하지 않았어요.

(3)에서 보듯 질문은 단순한 질문이 아니라 '네가 어떻게 하였기 때문에 지호가 울었다'고 추측하는 부모의 생각이 담겨 있다. 그 결과 자녀는 방어적이 되고, 더 이상 이야기하기를 원하지 않을 것이다. 이와 같이 추측을 내포하고 있는 질문은 부모의 관점에서는 매우 자연스럽게 보일지 모르지만, 자녀의 관점에서는 마음이 상하는 것이어서, 방어적으로 반응할 수밖에 없다.

대부분의 부모들은 자녀에게 정보를 제공해 주는 충고나 설득이 왜 걸림돌이 되는지를 이해하지 못 한다. 충고나 설득이 걸림돌이 되는 이유는 첫째, 자녀들이 문제를 가지고 있을 때는 감정에 사로잡힌 상태가 되어서, 논리나 사실, 정보 따위를 기초로 하는 충고나 설득을 받아들일 수가 없기 때문이다. 둘째, 부모들은 때로는 무엇이 문제인지도 알지 못하고 정보부터 제공하려고 하기 때문이다. 셋째, 정보를 제공해 주는 부모의 태도가 '너는 아무 것도 모르고 있다'는 암시를 가지고 있는 것처럼 받아들여져서 반항을 하고 싶어지기 때문이다. 따라서 문제 상황에서 충고나 설득을 하려는 것은 잘 받아들여지지 않고, 오히려 걸림돌이 되고 만다.

그러면 자녀가 문제 상황에 있을 때 부모가 할 수 있는 대화는 어떤 것일까? 무엇이 문제이고 어떻게 접근하여야 할까?

11.1.2. 경청의 방법

문제를 가지고 있는 자녀에게 가장 필요한 것은 자녀의 말을 들어주는 일이다. 대부분의 심리상담자들은 청소년 문제를 해결하는 데 있어서 그들의 말을 들어주는 것 이상의 방법이 없다고 이야기한다. 부모가 말을 많이 하게 되면 자녀들은 자신의 문제를 말하기가 어려워진다. 효율적인 상담자는 대부분의 시간을 상대방의 말을 들어 주는 것으로 보낸다. 부모도 마찬가지로 가만히 귀를 기울여 경청할 수 있어야 한다.

그러나 부모가 가만히 침묵을 하고 있으면 자녀들은 불안해질 수 있다. 따라서 부모는 열심히 듣고 있다는 것을 알려 주는 경청의 표지들을 사용해 주어야 한다. 앞서 우리는 제10장에서 여성어의 특성을 살피면서 여성들은 (4)와 같은 경청의 표지를 많이 사용한다고 지적한 바 있다. 침묵보다는 이러한 경청의 표지를 사용하는 것이 자녀의 이야기를 끌어낼 수 있는 방법이 된다.

(4) a. 관심 표현 : 그래서?, 그런데?
b. 공감 표현 : 그러게 말이야, 그럼.
c. 동정 표현 : 저런, 쯧쯧, 저걸 어쩌나?
d. 기쁨 표현 : 참 잘됐다, 멋지다, 신난다.
e. 놀라움 표현 : 어머나, 정말이야?

그러나 침묵이나 경청의 표지를 사용하는 것만으로는 자녀들의 문제에 접근하는데 실패할 수 있다. 이 상황에서 부모가 사용할 수 있는 대화 방법이 필요한데, 이것이 바로 공감적 경청의 방법이다.

우리가 다른 사람의 말을 들을 때 보통 다음의 다섯 가지 수준 가운데 어느 하나에 속하게 된다.

① 무시: 그 사람의 말을 무시하고 전혀 듣지 않는다.
② 듣는 척: 경청의 표지를 사용하면서 듣는 척만 한다.
③ 선택적 듣기: 듣고 싶은 특정한 부분만 선택적으로 듣는다.
④ 신중한 경청: 상대방의 이야기에 주의를 기울이고, 신중하게 듣는다.
⑤ 공감적 경청: 상대방의 생각을 공감하려고 노력하며 듣는다.

가장 고도의 수준에서 이루어지는 듣기는 공감적 경청을 하는 것이다. 공감적 경청이란 먼저 경청해서 이해하려고 노력하는 대화 방법이다. 우리는 보통 남에게 먼저 이야기하여 이해 받고 싶어 한다. 또한 대부분의 사람들은 이해하려는 의도를 가지고 듣는 것이 아니라, 대답할 의도를 가지고 듣는다. 따라서 사람들은 대부분의 경우, 말을 하고 있거나 말할 준비만 하고 있다. 이런 관점에서 볼 때 공감적 경청은 부모-자녀 사이의 대화뿐만 아니라, 모든 인간관계의 대화에 적용될 수 있는 효과적인 대화 방법이다. 실제로 코비(Covey, 1989)의 「성공하는 사람들의 7가지 습관」에서는 공감적 경청을 5번째 습관으로 제시하고 있기도 하다.

먼저 경청을 하고, 이것을 통하여 상대방을 이해하려고 하는 공감적 경청에서는 부모가 어떤 메시지도 준비할 필요가 없다. 단지 자녀가 말한 메시지를 다시 반복하거나, 자녀의 말을 확인하는 종류의 언어적 반응만을 하는 방법이다. 이것은 부모가 자녀에게 들은 것을 다시 확인함으로써 정말로 자녀의 말을 이해하고 있고, 또 자녀의 말을 경청하였음을 적극적으로 나타내 준다는 점에서, 침묵이나 경청의 표지를 사용하는 소극적 경청과는 다르다. 부모는 자녀가 보낸 메시지를 새로운 표현으로 되돌려 보냄으로써 경청하고 있음을 알려준다. 다음의 예 (5)를 살펴보자.

(5) 자녀 : 엄마, 나 피곤하고 졸려요.
부모 : 그래, 우리 철민이가 피곤하고 졸리는구나.
자녀 : 네. 오늘 야구를 해서 그런가 봐요.

위의 예 (5)는 (1)의 상황을 공감적 경청으로 바꾸어 본 대화이다. 부모는 단지 자녀가 한 말의 내용을 그대로 받아서 확인해 주고 있고, 그 결과 자녀는 하려고 하던 말들을 계속 이어갈 수 있게 된다. 위의 예 (3)의 경우도 마찬가지여서, 이것을 공감적 경청으로 바꾸어 보면 (6)과 같다.

(6) 자녀 : 난 지호하고 놀고 싶지가 않아요. 지호는 사내아이가 놀다가 너무 잘 울어요.
부모 : 넌 지호가 잘 울어서 같이 놀고 싶지가 않은가 보구나.
자녀 : 네. 지호는 놀다가 개만 지나가도 울고요, 다른 아이들이 건드리기만 해도 울어요.

(6)에서 보는 것과 같이 공감적 경청을 하는 부모는 단지 자녀의 말을 받아서 확인을 해 주고 있을 뿐인데, 자녀는 반발이나 거부감을 느끼지 않고, 자기가 하고 싶은 말을 계속 이어나간다. 이와 같이 직접 자녀의 말을 받아서 그대로 다시 말해 주는 단계가 초보적인 공감적 경청의 단계이다. 조금 더 수준이 높은 공감적 경청은 말하는 메시지의 의미를 재구성해서 되돌려 주는 것이다. 재구성을 할 때는 논리적 판단이나 감정이입이 수단으로 사용될 수 있다. 다음의 예 (7)을 살펴보자.

(7) 자녀 : 엄마, 나 꼭 주사 맞아야 해요?
부모 : 주사가 아플까 봐 겁이 나는구나.
자녀 : 네, 정말 그래요. 주사 많이 아파요?

위의 예에서 살펴보듯 부모는 자녀의 말의 메시지를 듣고, 자녀가 보낸 호소에 대해 논리적으로나, 감정이입을 통해서 추측을 한 뒤, 이 추측을 언어적으로 확인해 보는 것이다. 다시 말해서 "너는 이렇게 느낀 것 같은데, 내 추측이 맞는 거니, 틀리는 거니?"와 같은 의미를 말로써 전달하는 것이다.

여기서 중요한 것은 공감적 경청을 나타내는 표지는 어말에 붙는 어미 '-구나'나 '-네' 등에 의해 나타난다는 것이다. '-구나'나 '-네'는 대화체에서 화자의 인지적 상태를 나타내는 기능을 가지는데, 이것은 청자에 대하여 말하는 상황에서도 화자-중심적 관점으로 말하기 때문에 청자의 부담을 줄여 주는 표지가 된다. 청자의 부담을 줄여 주는 것은 정중어법을 준수하는 것이 되고, 청자의 상태나 느낌을 화자-중심적으로 전환하는 경우, 간접화가 이루어져서 간접성의 척도를 넓혀 줌으로써 청자의 체면 손상행위를 막아 주는 정중어법을 준수하게 된다. 따라서 '-구나'나 '-네'를 사용하는 것은 높임말을 쓰지 않고도 상대방에게 정중어법을 실현할 수 있는 좋은 방법이 된다. 공감적 경청에서는 다음 (8)과 같은 표현이 주로 사용된다.

(8) a. --처럼 들리는구나 / 네.
  b. 너는 --한 기분인 것 같구나 / 네.
  c. 너는 내게 --라고 말하는 것 같구나 / 네.
  d. --라는 거구나 / 네.

공감적 경청이 가장 효율적인 경청의 방법이지만, 공감적 경청이 성공하기 위해서는 때때로 침묵을 하거나 경청의 표지를 사용하는 소극적 경청도 함께 적절히 사용하여야 한다.

11.1.3. 공감적 경청의 실제

공감적 경청은 다음과 같은 3 단계로 구성되어 있다.

1단계 : 자녀가 말이나 태도, 말씨, 또는 신체적 표현 등을 통하여 문제를 가지고 있다는 단서를 전달한다.
2단계 : 부모는 관찰할 수 있는 단서로 코드를 해독하고 자녀가 어떤 문제로 어려움을 겪는지 추측해서 느낌이나 생각을 자녀에게 말해 준다.
3단계 : 자녀는 부모의 말을 다시 받으면서 자신의 감정을 확인하고, 그 감정을 거부하거나 보다 분명한 신호를 다시 보내고자 한다.

이것은 다음 (9)와 같은 그림으로 나타낼 수 있다.

(9) 공감적 경청의 소통 모형

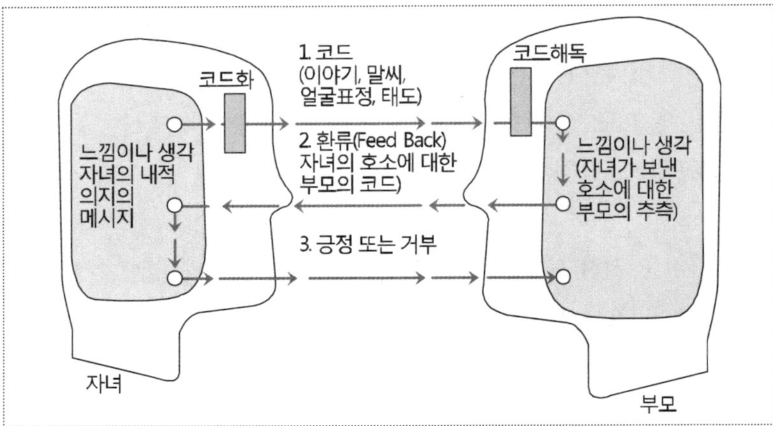

(9)와 같은 소통 모형 속에 (7)의 예를 대입시키면 다음 (10)과 같은 그림으로 나타난다.

(10) "엄마, 나 꼭 주사 맞아야 해요?"의 공감적 경청

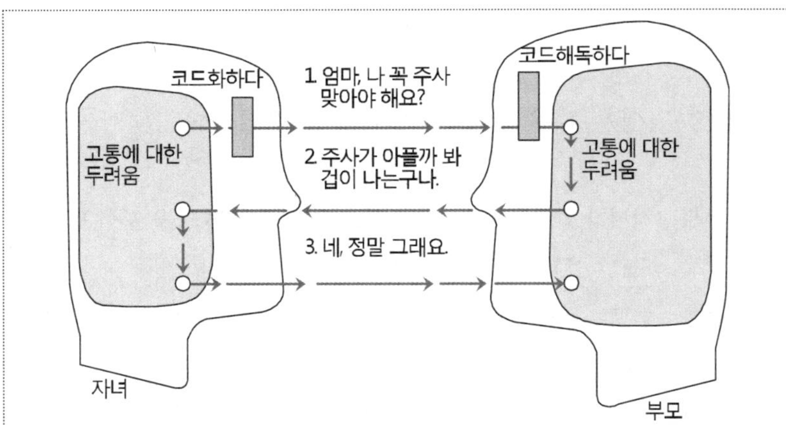

위의 모형들을 통해서 알 수 있듯이 공감적 경청이란 다른 사람이

가지고 있는 틀 안으로 들어가는 것을 말한다. 다시 말해서 자녀의 관점을 통해서 사물을 보는 것이고, 자녀들이 세상을 보는 방식에 입각해서 세상을 보는 것이다. 이 때 우리는 자녀들이 생각하는 패러다임을 이해하고, 또 그들이 느끼는 감정도 이해할 수 있게 된다.

공감이란 동감을 말하는 것이 아니다. 공감적 경청의 본질은 우리가 자녀에게 동의하는 것을 의미하는 것이 아니다. 그 대신 자녀를 감정적으로는 물론이고 지적으로도 완전하고 깊게 이해하는 것을 말한다. 따라서 공감적 경청을 위해서는 언어적 의사소통뿐만 아니라 비언어적 의사소통까지를 다 포함해서 자녀의 머리와 가슴 내부에서 이루어지고 있는 실제를 이해하여야 한다.

공감적 경청을 사용하지 않고 보통 이루어지고 있는 부모-자녀 사이의 대화에서 부모는 어떻게 대화를 이끌어 가고 있을까? 다음의 예 (11)을 살펴보자. 이것은 코비(Covey, 1989)의 예를 옮긴 것이다.

(11) 자녀 : 아빠, 난 지쳤어요. 학교는 지루하고 따분해요.

부모 : 얘야, 무슨 일이 있니? <질문>

자녀 : 학교는 도대체 실용적이 못 된다고요. 난 거기서 얻는 것이 하나도 없어요.

부모 : 글쎄, 넌 아직 학교의 장점을 몰라서 그러는 거야. 나도 너 만할 때는 그렇게 생각했던 일이 기억나는구나. 특히 몇몇 과목들은 아무 쓸모가 없다고 생각했는데, 나중에 보니 그 과목들도 내게 큰 도움을 주었어. 꾹 참고 조금만 더 기다려 보렴. <충고>

자녀 : 저는 제 인생의 10년을 학교에 바쳤어요. 아빠는 자동차 정비사가 되려는 저에게 'x + y'를 배우는 것이 무슨 도움이 되는지 말해 주실 수 있으세요?

부모 : 자동차 정비사라고? 그 말은 농담이겠지? <판단>

자녀 : 아니요. 농담이 아니에요. 제 친구는 이미 학교를 그만 두고 자동차 수리를 하고 있어요. 그리고 돈도 벌고 있다고요. 얼마나 실용

적이에요?

부모 : 지금은 그렇게 보일지도 모른단다. 하지만 조금 더 지나면 네 친구는 후회하게 될 거야. 〈판단〉
네게는 그것보다 더 나은 직업을 준비하기 위한 교육이 필요해. 〈충고〉

자녀 : 난 모르겠어요. 내 친구는 아주 잘 살고 있어요.

부모 : 얘야, 너 정말로 공부에 열중해 보았니? 〈질문〉

자녀 : 물론이지요. 전 지금 고등학교에 다니고 있어요. 그리고 노력도 해 보았지만, 다 헛수고예요.

부모 : 얘야, 네 학교는 아주 훌륭한 학교란다. 좀 더 학교를 믿어 보렴. 〈충고〉

자녀 : 다른 아이들도 저와 마찬가지로 생각하고 있어요.

부모 : 네 엄마와 내가 지금의 네가 되도록 하기 위해서 얼마나 많은 희생을 해왔는지 아니? 여기까지 와서 학교를 그만둘 수는 없어. 〈판단〉

자녀 : 부모님이 절 위해 희생하신 것 알아요. 하지만 그건 소용없는 일이었어요.

부모 : 얘야, 이제부터 공부하는 시간을 좀 늘려 보렴. 〈충고〉

자녀 : 아빠, 소용없어요. 신경 쓰지 마세요. 더 이상 이 문제에 대해 이야기하고 싶지 않아요.

(11)에서 부모는 어떻게든 아들을 도와주려는 생각을 가지고 성실하게 대화하고 있다. 그러나 많은 이야기를 나누었음에도 불구하고 대화의 결과는 아주 좋지 않게 끝나고 말았다. 누가 잘못한 것일까? 부모의 마음을 헤아리지 못하는 자녀에게 모든 잘못이 있는 것일까? 그러나 (11)에서 하고 있는 부모의 말은 모두 자녀를 진정으로 이해하고자 하는 노력보다는 부모의 경험을 바탕으로 판단하고 충고하는 대화들이다. 이러한 부모의 말을 들으면서 자녀들은 마음속으로

어떤 생각을 하게 될까? 다음의 예 (12)는 위의 (11)과 같은 대화를 나누면서 자녀가 받아들이는 생각을 언어적으로 나타내 본 것이다.

(12) 자녀 : 아빠, 난 지쳤어요. 학교는 지루하고 따분해요.
(난 아빠에게 이야기하고 싶고, 아빠의 관심을 끌고 싶다.)

부모 : 얘야, 무슨 일이 있니?
(관심을 가져 주시는구나. 이젠 됐다.)

자녀 : 학교는 도대체 실용적이 못 된다고요.
난 거기서 얻는 것이 하나도 없어요.
(난 학교 공부에 문제가 있어서 심리적으로 큰 고민이 된다.)

부모 : 글쎄, 넌 아직 학교의 장점을 몰라서 그러는 거야. 나도 너 만할 때는 그렇게 생각했던 일이 기억나는구나.
(오. 그게 아닌데! 여기서 아빠의 자서전 제3장이 나오는구나. 내가 얘기하고 싶은 것은 이게 아니데, 아빠가 먼 길을 걸어서, 눈길에 푹푹 빠지면서 학교에 다닌 것에 대해서는 정말 관심이 없는데, 내 문제를 이야기하고 싶을 뿐인데.)
특히 몇몇 과목들은 아무 쓸모가 없다고 생각했는데, 나중에 보니 그 과목들도 내게 큰 도움을 주었어, 꾹 참고 조금만 더 기다려 보렴.
(시간이 내 문제를 해결해 주지는 않을 거야. 아빠에게 이야기 해 버리면 좋겠는데. 그 문제를 서슴없이 털어놓을 수 있으면 좋으련만.)

자녀 : 저는 제 인생의 10년을 학교에 바쳤어요. 아빠는 자동차 정비사가 되려는 저에게 'x+y'를 배우는 것이 무슨 도움이 되는지 말해 주실 수 있으세요?

부모 : 자동차 정비사라고? 그 말은 농담이겠지?
(아빠는 내가 자동차 정비사가 되는 것을 좋아하지 않으실 거야. 내가 학교를 그만 둔다고 해도 안 좋아하시겠지. 그러나 난 내가

한 말을 정당화시켜야 돼.)

자녀 : 아니요. 농담이 아니에요.

제 친구는 이미 학교를 그만 두고 자동차 수리를 하고 있어요. 그리고 돈도 벌고 있다고요. 얼마나 실용적이에요?

부모 : 지금은 그렇게 보일지도 모른단다. 하지만 조금 더 지나면 네 친구는 후회하게 될 거야.

(어이구! 이젠 교육의 가치에 대한 제16장이 나오는구나.)

네 장래희망이 자동차 정비공이 되는 것은 아닐 거야.

(아빠가 그걸 어떻게 아시죠? 아빠는 정말로 내가 원하는 것에 대해 무슨 아이디어가 있어요?)

네게는 그것보다 더 나은 직업을 준비하기 위한 교육이 필요해.

자녀 : 난 모르겠어요. 내 친구는 아주 잘 살고 있어요.

(그 애는 실패하지 않았어요. 학교를 졸업하지 않았지만, 실패하지 않았단 말이에요.)

부모 : 얘야, 너 정말로 공부에 열중해 보았니?

(우린 지금 핵심에 접근하지 못하고 있어요. 만일 아빠가 듣기만 한다면 난 정말로 중요한 것을 이야기할 수 있을 텐데.)

자녀 : 물론이지요. 전 지금 고등학교에 다니고 있어요. 그리고 노력도 해 보았지만, 다 헛수고예요.

부모 : 얘야, 네 학교는 아주 훌륭한 학교란다. 좀 더 학교를 믿어 보렴.

(오, 맙소사. 지금 우린 신뢰에 대해 이야기하고 있구나. 난 내가 이야기하고 싶은 것에 대해 이야기하기를 원하는데.)

자녀 : 다른 아이들도 저와 마찬가지로 생각하고 있어요.

(저도 어느 정도는 학교에 대해 신뢰하고 있어요. 저도 멍청이는 아니란 말이에요.)

부모 : 네 엄마와 내가 지금의 네가 되도록 하기 위해서 얼마나 많은 희생을 해 왔는지 아니?

(응, 그렇지. 이제 죄의식을 느끼게 하는구나. 내가 멍청이겠지. 학교는 훌륭하고 부모님도 훌륭하시니 멍청한 건 나야.)

여기까지 와서 학교를 그만둘 수는 없어.

자녀 : 부모님이 절 위해 희생하신 것 알아요. 하지만 그건 소용없는 일이었어요.

(아빠는 정말 전혀 이해를 못 하시는군요.)

부모 : 애야, 이제부터 공부하는 시간을 좀 늘려 보렴.

(그게 문제가 아니에요. 난 결코 아빠에게 내 사정을 말할 수 없을 거야. 해보려고 한 내가 바보였지.)

자녀 : 아빠, 소용없어요. 신경 쓰지 마세요.

더 이상 이 문제에 대해 이야기하고 싶지 않아요.

(12)에서 보는 것처럼 언어적인 표현만을 통해서 자녀를 이해하고, 부모의 관점으로 자녀를 보는 것은 너무 제한적이어서 자녀의 생각에 접근할 수 없게 만든다. 또한 자녀가 자기 스스로를 부모에게 이해시키려고 애쓸 때, 부모가 부모의 경험을 중심으로 자서전적인 반응을 보이는 것은 대화를 가로막는 걸림돌이 된다. 그럼 (11)과 같은 경우, 공감적 경청을 하면 대화가 어떻게 진행될 수 있을까? 다음 예 (13)을 살펴보자.

(13) 자녀 : 아빠, 난 지쳤어요. 학교는 지루하고 따분해요.

(난 아빠에게 이야기하고 싶고, 아빠의 관심을 끌고 싶어요.)

부모 : 너 학교에 대해 좌절감을 갖고 있구나.

(됐어요! 그게 바로 내가 느끼는 거예요.)

자녀 : 확실히 그렇게 생각해요. 학교는 도대체 실용적이 못 된다고요.

난 거기서 얻는 것이 하나도 없어요.

부모 : 너는 학교가 아무 도움이 되지 않는다고 느끼고 있는 것 같구나.

(자, 생각해 보자. 이게 내가 말하려고 하는 것인가?)

자녀 : 그럼요. 나는 내게 도움이 되는 것을 하나도 배우지 못하고 있어요. 제 친구는 이미 학교를 그만 두고 자동차 수리를 하고 있어요. 그리고 돈도 벌고 있다고요. 얼마나 실용적이에요?

부모 : 너는 친구가 정말로 잘 생각했다고 여기고 있는 모양이구나. **(글쎄.)**

자녀 : 아마 자기 나름대로는 그렇게 생각하고 있는 것 같아요. 그렇지만 몇 년이 지나면 후회하게 될 것이 확실해요.

부모 : 너는 친구가 잘못 결정한 것을 후회하게 될 것이라고 생각하는구나.

자녀 : 네. 친구는 교육받는 것을 포기했는데, 교육을 받지 않고 이 세상에서 성공하기는 어려울 거예요.

부모 : 교육은 정말 중요한 것이지.

자녀 : 그래요, 아빠. 졸업장이 없어서 직장도 못 얻고 대학교도 못 가면 어떻게 되겠어요? 교육은 반드시 받아야 해요.

부모 : 그래. 교육은 너의 장래를 위해 중요하지.

자녀 : 네. 그런데 아빠, 전 정말 큰 걱정이 있어요. 근데 엄마한테는 비밀로 해 주셔야 돼요.

부모 : 넌 엄마에게 비밀로 하고 싶어 하는구나.

자녀 : 꼭 그런 건 아니에요. 엄마도 언젠가 알게 되실 테니까요.
아빠, 저 오늘 논술 시험을 봤어요. 그런데 선생님께서 제 수준은 초등학교 4학년 수준밖에 안 된다고 하셔요. 전 고등학생인데 말이에요.
아빠, 난 낙제를 할지 몰라요. 그런데 낙제를 하느니 차라리 학교를 그만 두고 싶어요. 그렇지만 학교를 그만 다니고 싶지는 않거든요.

부모 : 너 힘들어하고 있구나. 지금 아주 어려운 문제를 안고 있어.

자녀 : 그래요, 아빠. 아빠는 내가 어떻게 해야 한다고 생각하세요?

(13)에서 보는 것처럼 공감적 경청은 문제의 본질을 파악할 수 있

는 시야를 열어 준다. 부모가 먼저 이해하려고 공감적 경청을 시도한 것은 자녀에게 자신이 가지고 있는 모든 문제를 이야기할 수 있도록 해 주었고, 자녀가 부모에게 아무런 저항도 없이 이제는 진심으로 부모의 충고를 바라는 상황이 되도록 하였다. 부모의 조언이나 충고가 필요한 것은 이 때부터이다.

이러한 공감적 경청의 방법은 부모와 자녀 사이의 대화가 아닌 일반적인 대화에서도 아주 효율적이다. 다음의 예 (14)는 대학생들끼리 기숙사에서 주고받은 대화이다. 대화자 B는 A에 대해서 좋은 감정을 가지고 있었으면서도 대화 방법의 차이로 서로 깊이 있는 대화를 나누지 못 해서 고민하고 있던 중, 공감적 경청의 방법을 알게 되어서 그것을 토대로 대화를 하게 되었다.

(14) A : 넌 왜 날 피하니?
B : 넌 내가 너를 피한다고 생각하고 있구나.
A : 그래, 내가 말을 걸어도 별로 응하지도 않고.
B : 네가 말을 하는데 내가 반응을 보이지 않는다고 생각하고 기분 나빠하는구나.
A : 어이구, 오늘은 웬 일이셔? 이렇게 내 마음을 잘 알아주고?

위의 대화 (14)에서 B는 별로 특별한 말을 한 것이 없다. 그런데도 A는 B가 자신을 이해해 준다고 생각한다. 이것이 공감적 경청이 가지고 있는 힘이다. 그 이후로 B는 많은 사람들에게 공감적 경청을 사용하였고, 그 결과 이해심이 많고, 말이 잘 통하는 사람으로 인정받아서, 기숙사 안에서 상담자의 역할을 하게 되었다.

다음의 예 (15)를 살펴보자. (15)는 약혼자들 사이에서 이루어지는 대화이다.

(15) A : 나 오늘 입사원서 제출했어요. 그런데 쓸데없는 짓을 한 것 같아 후

회하고 있어요.

B : 입사원서를 낸 것이 쓸데없는 일이라고 생각하나 보구나.

A : 네, 그래요. 지원자가 얼마나 많은지 몇 백 대 일의 경쟁률이래요.

B : 경쟁률이 높아서 신경이 쓰이는구나.

A : 네, 더군다나 1차가 서류전형이라는데……

B : 그래, 서류전형은 아무래도 부담스럽지.

A : 네, 특히 여자인 제 처지에서는 더욱 그래요. 저 취직 못하면 어떡하죠?

B : 그게 걱정이 되는 거구나. 염려 마. 내가 있잖아.
조급하게 생각하지 말고, 적성에 맞고 여건도 좋은 자리가 생길 때까지 기다려 보자.

A : 난 재원 씨하고 이야기하면 언제나 마음이 편해요.
재원 씨는 언제나 내 마음을 너무 잘 받아 주는 거 아세요?

위의 대화 (15)에서 B는 A의 말에 대해 공감적 경청을 하고 있다. 그 결과 A는 문제에서 벗어날 수 있게 되고, B가 '마음을 잘 받아 주는', '이야기하면 언제나 마음이 편한' 사람이라고 생각하게 되었다. 공감적 경청은 상대방을 먼저 이해하려는 것을 목적으로 하는 대화 방법이기 때문에, 상대방에게 부담을 주지 않고, 상대방의 마음을 열 수 있는 정중한 대화 방법이 된다. 따라서 갈등 없이 상대방의 문제에 접근하고, 자연스럽게 대화를 풀어 갈 수 있도록 해 주는 아주 훌륭한 대화의 방법이다. 또한 부모와 자녀 사이의 대화뿐 아니라, 어떤 관계의 대화에서도 적용될 수 있다는 점에서 활용도가 뛰어난 대화 방법이기도 하다.

11.2. 나 – 전달법

11.2.1. 나 – 전달법의 개념

부모와 자녀 사이의 대화에서 문제 상황을 극복할 수 있는 또 다른 대화 방법으로는 '나－전달법I-message'이 있다. 나－전달법이란 주어가 일인칭인 '나'로 시작하는 문장으로 이야기하는 대화 방법을 말한다. 대부분 부모와 자녀 사이의 대화를 가로막는 대화의 걸림돌들은 주어가 '너'로 시작하는 '너－전달법'이다. 위에서 살펴본 예 (1)을 다시 한 번 살펴보자.

(1) 자녀 : 엄마, 나 피곤하고 졸려요.
부모 : a. 명령 : 너 숙제부터 해야 돼.
b. 경고 : 너 숙제 안 해 가면 선생님께 혼난다.
c. 훈계 : (너는) 아무리 피곤해도 해야 할 일을 먼저 할 줄 알아야지.
d. 충고 : 그러니까 (너는) 밖에서 너무 뛰어 놀면 안 돼요.
e. 설득 : 네 문제점은 숙제를 하기 싫어하는 거야.
f. 비평 : 넌 매일 그런 식으로 숙제도 안 하고, 뭐가 될래?
g. 분석 : 너 어제 늦게까지 딴 짓 했구나. 그래서 피곤하지?
h. 동정 : 저런, (네가) 가여워라.
i. 캐묻기 : 왜? (너) 몸이 어디가 아픈 것 아니야? 열은 안 나니?

위의 (1)에서 살펴본 것처럼 걸림돌에 걸리는 대화는 모두 너－전달법으로 되어 있다. 이것은 자녀의 문제를 자녀를 주어로 하는 너－전달법으로 표현하여서 직접적이고, 자녀의 체면을 손상시키는 행위가 된다. 이와 같은 너－전달법은 자녀들에게 많은 역작용을 불러일으킨다. 자녀들은 어떤 일을 하라고 명령을 받거나 위협을 받을 경우, 그들의 행동을 바꾸는 것에 대해서 저항감을 갖게 되고, 도덕적 훈계나 설교, 강의, 지시를 하는 부모들과는 대화가 통하지 않는다고 생각하게 된다. 또한 너-전달법은 부모의 강압 때문에 자녀들의 선택 기회가 없어지게 하고, 반발적인 행위를 유발시키다. 이러한 직접성을 간접화하는 방법이 주어를 '나'로 바꾸는 나-전달법이다. 자녀인 '너'의 문제를 부모인 '나'의 관점으로 바꾸어 이야기하기 때문에, 직접적으로 자녀의 체면이 손상되지도 않고, 부모의 심정이나 상태를 직접적으로 표현하기 때문에 전달 효과도 더 확실해 져서 효과적인 대화 방법이 된다.

예를 들어 부모는 아주 피곤한 상태인데, 자녀는 계속 함께 놀아주기를 바란다고 가정해 보자. 이러한 상태에서 부모가 "내가 너무 피곤해서 놀아줄 수 없구나."와 같이 이야기하는 것은 나-전달법이고, "너는 왜 이렇게 나를 못 살게 하니?"와 같이 이야기하는 것은 너-전달법이다. 부모가 "내가 너무 피곤해서 놀아줄 수 없구나."와 같이 나-전달법으로 이야기하면, 자녀는 "아빠가 피곤하시구나."와 같이 받아들인다. 그러나 부모가 "너는 왜 이렇게 나를 못살게 하니?"와 같이 너-전달법으로 이야기하면, 자녀는 "나는 아빠를 못 살게 하는 나쁜 아이이다."라고 받아들이게 된다. 이러한 과정은 다음 그림 (16)과 같이 나타낼 수 있다.

(16) '나-전달법'과 '너-전달법'의 전달 과정

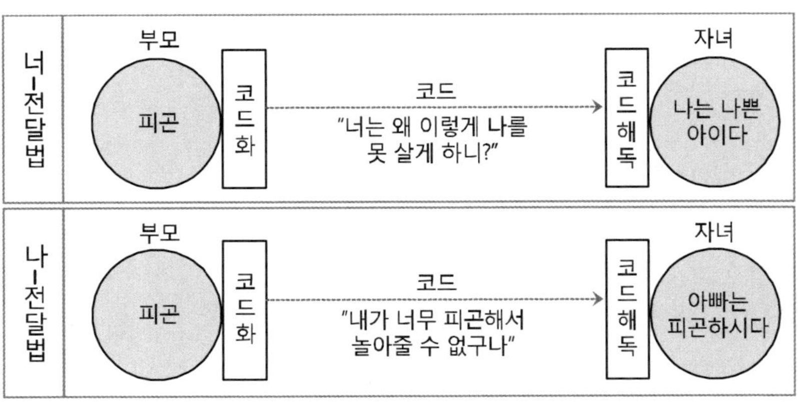

위에서 살펴본 바와 같이 '나-전달법'은 직접 자기에 관한 이야기를 하는 대화 방법이다. 스스로가 느끼는 감정과 경험을 직접적으로 표현하는 것이다. 이것은 부모 스스로에게도 자신을 더 잘 이해할 수 있도록 할 뿐만 아니라 자녀에게도 부모를 알릴 수 있도록 도와주며, 궁극적으로는 자녀가 정직하게 자녀의 마음을 개방할 수 있는 용기를 주게 된다. 나-전달법은 특히 자녀의 행동을 수용할 수 없다고 느낄 때에 활용할 필요가 있다. 부모의 진실한 마음과 감정을 드러내기 때문에 부모도 자녀의 도움이 필요하다는 것을 깨닫게 되어 자녀가 방어적이 되지 않고, 자녀도 책임감을 느끼게 된다.

11.2.2. 나-전달법의 세 가지 요소

나-전달법을 사용하기 위해서는 다음과 같은 세 가지의 정보가 필요하다. 첫째, 문제를 유발하는 행동은 무엇인가? 둘째, 그 행동이 나에게 어떤 영향을 끼치고 있는가? 셋째, 나는 그 결과에 대하여 어떤 느낌을 가지고 있는가?

첫 번째 요소는 행동을 서술하는 것이다. 이것은 문제를 유발하고 있는 행동을 비난이 섞이지 않은 표현으로 설명하는 것으로, 그 행동에 대해 느끼는 감정이나 명백하고 구체적인 영향을 인식하도록 하는데 도움이 되는 요소이다. 다음의 예 (17)을 살펴보자.

(17) a. 네 옷이 방바닥에 있구나.
b. 네 옷이 온통 뒤죽박죽으로 어질러져 있구나.
c. 네 옷은 언제나 방바닥에 있구나.

(17)a에서는 단순히 옷이 방바닥에 있다는 문제 행동만을 이야기하고 있지만, (17)b에서는 '온통', '뒤죽박죽으로', '어질러져'와 같이 부모의 가치 판단을 개입시키고 있다. (17)c에서는 '언제나'와 같이

이전의 행동을 끌어들이는 말을 하고 있다. 비난이 섞이지 않은 설명을 하기 위해서는 (17)a와 같이 단순한 진술만을 하여야 한다. 부모의 가치 판단을 개입시키거나, "넌 항상 그 모양이야."와 같이 과거의 행동을 끌어들이는 것은 자녀들에게 비난하고 있는 것처럼 받아들여지게 된다.

두 번째 요소는 그 행동이 주는 구체적인 영향을 밝히는 것이다. 구체적으로 주는 영향을 밝혀야지만, 자녀는 왜 그 행동을 해서는 안 되는지에 대해서 깨달을 수 있게 되기 때문이다. 다음의 예 (18)을 살펴보자.

(18) a. 나는 옷장을 정리하느라고 많은 시간을 써야 한단다.
b. 나는 옷장을 정리하느라고 책을 읽을 수 없게 된단다.
c. 나는 옷장을 정리하느라고 지치게 된단다.
d. 나는 방바닥에 새 양탄자를 깔아 준 것을 후회하게 된단다.

(18)a는 부모가 다른 일을 위해 써야 할 시간이나, 정력, 돈 등을 쓰게 된다는 구체적인 영향을 나타내는 것이고, (18)b는 부모가 하고 싶은 일을 할 수 없게 된다는 구체적인 영향을 나타내는 것이다. (18)c는 부모의 신체나 감각을 괴롭힌다는 구체적인 영향을 나타내는 것이고, (18)d는 부모가 유용하다고 생각하거나 자랑스럽게 생각하는 것에 대해서 전체적으로나 부분적으로 손상을 가져오게 된다는 구체적인 영향을 나타내는 것이다. 이 때 구체적인 영향은 자녀의 행동에 대해서 부모가 받는 영향이기 때문에 물론 나-전달법의 구조에서 '나'를 전달하는 핵심 부분이 되며, 반드시 '나'를 주어로 하여 '나'의 상태나 감정을 나타내는 것이어야 한다.

세 번째 요소는 그 결과에 대한 느낌이나 감정을 밝히는 것이다. 자녀의 문제 행동에 대해서 구체적인 영향이 나타나면, 그것에 대해서 어떤 느낌이나 감정을 가지게 될 것이다. 이러한 감정은 예를 들자면 실망, 분노, 슬픔, 당황, 걱정, 두려움 등과 같이 나타날 것이다. 다음의 예 (19)를 살펴보자.

(19) a. 나는 실망하게 된단다.
b. 나는 화가 치밀어.
c. 나는 참을 수 없이 슬퍼진단다.
d. 나는 너무 당황하게 돼.
e. 나는 걱정이 된단다.
f. 나는 두려워.

위의 (19)와 같은 것들이 부모가 느끼는 감정의 표현들이다. 그러나 실제로 부모들은 문제 행동과 그 구체적인 영향에 대해서는 잘 파악하면서도, 그것에 대해 자신이 느끼는 감정을 잘 표현하지를 못한다. 자신의 감정을 드러내는 것은 무례하거나 미성숙한 행동이고, 자기-중심적인 행동이라는 교육과, 이러한 교육을 바탕으로 한 문화 속에서 진정한 감정을 부인하거나 억누르는 것이 올바르다고 생각한 결과이다. 따라서 부모는 자신의 감정을 간접적으로 나타내거나 품위 있는 말로 옮기려고 하는데, 이것은 자녀들이 받아들이는데 어려움을 줄 뿐이다. 자녀와의 바람직한 대화 방법인 나-전달법을 위해서는 부모는 자기가 느끼는 감정을 간단하고 직접적으로 솔직하게 표현하는 것이 필요하다. 이것은 자녀가 자신의 감정을 솔직하게 드러낼 수 있도록 하는 교육적 효과도 가지는 것이기 때문이다.

11.2.3. 나-전달법의 실제

위에서 살펴본 세 가지 요소를 배열하여서 나-전달법을 완성시킬 수 있다. 자녀의 문제 행동을 먼저 이야기하고 그 다음에 영향을, 그리고 마지막으로 느낌이나 감정을 이야기하여도 되고, 행동에 대한 느낌이나 감정을 먼저 이야기 한 다음에 영향을 이야기하여도 된다. 다음의 예 (20)을 살펴보자.

(20) a. 네가 옷을 방바닥에 두면 〈행동〉
나는 옷장을 정리하느라고 많은 시간을 들여야 하기 때문에 〈영향〉
화가 난단다. 〈감정〉
b. 네가 옷을 방바닥에 두면 〈행동〉
나는 화가 난단다. 〈감정〉
왜냐하면 나는 옷장을 정리하느라고 많은 시간을 들여야 하거든. 〈영향〉

(20)a는 행동 → 영향 → 감정의 순서로 이야기를 조직하였고, (20)b는 행동 → 감정 → 영향의 순서로 이야기를 구성하였다. 행동 → 영향 → 감정의 방법은 하나의 문장으로 구성하여서 매끄럽게 전달될 수 있는 장점이 있고, 행동 → 감정 → 영향은 두 문장으로 나뉘게 되어서 잘 짜인 느낌은 주지 않지만, 정보를 더욱 확실하게 전할 수 있는 정점이 있다. 따라서 어린 자녀와 이야기할 때는 행동 → 감정 → 영향과 같이 분리된 문장 구조를 사용하는 것이 좋고, 성숙한 자녀라면 행동－영향－감정을 하나의 문장 구조로 이야기하는 것이 좋다.

나－전달법의 목적은 자녀가 하고 있는 문제의 행동을 자녀의 반발이나 저항이 없이 변화시키는데 영향을 주려는 것이다. 공감적 경청과 마찬가지로 나－전달법도 실제 자녀와의 대화 상황에서 대단한 영향력을 가지고 있다. 다음 예 (21)을 살펴보자. 이 대화는 어머니가 다섯 살 먹은 아이에게 새 옷을 사주면서 일어나는 대화이다.

(21) 부모 : 훈아, 이 옷 좀 입어 보자.
자녀 : 싫어요. 입고 싶지 않아요.
부모 : 네가 안 입어 보면, 옷이 맞는지 안 맞는지 몰라서 옷을 살 수가

없게 돼.

자녀 : 싫어요. 입어 보기 싫어요.

부모 : 그러지 말고, 어서 입어 보렴.

자, 딱 한 번만 입어 보자. 응?

자녀 : 싫어요.

부모 : 그럼, 이렇게 한 번 대어 보기만 하자.

자녀 : 싫어요. 정말 그러기도 싫어요.

부모 : 훈아, 엄마 정말 화났다. 너 정말 안 입을래?

(21)의 대화에서 어머니는 아이에게 계속 부탁을 하지만, 끝내 거절당하고, 마침내 옷을 입혀 보는 것을 포기하고 한 치수 더 큰 옷을 사야만 했다. 이러한 상황을 나－전달법으로 바꾸어 보자.

(22) 부모 : 훈아, 이 옷 좀 입어 보자.

자녀 : 싫어요. 입고 싶지 않아요.

부모 : 네가 이 옷을 입어 보지 않으면, 엄마는 옷을 사는 게 겁난단다. 왜냐하면, 엄마가 할 일이 많이 있는데, 이 옷이 맞지 않으면, 차를 타고 다시 여기에 와서 옷을 바꾸어야 하거든.

(22)와 같은 나－전달법은 자녀들의 행동을 변화시키는 힘을 가지고 있다. 나－전달법이 적용되는 상황은 부모와 자녀 사이의 대화로 한정되지 않는다. 부부 사이의 대화나, 직장 동료와의 대화, 친구 사이의 대화와 같이 모든 대화의 상황에서 효율적으로 자기의 생각을 전달할 수 있는 대단히 유익한 대화의 방법이 된다.

다음의 예 (23)을 살펴보자. (23)은 언니와 동생 사이에서 이루어진 대화이다. 언니는 동생이 음악을 크게 틀어 놓아서 늘 방해를 받고 있었다. "제발, 음악 소리 좀 줄여 줘."와 같은 말을 여러 차례 반복하기도 하고, 부모님께 말씀을 드려서 꾸지람을 듣도록 하기도 했지만, 동생의 태도는 변하지 않았다. 그런 상황에서 언니는 다음과 같이 나-전달법을 사용하게 되었다.

(23) 언니 : 소연아, 음악 소리 좀 줄여 주겠니?
네가 음악을 크게 틀어 놓으면, 나는 내 공부에 집중을 할 수 없고, 그러다 보면 정해진 날짜에 과제를 낼 수가 없어서 너무 스트레스를 받아.
동생 : 알았어, 언니. 진작 그렇게 말하지, 나만 나쁜 사람 되었잖아.

또 다른 예를 살펴보자. 이 대화는 친구 사이에서 이루어진 것이다.

(24) A : 얘, 너 좀 일찍 집에 들어가라.
도대체 너하고는 연락을 할 수가 없어.
B : 나한테 연락을 하다가 화가 났구나.
A : 그래, 이젠 너한테 전화 안 할 거야.
B : 네가 그렇게 일방적으로만 이야기하면, 나도 기분이 상해. 내가 너를 소중하게 생각하는 것만큼 너는 나를 생각하지 않는 것 같아서 말이야.
A : 알았어, 미안해. 그렇지만 좀 일찍 다녀라.

위의 예 (24)에서 B는 일방적으로 화를 내는 A에게 공감적 경청과 나-전달법을 사용하여서 효과적인 대화를 유도해 가고 있다. 이와 같이 나-전달법은 부모와 자녀 사이의 대화에서는 물론이고, 다른 모든 관계에서도 오해나 갈등이 없이 상대방의 행동에 대한 자신의 요구를 전달할 수 있는 방법이 된다.

나-전달법을 사용하다가 상대방의 반응에 저항이 있을 때는 다시 공감적 경청을 사용하는 것이 대화를 부드럽게 이끌어 가게 해준다. 다음의 예 (25)를 살펴보자.

(25) 부모 : 얘야, 사탕 그만 먹으렴.

자녀 : 싫어요. 더 먹고 싶어요.

부모 : 네가 자꾸 사탕을 먹으면 나는 네 이가 썩을까 봐 걱정이 되는걸. 〈나-전달법〉

자녀 : 그렇지만, 난 사탕이 너무 좋은 걸요?

부모 : 넌 사탕을 아주 좋아하는구나. 〈공감적 경청〉

자녀 : 네, 맛있어요.

부모 : 그렇지만, 맛있다고 자꾸 사탕을 먹으면 이가 썩고, 이가 썩으면 네가 아파하고 또 병원에도 가야 하니까, 엄마는 무척 염려가 된단다. 〈나-전달법〉

자녀 : 알았어요, 엄마. 이것만 먹고 이젠 안 먹을게요.

(25)에서 보는 것처럼 나-전달법을 사용했으나, 자녀가 수용하지 않을 때는 공감적 경청으로 대화의 분위기를 바꾸어 주고 난 다음, 다시 나-전달법을 사용함으로써 바람직한 대화를 이끌어 갈 수가 있다.

가장 가깝고, 가장 깊은 사랑을 하는 것도 부모와 자녀 사이이지만, 바람직한 대화를 이끌어 가기에 가장 어려운 것도 부모와 자녀 사이이다. 그래서 정도의 차이는 있지만, 모든 가족이 대화의 결핍을 느끼면서 지내게 된다. 부모와 자녀 사이의 대화를 회복하기 위해서 자녀의 말을 이해하기 전에 부모의 조언이나 충고부터 하려고 시도하는 대화의 방법이나, 너-전달법으로 직접적으로 자녀를 자극하는 대화 방법은 극복을 하여야 한다. 그리고 먼저 상대방을 이해하겠다는 생각으로 대화에 접근하는 공감적 경청이나 나-전달법을 사용하여서 걸림돌에 걸리지 않고 효과적으로 대화할 수 있어야 한다. 이러한 대화 방법은 부모와 자녀 사이의 대화뿐만 아니라 모든 관계의 대화에서 오해나 갈등을 일으키지 않고 문제를 해결할 수 있는 유용한 대화 방법이 된다. 설득하기 전에 미리 이해하려는 대화의 방법, 너의 문제로 비난하거나 판단하거나 충고하기보다는 나의 느낌과 감정을 솔직하게 표현하는 대화의 방법은 점점 더 각박해지고 여유를 잃어가는 우리의 가족관계나 인간관계에서 윤활유의 역할을 할 수 있는 바람직한 대화를 이끌어갈 수 있도록 해줄 것이다.

12장 대화와 관계 개선

우리는 대화를 통해 다른 사람을 이해하고, 그것을 바탕으로 인간관계를 만들어 간다. 미팅에서 만난 사람이 마음에 들면 다음 약속을 신청하고 만나서 또 대화를 나눈다. 그러면서 우리는 그 사람을 더 알아가게 된다. 이러한 만남이 지속되면 관계가 점점 더 돈독해지게 마련이다.

그러나 사람을 처음 만나는 일은 참 부담스럽다. 무슨 말을 어떻게 해야 할지 고민이 된다. 자신에 대해서는 어느 정도나 알리는 것이 좋을지에 대해서도 판단이 서지 않는다. 대화를 통해 인간관계를 맺기도 했지만, 말실수로 그 관계가 깨어지기도 한다. 마음속에서는 그런 의도가 아닌데, 이상하게 관계는 점점 악화되어 간다.

이 장에서는 드비토(DeVito, 1994)의 이론을 중심으로 하여, 관계 만들기의 단계와 언어적 특징, 관계 악화의 원인과 단계, 언어적 특징과 관계 개선을 위한 대화 전략을 살펴보고, 대인관계 갈등의 성격과 해결 방안을 살펴보기로 한다.

12.1. 관계 만들기

가족, 친척, 친구, 동료 등 이미 우리에게 형성되어 있는 관계도 적지 않다. 그러나 사회적 동물로 존재하는 한, 그럴 의도가 있고 없고를 떠나 지속적으로 관계를 만들어 가게 된다. 대부분의 사람들에게 있어서 다른 사람과의 접촉은 매우 중요한 의미를 갖는다. 따라서 오랜 동안 다른 사람과 접촉이 없으면 기분이 침체되고, 자기 스스로에 대한 회의가 생겨나고, 심지어는 가장 일상적인 일들조차 하기에 어려움을 느끼게 된다.

우리가 다른 사람들과의 관계를 만들어 가는 이유는 첫째, 외로움을 감소시키기 위해서이다. 다른 사람이 없으면 채워지지 않는 정서적인 필요가 있고, 또 주위의 많은 일상적인 관계 속에서도 충족되지 않는 욕구가 있을 때, 우리는 외로움을 느끼기 때문이다. 둘째, 자극을 얻기 위해서이다. 모든 사람들에게는 자극이 필요하다. 자극이 없으면 폐쇄적이 되고, 극단적으로는 죽기도 한다. 사람들에게는 다양한 차원이 있다. 지적인 차원에서는 함께 아이디어에 대한 생각을 나누고, 강의를 듣고, 영화나 소설을 읽고 관점의 차이에 대해 논쟁을 하는 등의 자극이 필요하다. 신체적인 차원에서는 다른 사람이 만져주거나, 다른 사람의 손을 잡아주는 것과 같은 자극이 필요하다. 감정적인 차원에서는 웃기도 하고 울기도 하며, 희망을 갖기도 하고, 놀라기도 하며, 따스함과 애정을 느끼는 등의 자극이 필요하다. 셋째, 자신을 알아가기 위해서이다. 사람은 대개 다른 사람의 평가를 통해 자신을 알게 된다. 다른 사람의 눈을 통해 자신을 보게 된다. 친구들이 자신을 따스하고 인정이 많은 사람이라고 말해 주면, 자신을 따스하고 인정이 많은 사람이라고 알게 되지만, 이기적이고 냉정하다고 평가하면, 자신을 이기적이고 냉정한 사람이라고 알게 된다. 넷째, 기쁨을 극대화하고 고통을 최소화하기 위해서이다. 어린 시절 밖에서 놀다가 상처가 나면 어머니에게 달려가서 만져달라고 응석을 부리던 것에서부터 출발하여 다른 사람에게 자신을 나누면서 기쁨을 극대화하고 고통을 최소화하려는 심리가 지속되기 때문이다.

12.1.1. 관계 만들기의 단계

관계 만들기의 첫 단계는 만남이다. 관계에 있어서 가장 어려운 부분이 바로 시작점이다. 어떤 사람을 만나고, 자신을 소개하고, 새로운 단계에 들어가는 것은 매우 어려운 일이다. 관계 만들기의 전형적인 예는 이른바 '소개팅'이나 '미팅'인데, 이런 자리에 나가게 될 때 즐거움과 설렘도 있지만, 부담스러움을 느끼고 긴장하게 되는 것은 이러한 이유이다.

관계 만들기를 냅(Knapp, 1984)에서는 다음과 같은 다섯 단계로 나누었다.

첫째, 개시의 단계이다. 개시는 한 사람이 다른 사람을 처음 만났을 때의 짧은 시작 시간이다. 이 단계는 자신의 판단과 처음의 상호작용을 바탕으로 상대방을 자세히 살펴보는 시기이다.

(1) A : 처음 뵙겠습니다. 이건우입니다.
B : 안녕하세요? 전 유지민이에요.
만나 뵙게 되어서 반가워요.

둘째, 탐색의 단계이다. 일단 대화가 시작되면 서로는 몰랐던 것에 대해 발견하려는 탐색에 들어가게 된다. 이 단계에서는 상대방이 자신의 필요에 적절한가를 검사하는데, 어떤 자격은, 외모나 옷차림새 등과 같이, 분명하게 드러나지만, 성격이나 건강, 재능, 지능, 가정환경 등과 같이 잘 드러나지 않는 것들도 있다. 이런 자격들을 살펴보면서 상대방과의 첫 만남이 이루어지기 원하는 것인지 아닌지를 결정한다. 또한 상대방이 자신이 원하는 방향으로 따라와 줄 수 있는지의 가능성을 타진해 본다.

(2) 동현 : 연극을 좋아하나 보죠?
수현 : 아뇨. 그런 건 아니에요.
연극보단 영화를 좋아해요.

－영화 「접속」 중에서

셋째, 활성화의 단계인데, 가까운 친구가 되는 것이다. 이 단계에서는 친밀감이 증진되고, '우리'와 같이 두 사람을 함께 연결시키는 언어들을 사용하고, 편하게 느끼며 융통성 있게 대처하게 된다.

(3) 환유 : 나중에 부모님 모시고 한 번 오세요.
제가 잘 안내해 드릴게요.
정인 : 아버진 어렸을 때 돌아가셨어요.
엄마는 재혼해서 이민 갔고요.
환유 : 미안해요. 사실은 저도 어렸을 때 부모님이 두 분 다 돌아가셨어요. 우린 비슷한 게 많네요.

－영화 「편지」 중에서

넷째, 통합의 단계이다. 통합의 단계는 두 사람이 융합되는 것을 경험하는 단계인데 대체로 다음과 같은 특징이 나타난다.

❶ 태도가 서로 비슷해진다.
❷ 사회적 역할이 융합된다.
❸ 머리핀이나 반지와 같이 친밀감을 나타내는 기념품을 교환한다.
❹ 말투나 옷, 언어적 행동이 유사해진다.
❺ 신체적 친밀감이 커진다.
❻ 공동의 소유물이 생긴다.

❼ 공감의 영역이 확장된다.
❽ 일상적인 일을 함께 한다.
❾ 두 사람이 함께 애정을 느끼는 제3의 인물이나 사물이 생긴다.

(4) 동현 : 어떻게 해야 잘 아는 거지?
은희 : 얘기 안 해도 무슨 일 생기면 알아차릴 정도는 돼야죠.
－영화 「접속」 중에서

다섯째, 결속의 단계이다. 이것은 관계를 공식화하는 단계로, 관계가 정식으로 맺어진다는 것을 세상에 공표하는 것이다. 약혼이나 결혼, 입양, 언약식과 같은 의식으로 나타날 수도 있지만, 꾸준히 사귀는 행동으로 나타날 수도 있다.

(5) A : 시간에 구속받지 않고, 같이 있을 수 있으면 좋겠어요.
B : 맞아요. 우리 결혼할까요?

12.1.2. 관계 만들기의 언어적 특징

관계 만들기는 언어를 통하여 이루어진다. 미팅에 나가서 상대방이 마음에 들면 다음 만남을 신청한다. 상대방도 마음에 있을 때 다음 만남을 약속하게 되고, 다시 만난 두 사람은 이야기를 나눈다. 그러면서 두 사람은 상대방을 알아간다고 생각한다. 따라서 관계 만들기에서 가장 결정적인 요소는 대화이다.

1) 동작언어

주고받는 말의 내용, 즉 음성언어도 중요하지만, 처음 단계에서는 말에 반영된 태도, 즉 동작언어가 더 중요한 역할을 수행한다. 무엇을 말하느냐가 중요하기도 하지만, 그보다는 어떻게 말하느냐가 더 중요한 시기이다. 바람직한 관계 만들기를 위해서는 다음과 같은 동작언어의 사용이 필요하다.

❶ 상대방과 시선을 공유한다. 시선의 공유는 가장 확실한 친근감의 표현이다. 동작언어를 다루면서 이미 언급한 것처럼 상대방에게 아주 흥미가 있거나 매력적이라고 생각하는 경우에는 대화 시간의 2/3이 넘도록 시선을 공유할 뿐 아니라, 동공이 확대된다. 상대방이 눈길을 주지 않거나, 감겨 있는 것이 여러 차례 발견되면, 상대방이 지나치게 부끄러워하는 경우를 제외하고는 자신에게 호감이 없고 지루해함을 나타내는 신호이다.

❷ 시선을 공유하는 동안에 미소를 짓는 것과 같은 방법으로 상대방에 대한 관심과 긍정적 반응을 표시한다.

❸ 초점을 집중한다. 그 장소의 다른 부분에 대해서는 모든 의식을 차단하고 상대방에 대해서만 초점을 맞춘다. 그러나 너무 직선적으로 바라보아서 상대방을 불편하게 하지 않도록 주의해야 한다.

❹ 상대방과 물리적인 거리를 줄이고 상대방에게 가까이 접근한다. 친밀한 거리(15~46cm) 안으로 접근하여 상대방에게 가지고 있는 친밀감을 표현한다. 그러나 상대방의 기대나 예상보다 더 가까이 다가가서 상대방을 불편하게 해서는 안 된다.

❺ 개방적인 몸짓을 유지한다. 가슴에 팔짱을 낀다거나, 아랫배에 손을 가로지른 채 꼭 잡고 있는 것과 같은 폐쇄적인 태도를 보여서는 안 된다. 이것은 상대방에게 접근하지 못 하도록 하는 신호로 해석된다.

❻ 긍정적인 태도를 강화한다. 상대방이 하는 일에 관심을 보이고, 상대방의 말에 고개를 끄덕인다든가 웃음을 보이는 등 호의적인 반응을 전달한다.

2) 대화 전략

관계 만들기에서는 친밀감을 증진시키는 것이 가장 중요하다. 따라서 다음과 같은 대화 전략이 필요하다.

❶ 자신을 소개할 때, 의례적인 인사는 피한다. 이미 자기가 누구인지에 대한 정보를 가지고 있을 수도 있고, 그렇지 않다 하더라도 이야기를 진행시켜 가면서 자신에 대해 이야기할 수 있기 때문이다.

❷ 대화의 초점을 상대방에게 두고, 상대방이 자신에 관해 말할 수 있도록 대화를 이끌어야 한다. 사람들은 대부분 이러한 구도의 대화를 좋아하기 때문에, 이것이 상대방에게 호감을 줄 뿐만 아니라, 상대방에 대해서 더 잘 알게 되는 기회가 되기도 한다.

❸ 상대방에게 대화 예절을 지키고, 상대방을 칭찬한다. 칭찬은 입에 발린 말일 경우에는 오히려 역효과를 불러올 수 있다. 진심으로 상대방의 장점을 발견하려고 노력하고, 진실한 마음으로 칭찬한다. 상대방에게 칭찬할 것이 없다고 생각된다면, 자신이 진심으로 상대방에게 관심을 가지고 있는지를 생각해볼 필요가 있다.

❹ 긍정적인 구도로 이야기한다. 끼워주기, 함께 보기, 정직하게 말하기, 인정하기의 구도가 긍정적이다. 사람들은 부정적인 사람보다는 긍정적인 사람에게 더 호의를 느낀다.

❺ 공통점에 관해 이야기한다. 상대방과의 대화에서 공통적인 것, 예를 들자면 태도, 관심, 개성, 함께 알고 있는 제3이 인물, 특정한 장소, 영화 등과 같이, 둘 사이를 연결해 주는 것은 어떤 것이라도 찾아서 함께 이야기한다.

3) 자기노출

관계 만들기에서 자기 자신을 어느 정도 드러내 보이느냐의 문제는 매우 중요하다. 자기노출이란 상대방이 다른 출처에서는 발견할 가능성이 없는 자신에 대한 정보를 자발적으로 이야기하는 것(Pearce & Sharp, 1973: 414)이다. 관계가 친밀해 질수록 자신을 개방하고 싶어지고, 상대방이 개방해 주기를 바란다.

전통적으로 친밀한 사람들끼리의 자기노출은 바람직한 것으로 받아들여 왔다. 너와 나 사이의 투명성이라는 것이 친밀함의 정도와 비례한다고 생각한 것이다. 그러나 조심성 없이 자기를 노출하는 것은 현명하지 않다. 자기노출에 따른 인간관계는 다음과 같은 특징으로 나타난다(Littlejohn, 1983).

❶ 자기노출이 증가하면서 관계의 친밀감도 커진다.
❷ 자기노출은 보상이 따를 때 증가한다.
❸ 자기노출은 관계에서 불확실성을 감소시키고자 하는 욕구와 비례한다.
❹ 자기노출은 상호적인 경향이 있다.
❺ 여성은 남성보다 더 자기노출을 잘 하는 경향이 있다.
❻ 여성은 자기가 좋아하는 사람에게 더 노출하는 반면, 남성은 신뢰하는 사람에게 더 노출한다.
❼ 매력은 긍정적 노출과는 상관이 있지만, 부정적 노출과는 관련이 없다.
❽ 긍정적 노출은 친밀하지 않거나 중간 정도의 친밀한 관계에서 나타나는 경향이 있다.
❾ 부정적인 노출은 매우 친밀한 관계에서 더 자주 일어난다.

따라서 자기노출은 적정선까지만 해야 하고, 무조건 노출하는 것이 관계 증진에 도움이 되는 것은 아니다. 오히려 자기노출과 만족의 관계는 종모양의 곡선처럼 중간 수준에서 최고점을 형성하고 전혀 노출을 하지 않은 상태나 모든 것을 노출한 상태에서는 만족도가 가장 낮은 것으로 나타난다.

따라서 관계 만들기에서는 너무 부정적이거나 지나치게 개인적인 자기노출은 하지 않는 것이 도움이 된다. 관계란 점진적인 것이기 때문에 더 진전되어 가면서 자기공개를 할 수 있는 자연스러운 기회가 있기 때문이다. 또한 자기노출은 반드시 상호적이어야 한다. 관계 만들기에서 자기노출은 긍정적인 것과 너무 사적이지 않은 것으로 제한하는 것이 좋다.

12.2. 관계 악화

관계 만들기에 의해 형성된 관계는 점차로 소원해지는 과정을 거쳐 악화되거나 종결되어 버릴 수가 있다. 이러한 관계 악화는 점진적으로 일어나기도 하지만, 갑작스러운 죽음에 의한 것과 같이 즉각적으로 일어날 수도 있다. 사람들은 관계 해체를 대체로 바람직하지 않은 것으로 받아들인다. 그러나 관계 해체가 늘 부정적인 것만은 아니다. 때로는 관계가 한 사람 또는 두 사람 모두에게 비생산적이어서 해체가 더 바람직할 때도 있다. 해체를 통하여 다시 자립할 수 있는 기회도 제공된다. 또 어떤 관계는 너무 몰입해 있어서, 그 관계 자체에 대해 생각할 기회가 없는 경우가 있다. 이런 경우 약간의 거리를 두는 것이 때로 필요하다. 악화되는 관계 속에서 긍정적인 것을 찾아내는 것은 결국 각 개인에게 달린 것이다.

12.2.1. 관계 악화의 원인

관계가 악화되는 원인은 다양하다.

첫째, 관계를 형성시켜 주었던 이유가 없어진 경우이다. 상대방을 만남에도 불구하고 여전히 외로움을 느낄 때, 상대방의 매력이 시들해졌을 때, 그리고 기쁨이 고통보다 크지 않으면 관계는 악화된다.

둘째, 새 관계가 형성되었을 경우이다. 사람들은 현재의 관계에서 기쁨이 없으면, 이러한 만족감을 다른 곳에서 찾으려 한다. 새로운 관계가 이러한 욕구를 충족시켜 주면 옛 관계는 악화된다.

셋째, 관계의 변화이다. 한 사람이나 두 사람 모두에게 변화가 생길 수 있는데, 새로운 지적 관심이 생기게 되거나, 서로 양립하기 어려운 태도와 같은 심리적인 변화가 생길 수도 있고, 사업이나 학교일에 몰두하는 등 태도의 변화가 생길 수 있다.

넷째, 비현실적인 기대감이 있는 경우이다. 예를 들자면 항상 상대방과 함께 있고 싶다는 것과 같은 경우가 가장 흔하다. 그러나 관계 개선을 위해서 이런 비현실적인 기대를 충족시키기는 어렵다. 이런 경우에는 이런 기대가 왜 비현실적인가, 어떻게 현실적인 기대로 대체할 것인가를 파악하는 것이 가장 도움이 된다.

다섯째, 일에 만족하지 못하는 경우이다. 자신이 하는 일에 만족하지 못하면 대개 관계에 어려움이 생긴다. 사람들은 보통 일에서의 문제와 관계를 분리해서 생각하지 못하는 경향이 있다. 일에서의 불만족은 대개 관계상의 문제에서 온다. 한 쪽에서 다른 사람의 일에 대해서 불만을 갖게 되면 관계상 많은 문제가 생긴다. 남편이 자신의 일에 대해 가지는 만족감은 아내가 직장에 다니는 경우보다 아내에게 직업이 없는 경우가 더 크게 나타난다(Staines, Pottick & Fudge, 1986). 대개의 남자들은 아내가 일을 하기를 원하면서 한편 집안일에 대한 기대도 낮추지 않는다. 남편은 아내가 집안일을 하지 않으면 화가 나고, 아내는 두 가지 일을 다 해야 할 때 화가 난다.

여섯째, 경제적인 어려움이다. 부부관계에 있어서 문제점을 조사해 보면 경제적인 문제가 크게 부각된다. 관계 만들기의 과정에서 돈에 관한 이야기는 가장 피해야 할 주제이다. 그러나 관계가 안정되어 가면서 경제적인 문제가 가장 크게 대두된다. 경제적인 문제에 불만이 있으면 관계도 악화된다. 돈에 대해 여성과 남성이 보는 시각이 다른 것도 문제가 된다. 남성에게 있어서 돈은 힘이다. 따라서 그 자체가 목적이 될 수도 있다. 그러나 여성에게 돈은 안정과 자립을 위한 수단이다. 따라서 돈을 어떻게 모으고, 어떻게 쓸 것인가에 대한 견해가 다를 때도 문제가 발생한다.

일곱째, 보상과 비용의 분배가 불공평하다고 느낄 때이다. 사람들은 무언가 보상을 받는 관계를 유지하고 싶어 한다. 어떤 관계에서 보상은 없고 지속적인 노력만이 필요할 때 관계가 악화된다. 또한 두 사람 사이에서 보상과 노력이 공정하게 배분되기를 바라는 심리가 있기 때문에 관계에 불공평함을 보면 관계가 악화된다.

12.2.2. 관계 악화의 단계

관계 악화를 냅(Knapp, 1984)에서는 다음과 같은 다섯 단계로 나누었다.

첫째, 분화의 단계이다. 분화는 상대방과 자신을 독자적인 존재로 구별하는 것이다. 공통점을 찾아가던 관계 만들기와는 달리 구별성을 강조하는 것으로 대화가 바뀐다. 상대방을 이해할 수 없다든가, 이런 점이 다른 점이라는 것, 이런 것은 공감할 수 없다는 것과 같은 언어적 표현을 사용한다.

(6) 규대 : 난 좀 서운해. 네가 오해를 했다는 게…
은수 : 선배 성격에 충분히 그럴 수 있다고 생각했어.
규대 : 봐, 날 전혀 모르잖아. 그렇게 모르면서 네가 날 뭘 보고 좋아했는지 이해가 안 돼.

–T.V. 드라마 「장미와 콩나물」 중에서

둘째, 차단의 단계이다. 상대방이 하고자 하는 대화에 응하지 않고, 상대방의 말을 자르거나 관련성이 없는 말을 하여 협동의 원리를 위배한다. 상대방과 대화할 의사가 없음을 간접적으로 나타내는 단계이다.

(7) 미나 : 자알 했어. 정말 오랜만에 내 남편답다.
영대 : 웃기는 소리 하지 마.
내 기분 얼마나 더러운지 아냐, 지금?

—T.V. 드라마 「장미와 콩나물」 중에서

셋째, 침체의 단계이다. 상대방과 대화할 의사가 없음을 직접적으로 나타내는 단계이다.

(8) 현경 : 아니 뭐라고 대들기라도 좀 해봐요.
영대 : 대들어 봤자 힘만 빠지지.
개기는 것도 이렇게 힘든데…

—T.V. 드라마 「장미와 콩나물」 중에서

넷째, 회피의 단계이다. 상대방과의 접촉을 피하고 상대방과 대화할 기회도 만들지 않는다. 보통 관계가 단절되기 일보직전에 있는 사람들은 날씨나 영화, 텔레비전, 남의 말 등 쓸데없는 것에 대해 이야기하고, 그럼으로써 진지한 문제에 관해서는 회피한다.

(9) 수빈 : 친구가 왔으면 아는 척은 해야지.
연희 : 친구?
수빈 : 내가 여기 찾느라고 얼마나 고생했는지 아냐?
연희 : 누가 찾으래?

—T.V. 드라마 「햇빛 속으로」 중에서

다섯째, 종결의 단계이다. 이것은 관계를 공식화하는 단계로, 관계가 정식으로 끝난다는 것을 표현하는 것이다.

(10) 수빈 : 미안하다.
연희 : 됐어. 가.
수빈 : 네가 날 싫어하는 만큼, 나도 내가 싫어.
연희 : 웃기지 마. 넌 처음부터 다 알고 있었잖아.
네가 무슨 짓을 해도 다 용서가 된다는 거.
가. 가서 너하고 어울릴 만한 애나 찾아봐.

－T.V. 드라마 「햇빛 속으로」 중에서

12.2.3. 관계 악화의 언어적 특징

관계 만들기와 마찬가지로 관계가 악화되는 경우 나타나는 특유한 언어적 특징이 있다. 다음 특징들은 관계가 악화된 경우에도 나타나지만, 관계를 악화시키는 원인이 되기도 한다.

❶ 먼 거리를 유지한다. 관계 악화에서 나타나는 동작언어는 먼 거리를 유지하는 것이다. 친밀한 관계에서는 근접거리도 가깝게 유지된다. 그러나 관계가 악화되면 친밀한 거리에서 점점 멀리 떨어져 나온다.

❷ 접촉을 피한다. 상대방과 시선을 공유하지 않으려 하고, 상대방을 쳐다보지도 않으며, 상대방에게 손도 대지 않음으로 피하기도 한다.

❸ 말이 줄어든다. 많이 듣고 많이 이야기하려던 욕망이 없어진다. 감정 표현은 거의 없고, "잘 잤어요?", "잘 다녀왔어요?" 등과 같이 사회적 접촉 기능의 표현도 아주 줄어든다. 때로는 사회적 접촉 기능의 표현을 이용함으로써 진지한 대화를 피하려

고 한다.

❹ 자기노출이 감소된다. 관계가 악화됨에 따라 자기노출이 현격하게 줄어든다. 관계가 죽어가고 있기 때문에 자기를 노출할 필요 없다고 생각한다. 때로는 자기를 노출하면 상대방이 자기에게 호의적으로 나오지 않을 것이라든가, 그런 자기노출을 이용해서 자기를 공격할 것이라고 생각해서 자기를 노출하지 않는다. 상대방이 원하는 대화에 응해주지 않고, 차단하는 대화를 한다.

❺ 상대방을 기만한다. 관계가 해체되어 감에 따라 기만이 많아진다. 서로 다투거나 논쟁에 휘말리지 않기 위해 거짓말을 한다. 때로는 관계가 더 악화되는 것이 싫어서 거짓말을 하기도 한다. 거짓말이 때로는 회피로도 나타난다. 즉 다른 말은 다 하고 진짜 중요한 부분은 말하지 않음으로 관계를 점차 더 악화시킨다.

❻ 평가적 반응이 증가한다. 관계의 악화는 부정적 판단의 증가와 긍정적 판단의 감소를 동반한다. 따라서 한 때는 상대방의 태도나 재능이나 아이디어를 칭찬했었는데, 관계가 악화되면 이러한 요소들을 비난한다. 때로는 동일한 행동에 대해서도 칭찬이 비난으로 바뀌는데, 이것은 관계가 악화되면서 보는 시각이 달라졌기 때문이다. 갈등이 반드시 나쁜 것은 아니지만 악화되어 가고 있는 관계에서 갈등은 대개의 경우 해결점이 없다.

12.2.4. 관계 개선을 위한 대화 전략

관계 만들기에서 확인한 것처럼 모든 관계는 대화로부터 출발한다. 관계의 개선도 역시 대화로 가능하다. 정치적 관계의 개선도 전쟁이 아니면 외교라는 대화의 창구를 통해 이루어진다. 수십 년 동안 다른 이념으로 갈라져 있던 남과 북도 통일을 위해 대화하려는 노력을 하고 있다. 이런 점에서 한동안 긴밀한 관계를 유지하던 두 사람의 갈등 관계를 대화로 풀어 가는 것은 당연한 일이다. 그러나 관계의 개선을 원한다면 대화의 패턴을 바꾸지 않으면 안 된다. 관계가 악화될 때의 대화 방식을 그대로 사용하면서 대화를 하는 한, 절대로 관계가 개선되지 않는다. 관계의 개선을 위한 대화 전략은 다음과 같다.

❶ **문제를 진단하고 표현하라:** 자신이 원하는 관계를 생각해 보고, 이것을 현재의 관계와 비교해 보고, 원하는 관계가 되기 위해서 구체적으로 어떤 방법으로 변화를 가져올 수 있을 지를 생각한다. 관계가 악화되도록 한 문제를 상대방의 입장에서 보려고 노력해 보고, 상대방도 자신의 입장에서 그 문제를 생각해 보도록 한다. 문제를 이야기하면서 감정이 개입되지 않도록 주의해야 한다. 스스로 냉철한 상태에서 문제를 생각하고 대화할 수 있도록 노력하고, 절대로 상대방을 비난하지 않아야 한다. 이 경우 문제를 이야기할 때 '항상', '절대로', '한 번도', '할 때마다' 등과 같이 극단적인 표현을 하지 않도록 주의해야 한다. 이러한 표현은 말 자체가 언쟁을 불러일으킬 수 있는 위험한 말들이기 때문이다. 자신의 감정에 사로잡혀 상대방을 비난해서는 악화된 관계를 개선할 수 없다.

❷ **긍정적인 갈등해소 방법을 이용하라:** 사람들 사이의 관계에 있어서 갈등은 피할 수 없는 것이다. 갈등이 있다는 것 자체는 별 문제가 아니고, 그 갈등을 어떻게 다루는지가 문제다. 긍정적인 방법으로 갈등이 해소되고 나면, 더 건전하고 더 강력한 관계로 진전되기도 한다. 비생산적이고 파괴적인 방법을 사용하면 관계는 더 악화된다.

❸ **무패의 방법으로 해결책을 제안하라:** 문제가 확인되면 문제를 축소하거나 해결하기 위한 방안을 같이 의논한다. 이때는 자기가 이기겠다는 욕심, 즉 8.3.2.의 대화의 장애 요소에서 살펴본 승

자가 되려는 욕구를 벗어나서 무패의 방법으로 대화를 해야 한다. 이것은 대화의 승자도 없고, 패자도 없지만, 두 사람 다 승자가 될 수 있는 대화의 방법이다. 갈등상태에 있을 때 한 사람은 이기고 한 사람은 지는 방식은 해결책이 아니다. 이런 해결책에는 한 사람의 분노와 적개심이 있을 수 있기 때문이다.

❹ **서로 상대방을 긍정하라**: 모든 해결책은 상대방에 대한 지지와 긍정적 평가가 포함되어 있어야 한다. 행복한 부부일수록 동의, 수긍, 긍정적 감정 등의 긍정적 태도에 대해 더 많은 이야기를 주고받는다(Dindia & Fitzpatrick, 1985). 상대방을 긍정한다는 것을 나타내는 동작언어인 미소, 포옹, 애정 표현 등을 많이 사용하고, 감사, 칭찬 등과 같은 음성언어를 많이 사용한다. 상대방에게 받고 싶은 애정 표현의 목록으로 만들어 서로 교환하는 것도 관계의 회복을 위해 좋은 방법이 된다.

❺ **해결 방안을 일상적인 태도에 반영하라**: 대개의 경우, 논쟁 후에 해결책으로 나온 것은 아주 잠깐 동안만 실천되고, 비생산적인 문제 패턴으로 돌아가게 된다. 따라서 해결책은 아주 일상적인 태도에 반영되어야 한다. 호의를 베풀고, 칭찬하며, 감사를 표현하고, 애정을 표현하는 것은 날마다 이루어져야 한다. 특히 표현하는 것에 대해 익숙하지 않은 한국인의 특성을 고려할 때 이러한 노력은 반드시 있어야 한다.

❻ **나-먼저의 원리를 적용하라**: 관계를 개선하기 위해서는 모험이 있어야 한다. 이것은 상대방으로부터 어떤 보상도 기대하지 않고 내가 먼저 호의를 베푸는 것인데, 상대방에게 거부당할 가능성이 있다는 것을 고려하면서도 내가 먼저 시작하는 것이다. 먼저 사과하고, 먼저 칭찬하고, 먼저 감사한다. 관계의 변화를 위해 필요한 새로운 일이나 의무가 있다면 내가 먼저 하겠다는 각오를 가지고 시작해야 한다.

12.3. 대인관계의 갈등

12.3.1. 대인관계 갈등의 성격

갈등이란 자신의 목표를 달성하는 데 상대방이 방해가 된다고 느끼고, 자신의 목표가 상대방의 목표와 양립할 수 없으며, 보상이 부족하다고 느끼는 상호의존적인 사람들이 표현하는 투쟁이다(Galvin & Brommel, 1991). 갈등의 종류는 매우 다양하고, 그 과정도 매우 복잡하다. '종로에서 뺨맞고 한강에서 화풀이'하는 식으로 회사에서 안 좋은 일이 있을 때 집에 와서 아이들이 공부는 안 하고 게임만 하고 있다고 화를 낼 수 있다. 이 경우 표면적 갈등은 아이들의 태도이지만, 아이들의 태도가 달라진다고 갈등이 해소되는 것은 아니다.

갈등은 현실적 갈등과 비현실적 갈등이 있다. 현실적 갈등은 한 사람이 다른 구성원으로부터 무엇인가를 얻으려고 하나, 다른 구성원들은 그 요구를 들어줄 필요가 없다고 느끼기 때문에 생기는 좌절이다. 이에 대하여 비현실적 갈등은 위에서 살펴본 경우처럼 다른 사람 때문에 겪는 좌절이 원인이 되어서 제3의 인물과 갈등을 일으키는 것이다. 그러한 행동은 엉뚱한 곳에 화를 내게 만들고, 희생양을 만들기도 한다.

또한 갈등은 내용갈등과 관계갈등으로도 나눌 수 있다. 내용갈등은 사물, 사건, 인물 등 대개 관련된 사람들 외적인 것 때문에 나타나는 갈등이며, 이것이 대부분의 싸움의 내용이 된다. 이에 대하여 관계갈등은 주로 관계성에서 발생하는 것으로, 예를 들자면 동생이 형의 말을 안 들어서 생기는 것, 여름 농활을 강원도로 가자는 대의원회와 충청도로 가자는 총학생회 사이에 있어서 서로 결정권을 가지려 하는 것, 학교 근처에서 하숙을 하겠다는 딸과 기숙사에 들어가야 한다는 아버지가 서로 결정권을 행사하려는 것 등 내용 자체보다는 누가 결정권을 갖느냐가 핵심이 되는 것을 말한다.

우리는 갈등을 매우 부정적인 것으로 생각한다. 두 사람 사이에 관계갈등이 있어서 다투면 이들의 관계는 매우 나쁜 것이라고 생각하고, 싸우는 것은 대인관계에 손해를 입히는 것이며, 싸우는 것은 우리의 부정적인 자아를 노출하는 것이므로 나쁘다고 판단한다.

그러나 갈등 그 자체는 좋은 것도 나쁜 것도 아니다. 갈등이란 모든 대인관계에 있어서 피할 수 없는 것이다. 갈등은 변화의 근원일 뿐 아니라 결과이기도 하다. 변화의 근원은 긴장과 갈등을 낳기 때문이다. 갈등이 없으면 그 관계는 대개 덤덤하고 무관심하고 무의미하다. 갈등이란 의미 있는 관계에 있어서는 피할 수 없는 일이어서, 구성원들이 경험을 공유하려 하고, 단합의 중요성을 인식한다면 갈등은 불가피하면서도 가치 있는 과정이 된다.

친밀하고 밀접한 관계 속에서도 갈등은 일어난다. 따라서 갈등이 있다는 것 자체보다는 갈등에 어떻게 대처하느냐가 성공과 실패를 결정하게 된다. 갈등이 억압되면 변화하는 상황에 적응하는 데 실패하게 하거나 침체되는 결과를 낳고, 적의가 쌓여 집단의 단합이 무너지게 된다. 대부분의 사람들은 갈등을 두려워하고 피할 방법을 모색한다. 그러나 갈등을 회피하면 근본적인 문제를 해결하지 못 하기 때문에 더 큰 어려움이 생길 수 있다.

갈등에는 부정적인 면과 긍정적인 면이 있다. 부정적인 면에서 가장 큰 문제는 갈등을 해결하는데 상대를 다치게 하는 파괴적 방법을 이용하는 것이다. 이런 경우 부정적인 감정은 피할 수 없게 되고, 밀접한 관계까지도 무너뜨릴 수 있다. 또한 파괴적인 방법으로 갈등을 해결하려 할 경우, 에너지를 소진시킨다. 때로는 갈등이 다른 사람으로부터 자신을 고립시키기도 한다. 이러한 상태에서는 의미 있는 관계를 유지하기 어렵게 되고, 새로운 관계를 찾아 떠나게 된다.

갈등이 갖는 긍정적인 면 가운데 가장 큰 것은 갈등을 통해 문제를 바라보고 가능한 해결책을 모색하도록 해 준다는 것이다. 갈등을 통해 각자 무엇을 원하는지를 말하는 계기가 마련된다. 또한 갈등을 통해 적개심이나 분노가 더 커지는 것을 막을 수 있다. 표면적으로 드러내지 않으면 관계는 더 악화되기 때문이다. 무엇보다 갈등이 있다는 것은 그 자체가 그 관계에 의미를 두기 때문에 일어나는 것이다. 관계 자체에 의미를 두지 않으면 갈등이 생기지도 않는다는 점에서 갈등은 긍정적인 것이다.

12.3.2. 대인관계 갈등의 해결 방안

갈등에 대처하는 방법 가운데 어떤 것은 건설적이지만, 어떤 것은 파괴적이다. 갈등 자체가 우리의 부정적인 면을 드러내는 것이 아니고 갈등을 다루는 방법이 부정적인 면을 드러낸다는 것을 생각할 때, 갈등을 해결하는 과정에서 절대 파괴적인 방법이 사용되어서는 안 된다.

갈등에 대처하는 파괴적인 방법과 건설적인 방법은 다음과 같이 정리된다.

파괴적 방법	생산적 방법
갈등을 피한다	적극적으로 대처한다
힘을 이용한다	말로 한다
상대방을 비난한다	상대방과 공감한다.
상대방이 말을 못 하도록 한다	상대방이 터놓고 말하도록 돕는다
감정을 장시간 축적시킨다	현재에 초점을 맞춘다
상대방을 기술적으로 조정한다	즉각적이고 정직하게 반응한다
거부의 구도로 대화한다	수용의 구도로 대화한다
상대방의 약점을 건드린다	상대방의 약점은 건드리지 않는다

1) 갈등 회피와 적극적으로 대처하기

갈등이 있을 때 파괴적으로 대응하는 방법은 회피하는 것이다. 회피하는 방법은 아예 자리를 뜨거나, 잠을 자거나, 음악을 크게 트는 것과 같은 행동으로 나타난다. 갈등을 일으키는 문제에 대해 협상을 하지 않는 것도 회피의 방법 가운데 하나이다. 다른 사람의 말을 듣지도 않고, 문제에 대해 논의하지도 않는다. 또 다른 방법은 상대방이 지칠 때까지 자기 말만 계속 하는 것이다.

(11) 지수 : 지금 말 다했어?
태경 : 그래! 말 다 했다. 어쩔래?
지수 : 우리한테 이럴 수가 있어?
태경 : 그걸 지금 몰라서 물어?
지수 : 난 몰라. 모르겠다고.
나 요즘 피곤하다.
사람 피곤하게 하지 좀 마라.

-T.V. 드라마「마지막 전쟁」중에서

그러나 문제의 해결을 위해서는 회피해서는 안 된다. "나는 ~에 동의하지 않는다."라든가 "나는 네가 ~할 때 싫다." 등과 같이 명확한 언어로 갈등을 일으키는 문제를 표현해야 한다. 이때는 11.2.에서 살펴본 '나-전달법'을 활용하여 행동-영향-감정의 순서로 자신의 생각과 감정을 전달하면 충분하다. 따라서 자신의 생각이 옳다는 것을 주장하기 위하여 "누구든지 네가 —하는 것이 잘못됐다고 생각한다."거나 "심지어는 (옆집 아줌마)도 네가 틀렸다고 생각한다."라는 등의 표현을 사용하는 것은 부적절하다.

2) 힘을 이용하기와 말로 하기

때리는 것, 소리를 지르는 것, 차는 것, 괴롭히는 것, 물건을 던지는 것 등과 같이 신체적 공격을 하는 것은 갈등이 있을 때 나타나는 특징이다. 특히 가족 의사소통에서 힘을 이용하는 경우가 많이 나타나는데, 가정 내 폭력은 남편이 아내에게, 아내가 남편에게, 부모가 자식에게, 자식이 부모에게 가하는 것과 같이 다양한 형태로 나타난다. 2007년 통계에 의하면 50.4%의 가정 폭력이 발생했는데, 이 가운데 80%가 남편이 아내에게 폭력을 가한 경우였다. 최근에는 부모에게 폭력을 휘두르는 사람이 점점 많아지고 있어 사회문제가 되고 있다. 이것은 그 개인의 인격에 문제가 있어 이와 같은 일이 일어나는 경우도 있지만 부모의 자식에 대한 과잉기대나 과잉보호, 또한 배금주의의 만연으로 인한 윤리의식의 붕괴 등의 요인도 크다.

(12) 지수 : 싫다고 했어.
태경 : 아-!
지수 : 그러게 그만 하라고 할 때 그만 하지.
태경 : 너 까불래?

-T.V. 드라마 「마지막 전쟁」 중에서

폭력은 갈등을 해결하는 손쉬운 방법일지도 모른다. 그러나 폭력은 더 많은 폭력을 불러들인다. 공격적인 아이에게 체벌을 하면 그 아이의 공격적인 행동이 감소하는 것이 아니라, 오히려 더 증가한다는 결과가 이를 뒷받침한다. 갈등을 해결하는 방법으로 공격적인 동작이나 동작언어를 사용하여 학대하는 것은 이익보다 해가 더 많다. 폭력을 사용하지 않고 갈등을 해결하는 방법은 물론 말을 사용하여 대화하는 것이다.

3) 비난하기와 공감하기

대개의 경우, 명백하게 한 사람 때문에 갈등이 발생하는 경우는 드물다. 따라서 상대방을 비난하기 위한 이유들을 찾으려 한다면, 그런 노력은 모두 쓸모없는 것이 되고 만다.

사람들은 습관적으로 잘못된 일이 생기면 상대방을 비난하는 경향이 있다. 상대방의 속을 다 들여다보고 있는 것처럼 해석하면서 비난한다. 자신의 생일을 잊은 것 때문에 갈등이 있으면서, 자신의 생일을 잊은 것 자체에 대해서 말하기보다는 생일을 잊은 것이 자신을 사랑하지 않는 증거라는 등의 동기와 관련된 진술을 하는 것은 비난을 위한 대화일 뿐이다.

(13) 한이 : 차승준 씨는 마음이 별로 안 쓰이겠죠.
집도 없고 볼품없는 강아지니까요.
승준 : 한이 씨!
한이 : 잘난 사람들은 이렇게 생각하죠.
그런 강아지 또 돈 주고 사면 그만이라고요.
승준 : 지금 이한이씨의 마음을 알겠지만, 너무 심한 말 아니에요?
－T.V. 드라마 「토마토」 중에서

이러한 태도보다는 상대방의 감정을 이해하려고 노력하고, 입장을 바꿔 생각해 보는 것이 갈등을 해소하기 위한 건설적인 방법이다.

4) 말문 막기와 말문 열기

갈등이 있을 때 파괴적으로 대응하는 방법은 상대방의 말문을 막는 것이다. 말문을 막는 방법 가운데 하나는 우는 것이다. 갈등을 해결하지 못할 것 같거나, 자신이 질 것 같다고 생각되면 울어버린다. 말문을 막는 또 다른 방법은 소리를 지르거나, 자신을 통제 못하는 것처럼 행동하는 것과 같이 극단적인 감정 표현을 하는 것이다. 때로는 두통이나 숨이 막히는 것과 같은 신체적인 반응을 하기도 한다.

(14) 동석 : 정말 이럴 거야? 이제 그만 하라니까. 뭐야 정말. 사람 놀리는 것도 아니고. 내가 만만해보여? 갖고 노는 거야? 뭐야?

지희 : (어깨 들먹이며 훌쩍훌쩍 운다)

동석 : 왜 이래… 지희 씨, 왜 이래…. 이러지 마. 아 정말 미치겠네. 이봐 지희 씨. 왜 울어? 내가 뭐 어쨌다고 울어? 지희 씨. 홍지희!

－T.V. 드라마 「팝콘」 중에서

이와 같이 말문을 막는 방법은 문제를 해결해 주지 못한다. 상대로 하여금 자신을 터놓고 표현할 수 있도록 기회를 만들어 주는 것이 건설적인 방법이다.

5) 감정 쌓아두기와 현재에 초점 맞추기

감정을 오래 쌓아두었다가 나중에 한꺼번에 폭발하겠다고 생각하는 것은 파괴적으로 갈등을 해소하는 방법이다. 이렇게 하는 것은 실제로 문제를 일으킨 것은 아주 사소한 일이지만, 그동안 쌓여 있는 감정 때문에 큰 문제를 불러일으킬 수 있다. 한 쪽에서 그동안의 일들을 한꺼번에 쏟아 놓으면, 다른 쪽도 이런 방식으로 대응하게 된다. 이럴 경우, 문제의 핵심은 비켜가게 되고, 그 대신 분노와 적개심만 커지게 된다.

(15) 태경 : 나 이딴 거 다 필요 없어! 이딴 거 없이 그냥 남편 대접 받고, 사위대접 받고 사는 게 훨씬 낫다고! 언제 너희 집에서 나 제대로 사위취급 한 번 해줬냐? 넌 남편 알기를 뭘로 알지. 거기다 딸 하나 있는 거 너 닮아 아빠 알기 아주 우습게 알지. 그거 다 돈 때문에 그런 거 아니야? 그래서 돈 벌려고 그런다. 왜! 나도 고생한

우리 엄마 아빠 호강시켜 드리고, 니네 집에 유세도 좀 하고, 딸 내미한테 아빠 대접 좀 받자.

지수 : 진작 잘 해보지.

—T.V. 드라마 「마지막 전쟁」 중에서

이와 같이 감정을 쌓아두는 방법은 갈등을 긍정적으로 해소해 줄 수 없다. 갈등이 있을 때는 지금, 여기의 문제에만 초점을 맞추는 것이 건설적인 갈등 해소의 방법이다. 또한 갈등 관계에 있는 상대방에게만 초점을 맞추고, 상대방의 부모나 자녀, 친구들을 개입시키는 것은 피해야 한다.

6) 상대방 조종하기와 즉각적으로 반응하기

상대방 조종하기란 갈등이 있을 때 그 상황을 회피하고, 상대방에게 마음에 없이 아부를 하거나, 호의를 베풀어 놓은 다음에 자신의 요구를 관철시키거나, 상대방을 윽박질러 반응을 보이지 못하게 한 상태에서 자신의 요구를 관철하는 것이다. 그러나 조종은 갈등의 핵심을 피하게 할 뿐이다. 때로는 아주 그럴 듯하게 꾸며서 갈등을 피하기도 한다. 조종자는 상대방을 수동적이고 비전투적인 상태의 마음으로 바꾼 다음에, 상대방이 약해진 틈을 타서 자신의 요구를 관철시키는데, 이런 행동은 사람은 자기에게 잘 해 주는 사람에게 굴복한다는 경향성을 이용하는 것이다.

(16) 애경 : 나 인제 정말 신경 쓰기 싫어.
애고 뭐고 관두고, 대학원 등록할래.

정대 : 좋아, 좋아. 하고 싶은 대로 해.
화만 내지 마.

애경 : 이게 뭐냔 말야. 당신은 기분 안 나뻐?

막내가 제일 먼저 큰소리치게 생겼잖아.

정대 : 그게 큰소리칠 일인가? 창피스럽지.

어서 옷 입어. 오랜만에 드라이브 가자.

−T.V. 드라마「장미와 콩나물」중에서

조종하는 것은 파괴적으로 갈등을 해소하는 것이다. 상대방을 조정하기보다는 즉각적이고 정직하게 갈등 상황에 반응하는 것이 건설적인 갈등 해소의 방법이 된다. 전쟁에서 이기기 위해 여러 가지 준비를 하는 것과 같은 방법으로 논쟁에 임하는 것은 바람직하지 않다.

7) 거부의 구도와 수용의 구도

갈등을 해소하기 위해 거부의 구도로 대응하는 사람은 상대방을 회피하고, 상대방에게 우호적이지 않으며, 차갑고 냉정하게 대함으로써 상대방의 사기를 꺾어 놓는다. 사람은 사기가 꺾이면 자신의 가치를 낮게 평가하게 되고, 결국 상대방에게 유리한 방향으로 갈등을 해소시키게 되는데, 바로 이 점을 악용하는 것이다.

(17) 은수 : 유치해, 정말.

규대 : 은수, 너…

은수 : 변명하지 마.

−T.V. 드라마「장미와 콩나물」중에서

갈등이 있을 때에도 상대방의 마음을 읽고 받아들이려고 노력하는 수용의 구도로 대응하는 것이 갈등을 건설적으로 해소하는 방법이다. 비록 싸우고 있을 때라 하더라도 지금 싸우고 있는 상대방은 나와 중요한 관계 속에 있는 사람이라는 것을 명심해야 한다.

8) 약점 건드리기와 약점 피해가기

권투선수들과 마찬가지로 사람들에게는 저마다의 벨트라인이 있다. 벨트 밑을 치면 상대방은 큰 상처를 입는다. 오랜 동안 관계를 지속하다 보면 사람들은 상대방의 벨트라인이 어디인지 알게 된다. 예를 들어 어떤 여자에게는 아기를 가질 수 없는 것이 벨트라인일 수 있다. 어떤 남자에게는 직장에서 정리해고 당했다는 것이 벨트라인일 수 있다.

(18) 순대 : 내 이름이 순대요. 어디까지나 순리대로 하자는 거지, 내가 감히 어떻게 형이랑 맞장을…
영대 : 순리대로 한다는 놈이 속도위반해?
너 이담에 애가 지 생일이랑 엄마 아빠 결혼 날짜랑 계산해 보자고 덤비면 뭐라 그럴 거야?
순대 : 형! 지금 사안이 그게 아니잖아.
영대 : 넌 입이 열 개라도 할 말이 없어.

—T.V. 드라마 「장미와 콩나물」 중에서

갈등의 목적은 문제를 해결하고 관계를 개선하려는 것이지 상대방을 쓰러뜨리려는 것이 아니다. 따라서 남의 약점을 건드려 공격하는 것은 바람직하지 못하다. 갈등 가운데 있다 하더라도 상대방의 약점은 건드리지 않는 것이 갈등을 건설적으로 해소하는 방법이 된다.

12.3.3. 갈등과 대화 : 공격성과 논쟁성

논쟁에 익숙하지 않은 사람들에게 있어서 문제는 논쟁과 공격을 구별하지 못 하는 것이다. 언어적 공격성은 상대방에게 심리적인 고통을 주거나 상대방의 자아의식을 공격함으로써 논쟁에서 이기려는 방법이다. 이에 대하여 논쟁성은 대부분의 사람들이 생각하는 것과는 달리, 피하기보다는 길러야 할 자질이다. 논쟁성이란 자신의 관점을 변호하기 위해서 기꺼이 설명하고 논증하려는 태도를 가리키는 것이다. 이것은 언어적 공격성 대신 우리가 가져야 할 자질이다. 논쟁성을 기르기 위해서는 다음과 같은 노력이 필요하다.

❶ 의견이 일치되지 않을 때는 가능한 한 객관적으로 처리해야 한다. 다른 사람이 자신의 관점을 문제 삼는 것이 공격하는 것이 아니라는 생각을 잊어서는 안 된다.
❷ 다른 사람을 공격하는 것이 기술적으로 유리하더라도 공격해서는 안 된다. 때로는 이것이 오히려 불리하게 작용할 수도 있다. 그러나 개인의 성격에 초점을 맞춘 논쟁이 아니라, 논제에 초점을 맞춘 논쟁으로 이끌어 가야 한다.
❸ 상대방의 능력을 인정한다. 뿐만 아니라 적절한 때에 칭찬을 하는 것도 잊지 않는다.
❹ 상대방의 말에 끼어들어서는 안 된다. 자신의 반응을 보이기 전에 상대방이 자기의 입장을 충분히 말할 수 있도록 시간과 여유를 주어야 한다.
❺ 차이점보다는 공통점을 강조한다. 논쟁을 하면서 상대방과의 공통점을 찾아내고, 의견이 일치되는 점을 먼저 강조해서 이야기한 다음에 의견이 일치되지 않는 점을 이야기하는 것이 좋다.
❻ 상대방의 입장, 태도, 관점에 관심을 보인다.
❼ 자신의 논증을 지나치게 감정적으로 전달해서는 안 된다. 너무 목소리를 높이거나, 비어나 속어, 경멸적인 표현 등을 쓰는 것은 불쾌감만 줄 뿐, 논쟁에는 비효율적이다.
❽ 다른 사람의 체면을 지켜 주어야 한다. 체면이란 공적으로 지켜지는 개인의 긍정적이고 사회적인 자존심이다. 상대방의 체

면을 손상시키면 상대방이 굴욕감을 느끼게 될 뿐 논쟁에는 도움이 되지 않는다.

12.3.4. 갈등 해소의 유의점

앞에서 제시한 방법들을 사용하여 갈등에 대해 효과적으로 대응한다 하더라도 갈등이 일어난 시점을 전후한 태도 때문에 또 다른 갈등이 생겨날 수 있다. 따라서 갈등을 해소하기 위하여 노력하면서 다음과 같은 점에 유의해야 한다.

1) 갈등 전

첫째, 갈등을 해결하기 위한 논쟁은 은밀하게 해야 한다. 두 사람이 논쟁을 하고 있다는 사실을 다른 사람이 알게 되면, 여기서부터 여러 가지 문제가 파생될 수 있다. 일단 다른 사람이 듣고 있으면 완전히 솔직해질 수가 없다. 다른 사람들 때문에라도 논쟁에서 이겨서 체면을 세우기 위해서 모든 방법을 다 동원하게 된다. 이것은 상대방의 체면을 손상시킬 수도 있고, 분노와 적개심을 낳을 수 있다.

둘째, 두 사람 모두가 준비되었을 때 논쟁을 해야 한다. 갈등은 최악의 순간에 생기지만, 갈등을 해결하기 위한 시간은 선택할 수 있다. 상대방이 늦게까지 일하고 들어와서 지쳐있을 때는 별로 좋은 시점이 아니다. 상대방이 다른 일에 열중하고 있을 때도 좋은 시점은 아니다. 두 사람이 갈등을 일으킨 문제에 대하여 충분히 논쟁할 수 있는 시점을 잡아서 논쟁을 시작해야 한다.

셋째, 논제의 핵심이 무엇인지를 파악해야 한다. 사람들은 보통 감정이 지나치게 격앙되어서 마음속에 있는 속상하는 모든 것을 쏟아 붓게 된다. 그러나 이런 경우는 해결점을 찾을 수가 없다. 논쟁의 논제가 되는 내용은 구체적이어야 한다. 책임감이 부족하다거나,

배려가 부족하다는 등의 막연하고 추상적인 이야기는 논제가 되지 못 한다. 논제는 해결이 가능한 문제이어야 한다.

2) 갈등 후

첫째, 갈등과 갈등 해소 과정에서 교훈을 찾으려고 노력해야 한다. 상황을 더 어렵게 만든 것은 무엇이었는지 찾아보아야 하고, 그것을 피할 수 있는 방법들을 생각해야 한다. 갈등 해소 과정에서 좋지 않은 방법을 사용했다면, 앞으로는 그런 방법을 절제하도록 노력하는 것이 필요하다.

둘째, 갈등을 균형 있게 마무리해야 한다. 많은 경우, 실제 갈등은 아주 작은 문제였는데 나중에 생각하면서 점점 더 확대시키는 경향이 있다. 논쟁을 했다고 관계가 나빠졌다고 생각해서는 안 된다. 갈등 해소의 과정에서 자신이 사용한 잘못된 방법 때문에 지나친 죄의식을 갖거나, 상대방이 사용된 잘못된 방법 때문에 비난하는 감정을 갖지 않아야 한다. 상대방에게 보상적인 말이나 애정 표현을 함으로써 논쟁의 목적은 결국 관계를 개선하고자 하는 데 있었다는 것을 확신시켜 주어야 한다.

13장 대화와 유머

현대인들은 본의 아니게 심각한 상황 속에서 생활을 하게 되는 경우가 많이 있고, 이 때문에 스트레스를 받는다. 진지한 마음으로 대화를 나누는 것은 대화를 위한 기본적인 요소가 되지만, 진지하기 때문에 항상 심각한 대화를 나누는 것은 아니다. 우리는 함께 웃으며 이야기를 나눌 수 있는 사람을 좋아한다. 또한 무엇인가 재미있는 이야기에 따라 일단 함께 웃고 나면 그 사이가 더욱 돈독해진다.

방송과 인터넷에서는 유머가 범람한다. 이렇게 많은 유머가 회자되는데 왜 사회는 밝아지지 않을까? 왜 상대방은 유머라고 했는데도 마음에 상처가 될까? 이것은 유머라는 이름으로 번지고 있는 냉소 때문일 것이다.

이 장에서는 유머의 기능과 유머의 구조, 유머의 유형을 분류하고, 유머의 종류를 불일치에 의한 유머와 우월감에 의한 유머로 나누어서 유머 생성의 기제와 유머가 대화에서 갖는 기능을 살펴보기로 한다.

13.1. 유머의 정의

유머는 『우리말대사전』에 "남을 웃기는 말이나 행동"이라고 풀이되어 있고, '우스개, 익살, 해학'으로 순화하였다. '우스개'는 "남을 웃기려고 익살을 부리면서 하는 말이나 짓"으로, '익살'은 "남을 웃기려고 하는 말이나 몸짓"으로, '해학'은 "익살스럽고 품위가 있는 말이나 행동"이라고 다시 풀이하고 있다. 로스(Ross, 1998)에서는 유머를 "사람을 웃거나 미소 짓게 만드는 어떤 것"이라고 정의하였는데, 이러한 정의들은 모두 유머와 웃음이 서로 밀접한 관계에 있다는 것을 말하고 있다.

사람들이 웃음을 좋아하는 이유를 생리학자들은 건강과 관련하여 생각한다. 생리학적으로 웃음은 첫째, 허파와 기도를 확장시켜 공기의 유입과 배출을 촉진시켜 주고, 호흡기관의 염증을 막아주는 항체 면역글로빈을 증가시키는 구실을 하고, 둘째, 자율신경계에 자극을 주어 동맥과 심장 등 순환계의 작용을 돕고, 장과 간의 작용을 촉진시켜 소화를 도우며, 셋째, 호흡이 깊어지고 횡경막이 이완하지 않고 오히려 짧은 경련성 수축을 해서, 복부 근육운동을 촉진함과 동시에 복강내압을 높이는 역할을 하며, 넷째, 침과 기타 소화액의 분비를 촉진시켜 콜레스테롤의 증가를 억제하며, 다섯째, 통증을 완화시키고 억제시켜서 고통에 대한 저항능력을 20%나 증가시킨다는 것이다. 사람이 웃기 위해 소모하는 에너지는 기초대사량의 2~5배나 되지만, 의학계에서 '웃음치료법'이라는 것을 개발할 만큼 웃음은 건강을 증진시키는 생리적인 효용을 가지고 있다.

웃음이 건강을 증진시키는 것은 웃음이 이완작용을 하기 때문이다. 웃음을 웃고 나면 긴장이 풀릴 뿐 아니라, 마치 눈물을 흘리고 난 뒤에 느끼는 것과 같은 카타르시스를 경험하게 된다. 프로이드(Freud, 1928)에서 유머가 주는 이완작용을 성적인 욕구와 관련시킨 이래로, 웃음이 갈등과 긴장 사이에서 균형을 찾게 해주는 역할을 한다는 것은 많은 심리학자들에 의해 주장되었다.

웃음이 가지고 있는 또 다른 기능은 친화작용이다. 사회생활을 하면서 처음 만나는 사람을 만나면 긴장을 하게 된다. 이때 서로 웃음을 주고받게 되는데, 이것은 긴장을 풀어주고, 서로에게 친근감을 느끼고 대화를 부드럽게 할 수 있는 분위기를 만들어 준다. 이와 같이 사람들의 마음을 열어주고, 가깝게 느끼도록 하는 작용이 친화작용이다. 인간관계가 원만한 사람들 사이의 대화에서는 자연스럽게 웃음이 나오게 되는데, 웃음을 웃는다는 것 자체는 상대방에 대한 적의가 없음을 나타냄과 동시에 스스로가 긴장하지 않은 상태임을 나타내는 것이 된다. 이것은 대화에 도움을 주어서 함께 웃고 난 뒤에는 순서 교대가 더욱 빨라지고, 공감을 표현하기 위한 대화의 중복 현상도 훨씬 많이 나타나는 것이 관찰되었다. 웃음이 대화를 이어주는 촉진제의 역할을 하기 때문이다.

웃음은 창의력을 증대시키는 기능도 가지고 있다. 웃음은 싫증을 없애주고 두뇌를 자극하여 창의력을 발휘할 수 있도록 한다. 강연회장에서 졸고 있던 사람들도 한 번 웃고 나면 졸음을 이기게 되는 것도 이 때문이다. 또한 '에피네프린'이나 '도파민'같은 스트레스 호르몬의 감소로 스트레스의 정도를 낮추어 주며, 이로 인한 자신감의 회복으로 추진력과 성취도를 높여주는 기능을 한다.

웃음이 가지고 있는 이러한 유용성들은 대화를 하면서 유머를 잘 구사하는 사람이 더 좋은 인간관계를 맺을 수 있게 해줄 뿐 아니라, 나아가 '유머가 없는 연설은 범죄행위'라는 말을 할 정도로 대화에서 중요한 요소로 작용하게 한다.

'유머'와 '익살', '해학'은 비슷한 말처럼 사용되고, 영어에서는 조크와 위트도 유사하게 사용된다. 유머는 "의도적으로든 실수에 의해서든 관계없이 결과적으로 남을 웃기거나 즐겁게 해 준 것"이고, 조크jokes는 "일부러 남을 즐겁게 하기 위하여 고안된 말이나 몸짓을 말하며, 앞뒤 문맥으로부터 독립적context-free이며, 그 자체만으로 의미가 들어 있어서 많은 대화에서 자유롭게 이야기될 수 있는 것"이고, 위트wit는 "일부러 남을 즐겁게 하기 위하여 고안된 말이나 짓이라는 점에서는 조크와 같지만, 특수한 대화 상황에서만 나타나는 문맥의 존성context-bound을 가진다는 점에서 구별되는 것"이다(Long & Graesser, 1989). 이러한 관점에서 보면, 유머는 모든 것을 통칭하는 용어가 되고, 조크와 위트는 우리말의 '익살'이나 '해학'과 연결시킬 수 있는 근거가 마련된다. 물론 '익살'과 '조크'가 완전히 일치되는 개념은 아니고, '해학'과 '위트'도 완전히 일치되는 개념은 아니다. 그러나 기존의 용어와 정의들을 존중하는 관점으로 이 개념들을 정의하면 다음 (1)과 같이 정리된다.

(1) 유머(우스개) : 남을 웃기거나 즐겁게 해주는 말의 통칭
조크(익살) : 남을 즐겁게 하려고 고안된 말 가운데 독립적 구조를 가지고 있는 말
위트(해학) : 남을 즐겁게 하려고 고안된 말 가운데 특정한 대화 상황과 문맥에서만 나타나는 말

따라서 앞으로 유머는 익살과 해학 모두를 포함하는 용어로 사용하며, 익살과 해학의 특징을 나누어서 살펴야 할 필요가 있는 경우에만 둘을 분리하여 살펴보기로 한다.

13.2. 유머의 구조

유머의 구조를 살펴보기 위해서는 익살의 구조와 해학의 구조를 살펴보아야 한다. 그러나 익살이 독립적인 구조를 가지고 있는 것과는 달리, 해학은 별도의 구조를 가지고 있지 않다는 점에서 유머의 구조에서는 익살의 구조를 중심으로 파악할 수밖에 없다.

13.2.1 익살의 구조

익살이 독립적 구조를 가진다는 것은 앞서 말하던 내용과 연결할 필요가 없이 그 자체만 가지고도 이야기된다는 것이다. 쉐르쩌(Scherzer, 1985: 216)에서는 익살을 구조만들기set up와 급소찌르기punch line의 두 요소로 구성되어 있는 담화 단위라고 정의하였다. 구조만들기에서는 다른 담화와 구별되지 않는 내용으로 이야기가 구성되어 간다. 그러나 급소찌르기에서는 기존의 구조와는 전혀 다른 상황에서 놀라움과 의외성을 만들어 내는데, 여기에서 유머가 발생되는 것이다.

(2) 연예인 최불암이 약사가 되었다. 어느 날 약국에 손님이 와서 쥐약을 달라고 했다. 최불암이 손님에게 물었다. "댁의 쥐는 어디가 아픈가요? 증상을 말씀해 주세요."

위의 예는 문어 텍스트로 구성되어 있지만, 실제 유머 담화는 구어 텍스트로 이루어져 있다. 문어 텍스트는 더 안정적이고 이해하기 쉬운 구조로 되어 있다. 그러나 문어 텍스트로 된 유머를 읽고 나서도, 전달할 때는 구어 텍스트로 바뀌게 되는데, 일반적으로 구어 텍스트에서는 많은 수식과 확장이 일어나게 되고, 익살의 형식으로 바뀌게 된다(Nash, 1985: 20). 위의 예는 (2)'와 같은 구조를 가지고 있다.

(2)' 구조만들기 : 인기 연예인 최불암이 약사가 되었다. 어느 날 약국에 손님이 와서 쥐약을 달라고 했다. 최불암이 손님에게 물었다.
급소찌르기 : "댁의 쥐는 어디가 아픈가요? 증상을 말씀해 주세요."

유머에 나타나는 급소찌르기의 수는 한 개인 경우가 가장 일반적이다. 여러 개의 급소찌르기가 나타날 경우 대화의 결속성을 깨뜨릴 수 있기 때문이다. 그러나 여러 개의 급소찌르기가 나타날 때는 동일한 유형의 급소찌르기가 점층적으로 강화되어 나타나서 대화의 결속성을 유지하게 된다.

(3) 사오정 친구들이 카페에 갔다.

사오정1 : 난 우유.

사오정2 : 그럼 난 우유.

사오정3 : 그럼 나도 콜라.

사오정4 : 그래. 아저씨 사이다 네 잔 주세요.

사오정 웨이터 : 손님, 죄송하지만 저희 가게엔 율무차가 없는데요.

위의 예는 (3)'와 같은 구조를 가지고 있다.

(3)' 구조만들기 : 사오정 친구들이 카페에 갔다.

사오정1 : 난 우유.

급소찌르기1 : 사오정2 : 그럼 난 우유.

급소찌르기2 : 사오정3 : 그럼 나도 콜라.

급소찌르기3 : 사오정4 : 그래. 아저씨 사이다 네 잔 주세요.

급소찌르기4 : 사오정 웨이터 : 손님, 죄송하지만 저희 가게엔 율무차가 없는데요.

위의 구조에서 급소찌르기1, 2, 3이 반복적으로 사용되어서 점층적으로 의외성에 의한 웃음을 유발시킨다. 이것은 급소찌르기4에 의해 절정에 이르게 된다. 따라서 평면적으로는 급소찌르기가 네 번 반복된 것으로 보인다. 그러나 급소찌르기1, 2, 3과 급소찌르기4는 성격이 다르다. 구조만들기에서 '사오정 친구들'임이 전제되었기 때문에 '사오정들'이 엉뚱한 말을 하는 것은 전제가 되어 있지만, 웨이터까지 '사오정'이라는 사실은 예상 밖의 일이 되기 때문이다. 따라서 본격적인 급소찌르기는 마지막에 오는 요소에 의해 가장 강하게 만들어진다. 이러한 점에서 급소찌르기3까지를 구조만들기로 보고, 나머지만을 급소찌르기로 본다면 익살의 기본 구조는 (3)"와 같이 구조만들기와 급소찌르기로 단순화할 수 있다.

(3)" 구조만들기 : 사오정 친구들이 카페에 갔다.
사오정1 : 난 우유.
사오정2 : 그럼 난 우유.
사오정3 : 그럼 나도 콜라.
사오정4 : 그래. 아저씨 사이다 네 잔 주세요.
급소찌르기 : 사오정 웨이터 : 손님, 죄송하지만 저희 가게엔 율무차가 없는데요.

따라서 익살의 일반적 구조는 구조만들기와 단일한 급소찌르기로 이루어지며, 다수의 급소찌르기가 나타나는 경우, 전체 대화로서의 결속성을 유지하는 것이 가능한 범위에서 점층적으로 배열될 수 있고, 이 경우도 계층적으로는 구조만들기와 단일한 급소찌르기로 단순화될 수 있음을 알 수 있다.

이와 같은 익살은 화자에 따라 많은 변형이 가능해진다. 그러나 화자에 따라 나타나는 개별성과 함께 어떤 화자가 말하더라도 나타나는 보편성이 있다. 익살 담화는 우선권 갖기와 도입부, 익살, 상호작용, 유사한 익살 말하기, 평가의 여섯 단계로 나타난다.

첫째, 우선권 갖기 / 협상은 청자에게 익살을 말할 수 있는 계기를 준비하는 단계이다. 많은 사람들이 유머 감각이 있는 사람을 좋아하고, 유머를 들으면 즐거워 하지만, 그렇다고 유머가 언제 어디서나 환영받을 수 있는 대화 양식은 아니기 때문에, 상대방이 유머라는 대화의 틀 속으로 들어오기를 원하는지 확인하는 단계이다. 바로 유머를 말했을 때 겪을 수도 있는 문제를 미리 피해가는 것으로, 체면 세우기의 방법이 된다.

둘째, 도입부는 상대방이 이 유머를 들은 적이 있는지를 확인하는 단계로 역시 체면 세우기와 관련이 있다. 이 단계에서는 말하고자 하는 익살이 어떤 범주에 속하는지를 밝히는 과정이 포함된다.

셋째, 본격적으로 익살의 내용을 전달하는 단계이다.

넷째, 상호작용은 수의적인 요소이다. 질문형의 익살에서는 나타나는 것이 일반적이지만, 이야기식에서는 익살의 의미 재해석이 제대로 되지 않은 경우에 확인하는 단계이어서 나타날 수도 있고, 나타나지 않을 수도 있다.

다섯째, 유사한 익살 말하기는 주제가 같거나, 익살의 유형의 같은 것들이 여러 개가 반복되어 나타나는 단계로, 순서 교대가 활발하게 진행되는 특징이 나타난다.

여섯째, 평가는 웃음이나 야유, 언어적 평가 등으로 나타나는데, 유사한 익살 말하기가 끝날 때마다 적용된다. 이러한 단계를 (3)의 익살과 연결시키면 다음 (4)와 같이 구조화할 수 있다.

(4) 익살 담화의 구조

① 우선권 갖기 / 협상

예) A : 음, 내가 웃기는 얘기 하나 할까?

B : 뭔데? / 웃기는 얘기? / 그래, 해 봐.

② 도입부

예) A : 너 사오정이 카페에 간 이야기 알아?

B : 아니, 몰라. 사오정이 카페에 가?

③ 익살

예) A : 사오정이 친구랑 카페에 갔대.

(………)

④ 상호작용

예) B : 난 거기서 왜 사이다 시켰는데 율무차 없다고 그러는지 잘 모르겠는데.

A : 그러니까 (……)

⑤ 유사한 익살 말하기

예) B : 너 그럼 사오정이 병원 간 이야기 알아?

(………)

⑥ 평가

예) 야, 너무 재밌다. / 어휴, 썰렁해. / 그건 좀 상식적이지 않니?

익살은 일반적으로 두 가지 유형으로 나타난다. 하나는 이야기식이고, 또 다른 하나는 문답식이다. 이야기식은 (5)와 같이 독립적인 구조를 가지고 있는 익살의 내용을 화자가 계속 진행하여 가는 유형이고, 문답식은 다음 (6)과 같이 질문 형식으로 익살을 시작하는 것이다.

(5) 대통령 집무실에 컴퓨터가 들어왔다. 대통령은 시간만 나면 독학을 하며 훈글 프로그램을 공부하고 작업을 하셨다. 이를 궁금하게 생각한 보좌관이 컴퓨터를 한번 열어 보았다. 거기에는 종달새.hwp, 꾀꼬리.hwp, 참새.hwp 등과 같은 파일들이 들어 있었다. 그래서 보좌관은 대통령께 파일 이름에 모두 새이름을 넣으신 걸 보니, 새를 참 좋아하시는 것 같다고 말씀드렸다. 그랬더니 대통령은 화를 내며 "무슨 소리를 하는 거야? 거기 보니 새이름으로 저장하라고 되어 있던데……"라고 말했다.

(6) A : 오락실을 수호해 주는 두 용의 이름은 뭐게?

B : 오락실을 수호하는 용이 있어?

A : 그럼. 일인용과 이인용.

두 경우 모두 구조만들기와 급소찌르기의 두 요소를 가지고 있다. (6)은 「구조 만들기–상호작용–급소찌르기」의 구조로 이루어진 질문 형식의 익살 담화인데, 상호작용에서는 주로 앞의 말을 반복하는 형식의 메아리–질문 형식이나 "아니, 몰라." 또는 "그게 뭔데?"와 같은 표현이 사용된다는 것이 특징적이다. 익살의 구조에서는 (7)에서 보는 것과 같이 이러한 두 가지 유형이 함께 나타날 수 있다. 이야기식의 익살이 반복된 다음에 문답식이 이어질 수도 있고, 그 역도 성립된다.

(7) A : 너 이 세상에서 가장 차갑고 외로운 바다가 뭔지 알아?
B : 그게 뭔데?
A : 썰렁해. 그럼 이 세상에서 가장 따듯하고 열이 나는 바다는 뭔지 알아?
B : 아니, 몰라.
A : 그건 사랑해야. 그런데 이 이야기를 들은 경상도 아내가 남편한테 물었대.
"자기야, 이 세상에서 가장 차갑고 외로운 바다가 뭐꼬?" 그러자 남편이 "썰렁해" 하고 맞추더라는 거야. 그래서 "그럼 이 세상에서 가장 따듯하고 열이 나는 바다는?" 그러자 남편이 뭐라고 했게?
B : 사랑해?
A : 아니, "열바다"

13.2.2. 해학의 구조

해학은 일부러 남을 즐겁게 하기 위하여 고안된 말이나 짓이라는 점에서는 익살과 같지만, 특수한 대화 상황에서만 나타나는 문맥의존성을 가진다는 점에서 익살과 구별된다. 특정 문맥에서만 나타난다는 것은 앞에서 말해오던 내용이나 주제, 화자와 청자가 함께 알고 있는 지식, 사회적 환경 등에 의존해야 한다는 것으로, 해학은 (8)의 예에서 보는 것처럼 주어진 상황에서 순발력 있게 기지를 발휘하는 것이다.

(8) 아내 : 여보, 당신은 나의 어떤 점이 제일 좋아요?

지성미? 예쁜 얼굴? 근사한 몸매?

남편 : 아니, 당신의 그 유머 감각.

–「광수생각」

따라서 해학은 특별한 단서가 없이, 때로는 미소를 짓는 것과 같이 두드러지지 않는 방법으로 시작되어서, 익살보다는 알아차릴 수 있는 단서가 미묘하고, 특정한 구조로 형식화하기도 어렵다. 또한 익살은 일정 기간 동안만 통용되는 유행성을 가지는 것이 대부분이지만, 해학은 유행성의 영향을 비교적 덜 갖는다는 점에서도 구별된다. 익살이 감정이나 느낌과 관련되어 있는 것과는 달리, 해학은 지적인 능력과 관련되어 있는 경우가 많다. 따라서 대화 상황에서 유머 감각과 관련이 있는 것은 익살보다는 해학이다.

13.3. 유머의 유형

유머의 유형은 기준에 따라 여러 가지로 제시될 수 있다. 여기서는 주로 유머의 중심 소재를 이루는 유형을 중심으로 몇 가지로 나누어 보고자 한다. 그러나 이러한 분류에서 한 가지 유머가 반드시 어떤 한 유형에만 속하는 절대적인 분류가 아니어서, 동일한 유머가 관점에 따라 여러 유형에 속할 수도 있다.

1) 허튼말

허튼말nonsense은 어떤 것에 대한 평가적인 태도도 포함되어 있지 않고, 단지 가벼운 마음으로 놀며 즐기려는 생각으로 주고받는 일종의 말장난이다. 경직된 분위기를 부드럽게 하기 위하여 사용할 수 있는 유형이다.

(9) 총을 쏘면서 한 쪽 눈을 감는 이유는?

-두 눈 다 감으면 안 보이니까.

2) 풍자

풍자satire는 평가적인 태도를 기본으로 하며, 사회의 현상들이나 정치를 비판적으로 보는 시각을 포함하고 있다. 사회에 대한 불만을 웃음을 통하여 해소할 수 있는 구실을 하는데, 「IMF 시리즈」나 「왕따 시리즈」, 「대통령 시리즈」 등은 대부분 이러한 유형에 속한다.

(10) 대 통 령 : 나라꼴이 이게 뭐꼬?

비서실장 : 예, 다 IMF 때문입니다.

대 통 령 : 으잉? IMF가 뭐꼬?

비서실장 : 국제통화기금을 말하는 것입니다.

대 통 령 : 국제통화기금이라고? 그럼 국제전화를 안 걸면 되잖나?

3) 철학적 유머

철학적 유머는 인간의 상황이나, 신앙, 운명, 인생과 같은 심각한 문제들을 다루는 것이다. 그러나 심각한 문제들을 가볍게 희화하고 가치판단을 배제함으로써, 모든 사람이 이러한 문제들의 주체이면서도 외부인인 것처럼 느끼고 웃고 넘어가는데서 심리적 이완의 효과를 가져 온다.

(11) 어떤 사람이 "인생이란 무엇인가?" 하는 회의에 빠졌다. 며칠을 생각한 끝에 그는 "인생이란 삶이다."라는 결론을 얻어내었다. 그러나 곧 "그럼 삶은 무엇일까?" 하는 회의에 빠지게 되었다. 그는 다니던 회사도 그만 두고 삶은 무엇인가를 생각하기 위해 입산수도하기로 결심을 하였다. 기

차를 타고 가던 중 어떤 간이역을 지나게 되었다. 이때 한 사람이 들어와서 가운데 서더니 이렇게 외쳤다. "오징어 있어요, 땅콩. 삶은 달걀." "아, 삶은 달걀." 그 사람은 비로소 그가 찾던 해답을 발견하고, 기쁘게 집으로 돌아왔다.

4) 성적 유머

성적인 것을 소재로 하는 유머로, 실제로 인터넷이나 유머 모음집 속에서 가장 많이 발견되는 유형이다. 그러나 성적 유머는 주로 동성의 또래 집단에서 사용되는 것을 보아, 사용할 수 있는 환경이 아주 제약적임을 알 수 있다. 아무데서나 성적 유머를 사용하는 것은 언어폭력이 될 수 있고, 인격을 의심받을 뿐 아니라 오히려 분위기를 깨뜨리는 것이 될 수 있다는 점에 유의해야 한다.

(12) 딸 : 엄마! 아빠가 부끄러움을 많이 타세요?
엄마 : 그럼, 그렇지 않다면 네가 6년 전에 태어났을 걸.

5) 적대감을 드러내는 유머

이것은 사회나 정치보다는 사람들을 공격하는 특징을 가지고 있다. 비웃음이나 모욕적인 내용을 담고 있기도 하다. 여기에는 한 개인에 대한 것에서부터, 특정 집단에 속하는 사람들, 그리고 남성 경멸이나 여성 경멸과 같이 큰 범위의 집단도 포함될 수 있다. 함께 다른 사람에 대해 흉을 보고 나면 인간관계가 더 돈독해진다는 말이 있는데, 다른 사람에 대한 적대감을 나타내면서도 함께 웃을 수 있다는 점에서 친화작용에는 도움을 줄 수 있다. 그러나 적대감 자체가 긴장을 포함하고 있기 때문에 말하는 사람에게도 이완작용이 이루어지지 않고, 상대방에게는 상처를 줄 수 있어서 이때의 웃음은 긍정적인 기능만을 가지지는 않는다.

(13) 어떤 사람이 애견 코너에 와서 항의를 하고 있었다.
"이 개를 어떻게 영리하다고 팔아먹을 수 있어요? 어제 도둑이 들어서 삼백만 원이나 훔쳐 갔는데도 한 번 짖지도 않았단 말이요."
이 말을 들은 주인이 하는 말
"이 개는 국회의원집 개였어요. 그 정도 돈쯤으론 눈도 깜빡 안 해요."

6) 인종이나 지방색과 관련된 유머

이것은 특정한 인종이나 지역에 속하는 사람들을 놀림의 대상으로 삼고 있는 유머이다. 이것도 사용할 수 있는 환경이 아주 제약적이다. 특정 인종이나 지역에 속하는 사람들이 있는 곳에서 이런 유머를 사용하는 것은 언어폭력이 될 수 있고, 오히려 분위기를 깨뜨리는 것이 될 수 있다는 점에 유의해야 한다.

(14) 식인종 부부가 아들을 데리고 길을 가고 있는데 흑인이 나타났다.
아버지 : 얘야, 저것 먹어라
아　들 : 저렇게 탄 음식은 먹기 싫어요.
아버지 : 너 편식하지 말라고 그랬지?

7) 질병

이것은 죽음이나 질병, 육체적 장애나 정신적 장애를 대상으로 하는 유머이다. 큰 귀를 가지고 있지만 청각 장애를 가지고 있는 주인공을 내세운 「사오정 시리즈」나 죽음 이후 귀신이 된 주인공을 내세우는 「만득이 시리즈」 등이 여기에 속한다. 특히 「정신병자 시리즈」 또는 「바보 시리즈」 등과 같이 정신적인 장애를 대상으로 하는 경우와, 질병이라고 하기엔 가벼운 '대머리'를 대상으로 하는 유머들이 많이 발견된다.

(15) 대머리인 손님이 이발소에 갔다.

이발사 : 어떻게 해드릴까요?

손　님 : 응. 오늘은 가르마를 가운데로 타 줘.

이발사 : 손님은 머리카락이 홀수라서 좀 어렵겠는데요.

8) 배설

이것은 금기어의 영역에 속하는 배설과 관련된 말들을 유머로 희화하는 것이다. '화장실, 코딱지', '가래침', '방귀', '똥' 등과 같은 말들을 금기의 틀을 깨고 사용한다는 것만으로도 사람들에게 이완과 해방감을 느끼게 해줄 수 있다. 「대학교 화장실 시리즈」가 이런 유형에 속한다. 그러나 아주 가까운 사이가 아닐 경우, 배설과 관련된 유머를 사용하는 것, 특히 식사를 나누는 자리에서 이런 유머를 사용하는 것은 교양이나 인격을 의심받을 수 있게 한다.

(16) 환자 : 선생님, 제 귀에 이상이 있나 봐요. 요즘 들어서는 제 방귀 소리도 제대로 안 들립니다.

의사 : 그럼, 식후에 이 약을 두 알씩 복용하십시오. 금방 효과가 있을 겁니다.

환자 : 와! 그럼 이게 귀가 좋아지는 약인가요?

의사 : 아닙니다. 방귀 소리를 크게 하는 약입니다.

–「광수생각」

9) 자기 비하

자기 비하는 유머 화자가 자기 스스로나 자신과 깊이 관련된 것들을 비하하는 말을 사용하거나 자신을 우스운 대상으로 만들어서 상대방의 우월감을 충족시켜 줌으로써 유머를 유도하는 것이다. 이것은 주로 해학에서 나타나는 방법으로 대화 상황에서 자신을 낮추는 것이 필요하다고 생각될 때 적절히 사용하면 수준 높은 대화를 이끌 수 있다.

(17) (어떤 남자가 차를 몰다가 다른 차를 박아서 이십만 원을 물어주었다. 그 다음 날 또 다른 차를 박아서 백만 원을 물어주었다. 이때 아들이 뛰어 들어오며 소리를 질렀다.)

아 들 : 아버지, 엄마가 큰 트럭에 치었어요.

아버지 : 그래? 드디어 나에게도 기회가 왔구나.

유머를 만드는 소재의 유형은 위에서 살펴본 것처럼 '허튼말, 풍자, 철학적인 것, 성적인 것, 적대감을 드러내는 것, 인종이나 지방색, 질병, 배설 등과 관련된 것이 대부분이다. 그런데 이것들의 대부분은 금기어와 관련되어 있는 것들이다. 금기어를 대화의 소재로 삼는 것은 서로가 꺼리는 일인데, 이것이 유머의 소재가 된다는 것은 매우 특이한 일이다. 금기어를 말하면서도 서로 불쾌하지 않고, 오히려 상대방을 즐겁게 할 수 있다는 것을 통해 유머가 대화에서 갖는 힘을 파악할 수 있으며, 심각한 이야기, 꺼리는 이야기들이 오히려 유머의 소재가 된다는 것은 유머가 갖는 특성을 발견할 수 있는 단서가 된다.

13.4. 유머의 종류

유머를 만드는 요인은 크게 '불일치에 의한 것'과 '우월감에 의한 것'으로 나누어 생각할 수 있다. 불일치에 의한 것은 생각하고 있던 말과 실제로 나온 말 사이에서의 불일치를 갑자기 파악했을 때 생겨나는 유머를 말하며, 놀람이나 기대의 어긋남, 긴장과 그 이완에서 비롯된다. 칸트는 무엇인가 중대한 것을 기대하고 긴장해 있을 때 예상 밖의 결과가 나타나서 긴장이 풀리며 우스꽝스럽게 느껴지는 감정의 표현이 웃음이라고 하였는데(Morreall, 1983: 16), 이것은 불일치에 의한 유머를 잘 설명해 준다. 이에 대해 우월감에 의한 것이란 다른 집단이나 사람과 비교해서 상대적으로 자신이 우월하다고 느끼는 것이 유머의 요인이 되는 경우를 말한다. 플라톤은 '웃음이란 질투의 감정에 쾌감이 가미된 것'이라고 하였는데(Morreall, 1983: 4), 풍자나 조소, 야유, 적대감, 인종, 지방색 등은 모두 이런 요소를 가지고 있다. 전자의 것이 진정한 의미의 유머라고 한다면, 후자의 것은 냉소에 가까운 것이다. 따라서 진정한 의미의 유머는 불일치에 의한 유머의 유형이다.

13.4.1. 불일치에 의한 유머

불일치에 의한 유머는 생각하고 있던 말과 실제로 나온 말 사이에서의 불일치를 갑자기 파악했을 때 생긴다. 예상 밖의 말이 결과적으로 유머를 만든다는 것이다. 따라서 불일치의 단서는 언어적인 것에서 발견될 것이다. 특히 대화에서 발생하는 불일치는 사람들이 일반적으로 예상하고 있는 대화의 전제나, 대화의 원리가 되는 기본적인 격률들을 위배하는 것과 관련이 있을 것이다. 이러한 전제를 바탕으로 유머에서 나타나는 대화의 전제나 대화의 원리 위배를 통해서 불일치의 요인들을 찾아보기로 한다.

13.4.1.1. 대화 전제의 부정

대화 전제conversational presupposition는 대화에서 당연하다고 여기는 사실들을 말한다. 대화 전제를 구성하는 것은 배경 지식이나 세상사에 대한 지식, 문법이나 표현의 특징으로부터 분명하게 드러나는 고정 전제conventional presupposition, 동일한 민족이나 문화 공동체에서 공유되는 문화적 전제cultural presupposition 등이 포함된다(Dirven & Verspoor, 1998: 172). 유머에서는 이와 같이 당연하다고 생각하는 전제를 위배함으로써 불일치를 일으키고, 이것이 결과적으로 유머를 발생시키는 원인이 된다. 대화 전제를 구성하는 여러 요소들이 복합적으로 위배될 수도 있지만, 유형별 특징을 보이면 다음과 같다.

1) 배경 지식의 부정

배경 지식은 일반적으로 상호공유지식을 의미한다. 따라서 화자와 청자가 당연히 공유하고 있을 것이라고 생각하는 것을 벗어남으로써 불일치를 일으키고, 이것이 유머를 생성하는 기제로 작용하는 경우를 말한다.

(18) 남　자 : 아버님 희정 씨를 제게 주십시오. 열심히 살겠습니다.
　　 아버지 : 내 집사람은 만나봤나?
　　 남　자 : 예!
　　 아버지 : 그래, 어떻던가?
　　 남　자 : 예쁘시긴 하지만 저는 역시 희정 씨와 결혼하고 싶습니다.

－「광수생각」

2) 세상사에 대한 지식의 부정

세상사에 대한 지식은 일반적으로 모든 사람이 공유한다고 생각하는 상식적인 지식을 의미한다. 따라서 화자와 청자를 포함하는 모든 사람이 공유하고 있을 것이라고 생각하는 것을 벗어남으로써 불일치를 일으키고, 이것이 유머를 생성하는 기제로 작용하는 경우를 말한다.

(19) 선생님 : 뽀리 군.
뽀 리 : 옙!
선생님 : 5개 사과 중 3개를 먹으면 몇 개가 남죠?
뽀 리 : 3개요.
선생님 : 뽀리 군. 어떻게 3개가 남죠?
뽀 리 : 울 엄마가 먹는 게 남는 거라 했거든요.

–「광수생각」

3) 고정 전제의 부정

고정 전제는 사용된 대화의 문법이나 표현으로부터 추론되는 전제를 의미한다. 따라서 그러한 대화의 문법이나 표현으로부터 당연히 전제하고 있는 사실을 부정함으로써 불일치를 일으키고, 이것이 유머를 생성하는 기제로 작용하는 경우를 말한다.

(20) (수유초등학교로 뽀리가 전학을 왔다.)
뽀리 : 야, 나보다 싸움 잘 하는 놈 있어?
(한 아이가 일어났다.)
뽀리 : 어쭈–. 더 없어?
(또 한 아이가 일어났다.)

뽀리 : 어쭈구리-. 또 없어? 또 없냐구?
그럼 내가 세 번째네.

-「광수생각」

4) 문화적 전제의 부정

문화적 전제는 동일한 민족이나 문화 공동체에서 공유되는전제를 의미한다. 따라서 동일한 문화나 민족 공동체 안에서 당연히 전제하고 있는 사실을 부정함으로써 불일치를 일으키고, 이것이 유머를 생성하는 기제로 작용하는 경우를 말한다.

(21) 어떤 경상도 할머니가 버스를 탔다. 안내양이 친절히 물었다.
안내양 : 할머니, 어디 가시나요?
할머니 : 그래. 나는 경상도 가시내다. 그라문 니는 어데 가시나꼬?

13.4.1.2. 대화의 원리 위배

사람들은 일반적으로 대화에서 격률이 지켜질 것으로 예상하는데, 실제로 나온 말이 격률을 위배할 때 불일치가 나타나며, 이것이 유머를 일으키는 요인이 된다. 실제 유머가 어떻게 각각의 대화 원리와 불일치를 일으키는지 살펴보기로 한다.

1) 협동의 원리 위배

협동의 원리는 사람들이 대화를 할 때는 반드시 지금 하는 말이 지금 이루어지고 있는 상태에서 지향한다고 생각되는 목적이나 방향의 요구에 합치되도록 말을 한다는 것이다. 이러한 협동의 원리는 화자와 청자 사이에 묵시적으로 약속이 되어 있는 것이기 때문에,

일방적으로 협동의 원리를 깨는 데서 발생하는 불일치가 유머를 불러일으킬 수 있다.

(22) A : 이봐요, 나이값 좀 하세요.
B : 나이 한 살에 얼마지요?

2) 양의 격률 위배

양의 격률은 필요한 양만큼의 정보성만을 제공하라는 것, 다시 말해서 필요 이상으로 많은 정보를 주지도 말고, 필요한 만큼의 정보도 안 주어서는 안 된다는 것이다. 이러한 양의 격률을 위배하고 과장이나 동의중복tautology을 사용하는 데서 나타나는 불일치, 반대로 정보를 전혀 주지 않음으로써 나타나는 불일치에서 유머가 생겨난다.

(23) 아내 : 여보. 큰일 났어요. 아기가 십 원짜리 동전을 삼켰어요.
남편 : 뭐 그까짓 게 다 큰일이요? 어떤 정치인은 정치자금 수천억 원을 송두리째 받아먹고도 아무 탈 없고, 어떤 공무원은 공금 수십억 원을 침도 안 바르고 꿀꺽 삼키고도 그냥 넘어가고, 어떤 사람은 남의 땅 수십만 평을 눈도 깜빡 안하고 집어 처넣었는데도 뒤탈이 없는데, 그까짓 십 원짜리 동전 하나 삼켰다고 무슨 일이야 있겠소?

3) 질의 격률 위배

질의 격률은 진실성과 관련이 있다. 다시 말해서 말하는 사람이 거짓이라고 생각하는 것이나, 타당한 증거를 갖고 있지 않은 것은 말하지 말라는 것이다. 질의 격률을 위배하는 것도 유머를 발생시킨다. (24)의 경우, 질의 격률을 지킨 것이 위배한 것으로 받아들여지면서 유머가 발생되는 예이다.

(24) 조그만 카페가 있었습니다. 카페의 이름은 조금 희한한 "카페라고 하기엔 좀 쑥스럽지만"이었습니다. 어느 날 그 카페에서 불이 났습니다. 그래서 카페 주인은 불이 난 원인을 조사 받으러 경찰서를 가야 했습니다.

경찰 : 이름? 나이? 카페 명?

주인 : 이태권, 43세, 카페라고 하기엔 쑥스럽지만.

경찰 : 규모가 작아서 창피하더라도 이름을 말해야죠. 카페 명…!

주인 : 카페라고 하기엔 좀 쑥스럽지만.

경찰 : 이 자식이 경찰을 우습게 알아!!

-「광수생각」

4) 관련성의 격률 위배

관련성의 격률은 적합성이 있는 말을 하라는 것이다. 적합성이 있다고 판단되는 경우는 최소한 주어진 주제와 관련이 있거나, 목적을 달성하기 위하여 적당하다고 생각되는 경우이다. 관련성의 격률을 위배하거나 변형할 때에도 유머가 발생한다.

(25) 의사인 신뻐리 씨가 수술을 마치고 식당으로 식사를 하러갔다.

의　사 : 웨이러!

종업원 : 옙!

(종업원이 긁적긁적 엉덩이를 긁는 것을 보고 직업정신이 발동해서)

의　사 : 혹시 치질 있습니까?

종업원 : 죄송합니다. 메뉴판에 적힌 것만 주문해 주십시오.

-「광수생각」

5) 방법의 격률 위배

방법의 격률은 한 마디로 간단·명료하라는 것이다. 말할 때는 말하고자 하는 의도가 분명히 드러나도록 하라는 것이다. 이것은 대화가 가지는 정보전달의 기능과 연결된 것인데, 유머 자체가 정보성을 추구하는 것이 아니고, 오히려 정보를 가지고 유희적인 기능을 하는 것이기 때문에 유머에서는 의도적으로 위배하는 것이 일반적이다. 방법의 격률은 다음과 같은 네 가지의 항목으로 구성되어 있다.

(1) 모호성을 피하라
(2) 중의성을 피하라.
(3) 간결하라.
(4) 조리 있게 순서대로 말하라.

첫째, 표현의 모호성을 피하라는 것이다. 그러나 일부러 모호한 표현들을 사용하다가 반격을 가함으로써 나타나는 불일치에서 유머가 생겨난다.

(26) A : 이과장님 어제 여자하고 밥 먹는 것 봤다.
B : 어머, 사모님이 그 사실을 아실까?
A : 물론이지. 그 여자가 사모님이었거든.

둘째, 중의성을 피하라는 것이다. 중의성이란 한 가지 표현이 하나 이상의 뜻으로 해석되는 경우이다. 불일치에 의한 유머를 불러일으키는 데 있어서 가장 중요한 언어적 기제는 중의성이다. 하나 이상의 뜻으로 해석될 수 있기 때문에 언제나 예상 밖의 또 다른 의미를 가지고 불일치를 만들어낼 수 있기 때문이다. 중의성을 일으키는 요소는 소리, 구조, 어휘, 문장 등 매우 다양하다.

① 소리에 의한 중의성이 유머를 불러일으키는 예를 살펴보자.

(27) 아버지 : 뽀리야, H 다음이 뭐야?
아　들 : 아이.
아버지 : 우와! 그럼 '나'는 영어로 뭐지?
아　들 : 아이.
아버지 : 그럼 '눈'은 영어로 뭐야?
아　들 : 아이.
아버지 : 우와. 우리 아들은 정말 천재가 봐.
아　들 : 아이
뽀리는 아직 어려서 '아이'라는 말밖에 못합니다.

–「광수생각」

이 경우는 철자까지도 같지만, 철자는 다르고 소리만 같은 경우에도 중의성이 생긴다.

(28) 질문 : 소갈머리는 없고 주변머리만 있는 사람은?
대답 : 가운데 머리카락이 없는 대머리

이 경우에 '소갈머리'는 '속알머리'와 철자는 다르지만 소리가 같아서 중의성을 갖게 되고, 이것이 유머로 사용된 것이다. 이와 같이 같은 소리가 나지만 뜻이 다른 말로 대치하는 것에서 유머가 생겨날 수 있다.

② 구조를 어떻게 분석하느냐에 따른 구조적 중의성에 의해서도 유머가 생겨난다. 구조적 중의성은 재분석의 기제를 사용하는 것인데, 재분석이란 언어 사용자들이 언어 형태의 구조를 다른 구조로

파악하려는 심리적인 경향을 가리킨다. 재분석이 적용되면 언어 형태의 구조적인 경계가 재설정된다. 새로운 구조로 해석하는 것은 일시적이라는 점에서 신선한 표현이 주는 유희적 기능을 수행한다.

(29) 목욕탕에서 스님이 목욕을 하다말고 옆에 있는 까까머리 학생을 불렀다.

스님 : 야, 이리 와서 내 등 좀 밀어.

학생 : 누구신데 초면에 반말을 하세요?

스님 : 나? 나야 중이지.

학생 : 뭐? 중이라고? 난 중 삼이야, 임마.

특히 요즘 젊은이들의 언어에서 유행하는 문자 메시지를 이용한 유머는 구조적 중의성에 의한 재분석을 활용한 것이다. 문자 메시지는 한 번에 휴대전화기의 자판에 나타나는 글자 수가 제한된다는 특성을 활용해서 재분석을 유도하는 특징을 가지고 있다.

(30) 보내기 싫었어, 보내면 후회할 것 같아서.………

그래서 찌냈어.

앞으론 날 생각하지마. ………

넌 날개가 없잖아.

이별이 뭘까? ………

지구야.

③ 어휘 자체가 중의성을 가지고 있는 다의어에 의해서도 유머가 생겨난다.

(31) 나 묻고 싶은 게 있어. ………

삽 줘.

정만 주면 어떡해요? ………

망치도 줘야지.

(32) 남자 1 : 우리 집사람은 천사예요.

남자 2 : 당신은 참 복이 많군요. 우리 집사람은 아직도 살아있답니다.

④ 문장 전체가 중의성을 가지고 있는 경우에도 유머를 일으킬 수 있다.

(33) 손　님 : 아저씨 이발하러 왔는데요.

이발사 : 어떻게 깎아 드릴까요?

손　님 : 음…. 최선을 다해주세요.

－「광수생각」

셋째, 간결하라는 것이다. 될 수 있는 대로 같은 말을 반복하지 말고, 간결하게 표현하라는 것이다. 그러나 이 격률을 깨뜨리는 데서 오는 불일치에서도 유머가 생겨난다.

(34) (판사인 아버지가 어린 딸에게 귤 한 개를 주며)

나 아버지는 사랑하는 딸 유미에게 이 귤에 귀속된 재산권, 이득권, 자격 및 청구권 일체와, 이 귤의 껍질, 액즙, 과육, 알갱이와 함께 이 귤을 깨물거나 자르거나 기타 어떤 방법으로든지 먹을 수 있는 권리와 자격, 또한 이 귤을 타인에게 양도할 수 있는 권리를 주노라.

넷째, 조리 있게 순서대로 말하라는 것이다. 즉 말하고자 하는 자료들을 상황에 닺게 순서에 따라 제시하라는 것이다. 그러나 의도적으로 순서를 뒤집어 하는 말이 유머를 불러일으킬 수 있다.

(35) A : 어저께 종로에서 영미 만나서 영화 보다가 숙제도 안 해 가지고 학교에 가서 졸다가 선생님한테 혼났어.

B : 어저께 학교에 가서 숙제도 안하고, 종로에서 졸면서 영화 보다가, 영미가 선생님한테 혼났다고?

지금까지 살펴본 바와 같이 유머를 만들어내는 것은 일반적으로 사람들이 가정하는 대화 전제를 위배하거나, 합리적이고 효율적으로 언어를 사용하고자 하는 원리인 대화의 원리를 위배하는 것이다. 불일치에 의한 유머는 생각하고 있던 말과 실제로 나온 말 사이에서의 불일치를 갑자기 파악했을 때 생기는 것이다. 사람들은 일반적으로 대화 전제나 대화의 원리가 지켜질 것이라고 생각하는 하나의 인식 영역을 가지고 있는데, 실제로 유머에서는 이것들이 지켜지지 않고, 의도적으로 이것들을 위배한다. 이 두 영역 사이의 불일치가 유머 생성의 원인이 되는 것이다. 유머에서 청자는 불일치를 느끼는 두 인식 영역 사이의 연결 관계를 파악해야 하며, 이것이 유머 해석의 과정이 된다. 대화에서 꼭 지켜질 것으로 화자와 청자가 묵시적으로 약속하고 있는 대화의 격률들, 그러나 그것을 깨뜨리는 데서 발생하는 것이 유머이기 때문에 유머란 고도의 대화일 수밖에 없다. 아무렇게나 격률을 어기는 것은 유머가 아니라 잘못 말하는 것이 되기 때문이다. 따라서 어떤 유머를 어떤 상황에서 어떻게 구사하는 것이 좋을 지에 대한 판단이 적절하지 않으면 유머의 효과는 기대하기 어렵게 된다.

13.4.2. 우월감과 유머

대화의 활력소가 되어 주고, 인간관계를 부드럽고 원활하게 해 주는 유머 — 그러나 상대방은 유머라고 생각하고 말했음에도 불구하고 그 말 때문에 누군가의 기분이 나빠지기도 하고, 말하는 사람은 분위기를 재미있게 만들기 위해서 이야기했음에도 불구하고 상대방이 '썰렁하다'는 말로 받아서 오히려 마음이 상하기도 한다. 이러한 일들은 우월감에 의한 유머에 의해 발생되는 것이다.

우월감에 의한 유머란 다른 집단이나 사람과 비교해서 상대적으로 자신이 우월하다고 느끼도록 하는 것이 유머의 요인이 되는 경우를 말한다. 유머의 유형 가운데 풍자나 조소, 야유, 적대감, 인종, 지방색 등은 모두 이런 요소를 가지고 있다. 이와 함께 종교나 성, 질병이나 배설물 등과 같은 금기어들을 말하면서 유머를 사용하는 것도 다른 사람들이 일반적으로 말하기 꺼리는 것을 발설한다는 동기에서부터 우월감에 의한 것이다.

우월감 때문에 유머가 생긴다는 견해는 플라톤에서부터 그 기원을 찾을 수 있다. 그는 웃음을 죄악이라고 생각했는데, 그 이유는 어떤 사람을 웃게 만드는 것은 자신이 다른 사람보다 더 부유하고, 잘 생기고, 인간성이 좋고, 현명하다는 생각 때문이라는 것이다. 따라서 웃음을 '질투의 감정에 쾌감이 가미된 것'이라고 정의하였다. 우월감에 대해 가장 잘 나타낸 것은 홉즈Hobbes의 정치철학서인 '리바이어던'(Leviathan, 1651)이다. 그는 인간의 삶은 죽을 때까지 보다 더 큰 힘을 추구하려는 투쟁으로 연속되는데, 웃음은 기본적으로 투쟁에서 승리했을 때 나타나는 것이라고 했다. 따라서 유머에서 나타나는 웃음은 갑작스러운 영광sudden glory의 표현인데, 이것은 자신이 무능력하다는 자각으로부터 순간적으로 벗어날 수 있기 때문에 얻게 되는 영광이라고 하였다. 이런 점에서 유머는 다른 사람을 공격하는 한 방법이며, 같이 웃어주는 사람들을 지지 세력으로 해서 자신의 힘과 지위를 유지하려는 방법이라는 것이다.

우월감에 의한 유머는 다른 사람과의 비교를 전제로 하기 때문에 반드시 대상으로 삼는 표적butt이 있다. 표적은 자신이 우월감을 느낄 수 있도록 해주는 대상이다. 이렇게 보면 표적은 항상 자기보다 상대적으로 열등한 집단일 것이라고 생각할 수 있다. 그러나 실제로 표적은 매우 다양하게 나타난다.

13.4.1.1. 표적의 유형

특정 부류에 속하는 사람들을 표적으로 삼는 유머는 세계 어디에서나 쉽게 발견된다. 이 가운데는 남성중심의 세계에서 상대적으로 약자인 여성에 관한 유머와 같이 표적 집단이 큰 유머로부터 백인, 흑인, 유색인종들에 관한 유머와 같이 인종적인 것, 유태인에 관한 유머나 스코틀랜드인 유머, 일본 사람이나 중국 사람에 관한 유머와 같이 민족적인 것, 특정 방언권의 사람들에 관한 것처럼 지역적인 것과 같이 다양하게 나타난다. 사람들이 유머의 표적으로 선택하는 집단은 자기보다 열등한 집단과 자기보다 우월한 집단으로 나누어 생각할 수 있다. 열등한 집단을 선택하면 표적 자체가 열등하다는 이유로 쉽게 우월감을 느낄 수 있지만, 우월한 집단도 선택되는 것은 언어라는 추상적이고 반사실적인 세계를 통해서 순간적으로 우월감을 맛볼 수 있기 때문이다.

1) 열등집단을 표적으로 삼는 유머

열등한 집단을 표적으로 선택하면, 소재 선택만으로도 말하는 사람과 듣는 사람들의 우월감을 만족시켜 줄 수 있다. 그러나 열등집단이라는 개념을 어떤 기준으로 정의할 수 있느냐 하는 것은 판단하기 어려운 문제이다. 따라서 실제 언어에 반영되어 있는 것들을 기준으로 삼을 수밖에 없다. 우리말의 유머에서 주로 표적으로 선택되는 집단은 성별과 (민족이나 지역을 포함하는) 인종적인 기준, 정신적인 기준, 육체적인 기준과 사회적인 기준이 반영되어 나타난다.

① 여성을 표적으로 한 유머

남성중심의 세계관을 가진 오랜 역사와 많은 나라들에서 상대적으로 열등한 집단이 될 수밖에 없었던 여성을 표적으로 삼는 유머는 매우 일반적으로 나타난다. 오랜 가부장적 역사의 영향을 받은 우리말에서도 여성을 표적으로 하는 유머가 많이 나타난다. 이것은 주로 여성의 외모와 관련된 비하나 수다스러움, 질투심, 사치스러움, 무지 등과 관련된 비하, 그리고 여성 가운데서도 노처녀나 과부, 할머니 등의 특정 집단을 대상으로 하는 유머 등으로 나타난다.

(36) 미팅을 나갔다. 애석하게도 모두 폭탄이었다.
그때였다. 갑자기 신뽀리가 한 여자의 머리로 손을 가져갔다.
여자는 자신이 선택당한 것에 매우 기분이 좋았다.
그런데 신뽀리는 그녀의 머리카락 한 올을 뽑았다.
그리고 커피숍을 뛰쳐나가며 외쳤다.
"야, 폭탄 터진다! 다들 피해."

–「광수 생각」

② 인종적 열등집단에 관한 유머

인종적 열등집단에 관한 유머란 말하는 사람이 주관적으로 열등하다고 생각하는 인종이나 민족, 특정 지역의 사람들을 표적으로 삼고 있는 유머를 말한다. 이때 표적으로 삼는 것은 단지 자기와는 다르다는 것이다. 사람들이 가지고 있는 자기중심적 특성 때문에 자기와 다른 인종, 민족, 지역에 속하는 사람들을 열등집단으로 보는 것이다. 우리말 유머에서는 인종적인 기준으로는 흑인과 백인, 식인종, 민족적인 기준으로는 미국 사람, 일본 사람, 중국 사람 등, 그리고 지역적 기준으로는 경상도 사람, 충청도 사람, 전라도 사람, 서울 사람 등을 표적으로 삼은 것들이 나타난다.

(37) 어떤 선교사가 정글 깊숙이 찾아 들어가 식인종 마을의 추장을 만났다.
"당신들은 종교에 관해서 무엇인가 알고 있습니까?"
"글쎄요. 요전 번 선교사가 왔을 때 조금 맛을 봤던가?"

③ 정신적 열등집단에 관한 유머

정신적 열등집단에 관한 유머란 일반인보다 사고 능력이 열등하다고 생각되는 바보, 정신병자, 아이 등을 표적으로 삼고 있는 유머를 말한다. 주로 예기치 못한 사건이 진행되는 의외성을 바탕으로 한 유머가 나타나며, 표적 집단에 대해 부정적 감정은 반영되지 않는다.

(38) 간밤에 도둑을 맞은 상점 주인이 형사에게 말했다.

"그래도 그저께 밤에 도둑이 들어오지 않아서 정말 다행입니다."

"왜요?"

"어제 아침에 세일을 시작하려고 물건 값을 모조리 40퍼센트씩 깎아 놓았거든요."

④ 육체적 열등집단에 관한 유머

육체적 열등집단에 관한 유머란 육체적인 기준으로 보아 정상인과 다르다고 생각되는 사람들을 표적으로 삼고 있는 유머를 말한다. 이 경우는 실제적인 대상과 가상적인 대상이 표적으로 나타나는데, 실제적인 대상일 경우는 대머리나 비만, 변비와 같이 생명과는 직접 관계가 없고, 심각하지 않은 증상을 가지고 있는 대상을 표적으로 삼아서 장난스러움을 기초로 하고, 그렇지 않은 경우는 청각 능력이 열등한 사오정과 같이 가상적인 인물을 표적으로 한다.

(39) 머리칼이 세 개만 남은 손님이 이발소에 갔다.

이발사 : 어떻게 해 드릴까요?

노신사 : 앞으로 넘기고 나머지는 옆으로 넘겨주세요.

이발사의 실수로 가운데 머리카락이 뽑혔다. 노신사가 노발대발하며 말했다.

노신사 : 쌍가르마로 해 주시오.

그런데 또 하나를 실수로 뽑았다. 그러자 노신사가 탄식하며 말했다.

노신사 : 날 대머리로 만들 작정이요?

⑤ 사회적 열등집단에 관한 유머

사회적 열등집단에 관한 유머란 보통 사람보다 사회적인 지위가 낮다고 생각되는 거지, 실직자, 노숙자, 왕따 등을 표적으로 삼고 있는 유머를 말한다. 특히 최근에 들어 실직자 문제, 노숙자 문제, 집단 따돌림 문제 등이 사회의 문제가 되고 있는 것과 함께, 이것들을 대상으로 삼고 있는 유머도 늘어가고 있다.

(40) 정리해고 시대의 신인류

명태족 : 명예퇴직자.

동태족 : 꽁꽁 얼어붙은 엄동설한에 짤린 사람

생태족 : 하루아침에 생매장 당한 사람

황태족 : 설마 하고 있다가 황당하게 잘린 사람

북어족 : 끝까지 매달리다가 북어처럼 얻어맞고 쫓겨난 사람

조기족 : 30대에 일찌감치 잘린 조기 명퇴자

미꾸라지족 : 능력은 없으면서 요리조리 피해 다니는 사람

낙지족 : 끝까지 버티고 살아남은 사람

2) 우월집단을 표적으로 삼는 유머

우월한 집단은 실제 세계에서는 자기보다 힘을 더 많이 가지고 있는 사람들이다. 따라서 사회적으로나 심리적으로 억압이나 분노를 느끼기도 하고, 선망의 대상이 되기도 하는 집단이다. 그러나 이러한 집단을 웃음거리로 만드는 것을 통해 순간적으로 느끼게 되는 우월감이 심리적인 긴장을 풀어줄 뿐만 아니라, 화자와 청자가 공통적으로 느끼고 있던 우월집단에 대한 유머일 경우, 두 사람 사이

의 관계도 증진시켜 주는 구실을 한다. 유머의 표적이 되는 우월집단은 정치적 지도자 집단인 대통령, 국회의원 등과 사회적인 지위가 높은 집단인 판사, 변호사, 의사, 교수 그리고 목사나 장로, 승려 등과 같은 종교적 지도자 집단과, 대중의 인기도가 높은 연예인이나 운동선수 집단 등이 있다. 유머에서는 우월집단의 인물들이 모두 전형적인 역할에서 벗어나 있으며, 오히려 역행하고 있는 인물로 묘사되어 있다.

① 정치적 우월집단에 관한 유머

정치는 그 제도에 속한 모든 사람들이 공통적으로 영향을 받는 것이기 때문에, 정치적 우월집단은 보통 많은 사람들에게 공동의 가해자로 받아들여지는 경우가 대부분이다. 따라서 정치적 우월집단을 희화함으로써 순간적으로라도 자신들이 우월감을 느껴서 심리적인 피해를 보상받으려 하는 것이다. 대통령에 대한 유머의 표적은 전직 대통령부터 현직 대통령까지 모두 포함될 뿐만 아니라 클린턴과 같은 외국의 대통령까지 포함이 된다. 유머에서는 이들의 실수담을 중심으로 무능하고, 무지하고, 무기력하며, 부정한 모습으로 희화되고 있다. 이것은 국회의원에 관한 유머에서도 동일하게 나타난다.

(41) 후보자 : 제가 당선되면 도로와 다리를 놓겠습니다.
유권자 : 우리 지역에는 강이 없는데 무슨 다리요?
후보자 : 걱정 마세요. 강도 만들어 드릴 테니까요.

－서정범 「우스개별곡」, 15

② 사회적 우월집단에 관한 유머

사회적 우월집단은 사회적으로 존경을 받고 있는 직업을 가진 집단을 말하며, 전형적으로 의사, 판사, 변호사, 교수 등이 소재가 된다. 이 경우 의사는 생명의 존엄성을 유희하는 사람으로, 판사나 변호사는 법의 존엄성을 무시하고 권력과 돈만 추구하는 사람으로, 교수는 지식도 없고 하는 일도 없어서, 사회적 열등집단인 거지와 비교하면서 웃음거리로 만드는 것들이 등장한다.

(42) 밤중에 의사한테로 다급한 전화가 걸려왔다.

"선생님, 빨리 좀 와 주십시오. 안사람이 주스로 착각하고 가솔린을 마셔버렸습니다. 그리고 온 정원을 뱅글뱅글 돌아다니고 있어요."

"그렇다면 밖으로 나가지 못하도록 문을 꼭 잠가 두십시오. 연료가 떨어지면 자연히 멎을 테니까요."

– 서정범 「우스개별곡」, 37

③ 종교적 우월집단에 관한 유머

종교적 우월집단이란 목사나 장로, 승려, 등과 같은 종교지도자들을 말한다. 이 경우 종교지도자들은 거룩함이나 영적인 능력, 인간 구원과는 전혀 무관하게 희화되어, 위선적이고 우스꽝스러운 존재로 표현된다.

(43) 총알택시 운전자와 목사가 같은 날 죽었다.

"음…. 총알택시 기사라…. 자넨 천당으로!"

("음…. 목사인 나는 당연히 천당에 가겠군.")

"음…. 목사라…. 자넨 지옥으로 가야겠는걸!"

"아니, 총알택시 기사도 천당에 갔는데, 목사인 제가 왜…?"

"자네가 설교할 때 신도들은 모두 졸고 있었지만, 총알택시 기사가 운전을 할 때는 모든 사람이 기도를 하고 있었단 말이야…!"

– 「광수생각」

④ 문화적 우월집단에 관한 유머

문화적 우월집단은 연예인이나 운동선수 등이 가장 전형적인 대상이 된다. 인기 연예인들과 유명 운동선수들이 표적이 되는데, 당시 유행하고 있는 연예인들의 말이나 행동, 극중 배역을 패러디한 것들과, 말실수나 특징들을 희화한 것 등이 있다. 그러나 최불암 시리즈처럼 연기인을 대상으로 해서 그 인물 자체를 가상적인 존재로 만든 독특한 유머가 있다. 이 경우, 실명이면서도 가상화된 연예인 시리즈는 거의 독자적으로 모든 유머의 소재들과 연결되어 있다는 점에서 독특한 유형을 형성하고 있다.

(44) 최불암이 밭에서 타임(TIME)지를 읽고 있었다. 그런데 그때 일용엄니가 그 광경을 보고 존경스러운 눈빛으로 다가와 물었다.
"회장님, 뭘 읽고 계시유?"
"티메."

—서정범 「우스개별곡」, 223

지금까지 우월감에 의한 유머의 표적이 되는 열등집단과 우월집단에 관해 살펴보았다. 열등집단의 선정에는 자기와 다르다는 것이 가장 중요한 기준이 되었고, 거지나 정신병자와 같이 집단 내부의 행태가 일반의 예상이나 기대와 불일치하는 경우를 제외하고는 사오정처럼 가상적인 집단을 상정하거나 대머리, 변비 등과 같이 생명 유지에는 관계가 없고, 심각하지 않은 상태만을 대상으로 삼아서 현실적인 대상과 거리를 유지하려는 배려가 반영되어 있다. 그러나 우월집단의 선정에 있어서는 무능력한 정치 지도자나 존경받을 수 없는 사회 지도자, 영적인 힘을 상실한 종교 지도자 등이 모두 현실적인 상황과 일치되어 있어서, 유머라는 이름으로 세태 풍자나 고발, 야유 등의 성격을 포함하고 있다.

한 가지 재미있는 사실은 표적 집단의 구성원들조차 그러한 유머를 들으면서 함께 웃는다는 것이다. 텔레토비와 국회의원의 공통점을 들으면서 화를 내는 국회의원은 없고, 교수와 거지의 공통점과 차이점을 들으면서 화를 내는 교수도 없다. 경상도 신혼부부와 서울 신혼부부의 이야기를 들으면서 화를 내는 경상도 남자도 없다. 무엇이 이런 것을 가능하게 하는 것일까?

13.4.1.2. 우월감에 의한 유머의 기능

1) 긍정적 기능

우월감에 의한 유머가 가지는 긍정적 기능으로 첫째, 이완 기능을 생각할 수 있다. 이것은 웃음을 통하여 긴장이 풀리고, 눈물을 흘리는 것과 같은 카타르시스를 경험하게 되는 것을 말한다. 우월감에 의한 유머는 열등집단을 표적으로 삼아서 순간적으로라도 자신감을 회복하고, 자기단족에 빠질 수 있다는 점에서 경쟁적인 생활 속에서의 긴장을 이완할 수 있고, 상대적으로 열등감을 느끼게 하던 우월집단을 표적으로 삼아서 심리적인 긴장으로부터 벗어날 수 있다. 심각한 상황에서 언어를 통한 공격이 이루어지면 유머가 아닌 언쟁이 된다. 언쟁은 또 다른 갈등과 긴장을 불러오지만, 유머를 통하여 가볍게 건드리고 지나가는 것은 논리도 없고, 실제성도 없는 것을 극단적으로 과장하여 표현하기 때문에 긴장으로부터 자유롭고, 오히려 긴장되었던 부분들을 이완시키는 작용을 한다. 이러한 논리 결여와 실제성 결여, 그리고 극단적인 과장이 표적 집단까지도 유머를 즐길 수 있게 해주는 요인이 된다.

둘째, 우월감에 의한 유머는 친화 기능을 해서 협동의 도구가 될 수 있다. 유머를 말하는 사람과 듣는 사람이 한 편이 되어, 화자와 청자에게 공동의 적이 되는 개인이나, 화자와 청자가 속하지 않은 특정 집단이나 대상을 웃음거리로 만드는 것을 통해 화자와 청자는 인간적으로 매우 가까워졌다고 느끼게 된다. 우월감에 의한 유머는 유머를 말하는 사람과 듣는 사람들을 중심으로 하는 공동체 안에서 집단의 만족으로 확대될 수 있다. 이러한 유머를 구사하는 사람들은 웃음을 통하여 자기를 중심으로 하는 세력의 집단을 형성할 수 있고, 유머를 들은 사람들은 그 유머의 표적이 된 집단에 대해서 함께 웃음에 참여했다는 것만으로도 심리적으로 공동의 적이 되기 때문에, 자연스럽게 집단의 구성원이 되게 된다. 이것은 표적으로 삼은 대상이 우월집단일 경우, 그리고 자기 회사의 사장님이나 학교의 선생님과 같이 개인적으로 근접한 거리에 있는 인물일 경우에는 유머를 주고받는 사람들끼리 더 큰 연대의식을 느끼게 된다. 더구나 심각한 모의가 아니고 웃음을 매개로 장난처럼 형성되는 집단이기 때문에 집단 형성에 대한 부담이 없고, 따라서 친화작용은 더욱 강하게 일어나게 된다.

셋째, 우월감에 의한 유머는 유연한 사고를 가능하게 해 준다. 인간관계에서 부딪히게 되는 여러 대상들, 특히 심리적인 갈등이나 부담이 되는 우월집단의 사람들을 고정된 시각이 아니라 새로운 시각으로 바라볼 수 있는 관점을 가질 수 있게 해 준다. 따라서 사람들을 만나면서 직책이나 고정된 역할만이 아니라 다른 여러 관점으로 그 사람들을 관찰하고 평가할 수 있는 유연성을 갖게 된다는 것이다. 웃음이 가지고 있는 최대의 가치는 어떤 대상에 대해 지나치게 심각한 태도를 가짐으로써 생기는 조바심과 경직된 사고로부터 벗어나서 융통성이 있고 열린 마음과 사고를 가능하게 해주는 것이다.

2) 부정적 기능

앞서 살핀 바와 같이 우월감에 의한 유머도 다른 유머와 같이 많은 긍정적 기능을 가지고 있다. 그러나 우월감에 의한 유머가 특정한 표적집단을 공격하는 것이라는 관점에서 보면, 우월감에 의한 유머는 기본적으로 자기중심적이고, 원만한 인간관계를 파괴하는 것이며, 조지 오웰George Orwell의 말처럼 인간의 등급을 떨어뜨리는 것이 되어서, 대화에서 부정적으로 작용할 수 있는 요소를 강하게 가지고 있다.

부정적 기능으로 들 수 있는 첫째 요소는 공격성이다. 우월감에 의한 유머가 반드시 표적을 필요로 하며, 표적이 되는 집단에 대해 공격을 하는 것이라는 점에서 공격성을 갖는다는 것은 부정할 수 없다. 유머의 비논리성과 비실제성, 과장의 정도에 따라서, 그리고 받아들이는 사람의 아량에 따라 차이가 있기는 하지만, 말하는 사람의 의도와는 관계없이 열등집단에 속하는 사람들에게 자신들을 표적으로 한 유머는 공격으로 생각될 수 있고, 우월집단에 속하는 사람들에게도 역시 자신들을 표적으로 한 유머는 공격으로 받아들여질 수 있다.

둘째, 편 가르기의 성격이 강하다는 것이다. 유머를 말하는 사람과 듣는 사람은 대체로 표적 집단에 속하지 않는 사람들이다. 표적 집단에 속하는 사람 앞에서 그런 말을 하는 것은 직접적인 공격이 될 수도 있고, 체면을 무시하는 것이 될 수도 있기 때문에 언쟁을 유발할 가능성이 높기 때문이다. 따라서 이러한 유머는 표적 집단에 속하는 사람과 유머를 말하고 듣는 사람으로 편을 가르는 역할을 하게 되는데, 표적 집단이 개인으로부터 가까운 거리에 있을수록 편 가르기는 더 강하게 작용하게 된다. 특히 인종적 편견이나 국가적 편견, 지역적 감정, 집단 이기주의와 관련하여 편 가르기는 더욱 쉽게 이루어질 수 있는데, 이것이 가지고 있는 사회적인 역기능을 생각할 때 심각한 요소가 될 수 있다.

셋째, 유머에 반영된 논리가 지나치게 단순하다는 것이다. 듣는 사람들의 기대 밖의 요소에서 선정되는 극단적인 표현과 과장은 필연적으로 논리의 비약을 포함하게 된다. 따라서 표적 집단과 관련하여 거의 흑백논리가 나타나서, 표적 집단은 나쁘고, 현명하지 못하고, 정의롭지 못하다는 논리를 가지고 있다. 이와 같이 단순한 논리는 약자는 모자라는 사람이고, 강자는 나쁜 사람이라는 단순한 논리로 세상을 판단하게 하는데, 이것이 편 가르기와 연결되면 표적 집단은 모자라는 사람이거나 나쁜 사람이고, 이것을 말하고 듣는 사람은 유능하고 착한 사람이라는 논리로 비약이 된다.

이러한 요소들이 결합하여 냉소주의를 만드는 것이 부정적인 영향 가운데 가장 커다란 문제가 된다. 냉소주의cynicism는 디오게네스와 같은 견유학파 철학자들이 당시 보통 사람들의 살림살이나 사고방식을 우습게보고, 세상을 비꼬면서 집도 없이 개처럼 살았다는 데서 연유한 말이다. 모자라거나 나쁜 사람들이 득세하고, 세상의 제도나 기준들을 만들고 집행한다고 생각하게 되면 상대적으로 유능하고 착한 사람들은 피해자가 된다. 따라서 대화로 풀어갈 수 있는 일들이 생각보다 많지 않고, 대등하고 평등하며 자유로운 의사소통이 불가능하다고 느끼게 되며, 냉소적인 태도로 세상을 보게 된다. 정치적, 사회적, 종교적, 문화적인 우월집단들이 존경받을 수 있는 위치에 있지 않다고 판단하면서 젊은 층을 중심으로 시작된 이른바 '이죽거리기 증후군'(「동아일보」, 1999년 3월 24일, 35면)이 사회 전반에 뿌리를 내리게 되는 것이다. 이런 냉소는 기성 권위와 제도에 대한 비웃음이다. 우월집단이 형성하고 있는 사회가 기성 사회이고, 그들이 만든 제도가 기성 제도이다. 기성 사회의 권위와 제도를 비웃는 태도는 이미 의사소통이나 대화를 위한 노력을 포기했음을 말하는 것이다. 젊은 세대는 늘 기성세대와 맞서 왔지만, 요즘의 냉소는 대안을 모색하지 않는다. 이렇게 대안도 없이 야유하고, 풍자하고, 공격만 하는 문화에서는 기성세대를 바탕으로 무엇인가를 이루어 가겠다는 의지나 자립성은 발견되지 않는다. 따라서 여전히 방관적이고, 미숙하고, 의존적인 문화를 반영할 뿐이다. 이러한 냉소는 우월집단에 관한 것에서부터 비롯되었지만, 이제는 공존하는 모든 것에 대한 냉소로 번져가고 있다. 정치나 사회, 문화 현상뿐만 아니라, 함께 생활하는 가족이나 동료, 친구들까지도 모두 냉소의 대상이 될 뿐이다. '썰렁' 또는 '썰렁하다, 춥다, 소름 돋는다' 등으로 대변되는 화법은 또 다른 우월감의 표현이다. 다른 사람이 유머를 이야기했을 때, 함께 듣고 즐겼으면서도 '썰렁하다'는 평가를 내림으로써 지금까지 말한 사람은 열등하고 자신이 우월하다는 것을 드러내려고 한다. 이런 관점에서 냉소주의에 바탕을 둔 화법이야말로 가장 부정적인 우월감의 표현이 되는 것이다.

13.4.1.3. 우월감에 의한 유머와 대화

우리는 우월감에 의한 유머가 가지고 있는 긍정적 기능과 함께 부정적 기능들을 생각해 보았다. 인터넷과 방송 매체에서 날마다 수없이 많은 유머들이 만들어지고, 회자되고 있지만, 유머만큼 세상이 밝아지지는 않는다. 우월감에 의한 유머가 가지는 이원적 기능도 한 이유가 될 것이다.

유머라고 이야기들을 하고 있지만, 분석해 보면 야유, 조롱, 냉소인 경우가 더 많이 발견된다. 1999년 3월 24일 발간된 동아일보에 의하면 하루 동안 하이텔 유머방 게시판에 오른 유머가 39개인데, 이 가운데 26개가 냉소적 유머라는 것이다.

우월감에 의한 유머는 자기중심의 세계관에서 출발되는 것이기 때문에 현대인과 같이 개인이 상처를 받을 기회가 많은 경우, 자기 소외나 심리적 피해의식으로부터 순간적으로 벗어날 수 있다는 점에서 유용하다. 더구나 심각하지 않게 웃음을 통해 자신들이 가지고 있는 불만이나 스트레스를 서로 나눌 수 있다는 점에서도 매우 유용하다. 함께 이야기하는 사람들과 자연스럽게 한 편이 될 수 있고, 공통성을 확보할 수 있다는 것도 대화에서 이러한 유머들이 중요한 기능을 수행할 수 있게 하는 요인이다. 무엇보다 심리적인 유대감을 기반으로 하여, 즐거운 기분으로 서로 이야기를 나누면서 대화의 순서 교대도 활발해지고, 인간관계도 증진될 수 있다.

그러나 표적집단이나 표적이 되는 개인이 있다는 점에서 이런 유머는 상당히 제한적인 환경에서 적용되어야 한다. 이것은 특히 유머를 주고받는 상황에 표적 집단의 구성원이 있을 경우에는 더욱 조심스럽게 사용되어야 한다. 예를 들어, 대머리인 사람 앞에서 대머리에 관한 유머를 하기 위해서는 대머리인 사람과의 관계가 이 말을 해도 서로 웃고 넘길 수 있을 만큼 가까워야 한다. 서로의 관계가 어떤 말이라도 받아주고 이해할 수 있을 만큼 가깝지 않으면 유머가 아니라 상대방에 대한 공격이나 욕설이 되고 만다.

(45) 경인 : **유돈 아무나 배우나! 형처럼 배 나오고 다리 짧은 사람은 백 날 해도 소용없어.**

해효 : **뭐야!! 너도 만만치 않아, 임마**

—T.V. 시트콤 「남자셋 여자셋」 중에서

위의 내용은 문장의 의미로 보면 상호비난이고, 언쟁을 하고 있는 장면이 된다. 그러나 그 상황에서 모두가 웃고 넘어가는 유머로 작용할 수 있는 것은 극중에서 두 사람의 관계가 허물없는 선후배 사이로 설정되어 있기 때문이다. 그러나 이런 경우라 하더라도 상대방의 기분을 상하게 할 가능성이 있기 때문에, 상당히 조심하지 않으면 안 된다. 말을 한 사람은 유머였다고 생각하지만, 상대방은 그 말을 마음에 담고 불쾌하게 생각하고 있는 경우들을 주위에서 흔히 볼 수 있기 때문이다.

유머는 사물을 보는 유연성, 열린 마음의 반영일 때 더욱 가치가 있다. 이와는 반대로 상습적으로 야유, 조롱, 냉소에 젖어 있으면서 자신이 유머 감각이 있다고 생각하는 것은 옳지 않다. 대화의 기본은 상대방을 대접해 주는 것이고, 예절을 갖추는 것이다. "우리 사이에 무슨 예절?"이라고 생각하는 사람들이 가장 상처받기 쉬운 관계에 있는 사람들이다. 부부가 그렇고, 연인이 그렇고, 친구가 그렇다. 언제나 냉소적인 말을 담고 있는 사람은 유머를 빙자해 우월감에 빠져 있는 사람일 뿐이다.

우리에게 유용하다고 생각되는 것들이 모두 양면성을 가지고 있다. 잘 사용하면 좋은 것이지만, 잘못 사용하면 나쁜 것이 되고 만다. 대화에 있어서 유용한 유머도 마찬가지이다. 잘 사용하면 자기 감정의 이완뿐만 아니라 다른 사람과의 관계까지 증진시켜 주고, 분위기를 밝게 해 주는 활력소가 되지만, 잘못 사용하면 자신은 근거 없는 영웅주의자로 전락하거나 부정적인 사람이 되고, 다른 사람들의 마음속에도 상처를 주게 된다.

따라서 유머를 효과적으로 사용하기 위해서는 첫째, 대화 상황에 대한 판단 능력이 필요하다. 지금 대화의 장면이나 분위기에서 유머를 사용하는 것이 효율적인지를 살피는 것이다. 대화가 끊어져서 분위기가 어색하거나, 사람들이 불필요하게 긴장하고 있을 때, 또는 다른 사람들이 이미 유머를 사용해서 유머가 오고갈 수 있는 분위기가 조성되었을 때 유머를 사용하는 것은 환영받을 수 있다. 둘째, 대화 참여자들에 대한 판단 능력이 필요하다. 대화 참여자들 가운데 표적 집단이 포함되어 있지는 않은지, 그리고 대화 참여자들이 유머를 소화할 수 있을 만큼 여유를 가지고 있는지, 대화 참여자 가운데 심각한 상황을 깨뜨리는 것에 대해 거부하는 사람은 없는지를 판단하고 유머를 사용해야 한다. 셋째, 유머를 사용하는 동기, 곧 마음의 자세가 가장 중요하다. 지금 이 유머를 사용하는 동기가 전체 대화 상황을 부드럽게 하고, 인간관계를 원만하게 하는데 기여하고자 하는 것인지, 유머를 빙자해서 특정인을 비판하거나 공격하고자 하는 불순한 동기는 없는지를 판단하여야 한다. 기본적으로 상호작용을 전제로 하는 대화에서 지금 말하고자 하는 유머가 상대방에게 어떻게 받아들여질 것인가를 생각하는 마음, 다시 말해 상대방에 대한 배려는 유머의 사용에 있어서도 중요한 기준이 되어야 한다.

참고문헌

강정희(1989), 여성어의 한 유형에 관한 연구, 『국어학 신연구』, 탑출판사.

구현정(1995), 남·여성형 어휘의 사회언어학적 의미, 『어문학연구』 제3집, 상명대학교 어문학연구소.

______(1995), 남성형－여성형 어휘의 형태와 의미 연구, 『국어학』 25, 국어학회.

______(1995), '－구－'계열의 어미와 확인법, 『언어학』 제17호, 한국언어학회.

______(1996), 반영적 경청에 쓰이는 '－구나'의 담화 기능, 『어문학연구』 제4집, 상명대학교 어문학연구소.

______(1997), 『대화의 기법』, 한국문화사.

______(2000), 유머 담화의 특성과 생성 기제, 『한글』 248, 한글학회.

______(2001), 대화의 원리를 바탕으로 한 말하기 교육, 『외국어로서의 한국어 교육』 25, 연세대학교 언어연구교육원.

______(2004), 바람직한 화법 교육의 방향, 『한말연구』 14, 한말연구학회.

______(2004), 공손법의 실현 양상, 『담화와 인지』 11-3, 담화인지언어학회.

______(2005), 말뭉치 바탕 구어 연구, 『언어과학연구』 32, 언어과학회.

구현정·전정미(2003), 대화흐름에서의 동위행위 연구, 『한말연구』 13, 한말연구학회.

______(2003), 한국어 대화의 회고적 기능 연구, 『텍스트언어학』 15, 텍스트언어학회.

권재일(1992), 『한국어 통사론』, 민음사.

______(1998), 텍스트 언어학과 인문학의 발전, 『한결 이승명 박사 화갑기념 논총 추상과 의미의 실제』, 박이정.

______(1999), 『언어학과 인문학』, 서울대학교 출판부.

______(2005), 『20세기 초기 국어의 문법』, 서울대학교 출판부.

김규현·서경희(1996), 대화조직상의 성별 차이 : 평가와 이해확인을 중심으로, 『사회언어학』 제4권 2호, 한국사회언어학회.

김미형(1997), 문체 유형의 언어 양상 연구, 『어문학연구』 제5집, 상명대학교 어문학연구소.

김상희(1994), 발화문의 함축의미 추론에 관한 연구, 부산대학교 박사논문.

김선희(1991), 여성어에 대한 고찰, 『목원대학 논문집』 제19집, 목원대학교.

김순자(1999), 대화의 맞장구 수행 형식과 기능, 『텍스트언어학』 6, 한국텍스트언어학회.

김승곤(1986), 『음성학』, 정음사.

______(1996), 『현대나라말본』, 박이정.

김양호(1975), 『대화의 심리작전』, 언어문화사.

김영실(1996), 언어적 공손 현상의 화용론적 연구, 인하대학교 박사논문.

김인자(1989), 『효과적인 부모역할 훈련』, 한국심리상담연구소.

김정자(1999), 화자의 태도 표현 연구, 『화법연구』 1, 한국화법학회.

김종택(1982), 『국어화용론』, 형설출판사.

김진우(1985), 『언어－그 이론과 응용』, 탑출판사.

______(1994), 『언어와 의사소통』, 한신문화사.

김태옥·이현호(1991), 『담화·텍스트 언어학 입문』, 양영각.

김태자(1987), 『발화분석의 화행의미론적 연구』, 탑출판사.

______(1989), 간접화행과 대화적 함축, 『국어학』 18, 국어학회.

______(1993), 맥락 분석과 의미 탐색, 『한글』 219, 한글학회.

김하수(1989), 언어행위와 듣는이의 신호에 관한 화용론적 분석 시도 -담화 속에 '네', 『말』 14집, 연세대학교 한국어학당.

김혜숙(1991), 『현대 국어의 사회언어학적 연구』, 태학사.

노석기(1990), 우리말 담화의 결속 관계 연구, 『한글』 제208호, 한글학회.

노은희(1999), 대화 지도를 위한 반복표현의 기능 연구, 서울대학교 박사논문.

리의도(1994), 『오늘의 국어 무엇이 문제인가』, 어문각.

민현식(1995), 국어의 여성어 연구, 『아세아여성연구』 34, 숙명여대 아세아여성문제연구소.

______(1996), 국어의 성별어 연구사, 『사회언어학』 제4권 2호, 한국사회언어학회.

박성현(1996), 한국어 말차례체계와 화제, 서울대학교 언어학과 박사논문.

박용익(1998), 『대화분석론』, 한국문화사.

______(1999), 대화분석론의 이론과 전망, 『텍스트언어학』 6, 한국텍스트언

어학회.
방정복(1980), 『대화와 인간관계』, 아세아문화사.
서재원(1992), 『바로쓰는 우리말 아름다운 우리말』, 한길사.
서정수(1994), 『국어문법』, 뿌리깊은나무.
성광수(1980), 국어의 부가의문에 대하여, 『한글』 제168호, 한글학회.
______(1982), 화행의미와 적절성의 문제, 『어문론집』 23, 고려대학교.
성기철(1985), 『현대국어 대우법 연구』, 개문사.
손호민(1983), Power and solidarity in the Korean language, *Korean Linguistics 3*, Hanshin Publishing.
______(1988), Strategies of indirection in language, *Linguistics in Morning Calm 2*, Hanshin Publishing.
송경숙(1996), 한국어와 영어 대화의 질문에 대한 상호작용 사회언어학적 분석, 『담화와 인지』 3, 담화·인지언어학회.
신현숙(1986), 『의미분석의 방법과 실제』, 한신문화사.
______(1989), 담화대용표지의 의미 연구, 『국어학』 제19호, 국어학회.
______(1991), 『한국어 현상-의미 분석』, 상명대학교 출판부.
______(1994), 시의 종결 형식을 통해 본 남성과 여성의 문체, 『국어문체론』, 대한교과서 주식회사.
윤태수(1985), 은어에 나타난 여대생의 의식구조, 『학생생활연구』 5, 상명대학교 학생생활연구소.
이기갑(1996), 한국어 첨가 구문의 담화론적 해석, 『국어학』 제27호, 국어학회.
이기동(1982), 언어와 인지, 『언어』 제7권 제2호, 한국언어학회.
______(1987), 마침꼴의 의미연구, 『한글』 제195호, 한글학회.
이도영(1999), 유모어 텍스트의 웃음 유발 장치에 대한 연구, 『99 추계학술대회 자료집』, 한국텍스트언어학회.
이병근(1986), 발화에 있어서의 음장, 『국어학』 제15호, 국어학회.
이석규·김선희(1992), 남성어·여성어에 관한 연구, 『어문학연구』 제2집, 목원대학교.
이성하(1998), 『문법화의 이해』, 한국문화사.
이익섭(1994), 『사회언어학』, 민음사.
이재연·최영희 공역(1993), 『의사소통과 가족관계』, 형설출판사.
임지룡(1992), 『국어의미론』, 탑출판사.

______(1997), 『인지의미론』, 탑출판사.
______(2008), 『의미의 인지언어학적 탐색』, 한국문화사.
임홍빈(1984), 문종결의 논리와 수행－억양, 『말』 9집, 연세대학교 한국어 학당.
장경희(1990), 국어 발화의 확대 해석, 『한글』 제209호, 한글학회.
______(1999), 국어의 수용형 대화와 거부형 대화, 『텍스트언어학』 6, 한국텍스트언어학회.
장석진(1985), 『화용론 연구』, 탑출판사.
장영준(1999), 『언어의 비밀』, 한국문화사.
장태진(1977), 『국어사회학』, 형설출판사.
전영옥(1993), 한국어 발화단위 종결방식의 화용론적 분석, 상명대학교 석사 논문.
______(1999), 한국어 담화에 나타난 반복표현 연구 : 유형, 분포 및 기능, 상명대학교 박사논문.
______(2003), 토론에 나타난 대응쌍 연구, 『담화와 인지』 10-3, 담화인지언어학회.
______(2006), 구어의 단위 연구, 『한말연구』 19, 한말연구학회.
전영우(1987), 『국어화법론』, 집문당.
______(1988), 『대화의 에티켓』, 집문당.
전은주(1999), 음성언어 의사소통에 대한 국어교육학적 이해, 『화법연구』 1, 한국화법학회.
전정미(1992), 한국어 담화의 문장 구성성분 이동 연구－유형과 동기를 중심으로, 상명대학교 석사논문.
______(2006), 거절 화행의 실현 양상, 『한말연구』 19, 한말연구학회.
______(2007), 요청 화행에 나타난 공손 전략의 실현 양상, 『한말연구』 21, 한말연구학회.
______(2008), 대화 텍스트에 나타난 칭찬 화행 양상, 『겨레어문학』 40, 겨레어문학회.
정주리(1989), 국어 의문문의 의미에 대한 연구－화용적 의미기능을 중심으로, 고려대학교 석사논문.
조선일보사·국립국어연구원 편(1991), 『우리말의 예절』, 조선일보사.
최기호·김미형(2000), 『언어와 사회』, 한국문화사.
최현배(1975), 『우리말본』, 정음사.

한글학회 편(1995), 『우리말 큰사전』, 한글학회.
허 웅(1981), 『언어학―그 대상과 방법』, 샘문화사.
______(1995), 『20세기 우리말 형태론』, 샘문화사.

Altenberg, B.(1987), Causal ordering strategies in English conversation, *Grammar in the construction of texts*, ed. by J. Mohanan, pp. 50~64, London: Frances Pinter.

Atkinson, M. and Herritage, H.(eds.)(1984), *Structures of social action*, Cambridge: Cambridge University Press.

Austin, J. L.(1962), *How to do things with words*, Oxford: Oxford University Press.

Bach, K. and Harnish, R. M.(1979), *Linguistic communication and speech acts*, Cambridge: The MIT Press.

Baron, D.(1986), *Grammar and gender*, London: Yale University Press.

Bell, R. T.(1976), *Sociolinguistics: goals, approaches and problems*, New York: St. Martin's Press.

Birdwhistel, R. L.(1952), *Introduction to kinesics: an annotation system for analysis of body motion and gesture*, Washington: Foreign Service Institute.

Brown, G. and Yule, G.(1983), *Discourse analysis*, Cambridge: Cambridge University Press.

Brown, P. and Levinson, S.(1987), *Politeness: some universals in language usage*, Cambridge: Cambridge University Press.

Camden, C., Motley, M. T. and Wilson, A.(1984), White lies in interpersonal communication : a taxonomy and preliminary investigation of social motivations, *Western Journal of Speech Communication 48*, pp. 309~325.

Chafe, W.(1994), *Discourse, consciousness, and time: the flow and displacement of conscious experience in speaking and writing*, Chicago: University of Chicago Press.

Chiaro, D.(1992), *The language of jokes: analying verbal play*, London/New York: Routledge.

Clack, H. H.(1992), *Arenas of language use*, Chicago: University of Chicago Press.

Coates, J.(1986), *Women, men and language*, London and New York: Longman.

Covey, S.(1989), *The 7 habits of highly effective people*, Simon and Schuster; 김경섭·김원석 역(1994), 『성공하는 사람들의 7가지 습관』, 김영사.

Crystal, D.(1987), *The Cambridge encyclopedia of language*, Cambridge: Cambridge University Press.

Darwin, Charles(1872), *The expression of the emotion in man and animals*, London: John Murray; 최원재 역(1999), 『인간과 동물의 감정 표현에 대하여』, 서해문집.

Denes, P. B. and Pinson, E. N.(1993), *The speech chain, the physics and biology of spoken language*, Second edition, New York: W. H. Freeman and Company.

Dirven, R. and Verspoor, M.(1998), *Cognitive exploration of language and linguistics*, Amsterdarm/Philadelphia: John Benjamins Publishing Company; 구현정 외 역(1999), 『언어와 언어학: 인지적 탐색』, 한국문화사.

DeVito, J. A.(1994), *Human communication: the basic course*, Sixth edition, New York: Harper Collins College Publishers.

DeVito, J. A. and Hecht, M. L.(1990), *The nonverbal communication reader*, Illinois: Waveland Press.

Dindia, K., Fitzpatrick, M. A.(1985), Marital communication : three approaches compared, *Understanding Personal Relationship*, eds. by Duck, S. and Perlman, D., CA: Sage.

Edmonson, W.(1981), *Spoken discourse: a model for analysis*, New York: Longman.

Ford, C. E. and Thompson, S. A.(1995), Interactional units in conversation : syntactic, intonational, and pragmatic resources for the projection of turn completion, *Interaction and grammar*, eds. by Ochs, E., Schegloff, E., and Thompson, S. A., Cambridge: Cambridge University Press.

Fox, B. A.(1994), Contextualiztion, indexicality, and the distributed nature of grammar, *Language Sciences* 16:1, pp. 1~37.

Galvin, K. M. and Brommel, B. J.(1986), *Family communication cohesion and change*, Second edition, London: Scott, Foresman and Company.

Goffman, E.(1967), *Interaction ritual: essays on face-to-face behavior*, New York: Doubleday Anchor Books.

Goodwin, C.(1980), Restart, pauses and the achievement of a state of mutual gaze at turn beginning, *Sociological Inquiry 50*, pp. 272~302.

______(1981), *Conversational organization: interaction between speakers and hearers*, New York: Academic Press.

Gordon, T, and Gordon, J.(1976), *Parent effectiveness training in action*, New York: The Putnam Publishing Group; 김인자 역(1989), 『부모역할 배워지는 것인가』, 한국심리상담연구소.

Green, G. M.(1989), *Pragmatics and natural language understanding*, New Jersey: Lawrence Erlbaum Associates.

Grice, H. P.(1957), Meaning, *Philosophical Review 67*, pp. 377~388.

______(1968), Utterer's meaning, sentence-meaning, and word-meaning, *Foundations of Language 4*, pp. 1~18.

______(1975), Logic and conversation, *Syntax and Semantics 3 Speech acts*, eds. by Cole, P. and Morgan, J. L., New York: Academic Press, pp. 41~58.

Gruner, C. R.(1978), *Understanding laughter: the working of wit & humor*, Chicago: Nelson-Hall.

Gumperz, J. J.(1982), *Discourse strategies*, Cambridge: Cambridge University Press.

Haas, M.(1979), Male and female spoken language differences : stereotypes and evidence, *Psychological Bulletin 86*, pp. 616~626.

Hayakawa, S.(1978), *Language in thought & action*, Fourth edition, New York: Harcourt Brace Jovanovich.

Herirage, J.(1984), *Garfinkel and ethnomethodology*, Cambridge: Polity Press.

Ishikawa, M.(1991), Iconicity in discourse : the case of repetition, *Text 11*, pp. 553~580.

Kim, Kyu-hyun(1992), *WH-clefts and left dislocation in English conversation with references to topicality in Korean*, Unpublished Ph.D. dissertation, UCLA.

Knapp, M. L.(1984), *Interpersonal communication and human relationship*, Boston: Allyn and Bacon.

Lakoff, R.(1975), *Language and woman's place*, New York : Harper and Row; 강주헌 역(1991), 『여자는 왜 여자답게 말해야 하는가』, 고려원.

Leech, G.(1983), *Principles of pragmatics*, London: Longman.

Lerner, G. H.(1987), *Collaborative turn sequences: sentence construction and social action*, Unpublished Ph.D. Dissertation, University of California, Irvine.

Levelt, W. J. M.(1989), *Speaking: from intention to articulation*, Cambridge: The MIT Press.

Levinson, S. C.(1983), *Pragmatics*, Cambridge: Cambridge University Press.

Littlejohn, S.(1982), An overview of contributions to human communication theory from other disciplines, *Human communication theory* , ed. by Dance, F., New York: Harper and Row.

______(1992), *Theories of human communication* , Belmont, California: Wadsworth Publishing Company.

Long, D. L. and Graesser, A. C.(1989), Wit and humor in discourse processing, *Discourse Processes 20.2* , pp. 151~166.

Lyons, J.(1995), *Linguistic semantics: an introduction* , Cambridge: Cambridge University Press.

Mehrabian, A.(1972), *Nonverbal communication* , Chicago, Illinois: Aldine-Atherton.

Mey, J. L.(1993), *Pragmatics an introduction* , Oxford: Blackwell Publishers; 이성범 역(1996), 『화용론』, 한신문화사.

Morreall, J.(1983), *Talking laughter seriously* , Albany: State University of New York.

Nash, W.(1985), *The language of humour* , London/New York: Longman.

Ochs, E. and Schieffelin, B.(eds.)(1983), *Acquiring conversational competences* , London: Routledge.

O'Grady, W.(1989), *Contemporary linguistics* , New York: St. Martin's Press.

Pearce, W. B. and Sharp, S. M.(1973), Self-disclosing communication, *Journal of Communication 23* , pp. 409~425.

Pease, A.(1987), *Body language* ; 정현숙 역(1992), 『바디랭귀지』, 을지서적.

Renkema, J.(1992), *Discourse studies: an introductory textbook* ; 이원표 역(1996), 『담화연구의 기초』, 한국문화사.

Ross, A.(1998), *The language of homour* , London/New York: Routledge.

Sacks, H., Schegloff, E. A., and Jefferson, G.(1974), A simplest systematics for the organization of turn-taking for conversation, *Language 50* , pp. 696~735.

Schegloff, E. A.(2007), *Sequence organizati on in interaction* , Cambridge: Cambridge University Press.

Schegloff, E. A. and Sacks, H.(1973), Opening up Closings, *Semiotica 8* , pp. 289~327.

Schegloff, E. A., Jefferson, G., and Sacks, H.(1977), The preference for self-correction in the organization of repair in conversation, *Language*

53:2, pp. 361~382.

Satir, V.(1972), *Peoplemaking*, Palo Alto, California: Science and Behavior Books; 성문선 역(1991), 『사람만들기』, 홍익제.

Schiffrin, D.(1987), *Discourse markers*, Cambridge: Cambridge University Press.

______(1994), *Approaches to discourse*, Cambridge: Blackwell.

Searle, J. R.(1969), *Speech acts: an essay in the philosophy of language*, London: Cambridge University Press.

______(1975), Indirect speech act, *Syntax and Semantics 3 Speech acts*, eds. by Cole, P. and Morgan, J. L., New York: Academic Press., pp. 59~82.

______(1979), *Expression and meaning studies in the theory of speech acts*, Cambridge: Cambridge University Press.

Sherzer, J.(1985), Puns and jokes, *Handbook of Discourse Analysis*, vol. 3: Discourse and Dialogue, ed. by Teun A. van Dijk, London: Academic Press, pp. 213~221.

Spencer-Oatey, H. D. M.(1992), *Cross-cultural politeness: British and Chinese conceptions of the tutor-student relationship*, Unpublished Ph.D Thesis, Lancaster University.

Sperber, D. and Wilson, D.(1986), *Relevance: communication and cognition*, Oxford, Basil Blackwell; 김태옥·이현호 공역(1993), 『인지적 화용론—적합성 이론과 커뮤니케이션』, 한신문화사.

Staines, G. L., Pottick, K. J., and Fudge, D. A.(1986), Wives' employment and husbands' attitudes toward work and life, *Journal of Applied Psychology 71*, pp. 118~128.

Steiner, C.(1981), *The other side of power*, New York: Grove.

Stubbs, M.(1983), *Discourse analysis: the sociolinguistic analysis of the natural language*, Oxford: Basil Blackwell.

Tannen, D.(1984), *Conversational style: analyzing talk among friends*, Norwood, NJ: Ablex.

______(1986), *That's not what I meant!: how conversational style makes or breaks your relations with others*, New York: William Morrow; 이용대 역(1992), 『내 말은 그게 아니야』, 사계절.

______(1990), *You just don't understand: women and men in conversation*, New York: William Morrow; 정명진 역(1992), 『당신은 정말 이해할 수 없어요』,

한·언.

______(1991), *Talking voices: repetition, dialogue and imagery in conversational discourse*, Cambridge: Cambridge University Press.

______(ed.)(1993), *Gender and conversational interaction*, New York and Oxford: Oxford University Press.

______(1994), *Talking from 9 to 5*, New York: William Morrow.

Thomas, J.(1995), *Meaning in interaction: an introduction to pragmatics*, London and New York: Longman.

Trudgill, P.(1983), *On dialect: social and geographical perspectives*, Oxford: Basil Blackwell.

Wittgenstein, L.(1958), *The blue and brown books*, Oxford: Basil Blackwell.

Yokota, M.(1995), The role of questioning in Japanese political discourse, *Issues in Applied Linguistics 5:2*, pp. 353~382.

찾아보기

[A~Z]

[ㄱ]

[ㄴ]

[ㄷ]

[ㄹ]

[ㅂ]

[ㅅ]

[ㅇ]

[ㅈ]

[ㅊ]

[ㅋ]

[ㅌ]

[ㅍ]

[ㅎ]